KB120240

譯註 儀禮注疏

士相見禮

譯註 儀禮注疏
士相見禮

정병섭 역주

學古房

이 편은 사(士) 계층이 서로 만나보는 의례를 기록하고 있다. 본래 『의례』는 삼례(三禮) 중에서도 가장 오래된 문헌이다. 『의례』 자체가 많이 연구되지 않았고, 전승 과정도 잘 알려져 있지 않다. 한나라 초기에 고당생(高堂生)이 구두로 전수한 것이 『금문의례(今文儀禮)』이고, 이것이 오늘날의 『의례』로 정착된 것이라고만 알려져 있을 뿐이다. 그래서 후대의 위작(僞作)인 『주례』나 여러 기문(記文)들을 모아둔 『예기』에 비해 『의례』자체는 전국시대 노나라 유학자들이 전수한 완성도 높은 문헌으로 인식되어 왔다. 물론 『예기』에 비해 『의례』의 각 편들은 주제의 통일성이나각 문장들의 순차적 기술이란 면에 있어서 높은 완성도를 보이는 것은사실이다. 그러나 『의례』에도 일부 편들에는 기문(記文)이 포함되어 있고, 또 『공양전』이나 『곡량전』의 기술과 흡사한 전문(傳文)도 수록되어있다. 따라서 『의례』에도 후대의 기록들이 삽입되었을 가능성이 높다.이 「사상견례」편만 보더라도 이러한 점들을 확인할 수 있다. 「사상견례」편의 전반부 내용은 편명대로 사 계층이 서로 만나보는 의례 절차를 기록하고 있다. 이것은 다른 『의례』의 편들 기술과 흡사하게 세부 절차들을조목조목 열거하고 있다. 그러나 중반부에서는 사가 대부를 만나보는 의례, 대부나 경이 서로 만나보는 의례, 군주를 알현하는 의례, 대화할 때의예법, 시좌(侍坐)의 예법 등 관련 예법들이 다양하게 수록되어 있다. 서로 만나보는 의례와 전혀 관련이 없는 것은 아니지만, 『의례』의 「사관례」나 「사혼례」 등에 비해서 주제의 통일성이 많이 낮은 것은 사실이다.따라서 이 「사상견례」편은 『예기』의 각 편들과 같은 편찬 과정을 겪었을가능성이 높다.

이러한 연구가 본격적으로 이루어지기 위해서는 어서 빨리 삼례의 번역이 끝나야 한다. 그런데『예기』를 완역한 이후 한참 동안 늦장을 부려, 이제야『의례』의 3번째 편을 내놓게 되었다. 시간이 더디 걸린 것은 크게 문제될 건 없지만, 어째 번역을 하면 할 수록 모르는 것 투성이다. 지금 돌아보니,『예기』를 처음 번역할 때 보잘것없는 실력임에도 과도할 정도의 자신감으로 밀어붙쳤던 것 같다. 참 부끄러운 일이다. 인간은 학습하는 동물이라 하는데, 지금도 별반 나아진 것 같지 않다. 그래서 내 번역물의 점수는 30점. 어디 내놓기도 힘든 결과물이지만, 이것을 토대로 더 좋은 번역과 연구 성과물들이 나왔으면 하는 바람이다. 끝으로「사상견례」편을 출판할 수 있도록 허락해주신 학고방의 하운근 사장님께도 감사를 전한다.

- 본 책은 역주서(譯註書)로써, 『의례주소(儀禮注疏)』의 「사상견례(士相見禮)」편을 완역하고, 자세한 주석을 첨부했다.

- 『의례』 경문(經文)의 경우, 의역으로만 번역하면 문장을 번역한 방식을 확인하기 어렵고, 보충 설명 없이 직역으로만 번역하면 내용을 이해하기 힘들다. 따라서 경문에 한하여 직역과 의역을 함께 수록하였다.

- 본 역서가 저본으로 삼은 책은 다음과 같다.

『儀禮注疏』 1~2(전2권, 『十三經注疏 整理本』 10~11), 北京 : 北京大學出版社, 초판 2000

- 본 책은 『의례』의 경문, 정현의 주, 가공언의 소, 참고자료 순으로 번역하였다.

- 『의례』 「사상견례」편은 본래 목차가 없다. 본 책의 목차는 역자가 임의대로 나눈 것이며, 세세하게 분절하여, 독자들이 관련내용들을 찾아보기 쉽게 하였다.

- 본 책의 뒷부분에는 《士相見禮 人名 및 用語 辭典》을 수록하였다. 본문에 처음으로 등장하는 용어 및 인명에 대해서는 주석처리를 하였다. 이후에 같은 용어가 등장할 때마다 동일한 주석처리를 할 수 없어서, 뒷부분에 사전으로 수록한 것이다. 가나다순으로 기록하여, 번역문을 읽는 도중 앞부분에서 설명했던 고유명사나 인명 등에 대해서 쉽게 찾아볼 수 있도록 하였다.

- **126下** 士相見之禮. 摯, 冬用雉, 夏用腒.

  126下 등과 같이 ■■■ 안에 숫자와 上・下가 기입되어 있는 것은 『의례』의 '경문'을 뜻한다. '126'은 북경대학출판사 판본의 페이지를 말한다. '下'는 하단에 기록되어 있다는 표시이다.

- **鄭注** 摯, 所執以至者, 君子見於所尊敬, 必執摯以將其厚意也.

  鄭注 로 표시된 것은 『의례주소』에 수록된 정현(鄭玄)의 주(注)이다.

- **釋曰** ●"士相見"至"某見". ◎ 釋曰: 論士與士相見之事也.

  賈疏 로 표시된 것은 『의례주소』에 수록된 가공언(賈公彦)의 소(疏)이다. 가공언의 주석은 경문과 정현의 주에 대해서 세분화하여 기록되어 있다. 따라서 '●'으로 표시된 부분은 가공언이 경문에 대해 주석을 한 부분이고, '◎'으로 표시된 부분은 정현의 주에 대해 주석을 한 부분이다.

- **참고 1-1** 『예기』「소의(少儀)」 기록

  참고 로 표시된 것은 『의례주소』에 인용된 각 문헌의 기록들이다. '1-1'은 1절에 속한 1번째 참고자료라는 뜻이다.

- 원문 및 번역문 중 '▼'로 표시된 부분은 한글로 표기할 수 없는 한자를 기록한 부분이다. 예를 들어 '▼(囧/皿)'의 경우 맹(盟)자의 이체자인데, '明'자 대신 '囧'자가 들어간 한자를 프로그램상 삽입할 수가 없어서, '▼(囧/皿)'으로 표시한 것이다. 즉 '▼(A/B)'의 형식으로 기록된 경우, A에 해당하는 글자가 한 글자의 상단 부분에 해당하고, B에 해당하는 글자가 한 글자의 하단 부분에 해당한다는 표시이다. 또한 '▼(A+B)'의 형식으로 기록된 경우, A에 해당하는 글자가 한 글자의 좌측 부분에 해당하고, B에 해당하는 글자가 한 글자의 우측 부분에 해당한다는 표시이다. 또한 '▼((A-B)/C)'의 형식으로 기록된 경우, A에 해당하는 글자에서 B 부분을 뺀 글자가 한 글자의 상단 부분에 해당하고, C에 해당하는 글자가 한 글자의 하단 부분에 해당한다는 표시이다.

제1절 사상견례(士相見禮) - 청견(請見) ……………… 43

제2절 사상견례(士相見禮) - 반견지연(反見之燕) …………… 100

제3절 사상견례(士相見禮) - 부견(復見) ………………… 105

제4절 사현대부례(士見大夫禮) - 상례(常禮) …………… 117

제5절 사현대부례(士見大夫禮) - 상위신(嘗爲臣) …………… 132

제6절 대부상견례(大夫相見禮) ………………… 140

제7절 경상견례(卿相見禮) ……………………… 144

제8절 현군례(見君禮) - 시현(始見) ……………… 166

제9절 현군례(見君禮) - 서인(庶人) ……………… 172

제10절 현군례(見君禮) - 사대부(士大夫) …………… 196

제11절 현군례(見君禮) - 타방인(他邦人) …………… 202

제12절 현군례(見君禮) - 연현(燕見) ……………… 241

제13절 현군례(見君禮) - 승현(升見) ……………… 243

제14절 현군례(見君禮) - 여언(與言) ……………… 244

제15절 여언례(與言禮) - 대상과 주제 …………… 248

제16절 여언례(與言禮) - 시선 ……………………… 266

제17절 시좌례(侍坐禮) - 군자(君子) ……………… 282

제18절 시좌례(侍坐禮) - 시식(侍食) ……………… 323

제19절 시좌례(侍坐禮) - 사작(賜爵) ……………… 338

제20절 시좌례(侍坐禮) - 퇴(退) …………………… 346

제21절 존자견사례(尊者見士禮) ………………… 351

제22절 사신례(使臣禮) ··· 353

제23절 예물(禮物)과 예용(禮容) ··· 364

제24절 현군례(見君禮) - 자칭(自稱) ··· 384

士相見禮 人名 및 用語 辭典 ·· 419

士相見禮第三 / 「사상견례」 제3편

賈疏 ● "士相見禮第三". ○ 鄭目錄云: "士以職位相親, 始承摯相見禮. 雜記會葬禮曰: 相見也, 反哭而退, 朋友虞祔而退. 士相見於五禮屬賓禮. 大·小戴及別錄皆第三."

● 經文: "士相見禮第三". ○ 정현1)의 『목록』2)에서는 "사는 직위를 통해 서로 친분을 맺으니, 처음 예물을 받들고 가서 서로 만나보는 예이다. 『예기』「잡기(雜記)」편에서는 장례에 참여할 때 '예물을 가지고 가서 서로 만나보는 관계라면 자식이 반곡3)을 할 때까지 기다린 뒤에 물러간다. 벗들이라면 우제4)와 부제5)를 치를 때까지 기다린 뒤에 물러간다.'6)라고 하였다. 사상견례는 오례7) 중 빈례8)에 속한다. 대대(大戴)과 소대(小戴)

---

1) 정현(鄭玄, A.D.127~A.D.200) : =정강성(鄭康成)·정씨(鄭氏). 한대(漢代)의 유학자이다. 자(字)는 강성(康成)이다. 『주역(周易)』, 『상서(尙書)』, 『모시(毛詩)』, 『주례(周禮)』, 『의례(儀禮)』, 『예기(禮記)』, 『논어(論語)』, 『효경(孝經)』 등에 주석을 하였다.

2) 『목록(目錄)』은 정현이 찬술했다고 전해지는 『삼례목록(三禮目錄)』을 가리킨다. 『십삼경주소(十三經注疏)』에서 인용되고 있지만, 이 책은 『수서(隋書)』가 편찬될 당시에 이미 일실되어 존재하지 않았다. 『수서』「경적지(經籍志)」편에는 "三禮目錄一卷, 鄭玄撰, 梁有陶弘景注一卷, 亡."이라는 기록이 있다.

3) 반곡(反哭)은 장례(葬禮) 절차 중 하나이다. 장지(葬地)에 시신을 안치한 이후, 상주(喪主)는 신주(神主)를 받들고 되돌아와서 곡(哭)을 하는데, 이것을 '반곡'이라고 부른다.

4) 우제(虞祭)는 장례(葬禮)를 치르고 난 뒤에 지내는 제사를 뜻한다.

5) 부제(祔祭)는 '부(祔)'라고도 한다. 새로이 죽은 자가 있으면, 선조(先祖)에게 '부제'를 올리면서, 신주(神主)를 합사(合祀)하는 것을 말한다. 『주례』「춘관(春官)·대축(大祝)」편에는 "付練祥, 掌國事."라는 기록이 있고, 이에 대한 정현의 주에서는 "付當爲祔. 祭於先王以祔後死者."라고 풀이하였다.

6) 『예기』「잡기하(雜記下)」: 相趨也出宮而退, 相揖也哀次而退, 相問也既封而退, <u>相見也反哭而退, 朋友虞附而退.</u>

의 『의례』 판본과 유향9)의 『별록』10)에서는 모두 3번째 편으로 삼았다."
라 했다.

賈疏 ○ 釋曰: 鄭云"士以職位相親, 始承摯相見"者, 釋經亦有大夫
及庶人見君之禮, 亦士見大夫之法, 獨以士相見爲名者, 以其兩士職
位不殊, 同類昵近, 故以士相見爲首. 云"雜記: 相見也, 反哭而退, 朋
友虞祔而退"者, 以送葬之禮, 恩厚者退遲, 恩薄者退疾. 引之者, 證
有執摯相見之義也. 云"士相見於五禮屬賓禮"者, 按周禮 · 大宗伯
"五禮", 賓禮之別有八: 春朝 · 夏宗 · 秋覲 · 冬遇 · 時會 · 殷同, 此六

---

7) 오례(五禮)는 고대부터 전해져 온 다섯 종류의 예제(禮制)를 뜻한다. 즉 길례(吉
禮), 흉례(凶禮), 군례(軍禮), 빈례(賓禮), 가례(嘉禮)를 가리킨다. 『주례』「춘관
(春官) · 소종백(小宗伯)」편에는 "掌五禮之禁令與其用等."이라는 기록이 있는
데, 이에 대한 정현의 주에서는 정사농(鄭司農)의 주장을 인용하여, "五禮, 吉 ·
凶 · 軍 · 賓 · 嘉."라고 풀이했다.

8) 빈례(賓禮)는 오례(五禮) 중 하나로, 천자를 찾아뵙거나 천자가 제후들을 만나보
거나 아니면 제후들끼리 회동하는 조빙(朝聘)의 예법(禮法)을 뜻한다. 또한 '빈례'
는 손님을 접대하는 예제(禮制)를 뜻하기도 한다. 참고적으로 봄에 천자를 찾아뵙
는 것을 조(朝)라고 하였으며, 여름에 찾아뵙는 것을 종(宗)이라고 하였고, 가을에
찾아뵙는 것을 근(覲)이라고 하였으며, 겨울에 찾아뵙는 것을 우(遇)라고 하였다.
또한 제후들이 천자를 찾아뵐 때에는 본래 각각의 제후들마다 정해진 기간이 있었
는데, 정해진 기간 외에 찾아뵙는 것을 회(會)라고 하였고, 정해진 기간에 찾아뵙
는 것을 동(同)이라고 하였다. 또 천자가 순수(巡守)를 할 때에도 정해진 기간이
있었는데, 정해진 기간이 아닌 때에 제후를 찾아가 보는 것을 문(問)이라고 하였
고, 정해진 기간에 찾아가 보는 것을 시(視)라고 하였다.

9) 유향(劉向, B.C77~A.D.6) : 전한(前漢) 때의 학자이다. 자(字)는 자정(子政)이
다. 유흠(劉歆)의 부친이다. 비서성(秘書省)에서 고서들을 정리하였다. 저서로는
『설원(說苑)』 · 『신서(新序)』 · 『열녀전(列女傳)』 · 『별록(別錄)』 등이 있다.

10) 『별록(別錄)』은 후한(後漢) 때 유향(劉向)이 찬(撰)했다고 전해지는 책이다. 현
재는 일실되어 존재하지 않으며, 『한서(漢書)』「예문지(藝文志)」편을 통해서 대
략적인 내용만을 추측해볼 수 있다.

者, 是五等諸侯見天子, 兼有自相朝覲之禮. 彼又云"時聘曰問, 殷覜
曰視". 二者是諸侯使臣出聘天子及自相聘之禮, 並執玉帛而行, 無
執禽摯之法. 此屬直新升爲士大夫之等, 同國執禽摯相見及見君之
禮, 雖非出聘, 亦是賓主相見之法, 故屬賓禮也. 且士卑, 唯得作介,
從君與卿大夫出向他國, 無身自聘問之事. 按周禮行夫是士官, 其有
美惡無禮, 特行無介, 始得出向他邦, 亦非聘問之法也. 然昏 · 冠及
喪 · 祭, 尊卑各自有禮, 及執摯相見, 唯有此士相見. 其篇內含卿大
夫相見, 以其新升爲士, 或士自相見, 或士往見卿大夫, 或卿大夫下
見士, 或見己國君, 或士大夫見他國君來朝者, 新出仕從微至著, 以
士爲先後, 更有功乃升爲大夫已上, 故以士爲總號也. 又天子之孤 ·
卿 · 大夫 · 士與諸侯之孤 · 卿 · 大夫 · 士, 執摯旣同, 相見之禮亦無
別也.

○ 정현이 "사는 직위를 통해 서로 친분을 맺으니, 처음 예물을 받들고
가서 서로 만나보는 것이다."라고 했는데, 경문에는 또한 대부 및 서인들
이 군주를 찾아뵙는 예법이 나오고, 또 사가 대부를 찾아뵙는 예법도 나
오는데, 유독 '사상견(士相見)'이란 말로 편명을 정한 것을 풀이한 것이
니, 양측 사는 직위가 다르지 않고 같은 부류로 친하고 가까운 관계이다.
그렇기 때문에 사 계층이 서로 만나보는 것을 앞에 둔 것이다. 정현이
"「잡기」편에서는 예물을 가지고 가서 서로 만나보는 관계라면 자식이 반
곡을 할 때까지 기다린 뒤에 물러간다. 벗들이라면 우제와 부제를 치를
때까지 기다린 뒤에 물러간다고 했다."라고 했는데, 장례를 전송하는 예
법에서 은정이 두터운 자는 물러나는 것이 더디고, 은정이 옅은 자는 물
러나는 것이 빠르기 때문이다. 이 말을 인용한 것은 예물을 가지고 서로
만나보는 도의가 있음을 증명하기 위해서이다. 정현이 "사상견례는 오례
중 빈례에 속한다."라고 했는데, 『주례』「대종백(大宗伯)」편에 나온 '오
례(五禮)'를 살펴보면, 빈례(賓禮)는 8가지로 구별되는데, 봄에 하는 조
(朝), 여름에 하는 종(宗), 가을에 하는 근(覲), 정해진 기간 이외에 하는

회(會), 정해진 기간에 하는 동(同)이다.11) 이 여섯 가지는 다섯 등급의 제후가 천자를 알현하는 것이고, 아울러 스스로 서로에게 조근(朝覲)하는 예도 포함된다. 또 「대종백」편에서는 "시빙12)을 문(問)이라 하고, 은조13)를 시(視)라 한다."14)라 했다. 이 두 가지는 제후가 신하를 사신으로 보내 천자에게 찾아가 빙(聘)을 하는 것과 스스로 서로에게 빙(聘)을 하는 예에 해당하며, 모두 옥백(玉帛)을 들고 시행하고 짐승을 예물로 들고 가는 예법이 없다. 이곳의 내용들은 단지 새로 승진하여 사나 대부 등이 되었을 때, 같은 나라 안에서 짐승을 예물로 들고 가서 서로 만나보거나 군주를 찾아뵙는 예에 해당하니, 비록 국경을 벗어나 빙(聘)을 하는 것은 아니지만, 이것 또한 빈객과 주인이 서로 만나보는 예법에 해당한다. 그렇기 때문에 빈례(賓禮)에 속한다. 또 사는 신분이 미천하여 오직 개15)가 되어 군주나 경 및 대부를 따라 국경을 벗어나 다른 나라로 갈 수 있을 뿐이며, 본인 스스로가 빙문을 하는 일이 없다. 『주례』를 살펴보면 행부(行夫)는 사(士)가 담당하는 관직이며,16) 그 나라에 경사스럽거나 흉한 일 중 부관없이 행하는 일이 발생하면 단독으로 시행하며 개(介)가

---

11) 『주례』「춘관(春官)·대종백(大宗伯)」: 以賓禮親邦國. 春見曰朝, 夏見曰宗, 秋見曰覲, 冬見曰遇, 時見曰會, 殷見曰同.

12) 시빙(時聘)은 천자에게 특별한 일이 발생했을 때, 제후들이 사신을 파견해서 빙문(聘問)하는 것을 뜻한다.

13) 은조(殷覜)는 하나의 복(服)에 속한 제후들이 조회를 하는 해에 다른 복(服)에 속한 제후들도 사신을 보내 천자를 찾아뵈어, 대규모로 조회하는 것을 뜻한다.

14) 『주례』「춘관(春官)·대종백(大宗伯)」: 時聘曰問, 殷覜曰視.

15) 개(介)는 부관을 뜻한다. 빈객(賓客)이 방문했을 때 주인(主人)과 빈객 사이에서 진행되는 절차들을 보좌했던 자들이다. 계급에 따라서 '개'를 두는 숫자에도 차이가 났다. 가령 상공(上公)은 7명의 '개'를 두었고, 후작이나 백작은 5명을 두었으며, 자작과 남작은 3명의 개를 두었다. 『예기』「빙의(聘義)」편에는 "上公七介, 侯伯五介, 子男三介."라는 기록이 있다.

16) 『주례』「추관사구(秋官司寇)」: 行夫, 下士三十有二人, 府四人, 史八人, 胥八人, 徒八十人.

없게 되는데,17) 이런 경우여야만 비로소 국경을 벗어나 다른 나라로 갈 수 있다. 그러나 이 또한 빙문의 예법은 아니다. 그런데 혼례·관례·상례·제례에는 신분에 따라 각각의 계층에 맞는 고유의 예법이 있다. 그러나 짐승을 예물로 가지고 가서 서로 만나보는 것은 오직 이러한 사상견례만 있다. 이 편 안에는 경과 대부가 서로 만나보는 예도 포함되어 있다. 그러나 새로 승진하여 사가 된 자는 사가 스스로 서로 만나보는 경우가 있고, 또 사가 찾아가 경과 대부를 만나보는 경우가 있으며, 또 경과 대부가 낮춰서 사를 만나보는 경우가 있고, 또 자기 나라의 군주를 만나보는 경우가 있으며, 또 사와 대부가 다른 나라의 군주가 찾아와 조회를 할 때 만나보는 경우가 있다. 그리고 새로 출사함에 미약한 것으로부터 드러남에 이르기까지 사를 선후의 순서로 삼고, 재차 공을 세워서 승진하여 대부 이상의 계층이 된다. 그렇기 때문에 편명에 있어 '사(士)'를 총괄적인 칭호로 삼은 것이다. 또 천자에게 속한 고·경·대부·사는 제후에게 속한 고·경·대부·사와 짐승을 예물로 들고 가는 점이 동일하니, 서로 만나보는 예법에도 차이가 없다.

참고 0-1 『예기』「잡기하(雜記下)」 기록

경문 相趨也出宮而退, 相揖也哀次而退, 相問也既封而退, 相見也反哭而退, 朋友虞附而退.

서로에 대해 종종걸음으로 걸어서 공경의 뜻을 표하는 관계에서라면 영구가 묘(廟)의 궁문(宮門)을 빠져나갈 때까지 기다린 뒤에 물러간다. 서로 읍을 하며 안면이 있었던 자였다면 영구가 대문 밖의 애도를 표하는

---

17) 『주례』「추관(秋官)·행부(行夫)」: 行夫; 掌邦國傳遽之小事媺惡而無禮者. 凡其使也, 必以旌節. 雖道有難而不時, 必達.

장소까지 도달한 뒤에 물러간다. 서로 안부를 물으며 물건을 보내는 관계에서라면 하관을 할 때까지 기다린 뒤에 물러간다. 예물을 가지고 가서 서로 만나보는 관계에서라면 자식이 반곡(反哭)을 할 때까지 기다린 뒤에 물러간다. 벗들이라면 우제(虞祭)와 부제(祔祭)를 치를 때까지 기다린 뒤에 물러간다.

鄭注　此弔者恩薄厚, 去遲速之節也. 相趨, 謂相聞姓名, 來會喪事也. 相揖, 嘗會於他也. 相問, 嘗相惠遺也. 相見, 嘗執摯相見也. 附, 皆當爲祔.

이것은 조문하는 자의 은정에 차이가 있어서 떠날 때에도 더디고 빠른 규범이 있다는 뜻이다. '상추(相趨)'는 서로에 대해 성과 이름을 들어서 알고 있는 경우이니, 그가 찾아와서 상사에 참여한 것이다. '상읍(相揖)'은 다른 장소에서 일찍이 서로 만나보았던 경우이다. '상문(相問)'은 일찍이 서로에 대해 은혜를 베풀어 물건을 보냈던 사이이다. '상견(相見)'은 일찍이 예물을 가지고 찾아가서 만나보았던 관계이다. '부(附)'자는 모두 부(祔)자가 되어야 한다.

孔疏　●"相見也, 反哭而退"者, 相見, 謂身輕自執摯相詣往來, 恩轉厚, 故至葬竟, 孝子反哭還至家時而退也.

● 經文: "相見也, 反哭而退". ○ '상견(相見)'은 본인이 직접 예물을 들고 서로에게 찾아가 만나보며 서로 왕래를 했었던 자를 뜻하니, 은정이 보다 두텁기 때문에 장례를 마치고 자식이 반곡(反哭)을 하기 위해 집으로 되돌아올 때까지 기다린 뒤에 물러난다.

孔疏　●"朋友, 虞附而退"者, 朋友疇昔情重, 生死同殷, 故至主人虞附而退也. 然與死者相識, 其禮亦當有弔. 禮, 知生者弔, 知死者傷. 今注云弔, 則知是弔生人也.

● 經文: "朋友, 虞附而退". ○ 벗은 이전부터 정감이 두터웠던 자이며 생사를 함께 했던 중대한 관계에 있는 자이다. 그렇기 때문에 상주가 우제(虞祭) 및 부제(祔祭)를 끝낼 때까지 기다린 뒤에 물러난다. 그러나 죽은 자와 서로 알고 있었던 자의 경우, 그 예법에서도 마땅히 조문하는 절차가 있다. 예법에 따르면 죽은 자의 자식들을 알고 지냈던 자는 조문을 하고, 죽은 자를 알고 지냈던 자는 슬퍼한다고 했다.[18] 이곳의 주에서는 '조(弔)'라고 했으니, 이것이 죽은 자의 자식에게 조문하는 경우를 뜻함을 알 수 있다.

참고 0-2 『주례』「춘관(春官)·대종백(大宗伯)」 기록

경문 以賓禮親邦國.

빈례(賓禮)로 제후국들을 친하게 만든다.

鄭注 親, 謂使之相親附. 賓禮之別有八.

'친(親)'자는 그들로 하여금 서로 친근하게 여기고 의지하여 따르게 만든다는 뜻이다. 빈례(賓禮)는 8가지로 구별된다.

賈疏 ◎注"親謂"至"有八". ○釋曰: 經旣云"親邦國", 故鄭還以使諸侯相親附解之, 卽下文相朝聘之義, 是也. "賓禮之別有八"者, 卽下文八者皆以"曰"間之者, 是也.

◎ 鄭注: "親謂"~"有八". ○ 경문에서는 이미 "제후국들을 친하게 만든다."라 했다. 그렇기 때문에 정현은 다시금 제후들로 하여금 서로 친근하

---

18) 『예기』「곡례상(曲禮上)」: <u>知生者弔, 知死者傷</u>. 知生而不知死, 弔而不傷. 知死而不知生, 傷而不弔.

게 여기고 의지하여 따르게 만든다고 풀이한 것이니, 아래문장의 서로 조빙(朝聘)하는 뜻이 여기에 해당한다. 정현이 "빈례(賓禮)는 8가지로 구별된다."라고 했는데, 아래문장에 나온 8가지 경우에서는 모두 '왈(曰)' 자로 사이를 두었는데, 바로 이것을 가리킨다.

경문 春見曰朝, 夏見曰宗, 秋見曰覲, 冬見曰遇, 時見曰會, 殷見曰 同.

봄에 찾아뵙는 것을 '조(朝)'라 부르고, 여름에 찾아뵙는 것을 '종(宗)'이 라 부르며, 가을에 찾아뵙는 것을 '근(覲)'이라 부르고, 겨울에 찾아뵙는 것을 '우(遇)'라 부르며, 정해진 기간 없이 어떤 일이 발생했을 때 찾아뵙 는 것을 '회(會)'라 부르고, 대규모로 각각 나뉘어 찾아뵙는 것을 '동(同)' 이라 부른다.

鄭注 此六禮者, 以諸侯見王爲文. 六服之內, 四方以時分來, 或朝 春, 或宗夏, 或覲秋, 或遇冬, 名殊禮異, 更遞而徧. 朝猶朝也, 欲其 來之早. 宗, 尊也, 欲其尊王. 覲之言勤也, 欲其勤王之事. 遇, 偶也, 欲其若不期而俱至. 時見者, 言無常期, 諸侯有不順服者, 王將有征 討之事, 則旣朝覲, 王爲壇於國外, 合諸侯而命事焉. 春秋傳曰"有事 而會, 不協而盟", 是也. 殷猶衆也. 十二歲王如不巡守, 則六服盡朝, 朝禮旣畢, 王亦爲壇, 合諸侯以命政焉. 所命之政, 如王巡守. 殷見, 四方四時分來, 終歲則徧.

여기에 나온 여섯 가지 예법은 제후가 천자를 찾아뵙는 것으로 문장을 작성했다. 육복[19] 이내에서 사방의 제후들이 정해진 때에 따라 나뉘어

---

19) 육복(六服)은 천자의 수도를 제외하고, 그 이외의 땅을 9개의 지역으로 구분한 구복(九服) 중에서 6개 지역을 뜻하는데, 천자의 수도로부터 6개 복(服)까지는 주로 중국의 제후들에게 분봉해주는 지역이었고, 나머지 3개의 지역은 주로 오랑

찾아오게 되는데, 어떤 자는 봄에 조(朝)를 하고, 어떤 자는 여름에 종(宗)을 하며, 어떤 자는 가을에 근(覲)을 하고, 어떤 자는 겨울에 우(遇)를 하여, 명칭이 다르고 예법이 차이나지만, 다시 번갈아가며 두루 시행하게 된다. '조(朝)'자는 조(朝)자와 같으니, 빨리 오기를 바라는 것이다. '종(宗)'자는 높인다는 뜻이니, 천자를 높이고자 한다는 뜻이다. '근(覲)'자는 부지런하다는 의미이니, 천자의 일에 부지런히 힘쓰고자 한다는 뜻이다. '우(遇)'자는 우연이라는 의미이니, 마치 기약하지 않았는데도 함께 도달한 것처럼 하고자 한다는 뜻이다. '시현(時見)'은 일정한 기한이 없고, 제후들 중 복종하지 않는 자가 발생하여 천자가 장차 정벌을 하고자 하는 일이 발생하게 되면 조근(朝覲)을 마치고서 천자가 국성 밖에 제단을 마련하고, 제후들을 모아 그 사안에 대해 명령하는 것을 말한다. 『춘추전』

캐들에게 분봉해주는 지역이었다. 따라서 중국(中國)이라는 개념을 거론할 때 주로 '육복'이라고 말한다. 천하의 정중앙에는 천자의 수도인 왕기(王畿)가 있고, 그 외에는 순차적으로 6개의 '복'이 있는데, 후복(侯服), 전복(甸服), 남복(男服), 채복(采服), 위복(衛服), 만복(蠻服)이 여기에 해당한다. '후복'은 천자의 수도 밖으로 사방 500리(里)의 크기이며, 이 지역에 속한 제후들은 1년에 1번 천자를 알현하며, 제사 때 사용하는 물건을 바친다. '전복'은 '후복' 밖으로 사방 500리의 크기이며, 이 지역에 속한 제후들은 2년에 1번 천자를 알현하고, 빈객(賓客)을 접대할 때 사용하는 물건을 바친다. '남복'은 '전복' 밖으로 사방 500리의 크기이며, 이 지역에 속한 제후들은 3년에 1번 천자를 알현하고, 각종 기물(器物)들을 바친다. '채복'은 '남복' 밖으로 사방 500리의 크기이며, 이 지역에 속한 제후들은 4년에 1번 천자를 알현하고, 의복류를 바친다. '위복'은 '채복' 밖으로 사방 500리의 크기이며, 이 지역에 속한 제후들은 5년에 1번 천자를 알현하고, 각종 재목들을 바친다. '만복'은 '요복(要服)'이라고도 부르는데, '만복'이라는 용어는 변경 지역의 오랑캐들과 접해 있으므로, 붙여진 용어이다. '만복'은 '위복' 밖으로 사방 500리의 크기이며, 이 지역에 속한 제후들은 6년에 1번 천자를 알현하고, 각종 재화들을 바친다. 『주례』「추관(秋官)·대행인(大行人)」편에는 "邦畿方千里, 其外方五百里謂之侯服, 歲壹見, 其貢祀物, 又其外方五百里謂之甸服, 二歲壹見, 其貢嬪物, 又其外方五百里謂之男服, 三歲壹見, 其貢器物, 又其外方五百里謂之采服, 四歲壹見, 其貢服物, 又其外方五百里謂之衛服, 五歲壹見, 其貢材物, 又其外方五百里謂之要服, 六歲壹見, 其貢貨物."이라는 기록이 있다.

에서 "일이 있으면 회(會)를 하고 화합되지 못하면 맹(盟)을 한다."[20]라고 한 말이 이것을 가리킨다. '은(殷)'자는 많다는 뜻이다. 12년 동안 천자가 만약 순수[21]를 하지 않았다면 육복에 속한 제후들이 모두 조회를 오고, 조례가 끝나게 되면 천자는 또한 제단을 쌓고서 제후들을 모아 정교에 대해 명령을 내린다. 명령을 내리는 정교는 천자가 순수를 할 때처럼 한다. '은현(殷見)'은 사방의 제후들이 사계절 동안 각각 나뉘어 찾아오는 것으로, 한 해를 마치게 되면 두루 찾아오게 된다.

賈疏 ◎ 注"此六"至"則徧". ○ 釋曰: 云"此六禮者, 以諸侯見王爲文"者, 按: 此經文皆云見, 是下於上稱見, 故云"諸侯見王爲文"也. 秋

---

20) 『춘추좌씨전』 「소공(昭公) 3년」: 子大叔曰, "將得已乎! 昔文·襄之霸也, 其務不煩諸侯, 令諸侯三歲而聘, 五歲而朝, <u>有事而會, 不協而盟</u>. 君薨, 大夫弔, 卿共葬事; 夫人, 士弔, 大夫送葬. 足以昭禮·命事·謀闕而已, 無加命矣. 今嬖寵之喪, 不敢擇位, 而數於守適, 唯懼獲戾, 豈敢憚煩? 少姜有寵而死, 齊必繼室. 今茲吾又將來賀, 不唯此行也."

21) 순수(巡守)는 '순수(巡狩)'라고도 부른다. 천자가 수도를 벗어나 제후의 나라를 시찰하는 것을 뜻한다. '순수'의 '순(巡)'자는 그곳으로 행차를 한다는 뜻이고, '수(守)'자는 제후가 지키는 영토를 뜻한다. 제후는 천자가 하사해준 영토를 대신 맡아서 수호하는 것이기 때문에, 천자가 그곳에 방문하여, 자신의 영토를 어떻게 관리하고 있는지를 시찰하게 된다. 『서』 「우서(虞書)·순전(舜典)」편에는 "歲二月, 東巡守, 至于岱宗, 柴."라는 기록이 있고, 이에 대한 공안국(孔安國)의 전(傳)에서는 "諸侯爲天子守土, 故稱守. 巡, 行之."라고 풀이했으며, 『맹자』 「양혜왕하(梁惠王下)」편에서는 "天子適諸侯曰巡狩. 巡狩者, 巡所守也."라고 기록하였다. 한편 『예기』 「왕제(王制)」편에는 "天子, 五年, 一巡守."라는 기록이 있고, 『주례』 「추관(秋官)·대행인(大行人)」편에는 "十有二歲王巡守殷國."이라는 기록이 있다. 즉 「왕제」편에서는 천자가 5년에 1번 순수를 시행하고, 「대행인」편에서는 12년에 1번 순수를 시행한다고 기록하고 있는데, 이러한 차이점에 대해서 정현은 「왕제」편의 주에서 "五年者, 虞夏之制也. 周則十二歲一巡守."라고 풀이했다. 즉 5년에 1번 순수를 하는 제도는 우(虞)와 하(夏)나라 때의 제도이며, 주(周)나라에서는 12년에 1번 순수를 했다.

官・大行人云“春朝諸侯”之等，皆云朝覲諸侯，是王下見諸侯爲文，故彼注云“王見諸侯爲文”. 二者相對，爲文不同. 以彼是天子見諸侯之義，故圖天下之事，以比邦國之功，皆據天子爲主，故以天子見諸侯爲文. 此則諸侯依四時朝天子，故以諸侯見天子爲文. 云“六服之內，四方以時分來，或朝春，或宗夏，或覲秋，或遇冬”者，謂要服以內侯甸男采衛要之等. 云四時分來，春，東方六服當朝之歲盡來朝; 夏，南方六服當宗之歲盡來宗; 秋，西方六服當覲之歲，盡來覲; 冬，北方六服當遇之歲盡來遇. 是其或朝春，或宗夏，或覲秋，或遇冬之事也. 云“朝之言朝也，欲其來之早. 宗，尊也，欲其尊王. 覲之言勤也，欲其勤王之事. 遇，偶也，欲其若不期而俱至”者，此鄭解其名也. 四方諸侯來朝覲天子，豈有別意乎？明各舉一邊，互見爲義耳. 云“時見者，言無常期”者，非謂時常月，直是事至之時，故云時者，言其無常期也. 言“諸侯有不順服”，此解時之義也. 云“王將有征討之事”者，諸侯既不順服，明知有征討之事也. 云“則既朝覲，王爲壇於國外，合諸侯而命事焉”者，此司儀及覲禮所云“爲壇合諸侯”，是也. 云“命事”者，謂命以征討之事，即大行人云“時會以發四方之禁”，禁是九伐之法也. 云“春秋傳曰: 有事而會，不協而盟”者，此昭三年，鄭子太叔曰: “文襄之霸也，其務不煩諸侯，令諸侯三歲而聘，五歲而朝，有事而會，不協而盟.” 引之者，證時會之義. 但是霸者會盟諸侯，非王者法. 引之者，取一邊證爲壇會盟之事同. 若然，當諸侯有不順王命者不來，其順服者皆來. 朝覲天子，一則顯其順服，二則欲助天子征討故來也. 云“既朝覲”者，若不當朝之歲，則不須行朝覲於國中，直壇朝而已; 其當朝之歲者，則於國中. 春夏行朝宗於王，朝，受享於廟，秋冬則一受之於廟也. 故鄭云“既朝覲，王爲壇於國外”也. 云“殷猶衆也. 十二歲王如不巡守，則六服盡朝，朝禮既畢，王亦爲壇，合諸侯以命政焉”. 鄭知十二歲者，按大行人云: “十二歲，王乃巡守殷國.” 若王無故則巡守，王制及尚書所云者是也. 若王有故，則此云“殷見曰同”，及大行人云殷

國是也. 云殷同者, 六服衆皆同來. 言殷國者, 衆來見於王國. 其事
一也. 鄭知爲壇於國外者, 覲禮云: "諸侯覲于天子, 爲宮, 方三百步,
四門, 壇十有二尋, 深四尺, 加方明于其上." 鄭注云: "四時朝覲, 受
之於廟, 此謂時會殷同也." 明知諸侯殷見, 亦爲壇於國外, 若巡守至
方嶽然. 云"所命之政, 如王巡守"者, 巡守命政, 則王制所云"命典禮,
考禮, 命市納價"之類. 又尙書所云"歲二月, 東巡守"已下修五禮·五
玉, 及協時月正日之等皆是也. 云"殷見, 四方四時分來, 終歲則徧"
者, 若四時服數來朝, 則當朝之歲. 大行人所云侯服年年朝, 甸服二
年朝, 男服三年朝, 采服四年朝, 衛服五年朝, 要服六年朝, 各隨其年
而朝. 若殷見曰同, 春則東方六服盡來, 夏則南方六服盡來, 秋則西
方六服盡來, 冬則北方六服盡來, 故云四方四時分來, 終歲則徧矣.

◎ 鄭注: "此六"~"則徧". ○ 정현이 "여기에 나온 여섯 가지 예법은 제후
가 천자를 찾아뵙는 것으로 문장을 작성했다."라고 했는데, 살펴보니, 이
곳 경문에서는 모두 '현(見)'이라 말했는데, 아랫사람이 윗사람을 만나볼
때 '현(見)'이라 칭한다. 그렇기 때문에 "제후가 천자를 찾아뵙는 것으로
문장을 작성했다."라 했다. 『주례』「추관(秋官)·대행인(大行人)」편에
서 "봄에 제후들을 조(朝)한다."[22]라고 말한 것들은 모두 제후들을 조근
(朝覲)하는 것을 말하니, 이것은 천자가 자신을 낮춰서 제후들을 만나보
는 것으로 문장을 작성한 것이다. 그래서 「대행인」편에 대한 주에서는
"천자가 제후들을 만나보는 것으로 문장을 작성했다."라 했다. 이 두 가
지는 서로 대비가 되어 문장을 작성한 것이 동일하지 않다. 「대행인」편
의 기록은 천자가 제후들을 만나보는 뜻에 해당한다. 그렇기 때문에 천하
의 일을 도모하여 제후국의 공을 상고하는데, 이 모두는 천자를 주체로

---

22) 『주례』「추관(秋官)·대행인(大行人)」 : 春朝諸侯而圖天下之事, 秋覲以比邦
國之功, 夏宗以陳天下之謨, 冬遇以協諸侯之慮, 時會以發四方之禁, 殷同以
施天下之政.

삼은 것에 기준을 둔 것이다. 그래서 천자가 제후를 만나보는 것으로 문장을 작성했다. 이곳의 경우에는 제후가 사계절에 따라 천자를 조회하는 것이다. 그렇기 때문에 제후가 천자를 찾아뵙는 것으로 문장을 작성했다. 정현이 "육복(六服) 이내에서 사방의 제후들이 정해진 때에 따라 나뉘어 찾아오게 되는데, 어떤 자는 봄에 조(朝)를 하고, 어떤 자는 여름에 종(宗)을 하며, 어떤 자는 가을에 근(覲)을 하고, 어떤 자는 겨울에 우(遇)를 한다."라고 했는데, 요복23) 이내의 후복24) · 전복25) · 남복26) · 채

---

23) 요복(要服)은 위복(衛服)과 이복(夷服) 사이에 있는 땅을 뜻한다. 천자의 수도 밖으로 사방 2500리(里)와 3000리 사이에 있었던 땅을 가리킨다. '요복'의 '요(要)'자는 결속시킨다는 뜻으로, 중원의 문화를 수호하며 지킨다는 의미이다. '복(服)'자는 천자를 위해 복종한다는 뜻이다. 한편 '요복'은 '만복(蠻服)'이라고도 부른다. '만복'의 '만(蠻)'자는 오랑캐들의 지역과 인접해 있기 때문에 붙여진 명칭으로, 교화를 베풀어 오랑캐들도 교화되도록 한다는 뜻이다. 『서』「우서(虞書) · 우공(禹貢)」편에는 "五百里要服."이라는 기록이 있고, 이에 대한 공안국(孔安國)의 전(傳)에서는 "綏服外之五百里, 要束以文教."라고 풀이했으며, 『주례』「하관(夏官) · 직방씨(職方氏)」편에는 "又其外方五百里曰衛服, 又其外方五百里曰蠻服, 又其外方五百里曰夷服."이라는 기록이 있고, 이에 대한 가공언(賈公彦)의 소(疏)에서는 "言蠻者, 近夷狄, 蠻之言糜, 以政教糜來之, 自北已下皆夷狄."이라고 풀이했다.

24) 후복(侯服)은 천자의 수도와 붙어 있는 지역이다. '후복'의 '후(侯)'자는 '후(候)'자의 뜻으로, 천자를 위해 척후병의 임무를 수행한다는 의미이다. '복(服)'자는 천자를 위해 복종한다는 뜻이다. 하(夏)나라 때의 제도에서는 전복(甸服)과 위치가 바뀌어, 천자의 수도로부터 사방 500리(里) 떨어진 곳까지를 '전복'이라고 불렀고, 전복 밖의 사방 500리 떨어진 곳까지를 '후복'이라고 불렀다. 『서』「우서(虞書) · 우공(禹貢)」편에는 "五百里甸服 …… 五百里侯服."이라는 기록이 있고, 이에 대한 공안국(孔安國)의 전(傳)에서는 "甸服外之五百里. 侯, 候也, 斥候而服事."라고 풀이했다. 한편 주(酒)나라 때에는 천자의 수도 밖으로 사방 500리 떨어진 곳까지를 '후복'이라고 불렀고, '전복'은 '후복' 밖에 위치했다. 『주례』「하관(夏官) · 직방씨(職方氏)」편에는 "乃辨九服之邦國, 方千里曰王畿, 其外方五百里曰侯服, 又其外方五百里曰甸服."이라는 기록이 있다.

25) 전복(甸服)은 천자의 수도 밖의 지역이다. '전복'의 '전(甸)'자는 '전(田)'자의 뜻으로, 천자가 정사를 펼치는데 필요한 조세를 거두던 지역이라는 뜻이다. '복(服)'자

복27)·위복28)·요복 등을 말한다. "사계절에 따라 나뉘어 찾아온다."라
고 했는데, 봄에는 동쪽에 속한 육복 안의 제후들 중 조(朝)를 해야 하는

는 천자를 위해 복종한다는 뜻이다. 하(夏)나라 때의 제도에서는 천자의 수도와
연접한 지역이 '전복'이 되었는데, 천자의 수도로부터 사방 500리(里) 떨어진 곳까
지를 '전복'이라고 불렀다. 『서』「우서(虞書)·우공(禹貢)」편에는 "錫土姓, 祇台
德先, 不距朕行, 五百里甸服."이라는 기록이 있고, 이에 대한 공안국(孔安國)의
전(傳)에서는 "規方千里之內謂之甸服, 爲天子服治田, 去王城面五百里."이라
고 풀이했다. 한편 주(周)나라 때에는 '전복'의 자리에 대신 '후복(侯服)'이 위치하
였으며, '전복'은 '후복' 밖의 사방 500리 떨어진 곳까지를 뜻하였다. 『주례』「하관
(夏官)·직방씨(職方氏)」편에는 "乃辨九服之邦國, 方千里曰王畿, 其外方五
百里曰侯服, 又其外方五百里曰甸服."이라는 기록이 있다.

26) 남복(男服)은 전복(甸服)과 채복(采服) 사이에 있는 땅을 뜻한다. 천자의 수도
밖으로 사방 1000리(里)와 1500리(里) 사이에 있었던 땅을 가리킨다. '남복'의 '남
(男)'자는 임무를 맡는다는 뜻으로, 천자를 위해 다스리는 임무를 담당한다는 뜻이
다. '복(服)'자는 천자를 위해 복종한다는 뜻이다. 『주례』「하관(夏官)·직방씨(職
方氏)」편에는 "乃辨九服之邦國, 方千里曰王畿, 其外方五百里曰侯服, 又
其外方五百里曰甸服, 又其外方五百里曰男服."이라는 기록이 있고, 이에 대한 가
공언(賈公彦)의 소(疏)에서는 "言男者, 男之言任也, 爲王任其職理."라고 풀이
했다.

27) 채복(采服)은 남복(男服)과 위복(衛服) 사이에 있는 땅을 뜻한다. 천자의 수도
밖으로 사방 1500리(里)와 2000리 사이에 있었던 땅을 가리킨다. '채복'의 '채(采)'
자는 돌본다는 뜻으로, 천자를 위해서, 백성들을 돌보며, 산출된 물건들을 천자에
게 바친다는 뜻이다. '복(服)'자는 천자를 위해 복종한다는 뜻이다. 『주례』「하관
(夏官)·직방씨(職方氏)」편에는 "又其外方五百里曰男服, 又其外方五百里曰
采服, 又其外方五百里曰衛服."이라는 기록이 있고, 이에 대한 가공언(賈公彦)
의 소(疏)에서는 "采者, 事也, 爲王事民以供上."이라고 풀이했다.

28) 위복(衛服)은 채복(采服)과 요복(要服: =蠻服) 사이에 있는 땅을 뜻한다. 천자의
수도 밖으로 사방 2000리(里)와 2500리 사이에 있었던 땅을 가리킨다. '위복'의
'위(衛)'자는 수호한다는 뜻으로, 천자를 위해서 외부의 침입을 막는다는 의미이
다. '복(服)'자는 천자를 위해 복종한다는 뜻이다. 『주례』「하관(夏官)·직방씨(職
方氏)」편에는 "又其外方五百里曰采服, 又其外方五百里曰衛服, 又其外方五
百里曰蠻服."이라는 기록이 있고, 이에 대한 가공언(賈公彦)의 소(疏)에서는 "言
衛者, 爲王衛禦."라고 풀이했다.

해에 해당하는 자들은 모두 찾아와 조(朝)를 하는 것이고, 여름에는 남쪽에 속한 육복 안의 제후들 중 종(宗)을 해야 하는 해에 해당하는 자들은 모두 찾아와 종(宗)을 하는 것이며, 가을에는 서쪽에 속한 육복 안의 제후들 중 근(覲)을 해야 하는 해에 해당하는 자들은 모두 찾아와 근(覲)을 하는 것이고, 겨울에는 북쪽에 속한 육복 안의 제후들 중 우(遇)를 해야 하는 해에 해당하는 자들은 모두 찾아와 우(遇)를 하는 것이다. 이것이 "어떤 자는 봄에 조(朝)를 하고, 어떤 자는 여름에 종(宗)을 하며, 어떤 자는 가을에 근(覲)을 하고, 어떤 자는 겨울에 우(遇)를 한다."는 사안에 해당한다. 정현이 "'조(朝)'자는 조(早)자와 같으니, 빨리 오기를 바라는 것이다. '종(宗)'자는 높인다는 뜻이니, 천자를 높이고자 한다는 뜻이다. '근(覲)'자는 부지런하다는 의미이니, 천자의 일에 부지런히 힘쓰고자 한다는 뜻이다. '우(遇)'자는 우연이라는 의미이니, 마치 기약하지 않았는데도 함께 도달한 것처럼 하고자 한다는 뜻이다."라고 했는데, 이것은 정현이 각각의 명칭을 풀이한 것이다. 사방의 제후들이 찾아와 천자를 조근(朝覲)함에 어찌 별도의 의미가 있겠는가? 이것은 각각의 한 측면을 들었음을 나타내니, 상호 드러내어 그 의미가 될 따름이다. 정현이 "'시현(時見)'은 일정한 기한이 없다."라고 했는데, 시(時)자는 각 계절의 고정된 월을 말하는 것이 아니라, 단지 사안이 이르렀을 때에 해당한다. 그렇기 때문에 '시(時)'라 부른 것이니, 정해진 기한이 없음을 말한다. 정현이 "제후들 중 복종하지 않는 자가 발생했다."라고 했는데, 이것은 시(時)자의 의미를 풀이한 것이다. 정현이 "천자가 장차 정벌을 하고자 하는 일이 발생한다."라고 했는데, 제후가 이미 복종을 하지 않았다고 한다면, 정벌할 일이 발생하게 됨을 알 수 있다. 정현이 "조근(朝覲)을 마치고서 천자가 국성 밖에 제단을 마련하고, 제후들을 모아 그 사안에 대해 명령한다."라고 했는데, 이것은 『주례』「사의(射義)」29)편과 『의례』「근례(覲禮)」30)

---

29) 『주례』「추관(秋官)・사의(射義)」 : <u>將合諸侯, 則令爲壇</u>三成, 宮, 旁一門.

편에서 "제단을 만들고 제후들을 모은다."라고 한 말에 해당한다. 정현이 "그 사안에 대해 명령한다."라고 했는데, 정벌에 대한 일로 명령한다는 뜻으로, 「대행인」편에서 "무시(無時)로 만나서 사방에 대한 금령을 내린다."[31]라는 것에 해당한다. '금(禁)'이라는 것은 구벌[32]의 법에 해당한다. 정현이 "『춘추전』에서 일이 있으면 회(會)를 하고 화합되지 못하면 맹(盟)을 한다고 했다."라고 했는데, 이것은 소공(昭公) 3년의 기록으로, 정나라 자태숙이 "문공과 양공이 패자가 되었을 때 힘쓰는 일이 제후들을 번거롭게 만들지 않았습니다. 제후들로 하여금 3년마다 빙(聘)을 하게 했고, 5년마다 조(朝)를 하게 했으며, 일이 있으면 회(會)를 했고 화합되지 못하면 맹(盟)을 했습니다."라 했다. 이 말을 인용한 것은 정해진 때가 없이 모이게 되는 뜻을 증명하기 위한 것이다. 다만 이것은 패자가 제후들과 회맹하는 것이니, 천자의 예법은 아니다. 그런데도 이 내용을 인용한 것은 한 측면을 취해 제단을 만들어 회맹하는 사안이 동일함을 증명한

---

30) 『의례』「근례(覲禮)」: 諸侯覲于天子, 爲宮方三百步, 四門. 壇十有二尋, 深四尺, 加方明于其上.

31) 『주례』「추관(秋官)·대행인(大行人)」: 春朝諸侯而圖天下之事, 秋覲以比邦國之功, 夏宗以陳天下之謨, 冬遇以協諸侯之慮, 時會以發四方之禁, 殷同以施天下之政.

32) 구벌(九伐)은 아홉 종류의 죄악에 대해 토벌하는 조치를 뜻한다. 첫 번째는 약소국을 업신여기고 침범하면 그 땅을 삭감하여 강성해지지 못하게 하는 것이다. 두 번째는 현명한 자와 백성들에게 해악을 끼치면 군대를 이끌고 그 나라의 국경으로 들어가 북을 울리며 겁을 주는 것이다. 세 번째는 내적으로 폭정을 시행하고 외적으로 다른 나라를 침범하면 그 군주를 내치고 다른 군주를 세우는 것이다. 네 번째는 백성들이 황망하게 되어 흩어지게 된다면 그 땅을 삭감하는 것이다. 다섯 번째는 견고한 성벽이나 험준한 지형을 믿고 복종하지 않는다면 군대를 이끌고 국경으로 들어가되 병력을 조금만 사용하여 본보기를 보여주는 것이다. 여섯 번째는 친족을 죽이거나 해를 끼치면 잡아서 죄를 다스리는 것이다. 일곱 번째는 자신의 군주를 죽인 자가 발생하면 그를 찾아내 사형에 처하는 것이다. 여덟 번째는 명령에 어기고 정령을 경시한다면 국경을 통제하여 이웃 나라와의 소통을 단절시키는 것이다. 아홉 번째는 인륜을 문란하게 만들면 사형에 처해 제거하는 것이다.

것이다. 만약 그렇다면 마땅히 제후들 중에는 천자의 명령에 복종하지 않아 찾아오지 않는 자가 있는 것이고, 반면 복종하는 자들은 모두 찾아오게 된다. 천자를 조근(朝覲)한다는 것은 첫 번째는 자신이 복종하고 있음을 드러내는 것이고, 두 번째는 천자가 정벌하는 일을 돕고자 하기 때문에 찾아오는 것이다. 정현이 "조근을 마쳤다."라고 했는데, 만약 조(朝)를 해야 하는 해에 해당하지 않는다면, 국성 안에서 조근을 시행할 필요가 없고 단지 제단에서 조(朝)를 할 따름이며, 조(朝)를 해야 하는 해에 해당하는 자라면, 국성 안에서 시행하게 된다. 봄과 여름에는 천자에게 조(朝)와 종(宗)을 하는데, 조(朝)에서만 묘(廟)에서 향(享)을 받고, 가을과 겨울에는 모두 묘에서 받게 된다. 그렇기 때문에 정현이 "조근(朝覲)을 마치고서 천자가 국성 밖에 제단을 마련한다."라 했다. 정현이 "'은(殷)'자는 많다는 뜻이다. 12년 동안 천자가 만약 순수를 하지 않았다면 육복에 속한 제후들이 모두 조회를 오고, 조례가 마치게 되면 천자는 또한 제단을 쌓고서 제후들을 모아 정교에 대해 명령을 내린다."라고 했는데, 정현이 12년이라는 사실을 알 수 있었던 것은 「대행인」편에서 "12년에는 천자가 순수(巡守)를 하며 은국(殷國)[33]을 한다."[34]라 했다. 만약 천자에게 특별한 일이 없을 때 순수를 하는 것이라면, 『예기』「왕제(王制)」편과 『상서』에서 말한 내용이 여기에 해당한다. 만약 천자에게 특별한 일이 있는 경우라면, 이곳에서 "대규모로 각각 나뉘어 찾아뵙는 것을 '동(同)'이라 부른다."라 한 것과 「대행인」편에서 '은국(殷國)'이라 한 것이 여기에 해당한다. '은동(殷同)[35]'이라 말한 것은 육복에 속한 많은 자

---

33) 은국(殷國)은 주(周)나라 때 천자가 제후국에 머물게 되면, 그것을 기회로 주변의 제후들을 불러 모아서 성대한 조회(朝會)의 의례를 시행하였는데, 이러한 행사를 '은국'이라고 부른다. '은국'의 '은(殷)'자는 성대하다는 뜻이다.

34) 『주례』「추관(秋官)·대행인(大行人)」: 王之所以撫邦國諸侯者: 歲徧存; 三歲徧頫; 五歲徧省; 七歲屬象胥, 諭言語, 協辭命; 九歲屬瞽史, 諭書名, 聽聲音; 十有一歲達瑞節, 同度量, 成牢禮, 同數器, 修法則; 十有二歲王巡守殷國.

들이 모두 함께 찾아오기 때문이다. '은국(殷國)'이라 말한 것은 많은 자들이 찾아와서 천자의 국성에서 찾아뵙기 때문이다. 그러나 그 사안은 동일하다. 정현이 "국성 밖에 제단을 마련한다."라고 했는데, 이 말이 사실임을 알 수 있는 것은 「근례」편에서 "제후가 천자를 근(覲)할 때 궁(宮)을 만들며 사방 300보로 하고, 4개의 문을 만들고 제단을 쌓는데 12심[36]으로 하며 높이는 4척으로 하고, 그 위에 방명[37]을 올린다."[38]라 했고, 정현의 주에서는 "사계절에 따라 시행하는 조근(朝覲)은 묘에서 받는데, 여기에서는 시회(時會)와 은동(殷同)을 뜻한다."라 했다. 이것은 제후가 대규모로 찾아뵐 때에도 국성 밖에 제단을 만든다는 사실을 나타내니, 마치 순수를 하여 방악[39]에 이르렀을 때처럼 하는 것이다. 정현이

---

35) 『주례』「추관(秋官)・대행인(大行人)」: 春朝諸侯而圖天下之事, 秋覲以比邦國之功, 夏宗以陳天下之謨, 冬遇以協諸侯之慮, 時會以發四方之禁, 殷同以施天下之政.

36) 심(尋)은 길이가 반상(半常)인 것으로, 8척(尺)이 되는 것을 뜻한다. 『의례』「공사대부례(公食大夫禮)」편에는 "司宮具几與蒲筵常, 緇布純. 加萑席尋, 玄帛純. 皆卷自末."이라는 기록이 있는데, 이에 대한 정현의 주에서는 "半常日尋."이라고 풀이했다.

37) 방명(方明)은 상하(上下)와 사방(四方)의 신명(神明)을 형상화한 것을 뜻한다. 신명(神明)을 형상화한 것이기 때문에, '명(明)'자를 붙이는 것이고, 상하(上下)와 사방(四方)을 형상화한 것이기 때문에, '방(方)'자를 붙여서, '방명'이라고 부르는 것이다. 나무를 이용해서 만들며, 사방 4척(尺)의 크기로 만들고, 여섯 가지 색깔로 만들고, 또 여섯 가지 옥을 설치한다. 고대에 제후가 천자를 조회하거나 회맹을 맺을 때, 또 천자가 제사를 지낼 때 설치했었다. 여섯 가지 색깔은 상하(上下) 및 사방(四方)을 형상화하기 위한 것으로, 동쪽에 해당하는 청색, 남쪽에 해당하는 적색, 서쪽에 해당하는 백색, 북쪽에 해당하는 흑색, 상에 해당하는 현색, 하에 해당하는 황색이 여기에 해당한다. 또 여섯 가지의 옥의 경우에도 상하(上下) 및 사방(四方)을 형상화하기 위한 것으로, 상에는 규(圭)를 설치하고, 하에는 벽(璧)을 설치하며, 남쪽에는 장(璋)을 설치하고, 서쪽에는 호(琥)를 설치하며, 북쪽에는 황(璜)을 설치하고, 동쪽에는 규(圭)를 설치한다.

38) 『의례』「근례(覲禮)」: 諸侯覲于天子, 爲宮方三百步, 四門. 壇十有二尋, 深四尺, 加方明于其上.

"명령을 내리는 정교는 천자가 순수를 할 때처럼 한다."라고 했는데,「왕제」편에서 이른바 "전례(典禮)에게 명한다."40)라 하고, "예를 고찰한다."41)라 하며, "전시(典市)에게 시장에서 거래되는 물건들의 가격들을 알아보도록 명령한다."42)라 한 부류에 해당한다. 또 『상서』에서 "해 2월에 동쪽으로 순수한다."라고 한 기록으로부터 그 이하로 오례와 오옥을 다듬고, 사계절과 달을 협치시키고 날을 바로잡았다는 것 등이43) 모두 여기에 해당한다. 정현이 "'은현(殷見)'은 사방의 제후들이 사계절 동안 각각 나뉘어 찾아오는 것으로, 한 해를 마치게 되면 두루 찾아오게 된다."라고 했는데, 만약 사계절 동안 육복에 속한 자들이 여러 차례 찾아와 조(朝)를 한다면 조(朝)를 해야 하는 해에 해당하는 것이다.「대행인」편에서 후복(侯服)은 해마다 1차례 조(朝)를 하고, 전복(甸服)은 2년에 1차례 조(朝)를 하며, 남복(男服)은 3년에 1차례 조(朝)를 하고, 채복(采服)은 4년에 1차례 조(朝)를 하며, 위복(衛服)은 5년에 1차례 조(朝)를 하고, 요복(要服)은 6년에 1차례 조(朝)를 한다고 한 것44)은 각각 그 해에 따라

---

39) 방악(方岳)은 '방악(方嶽)' 또는 '사악(四嶽)'이라고도 부르며, 사방의 주요 산들을 뜻한다. 고대인들이 주요 산들로 오악(五嶽)을 두었는데, 그 중 중앙에 있는 숭산(嵩山)은 천자의 수도 부근에 있었으므로, '숭산'을 제외한 나머지 4개의 산을 '방악'이라고 부른 것이다. 동쪽 지역의 주요 산인 동악(東嶽)은 태산(泰山)이고, 남악(南嶽)은 형산(衡山: =霍山), 서악(西嶽)은 화산(華山), 북악(北嶽)은 항산(恒山)이 된다. 『춘추좌씨전』「소공(昭公) 4년」에 기록된 '사악(四嶽)'에 대해, 두예(杜預)의 주에서는 "東嶽岱, 西嶽華, 南嶽衡, 北嶽恒."이라고 풀이했다.

40) 『예기』「왕제(王制)」: <u>命典禮</u>, 考時月, 定日, 同律禮樂制度衣服, 正之.

41) 『예기』「왕제(王制)」: 天子無事, 與諸侯, 相見曰朝, <u>考禮</u>, 正刑, 一德以尊于天子.

42) 『예기』「왕제(王制)」: 命大師陳詩, 以觀民風, <u>命市納賈</u>, 以觀民之所好惡. 志淫, 好辟.

43) 『서』「우서(虞書)・순전(舜典)」: 歲二月, 東巡守至于岱宗, 柴, 望秩于山川, 肆覲東后, 協時月正日, 同律度量衡, 修五禮, 五玉, 三帛, 二生, 一死贄, 如五器, 卒乃復.

서 조(朝)를 하는 것이다. 대규모로 각각 나뉘어 찾아뵙는 '동(同)'의 경우라면, 봄에는 동쪽에 속한 육복의 제후들이 모두 찾아오고, 여름에는 남쪽에 속한 육복의 제후들이 모두 찾아오며, 가을에는 서쪽에 속한 육복의 제후들이 모두 찾아오고, 겨울에는 북쪽에 속한 육복의 제후들이 모두 찾아오는 것이다. 그렇기 때문에 "사방의 제후들이 사계절 동안 각각 나뉘어 찾아오는 것으로, 한 해를 마치게 되면 두루 찾아오게 된다."라 했다.

경문 時聘曰問, 殷覜曰視.

정해진 기간 없이 어떤 일이 발생했을 때 빙(聘)하는 것을 문(問)이라 부르고, 어느 하나의 복(服)에서 조(朝)를 하는 해에 다른 복(服)에 속한 제후들이 사신을 보내 대규모로 찾아뵙는 것을 시(視)라 부른다.

鄭注 時聘者, 亦無常期, 天子有事乃聘之焉. 竟外之臣, 旣非朝歲, 不敢瀆爲小禮. 殷覜, 謂一服朝之歲, 以朝者少, 諸侯乃使卿以大禮衆聘焉. 一服朝在元年・七年・十一年.

'시빙(時聘)'이라는 것 또한 정해진 기한이 없는 것으로, 천자에게 어떤 일이 발생하게 되면 빙(聘)을 하는 것을 뜻한다. 국경 밖의 신하는 이미 조(朝)를 해야 하는 해가 아니라면 감히 빈번하게 소례(小禮)를 시행하지 않는다. '은조(殷覜)'는 하나의 복(服)에서 조(朝)를 해야 하는 해에 조(朝)를 하는 자들이 적어서 제후가 곧 경을 사신으로 파견해 성대한 예식으로 대규모로 빙(聘)을 하는 것이다. 하나의 복(服)에서 조(朝)를

---

44) 『주례』「추관(秋官)・대행인(大行人)」: 邦畿方千里, 其外方五百里謂<u>之侯服, 歲壹見</u>, 其貢祀物, 又其外方五百里謂<u>之甸服, 二歲壹見</u>, 其貢嬪物, 又其外方五百里謂<u>之男服, 三歲壹見</u>, 其貢器物, 又其外方五百里謂<u>之采服, 四歲壹見</u>, 其貢服物, 又其外方五百里謂<u>之衛服, 五歲壹見</u>, 其貢材物, 又其外方五百里謂<u>之要服, 六歲壹見</u>, 其貢貨物.

하는 것은 1년차, 7년차, 11년차이다.

賈疏 ◎注"時聘"至"一年". ○釋曰: 此二經者, 是諸侯遣臣聘問天子
之事. 鄭知時聘是無常期者, 以其與上文時見同言時, 則知此時聘亦
無常期也. 云"天子有事乃聘之焉"者, 上時是當方諸侯不順服, 其順
服者, 當方盡朝, 無遣臣來之法, 其餘三方諸侯不來. 諸侯聞天子有
征伐之事, 則遣大夫來問天子, 故云天子有事乃聘之焉. 云"竟外之
臣, 旣非朝歲, 不敢瀆爲小禮"者, 瀆, 數也. 天子無事, 不敢數遣大夫
聘問天子, 以是故有事乃遣大夫問也. 必知時聘遣大夫不使卿者, 以
其經稱"問". 按聘禮"小聘曰問, 使大夫". 此經云"曰問", 明使大夫也.
云"殷覜謂一服朝之歲, 以朝者少"者, 以其周法, 依大行人諸侯服數
來朝, 則有一服朝之歲, 諸侯旣不自朝, 明使卿來聘天子, 故稱殷.
殷, 衆也, 若殷見然. 云朝者少, 卿來則衆也. 云"諸侯乃使卿以大禮
衆聘焉"者, 鄭知使卿以大禮者, 見聘禮大聘使卿, 此旣諸侯使臣代
己來, 明不得使大夫, 故知使卿以大禮衆聘焉. 使卿爲大禮, 對使大
夫爲小禮也. 云"一服朝在元年·七年·十一年"者, 鄭約大行人要服
之內諸侯服數來朝, 一服朝當此三年. 以其侯服年年朝. 甸服二年
朝·四年朝·六年朝·八年朝·十年朝, 十二年朝從天子巡守, 是甸
服於元年·七年·十一年無朝法, 是使卿殷覜也. 男服三年朝·六年
朝·九年朝, 十二年從天子巡守, 於元年·七年·十一年亦無朝法,
是亦使卿以大禮聘天子也. 采服四年朝·八年朝, 十二年從天子巡
守, 則元年·七年·十一年亦無朝天子之法, 是亦使卿以大禮聘天子
也. 衛服五年朝·十年朝, 則元年·七年·十一年亦無朝天子法, 是
亦使卿以大禮聘天子也. 要服六年朝, 十二年從天子巡守, 則元年·
七年·十一年亦無朝法, 是亦使卿以大禮聘也. 故知一服朝在元年·
七年·十一年也.

◎鄭注: "時聘"~"一年". ○이 두 경문은 제후가 신하를 파견하여 천자를

빙문(聘問)하는 사안에 해당한다. 정현은 "'시빙(時聘)'이라는 것 또한 정해진 기한이 없는 것이다."라고 했는데, 이러한 사실을 알 수 있었던 것은 앞 문장에서 '시현(時見)'이라고 했을 때 동일하게 시(時)라 했다면, 이곳의 시빙(時聘) 또한 정해진 기한이 없다는 사실을 알 수 있다. 정현이 "천자에게 어떤 일이 발생하게 되면 빙(聘)을 하는 것을 뜻한다."라고 했는데, 앞에서 시현(時見)이라 한 것은 해당 방위의 제후가 복종하지 않았을 때, 복종하는 자들은 해당 방위에 있는 자들이 모두 조(朝)를 하여 신하를 파견해 찾아오는 예법이 없고, 나머지 세 방위에 속한 제후들도 찾아오지 않는다. 제후들은 천자가 정벌을 하게 될 일이 있다는 소식을 듣게 되면 대부를 파견해 찾아와 천자를 빙문하게 된다. 그렇기 때문에 "천자에게 어떤 일이 발생하게 되면 빙(聘)을 하는 것을 뜻한다."라 했다. 정현이 "국경 밖의 신하는 이미 조(朝)를 해야 하는 해가 아니라면 감히 빈번하게 소례(小禮)를 시행하지 않는다."라고 했는데, '독(瀆)'자는 빈번하다는 뜻이다. 천자에게 특별한 일이 없다면 감히 빈번히 대부를 파견해 천자를 빙문하지 않는다. 이러한 까닭으로 특별한 일이 있어야만 대부를 파견해 빙문하게 된다. 시빙(時聘)이라는 것이 대부를 파견하고 경을 사신으로 보내는 것이 아니라는 사실을 분명히 알 수 있는 것은 경문에서 '문(問)'이라 칭했기 때문이다. 『의례』「빙례(聘禮)」편을 살펴보면 "소빙(小聘)을 '문(問)'이라고 부르며, 대부를 시킨다."[45]라 했다. 이곳 경문에서도 '왈문(曰問)'이라 했으니, 대부를 시킨다는 사실을 나타낸다. 정현이 "'은조(殷覜)'는 하나의 복(服)에서 조(朝)를 해야 하는 해에 조(朝)를 하는 자들이 적다."라고 했는데, 주나라의 예법이기 때문이니, 『주례』「대행인(大行人)」편에 따르면 제후들은 속해 있는 복(服)에 따라 자주 찾아와 조(朝)를 하게 되어, 하나의 복(服)에서 조회를 하는

---

45) 『의례』「빙례(聘禮)」: 小聘曰問. 不享, 有獻, 不及夫人. 主人不筵几, 不禮. 面不升, 不郊勞.

해에 제후들은 직접 조회를 하지 않는 경우가 있게 되므로, 경을 사신으로 보내 찾아와 천자를 빙(聘)하게 함을 나타낸다. 그렇기 때문에 '은(殷)'이라 말한 것이다. 은(殷)자는 많다는 뜻이니, 마치 은현(殷見)처럼 하는 것이다. 정현이 "조를 하는 자들이 적다."라고 했는데, 경이 찾아오게 되면 참여자가 많아진다. 정현이 "제후가 곧 경을 사신으로 파견해 성대한 예식으로 대규모로 빙(聘)을 하는 것이다."라고 했는데, 정현이 경을 사신으로 보내고 성대한 예식으로 한다는 사실을 알 수 있었던 것은 「빙례」편을 살펴보면 대빙에는 경을 사신으로 보낸다고 했고, 이곳에서는 이미 제후가 신하를 사신으로 보내 자신을 대신하여 찾아오게 된 것으로, 대부를 사신으로 보낼 수 없음을 나타낸다. 그렇기 때문에 경을 사신으로 파견해 성대한 예식으로 대규모로 빙을 하게 됨을 알 수 있다. 경을 사신으로 보내는 것이 대례(大禮)가 되는 것은 대부를 사신으로 보내는 것이 소례(小禮)가 됨과 대비되기 때문이다. 정현이 "하나의 복(服)에서 조(朝)를 하는 것은 1년차, 7년차, 11년차이다."라고 했는데, 정현이 「대행인」편을 요약한 것으로, 요복(要服)에 속한 제후들이 복(服)에 따라 여러 차례 찾아와 조(朝)를 한다면, 하나의 복(服)에서 조회를 하는 것은 이러한 3개의 년차에 해당하게 된다. 후복(侯服)에 속한 자들은 해마다 조회를 한다. 전복(甸服)에 속한 자들은 2년차에 조회를 하고, 4년차에 조회를 하며, 6년차에 조회를 하고, 8년차에 조회를 하며, 10년차에 조회를 하고, 12년차에 조회를 할 때에는 천자의 순수(巡守)에 따르니, 이것은 전복에 속한 자들이 1년차·7년차·11년차에 조회를 하는 예법이 없음을 나타내며, 이것은 경을 사신으로 보내 은조(殷覜)하는 것에 해당한다. 남복(男服)에 속한 자들은 3년차에 조회를 하고, 6년차에 조회를 하며, 9년차에 조회를 하고, 12년차에는 천자의 순수에 따르니, 1년차·7년차·11년차에는 역시 조회를 하는 예법이 없으므로, 이러한 경우에도 경을 사신으로 보내 대례로써 천자를 빙(聘)하게 된다. 채복(采服)에 속한 자들은 4년차에 조회를 하고, 8년차에 조회를 하며, 12년차에는 천자의 순수에 따르니, 1년차 · 7년차 · 11년차에도 역시 천자를 조회하는 예법이 없으며, 이러한 경우에도 경을 사신으로 보내 대례로써 천자를 빙(聘)하게 된다. 위복(衛服)에 속한 자들은 5년차에 조회를 하고, 10년차에 조회를 하니, 1년차 · 7년차 · 11년차에도 역시 천자를 조회하는 예법이 없으며, 이러한 경우에도 경을 사신으로 보내 대례로써 천자를 빙(聘)하게 된다. 요복(要服)에 속한 자들은 6년차에 조회를 하고, 12년차에는 천자의 순수에 따르니, 1년차 · 7년차 · 11년차에도 역시 천자를 조회하는 예법이 없으며, 이러한 경우에도 경을 사신으로 보내 대례로써 천자를 빙(聘)하게 된다. 그러므로 하나의 복(服)에서 조(朝)를 하는 것은 1년차, 7년차, 11년차에 해당함을 알 수 있다.

참고 0-3 『주례』「추관사구(秋官司寇)」 기록

경문 大行人, 中大夫二人. 小行人, 下大夫四人. 司儀, 上士八人, 中士十有六人. 行夫, 下士三十有二人, 府四人, 史八人, 胥八人, 徒八十人.

'대행인(大行人)'은 중대부 2명이 담당한다. '소행인(小行人)'은 하대부 4명이 담당한다. '사의(司儀)'는 상사 8명이 담당하고, 그 휘하에는 중사 16명이 있다. '행부(行夫)'는 하사 32명이 담당한다. 잡무를 담당하는 부(府) 4명, 사(史) 8명, 서(胥) 8명, 도(徒) 80명이 배속되어 있었다.

鄭注 行夫, 主國使之禮.

'행부(行夫)'는 국가 사신에 대한 예를 담당한다.

賈疏 ●"大行"至"行夫". ○釋曰: 此四官在此者, 皆主賓客嚴凝之事故也. 亦謂別職同官, 故四官各有職司, 而共府史胥徒也.

● 經文: "大行"~"行夫". ○ 이 네 관직이 여기에 수록된 것은 빈객에 대한 엄격한 일들을 담당하기 때문이다. 또 직무는 구별되지만 관부가 동일하기 때문에, 네 관직은 각각 담당하는 직무가 있지만, 부(府)·사(史)·서(胥)·도(徒)를 함께 부린다.

賈疏 ◎注"行夫"至"之禮". ○釋曰: 大行人·小行人·司儀皆掌賓客之禮, 不見注解, 至行夫獨注之, 以官獨多於餘官, 以主國使之禮, 至於美惡無禮皆使之, 故官多於餘官也.

◎鄭注: "行夫"~"之禮". ○ 대행인(大行人)·소행인(小行人)·사의(司儀) 모두 빈객에 대한 예법을 담당하는데, 주의 풀이가 나타나지 않았고, 행부(行夫)에 이르러서 이곳에만 주석을 달았다. 그 이유는 이 관부에 속한 관리가 다른 관부보다 유독 많기 때문이며, 국가 사신에 대한 예를 담당하여 경사스럽거나 흉한 일 중 부관없이 행하는 일에 있어서도 모두 사신을 보내게 된다. 그렇기 때문에 관부에 속한 관리가 다른 관부보다 많은 것이다.

참고 0-4 『주례』「추관(秋官)·행부(行夫)」 기록

경문 行夫; 掌邦國傳遽之小事·媺惡而無禮者. 凡其使也, 必以旌節. 雖道有難而不時, 必達.

행부(行夫)는 나라의 전거(傳遽)에 대한 소소한 일이나 경사스럽거나 흉한 일 중 무례(無禮)한 것들을 담당한다. 무릇 사신으로 갈 때에는 반드시 깃발을 부절(符節)로 삼는다. 비록 여정 중에 어려운 일이 발생하여 정해진 시기에 도착하지 못하더라도 반드시 도달한다.

鄭注 傳遽, 若今時乘傳騎驛而使者也. 美, 福慶也. 惡, 喪荒也. 此事之小者無禮, 行夫主使之. 道有難, 謂遭疾病他故, 不以時至也.

必達，王命不可廢也．其大者有禮，大小行人使之．有故則介傳命，不嫌不達．

‘전거(傳遽)’는 오늘날 역참의 거마에 물건을 싣거나 타서 심부름을 하는 경우와 같다. ‘미(美)’자는 경사스러운 일을 뜻한다. ‘오(惡)’자는 상사(喪事)나 흉사(凶事)를 뜻한다. 이러한 일들 중 소소하고 무례(無禮)한 것들에 대해서는 행부가 담당하여 사신으로 간다. “여정 중 어려운 일이 있다.”는 것은 질병이나 다른 변고 등을 만나게 되어 정해진 시기에 도착하지 못하게 된 것을 뜻한다. “반드시 도달한다.”라고 했는데, 천자의 명은 폐지할 수 없기 때문이다. 이러한 일들 중 중대하고 예(禮)를 갖춰야 하는 것들은 대행인(大行人)이나 소행인(小行人)을 시킨다. 특별한 사정이 있는 경우라면 개(介)가 명령을 전달하니, 직접 전달하지 못하는 것을 꺼리지 않는다.

賈疏 ●“行夫”至“必達”．○釋曰：“行夫”者，以身自行於外．言媺惡無禮者，無擯介而單行，謂之無禮也．云“必以旌節”者，道路用旌節故也．云“雖道有難而不時”者，無難者，卽依程至，秖由有難，故不時．云“必達”者，雖不時，必達於所往之處也．

●經文：“行夫”~“必達”．○‘행부(行夫)’라 한 것은 본인이 직접 외부로 나가기 때문이다. ‘미오무례(媺惡無禮)’라 했는데, 빈(擯)이나 개(介) 없이 단독으로 시행하는 것을 ‘무례(無禮)’라 부른다. “반드시 깃발을 부절(符節)로 삼는다.”라고 했는데, 도로에서는 깃발을 부절로 사용하기 때문이다. “비록 여정 중에 어려운 일이 발생하여 정해진 시기에 도착하지 못하더라도”라고 했는데, 어려운 일이 없는 경우에는 곧 일정에 따라 도착하게 되는데, 다만 어려운 일이 생겼기 때문에 정해진 시기에 도착하지 못한 것이다. “반드시 도착한다.”라고 했는데, 비록 정해진 시기에 도착하지 못했지만 찾아가고자 했던 곳에 반드시 도달한다는 뜻이다.

賈疏 ◎注“傳遽”至“不達”．○釋曰：云“美，福慶也”者，謂諸侯國有

生男及嫁娶等. 云"惡, 喪荒也"者, 謂民有死喪及年穀不孰. 若諸侯
薨之等大事, 卽使卿大夫, 若春秋王使榮叔 · 宰咺之等, 有禮不使行
夫也. 云"他故"者, 謂賊寇及水旱之等. 云"必達, 王命不可廢也"者,
以其行夫下士三十二人, 以人數多, 縱有難, 必達也. 云"其大者有禮,
大小行人使之"者, 按大行人, 雖不云身使之事, 其間問及王之所以
撫諸侯之等, 或身自行. 小行人云"使適四方", 是身行之事也.

◎ 鄭注: "傳遽"~"不達". ○ 정현이 "'미(美)'자는 경사스러운 일을 뜻한
다."라고 했는데, 제후국에서 세자를 낳거나 장가들고 시집보내는 일 등
이 생긴 것을 뜻한다. 정현이 "'오(惡)'자는 상사(喪事)나 흉사(凶事)를
뜻한다."라고 했는데, 백성들에게 상사가 발생했거나 그 해에 곡식이 잘
여물지 않은 경우를 뜻한다. 제후가 죽는 등의 중대한 사안에 대해서는
곧 경과 대부를 사신으로 보내니, 『춘추』에서 천자가 영숙을 사신으로
보냈고[46] 재훤을 사신으로 보냈던 일[47] 등과 같은 것으로, 예를 갖추며
행부를 사신으로 보내지 않는다. 정현이 '다른 변고'라고 했는데, 도적이
나 수재와 가뭄 등을 뜻한다. 정현이 "반드시 도달한다고 했는데, 천자의
명은 폐지할 수 없기 때문이다."라고 했는데, 행부는 하사 32명이 담당하
여 그 인원이 많으니, 비록 어려운 일이 발생하더라도 반드시 도달하는
것이다. 정현이 "중대하고 예(禮)를 갖춰야 하는 것들은 대행인(大行人)
이나 소행인(小行人)을 시킨다."라고 했는데, 『주례』「대행인(大行人)」
편을 살펴보면, 비록 본인이 사신으로 간다는 사안을 언급하지 않았지만,
한 해를 걸러서 제후들을 방문하거나[48] 천자가 제후들을 보살핀다는
일[49] 등에 있어서는 간혹 본인이 직접 시행하기도 한다. 『주례』「소행인

---

46) 『춘추』「장공(莊公) 1년」: 王使榮叔來錫桓公命.

47) 『춘추』「은공(隱公) 1년」: 秋七月, 天王使宰咺來歸惠公仲子之賵.

48) 『주례』「추관(秋官) · 대행인(大行人)」: 間問以諭諸侯之志, 歸脤以交諸侯之
福, 賀慶以贊諸侯之喜, 致禬以補諸侯之災.

49) 『주례』「추관(秋官) · 대행인(大行人)」: 王之所以撫邦國諸侯者: 歲徧存; 三歲

(小行人)」편에서 "사방에 사신으로 간다."50)라 했는데, 이것은 소행인 본인이 시행하는 일에 해당한다.

徧頫; 五歲徧省; 七歲屬象胥, 諭言語, 協辭命; 九歲屬瞽史, 諭書名, 聽聲音; 十有一歲達瑞節, 同度量, 成牢禮, 同數器, 修法則; 十有二歲王巡守殷國.
50) 『주례』「추관(秋官)·소행인(小行人)」: 使適四方, 協九儀. 賓客之禮, 朝·覲·宗·遇·會·同, 君之禮也. 存·頫·省·聘·問, 臣之禮也.

● 그림 0-1 신하들의 명(命) 등급

	천자(天子) 신하	대국(大國) 신하	차국(次國) 신하	소국(小國) 신하
9명(九命)	상공(上公=二伯) 하(夏)의 후손 은(殷)의 후손			
8명(八命)	삼공(三公) 주목(州牧)			
7명(七命)	후작[侯] 백작[伯]			
6명(六命)	경(卿)			
5명(五命)	자작[子] 남작[男]			
4명(四命)	부용군(附庸君) 대부(大夫)	고(孤)		
3명(三命)	원사(元士=上士)	경(卿)	경(卿)	
2명(再命)	중사(中士)	대부(大夫)	대부(大夫)	경(卿)
1명(一命)	하사(下士)	사(士)	사(士)	대부(大夫)
0명(不命)				사(士)

◎ 『예기』와 『주례』의 기록에는 다소 차이가 있다.

※ 참조: 『주례』「춘관(春官)·전명(典命)」 및 『예기』「왕제(王制)」

● 그림 0-2 주나라의 구복(九服)·육복(六服)·오복(五服)

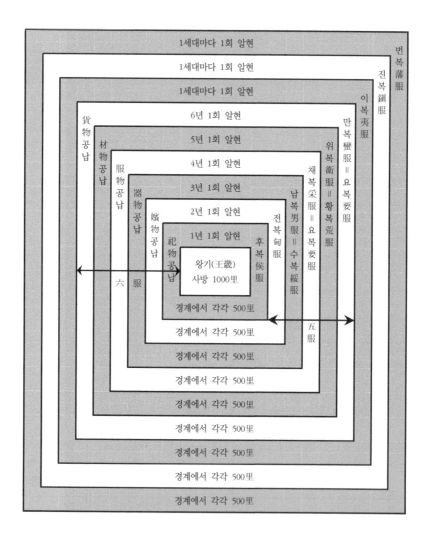

※ 참조: 『삼재도회(三才圖會)』「지리(地理)」14권

그림 0-3 방명(方明)

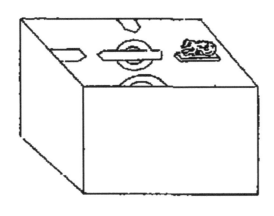

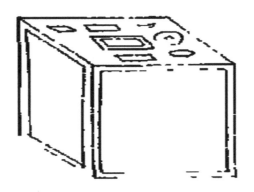

※ 출처:
상-『삼례도집주(三禮圖集注)』 11권
하-『육경도(六經圖)』 5권

41

제 1 절

사상견례(士相見禮) - 청견(請見)

126下

> 士相見之禮. 摯, 冬用雉, 夏用腒. 左頭奉之, 曰: "某也願
> 見, 無由達. 某子以命命某見."

직역 士가 相見하는 禮이다. 摯는 冬에는 雉를 用하고 夏에는 腒를 用한다. 頭를 左하여 奉하고, 曰 "某는 見을 願이나 由達이 無라. 某子께서 命으로 某께 見을 命이라."

의역 士들이 서로 만나보는 예에 대한 내용이다. 예물은 겨울에는 죽은 꿩을 사용하고, 여름에는 말린 꿩고기를 사용한다. 머리를 좌측으로 해서 받들고 가며, 도착해서는 "아무개[빈객]는 오래전부터 만나뵙기를 원하였지만 소식을 전할 길이 없었습니다. 지금 아무개[소개자]께서 주인의 명이라 칭하시며 아무개[빈객]에게 찾아뵈라고 명하셨습니다."라 한다.

鄭注 摯, 所執以至者, 君子見於所尊敬, 必執摯以將其厚意也. 士摯用雉者, 取其耿介, 交有時, 別有倫也. 雉必用死者, 爲其不可生服也. 夏用腒, 備腐臭也. 左頭, 頭, 陽也. 無由達, 言久無因緣以自達也. 某子, 今所因緣之姓名也. 以命者, 稱述主人之意. 今文頭爲脰.

'지(摯)'는 들고 찾아가는 것으로, 군자는 존경하는 대상을 찾아뵐 때 반드시 예물을 가지고 가서 두터운 마음을 전했다. 사가 예물로 꿩을 사용하는 것은 정직하여 굽히지 않는 뜻에 따른 것이니, 꿩은 교미할 때 정해진 시기가 있고 헤어져도 질서가 있기 때문이다. 꿩은 반드시 죽은 것을 사용하는데, 산 것은 길들일 수 없기 때문이다. 여름에 말린 꿩고기를 사용하는 것은 부패한 냄새가 나게 될 것을 방비한 것이다. 머리를 좌측으로 두는 것은 머리는 양에 해당하기 때문이다. '무유달(無由達)'은 오래도록 인연이 없어 직접 만나볼 수 없었다는 말이다. '모자(某子)'는 지금 인연을 맺은 자의 성명이다. '이명(以命)'은 주인의 뜻을 칭해 말한다는 뜻이다. 금문에는 '두(頭)'자가 두(脰)자로 되어 있다.

賈疏 ●"士相見"至"某見". ○ 釋曰: 自此至"送于門外再拜", 論士與士相見之事也. 云"某也願見, 無由達"者, 謂新升爲士, 欲見舊爲士者, 謂久無紹介中間之人達彼此之意, 雖願見, 無由得與主人通達相見也. 云"某子以命命某見"者, 某子是紹介中間之人姓名, 以主人之命命某, 是賓之名, 命某來見主人也. 按少儀"始見君子者, 辭曰: 某固願聞名於將命"者, 謂以卑見尊法. 彼又云"敵者曰: 某固願見於將命"者, 此兩士相見, 亦是敵者. 不言願見於將命者者, 此旣言願見, 無由達見敵者始欲相見. 按下文及還摯者, 皆云於將命者, 明此亦有願見於將命者, 不言者, 文不具也.

● 經文: "士相見"~"某見". ○ 이곳 구문으로부터 "문밖에서 전송하며 재배를 한다."[1]라고 한 구문까지는 사가 사와 서로 만나보는 사안을 논의한 것이다. "아무개는 오래전부터 만나뵙기를 원하였지만 소식을 전할 길이 없었습니다."라고 했는데, 새로 승진하여 사가 된 자는 오래전에 사가 되었던 자를 만나보고자 했다는 뜻으로, 둘 사이의 뜻을 전달하는 중간에서 소개시켜줄 사람이 오래도록 없어서, 비록 만나보기를 원했지만 주인과 소통하여 서로 만나볼 길이 없었다는 의미이다. "아무개께서 주인의 명이라 칭하시며 아무개에게 찾아뵈라고 명하셨습니다."라고 했는데, '모자(某子)'는 중간에서 소개를 해준 사람의 성명으로, 주인의 명으로 아무개에게 명한 것이니, 아무개는 빈객의 이름으로, 아무개에게 명하여 찾아가 주인을 만나보라는 의미이다. 『예기』「소의(少儀)」편을 살펴보면, "처

---

1) 『의례』「사상견례」 : 主人請見, 賓反見, 退. 主人送于門外, 再拜.

음 군자를 만나볼 때, 그 말에서는 '아무개는 진실로 명령을 전달하는 자에게 제 이름이 전해지기를 원합니다.'"라고 했는데, 신분이 낮은 자가 존귀한 자를 찾아뵙는 예법을 뜻한다. 「소의」편에서는 또한 "신분이 대등한 자의 경우라면, '아무개는 진실로 명령을 전달하는 자를 만나보기를 원합니다.'"라고 했는데,[2] 이곳의 경우는 두 사가 서로 만나보는 것이니 또한 신분이 대등한 경우이다. "명령을 전달하는 자를 만나보기를 원합니다."라 말하지 않은 것은 여기에서는 이미 만나보기를 원한다고 했으니, 신분이 대등한 자를 만나볼 길이 없다가 이제야 비로소 서로 만나보고자 하는 것이다. 아래문장과 예물을 돌려줄 때를 살펴보면, 모두 '어장명자(於將命者)'라고 했으니, 여기에서도 명령을 전달하는 자를 만나보기를 원한다고 함을 나타낸다. 이 말을 언급하지 않은 것은 문장을 자세히 기록하지 않았기 때문이다.

賈疏 ◎注"摯所"至"爲脤". ○釋曰: 云"摯, 所執以至"者, 摯得訓爲至, 升爲士者(元缺一字)彼人相見, 欲相尊敬, 必執禽鳥始得至, 故云摯所執以至者也. 云"士摯用雉"者, 對大夫已上所執羔·鴈不同也. 云"取其耿介, 交有時, 別有倫也"者, 倫, 類也. 交接有時, 至於別後, 則雄雌不雜, 謂春交秋別也. 士之義亦然, 義取耿介不犯於上也. 云"雉必用死者, 爲其不可生服也"者, 經直云冬用雉, 知用死雉者, 尙書云: "三帛·二牲·一死摯." 則雉, 義取耿介, 爲君致死也. 云"夏用脤, 備腐臭也"者, 按周禮·庖人云: "春行羔豚, 夏行脤鱐." 鄭云: "脤, 乾雉. 鱐乾魚." 脤鱐暵熱而乾, 乾則不腐臭, 故此取不腐臭也. 冬時雖死, 形體不異, 故存本名, 稱曰雉. 夏爲乾脤, 形體異, 故變本名稱曰脤也. 云"左頭, 頭, 陽也"者, 曲禮云"執禽者左首", 雉與羔·鴈同

---

2) 『예기』「소의(少儀)」: 聞始見君子者, 辭曰: "某固願聞名於將命者." 不得階主. 適者曰: "某固願見." 罕見曰: "聞名", 亟見曰: "朝夕", 瞽曰: "聞名".

是合生執之物, 以不可生服, 故殺之, 雖死, 猶尙左, 以從陽也. 云"某子, 今所因緣之姓名也"者, 謂紹介之姓名. 云"以命者, 稱述主人之意"者, 言紹介之人稱述主人之辭意傳來賓也. 云"今文頭爲脰"者, 鄭不從今文者, 以其脰, 項也, 項不得爲頭, 故不從也. 但此云某子以命命某見, 謂舊未相見, 今始來見主人, 故須某子傳通, 孺悲欲見孔子, 不由紹介, 故孔子辭以疾. 且經云某子, 鄭云某子, 今所因緣之姓名. 按鄉飮酒云"某子受酬", 注云: "某者, 衆賓姓." 又鄉射云"某酬某子", 注云: "某子者, 氏也." 與此注某子爲姓名不同者. 彼旅酬下爲上, 尊敬在上, 以公羊傳: "名不若字, 字不若子." 故下者稱姓, 以配子, 彼對面語, 故不言名. 此非對面之言, 於彼遙稱紹介之意, 若不言名, 直稱姓, 是何人, 故鄭以姓名解之也. 若然, 特牲云"皇祖某子", 注爲伯子·仲子者, 以孫不宜云父祖姓, 故以伯子·仲子言之, 望經爲義, 故注有殊. 若然, 注宜有名, 無者誤也.

◎ 鄭注: "摯所"~"爲脰". ○ 정현이 "'지(摯)'는 들고 찾아가는 것이다."라고 했는데, '지(摯)'자의 뜻은 지(至)가 될 수 있고, 승진하여 사가 된 자는 (본래 1자 누락) 상대방과 서로 만나볼 때, 상호 존경하고자 하므로 반드시 짐승을 예물로 들고 가야만 비로소 찾아갈 수 있다. 그렇기 때문에 "지(摯)는 들고 찾아가는 것이다."라 했다. 정현이 "사는 예물로 꿩을 사용했다."라 했는데, 대부 이상의 계층이 새끼 양과 기러기를 예물로 들고 가서 다르다는 것과 대비한 것이다. 정현이 "정직하여 굽히지 않는 뜻에 따른 것이니, 꿩은 교미할 때 정해진 시기가 있고 헤어져도 질서가 있기 때문이다."라고 했는데, '윤(倫)'자는 부류를 뜻한다. 교미할 때에는 정해진 시기가 있고, 헤어진 이후에는 암수가 뒤섞이지 않으니, 봄에는 교미하고 가을에는 헤어진다는 뜻이다. 사의 도의 또한 그러하니, 정직하여 굽히지 않고 윗사람을 범하지 않는 것에서 그 의미를 취했다. 정현이 "꿩은 반드시 죽은 것을 사용하는데, 산 것은 길들일 수 없기 때문이다."라고 했는데, 경문에서는 단지 겨울에 꿩을 사용한다고만 말했다. 그런데

이것이 죽은 꿩을 사용한다는 사실을 알 수 있는 것은 『상서』에서 "3개의 백(帛), 2개의 생(生), 1개의 사지(死摯)"[3]라 했고, 꿩은 그 뜻을 정직하여 굽히지 않는 것에서 취했으니, 군주를 위해 목숨을 바친다는 뜻이다. 정현이 "여름에 말린 꿩고기를 사용하는 것은 부패한 냄새가 나게 될 것을 방비한 것이다."라고 했는데, 『주례』「포인(庖人)」편에서는 "봄에는 새끼 양과 새끼 돼지를 조리해서 바치고 여름에는 말린 꿩고기와 말린 물고기를 조리해서 바친다."[4]라 했고, 정현은 "'거(腒)'는 말린 꿩고기이다. '숙(鱐)'은 말린 물고기이다."라고 했다. 거(腒)와 숙(鱐)은 말려서 건조시키니, 건조시킨다면 부패하여 냄새를 풍기지 않는다. 그렇기 때문에 이곳에서도 부패하여 냄새를 풍기지 않는 것을 사용한다. 겨울에는 비록 죽은 꿩을 사용하더라도 그 형체가 살아있을 때와 차이가 없기 때문에 본래의 명칭을 그대로 사용하여 '치(雉)'라고 부른다. 그런데 여름에는 말린 꿩고기를 사용하여 형체가 달라졌기 때문에 본래의 명칭을 바꿔 '거(腒)'라고 부른다. 정현이 "머리를 좌측으로 두는 것은 머리는 양에 해당하기 때문이다."라고 했는데, 『예기』「곡례(曲禮)」편에서는 "새를 바칠 때에는 새를 잡고서 머리를 좌측 방향으로 해서 바친다."[5]라고 했다. 꿩은 새끼 양이나 기러기와 함께 살아있는 상태로 바치는 예물과 동일하지만 살아있는 상태로는 길들일 수 없기 때문에 죽이는데, 비록 죽은 상태라 하더라도 여전히 좌측을 높이니 양에 따르기 때문이다. 정현이 "'모자(某子)'는 지금 인연을 맺은 자의 성명이다."라고 했는데, 소개시켜준 자의 성명을 뜻한다. 정현이 "'이명(以命)'은 주인의 뜻을 칭해 말한다는

---

3) 『서』「우서(虞書)·순전(舜典)」: 歲二月, 東巡守至于岱宗, 柴, 望秩于山川, 肆覲東后, 協時月正日, 同律度量衡, 修五禮, 五玉, <u>三帛</u>, <u>二生</u>, <u>一死贄</u>, 如五器, 卒乃復.
4) 『주례』「천관(天官)·포인(庖人)」: 凡用禽獻, <u>春行羔豚</u>, 膳膏香; <u>夏行腒鱐</u>, 膳膏臊; 秋行犢麛, 膳膏腥; 冬行鮮羽, 膳膏羶.
5) 『예기』「곡례상(曲禮上)」: 執禽者, 左首.

뜻이다."라고 했는데, 소개시켜준 사람이 주인의 말과 그 뜻을 칭술하여 빈객에게 전했다는 뜻이다. 정현이 "금문에는 '두(頭)'자가 두(脰)자로 되어 있다."라고 했는데, 정현이 금문에 따르지 않은 것은 두(脰)자는 목을 뜻하고 목은 머리가 될 수 없기 때문에 따르지 않은 것이다. 다만 이곳에서는 "아무개께서 주인의 명이라 칭하시며 아무개에게 찾아뵈라고 명하셨습니다."라고 했는데, 이것은 오래도록 서로 만나보지 못했다가 지금이되어서야 비로소 주인에게 찾아가 만나보게 된 것이다. 그렇기 때문에 소개시켜준 자가 말을 전해 소식을 통할 필요가 있었으니, 유비는 공자를 만나보고자 했지만 소개시켜줄 자를 통하지 않았기 때문에 공자가 질병을 핑계로 사양했던 것이다.6) 또 경문에서는 '모자(某子)'라고 했는데, 정현은 "'모자(某子)'는 지금 인연을 맺은 자의 성명이다."라고 했다. 『의례』「향음주례(鄕飮酒禮)」편을 살펴보면 "모자(某子)는 권한 술잔을 받는다."7)라 했고, 정현의 주에서는 "모(某)는 여러 빈객 무리들의 성(姓)이다."라고 했다. 또 『의례』「향사례(鄕射禮)」편에서는 "모(某)가 모자(某子)에게 술을 따라 권한다."8)라 했고, 정현의 주에서는 "모자(某子)는 씨(氏)이다."라고 했다. 이것은 이곳의 주에서 모자(某子)를 성명으로 풀이한 것과 동일하지 않다. 그 이유는 「향음주례」편과 「향사례」편에서는 여수9)를 하며 밑의 사람이 위에 있는 사람에게 권한 것으로, 위에 있는 사람을 존경하는 것이다. 『공양전』에서는 "이름은 자(字)만 못하고, 자(字)는 자(子)만 못하다."10)라 했다. 그러므로 밑에 있는 자에 대해서

---

6) 『논어』「양화(陽貨)」: 孺悲欲見孔子, 孔子辭以疾. 將命者出戶, 取瑟而歌, 使之聞之.

7) 『의례』「향음주례(鄕飮酒禮)」: 司正升相旅, 曰, "某子受酬."

8) 『의례』「향사례(鄕射禮)」: 司正升自西階相旅, 作受酬者, 曰, "某酬某子."

9) 여수(旅酬)는 본래 제사가 끝난 후에, 제사에 참가했던 친족 및 빈객(賓客)들이 술잔을 들어 술을 마시고, 서로 공경의 예(禮)를 표하며, 잔을 권하는 의례(儀禮)이다. 연회에서도 서로에게 술을 권하는 절차를 '여수'라 부른다.

10) 『춘추공양전』「장공(莊公) 10년」: 州不若國, 國不若氏, 氏不若人, 人不若名,

는 성(姓)을 칭하여 자(子)에 짝했고, 그 기록은 서로 대면하면서 말하는 것이기 때문에 이름을 말하지 않는 것이다. 이곳의 상황은 얼굴을 대면한 상태에서 한 말이 아니며, 그에게 소개시켜준 뜻을 둘러 말한 것이니, 이름을 말하지 않고 단지 성만 말하게 된다면 이 사람이 어떤 사람인지 알 수 없다. 그렇기 때문에 정현은 성명으로 풀이한 것이다. 만약 그렇다면 『의례』「특생궤식례(特牲饋食禮)」편에서 '황조모자(皇祖某子)'[11]라 했고, 주에서 백자(伯子)나 중자(仲子)라 한 것은 손자는 부친과 조부의 성을 불러서는 안 되기 때문이다. 그래서 백자나 중자로 말한 것이니, 경문을 살펴 그 의미를 풀이한 것이다. 그래서 주에 있어서도 차이가 있다. 만약 그렇다면 주에서는 마땅히 이름에 대한 설명이 있어야 하니, 이 말이 없는 것은 잘못되었다.

참고 1-1 『예기』「소의(少儀)」 기록

경문 聞始見君子者辭, 曰: "某固願聞名於將命者." 不得階主. 適者曰: "某固願見." 罕見曰: "聞名", 亟見曰: "朝夕", 瞽曰: "聞名".

듣건대, 처음 군자를 뵙는 자는 말을 전하며, "아무개는 진실로 명령을 전달하는 자에게 제 이름이 전해지기를 원합니다."라고 말하니, 주인에게 직접적으로 전달할 수 없기 때문이다. 만약 신분이 대등한 경우라면, "아무개는 진실로 명령을 전달하는 자를 만나보기를 원합니다."라고 말한다. 만약 만나본 지가 매우 오래된 경우라면, "명령을 전달하는 자에게 제 이름이 전해지기를 원합니다."라고 말하고, 자주 만나보는 사이라면, 군자에 대해서는 "아무개는 아침이나 저녁 문안인사를 드리고자 하여, 명령

名不若字, 字不若子.

11) 『의례』「특생궤식례(特牲饋食禮)」: 命曰, "孝孫某, 筮來日某, 諏此某事, 適其皇祖某子, 尙饗."

을 전달하는 자에게 제 이름이 전해지기를 원합니다."라고 말하고, 신분이 대등한 자에 대해서는 "아무개는 아침이나 저녁 문안인사를 드리고자 하여, 명령을 전달하는 자를 만나보기를 원합니다."라고 말한다. 찾아온 자가 장님인 경우라면, "아무개는 명령을 전달하는 자에게 제 이름이 전해지기를 원합니다."라고 말한다.

鄭注 君子, 卿大夫若有異德者. 固, 如故也. 將, 猶奉也. 卽君子之門, 而云願以名聞於奉命者, 謙遠之也. 重則云"固". 奉命, 傳辭出入. 階, 上進者, 言賓之辭不得指斥主人. 敵, 當也. 願見, 願見於將命者, 謙也. 罕, 希也. 希相見, 雖於敵者, 猶爲尊主之辭, 如於君子. 亟, 數也. 於君子則曰"某願朝夕聞名於將命"者, 於敵者則曰"某願朝夕見於將命者". 瞽, 無目也. 以無目, 辭不稱見.

'군자(君子)'는 경이나 대부 또는 남다른 덕을 갖춘 자를 뜻한다. '고(固)'자는 이전과 같다는 뜻이다. '장(將)'자는 받들다는 뜻이다. 군자의 집 대문에 당도하여, "제 이름이 명령을 받드는 자에게 전해지기를 원합니다."라고 말하니, 겸손히 표현하기 때문이다. 거듭하게 된다면 '고(固)'라고 부른다. 명령을 받드는 자는 말을 전달하며 출입한다. '계(階)'자는 위로 올라간다는 뜻이니, 빈객의 말을 직접적으로 주인에게 전달할 수 없다는 의미이다. '적(敵)'자는 대등하다는 뜻이다. '원현(願見)'은 명령을 전달하는 자를 만나보기를 원한다는 뜻이니, 겸손히 표현한 말이다. '한(罕)'자는 드물다는 뜻이다. 서로 만나본 것이 드무니, 비록 대등한 자에 대해서라도 존귀한 주인에게 전달하는 말처럼 하여, 군자에 대한 경우와 동일하게 한다. '기(亟)'자는 자주라는 뜻이다. 군자에 대해서라면, "아무개는 아침이나 저녁 문안인사를 드리고자 하여, 명령을 전달하는 자에게 제 이름이 전해지기를 원합니다."라고 말하고, 신분이 대등한 자에 대해서라면, "아무개는 아침이나 저녁 문안인사를 드리고자 하여, 명령을 전달하는 자를 만나보기를 원합니다."라고 말한다. '고(瞽)'는 장님이다.

장님이기 때문에 전하는 말에서 "만나본다."라고 말하지 않는 것이다.

孔疏 ●"聞始"至"命者". ○正義曰: 此一經論見君子之法, 但此一篇雜明細小威儀, 不復局以科段, 各隨文解之.

● 經文: "聞始"~"命者". ○ 이곳 경문은 군자를 찾아뵙는 법도를 논의하고 있는데, 다만 이곳 「소의」편은 소소한 의례규정을 뒤섞어 기술하고 있어서, 재차 한 단락으로 묶지 않으니, 각각의 문장에 따라서 풀이하겠다.

孔疏 ●"聞始見君子者", 謂作記之人, 心自謙退, 不敢自專制其儀, 而傳聞舊說, 故云"聞始見君子者", 謂始欲見君子貴勝之人.

● 經文: "聞始見君子者". ○『예기』를 기록한 자는 심적으로 스스로 겸손히 하여 감히 자기 마음대로 그 의례제도를 제정하지 않았고, 이전의 기록을 전해 들었기 때문에, "처음 군자를 찾아뵙는 자에 대한 경우를 들었다."라고 말한 것이다. 이것은 군자 및 존귀한 자를 처음 만나보고자 할 때를 뜻한다.

孔疏 ●"辭曰: 某固願聞名於將命者", 辭, 客之辭也. 某, 客名也. 再辭曰固, 固, 如故也. 聞名, 謂名得通達也. 將命, 謂傳辭出入, 通客主之言語者也. 客云願以己名使通聞於將命之人也. 然客實願見君子, 而云"願聞名於傳命者", 不敢必斥見於君子, 但願將命者聞之而已. 不云"初辭", 而云"固"者, 欲明主人不卽見己, 己乃再辭, 故云"固"也. 若初辭則不云"固", 當惟云"某願聞名於將命者"耳.

● 經文: "辭曰: 某固願聞名於將命者". ○ '사(辭)'자는 빈객의 말을 뜻한다. '아무개[某]'는 빈객의 이름이다. 재차 사양하는 것을 '고(固)'라고 부르니, '고(固)'자는 이전과 같다는 의미이다. '문명(聞名)'은 이름을 전달할 수 있다는 뜻이다. '장명(將命)'은 말을 전달하며 출입하여 빈객과

주인의 말을 전하는 자이다. 빈객은 "자신의 이름이 명령을 전달하는 자에게 전해지기를 원합니다."라고 말한다. 그러나 빈객은 실제로 군자를 만나보기를 원하는 것인데도, "명령을 전달하는 자에게 이름이 전해지기를 원합니다."라고 말한 것은 감히 직접적으로 군자를 만나보겠다고 말할 수 없기 때문으로, 단지 명령을 전달하는 자가 자신의 이름을 듣기를 원한다고 할 따름이다. "최초 사양한다."라 말하지 않고, '고(固)'라고 한 것은 주인이 곧바로 자신을 만나보지 않아서 자신이 재차 사양하게 되었음을 나타내고자 했기 때문에 '고(固)'라고 말한 것이다. 만약 최초 사양을 하는 경우라면 '고(固)'라고 말하지 않으니, 마땅히 "아무개는 명령을 전달하는 자에게 제 이름이 전달되기를 원합니다."라고만 말할 뿐이다.

참고 1-2 『서』「우서(虞書)·순전(舜典)」기록

경문 歲二月, 東巡守, 至于岱宗, 柴①, 望秩于山川②, 肆覲東后③. 協時月正日, 同律度量衡④. 修五禮·五玉⑤·三帛二生·一死贄⑥, 如五器, 卒乃復⑦.

순수(巡守)를 하는 해 2월에는 동쪽으로 순수하시어 대종12)에 이르러서 시제13)를 지내셨고, 산천에게 망질14)을 지내셨으며, 마침내 동쪽의 제후

---

12) 대종(岱宗)은 오악(五嶽) 중 동악(東嶽)에 해당하는 태산(泰山)을 가리킨다. 대(岱)자는 태산을 뜻하고, 종(宗)자는 존귀하다는 의미에서 붙여진 것으로 풀이하기도 한다.

13) 시제(柴祭)는 일종의 하늘에 대한 제사이다. 초목을 태워서 그 연기를 하늘로 올려 보내며 아뢰는 의식이다. 『서』「우서(虞書)·순전(舜典)」편에는 "歲二月, 東巡守, 至于岱宗, 柴."라는 기록이 있고, 이에 대한 공안국(孔安國)의 전(傳)에서는 "燔柴祭天告至."라고 풀이했다.

14) 망질(望秩)은 해당 대상의 등급을 살펴서, 산천(山川) 등에 망제(望祭)를 지낸다는 뜻이다. '망질'의 '망(望)'자는 망제를 뜻하고, '질(秩)'자는 계급에 따른 등차를

들을 접견하셨다. 사계절과 달을 협치시키고 날을 바로잡으셨으며, 도·량·형을 통일하여 일률화하셨다. 오례·오옥·삼백·삼생·일사의 예물을 다듬으셨고, 오기와 같은 것은 예가 끝나면 돌려주셨다.

孔傳① 諸侯爲天子守土, 故稱守, 巡行之. 旣班瑞之明月, 乃順春東巡. 岱宗, 泰山, 爲四岳所宗. 燔柴祭天告至.

제후는 천자를 위해 땅을 지킨다. 그렇기 때문에 '수(守)'라 지칭하고, 그곳을 순행하는 것이다. 서옥(瑞玉)을 돌려주고 난 다음 달이 되면 봄에 따라 동쪽을 순수한다. '대종(岱宗)'은 태산으로, 사악이 종주로 삼는 대상이다. 나무를 태워서 하늘에 제사지내며 이르렀음을 아뢰는 것이다.

孔傳② 東岳諸侯竟內名山大川如其秩次望祭之. 謂五岳牲禮視三公, 四瀆視諸侯, 其餘視伯子男.

동악 제후의 경내에 있는 명산과 대천에 대해 그 순차에 따라서 바라보며 제사를 지내는 것이다. 오악[15]에 사용하는 희생물의 예법은 삼공에 견주

뜻한다. 고대인의 관념에서는 산천의 중요성에 따라 각각 등급이 있었다. 예를 들어 오악(五嶽)에 대한 제사에서는 삼공(三公)에 대한 예법에 견주어서 희생물을 사용하였고, 사독(四瀆)에 대한 제사에서는 제후에 대한 예법에 견주어서 희생물을 사용하였으며, 나머지 산천 등에 대해서도 차례대로 백작·자작·남작 등의 예법에 견주어서 희생물을 사용하였다. 『서』「우서(虞書)·순전(舜典)」편에는 "歲二月, 東巡守, 至于岱宗, 柴, 望秩于山川."이라는 기록이 있고, 이에 대한 공안국(孔安國)의 전(傳)에서는 "謂五嶽牲禮視三公, 四瀆視諸侯, 其餘視伯子男."이라고 풀이했다.

15) 오악(五岳)은 오악(五嶽)이라고도 부르며, 다섯 방위에 따른 대표적인 산들을 뜻한다. 그러나 각 기록에 따라서 해당하는 산의 명칭에는 다소 차이가 있다. 첫 번째 주장은 동쪽의 태산(泰山), 남쪽의 형산(衡山), 서쪽의 화산(華山), 북쪽의 항산(恒山), 중앙의 숭산(嵩山:= 嵩高山)을 '오악'으로 부른다. 『주례』「춘관(春官)·대종백(大宗伯)」편에는 "以血祭祭社稷·五祀·五嶽."이라는 기록이 있는데, 이에 대한 정현의 주에서는 "五嶽, 東曰岱宗, 南曰衡山, 西曰華山, 北曰

고, 사독16)에 대한 것은 후작에 견주며, 그 나머지에 대한 것은 백작 · 자작 · 남작에 견준다.

孔傳③ 遂見東方之國君.

마침내 동방에 속한 제후국의 군주를 만나보는 것이다.

孔傳④ 合四時之氣節, 月之大小, 日之甲乙, 使齊一也. 律法制及尺丈 · 斛斗 · 斤兩, 皆均同.

사계절의 기후와 절기, 달의 크고 작음, 날의 갑일과 을일 등을 합쳐서 가지런히 통일시킨다. 법제와 길이 · 용적 · 무게를 일률화시켜 모두 균등하게 통일시킨다.

孔傳⑤ 修吉 · 凶 · 賓 · 軍 · 嘉之禮. 五等諸侯執其玉.

길례 · 흉례 · 빈례 · 군례 · 가례를 다듬는다. 다섯 등급의 제후가 그 옥을 잡는다.

孔傳⑥ 三帛, 諸侯世子執纁, 公之孤執玄, 附庸之君執黃. 二生, 卿

恒山, 中曰嵩高山."이라고 풀이했다. 두 번째 주장은 동쪽의 태산(泰山), 남쪽의 곽산(霍山), 서쪽의 화산(華山), 북쪽의 항산(恒山), 중앙의 숭산(嵩山)을 '오악'으로 부른다. 『이아』「석산(釋山)」편에는 "泰山爲東嶽, 華山爲西嶽, 霍山爲南嶽, 恒山爲北嶽, 嵩高爲中嶽."이라는 기록이 있다. 세 번째 주장은 동쪽의 대산(岱山), 남쪽의 형산(衡山), 서쪽의 화산(華山), 북쪽의 항산(恒山), 중앙의 악산(嶽山: =吳嶽)을 '오악'으로 부른다. 『주례』「춘관(春官) · 대사악(大司樂)」편에는 "凡日月食, 四鎭 · 五嶽崩."이라는 기록이 있는데, 이에 대한 정현의 주에서는 "五嶽, 岱在兗州, 衡在荊州, 華在豫州, 嶽在雍州, 恒在并州."라고 풀이했고, 『이아』「석산(釋山)」편에는 "河南, 華; 河西, 嶽; 河東, 岱; 河北, 恒; 江南, 衡."이라고 풀이했다.
16) 사독(四瀆)은 네 개의 주요 하천을 가리킨다. 장강(長江), 황하(黃河), 회하(淮河), 제수(濟水)가 여기에 해당한다.

執羔, 大夫執鴈. 一死, 士執雉. 玉·帛·生·死, 所以爲贄以見之.

'삼백(三帛)'은 제후의 세자가 훈색의 비단을 잡고, 공작에 속한 고가 현색의 비단을 잡으며, 부용국의 군주가 황색의 비단을 잡는 것을 뜻한다. '이생(二生)'은 경이 새끼 양을 잡고, 대부가 기러기를 잡는 것을 뜻한다. '일사(一死)'는 사가 꿩을 잡는 것을 뜻한다. 옥·백·생·사는 예물로 삼아 만나보기 위한 것이다.

孔傳 ⑦ 卒, 終. 復, 還也. 器謂圭璧. 如五器, 禮終則還之. 三帛·生·死則否.

'졸(卒)'자는 마친다는 뜻이다. '부(復)'자는 돌려준다는 뜻이다. '기(器)'는 규(圭)나 벽(璧)을 뜻한다. 오기와 같은 것들은 해당 예법이 끝나면 돌려준다. 삼백·생·사와 같은 경우는 그렇지 않다.

孔疏 ◎ 傳"諸侯"至"執黃". ○ 正義曰: 周禮·典命云: "凡諸侯之適子, 誓於天子, 攝其君, 則下其君之禮一等. 未誓, 則以皮帛繼子男之下. 公之孤四命, 以皮帛視小國之君." 是諸侯世子·公之孤執帛也. 附庸雖則無文, 而爲南面之君, 是一國之主, 春秋時附庸之君適魯皆稱"來朝", 未有爵命, 不得執玉, 則亦繼小國之君同執帛也. 經言"三帛", 必有三色, 所云纁·玄·黃者, 孔時或有所據, 未知出何書也. 王肅云: "三帛, 纁·玄·黃也. 附庸與諸侯之適子·公之孤執皮帛, 其執之色未詳聞. 或曰孤執玄, 諸侯之適子執纁, 附庸執黃." 王肅之注尚書, 其言多同孔傳. 周禮孤與世子皆執皮帛, 鄭玄云: "皮帛者, 束帛而表之以皮爲之飾. 皮, 虎豹皮也." 此三帛不言皮, 蓋于時未以皮爲飾.

◎ 孔傳: "諸侯"~"執黃". ○ 『주례』「전명(典命)」편에서는 "무릇 제후의 적자가 천자에게 지위를 계승한다는 맹세를 했다면, 그가 군주를 대신하

여 조회를 왔을 때 그 군주의 의례보다 1등급을 낮춘다. 아직 맹세를 하지 않았다면 가죽과 비단을 들고서 자작과 남작의 뒤에 이어서 선다. 공작에게 속한 고는 4명(命)의 등급으로, 가죽과 비단을 들고 소국의 군주에 견준다."[17]라 했다. 이것은 제후의 세자와 공작의 고가 비단을 잡는다는 것을 나타낸다. 부용국에 대해서는 비록 해당 경문이 없지만, 남면하게 되는 군주의 신분이 되니, 한 나라의 주인이다. 춘추시대에는 부용국의 군주가 노나라에 갔을 때 모두 '내조(來朝)'라 지칭했고, 아직 작위의 명 등급을 갖지 않으면 옥을 잡을 수 없으니, 또한 소국 군주의 뒤를 이어서 서며 동일하게 비단을 잡았을 것이다. 경문에서 '삼백(三帛)'이라고 했다면, 분명 3가지 색깔이 있었을 것이며, 이른바 훈색·현색·황색이라는 것은 공안국 당시에 아마도 근거로 삼았던 바가 있었을 것이나 어느 서적에서 도출한 것인지는 모르겠다. 왕숙은 "삼백(三帛)은 훈색·현색·황색의 비단이다. 부용국은 제후의 적자와 공작의 고와 함께 가죽과 비단을 잡는데, 그들이 잡는 비단의 색깔에 대해서는 들어보지 못했다. 혹자는 고는 현색을 잡고 제후의 적자는 훈색을 잡으며 부용국의 군주는 황색을 잡는다고도 말한다."라 했다. 『상서』에 대한 왕숙의 주는 그 말이 대부분 공안국의 전문과 같다. 『주례』에서 고와 세자는 모두 가죽과 비단을 잡는데, 정현은 "피백(皮帛)이란 것은 속백을 마련하고 그 겉을 가죽으로 감싸서 장식으로 삼는 것이다. 가죽은 호랑이와 표범의 가죽이다."라 했다. 이곳의 삼백(三帛)에 대해서는 가죽을 언급하지 않았는데, 아마도 그 당시에는 아직까지 가죽으로 장식을 하지 않았기 때문일 것이다.

---

17) 『주례』「춘관(春官)·전명(典命)」: 凡諸侯之適子誓於天子, 攝其君, 則下其君之禮一等; 未誓, 則以皮帛繼子男, 公之孤四命, 以皮帛視小國之君, 其卿三命, 其大夫再命, 其士一命, 其宮室·車旗·衣服·禮儀, 各視其命之數. 侯伯之卿大夫士亦如之. 子男之卿再命, 其大夫一命, 其士不命, 其宮室·車旗·衣服·禮儀, 各視其命之數.

孔疏 ◎傳"卿執"至"執雉". ○正義曰: 此皆大宗伯文也. 鄭玄曰: "羔, 小羊, 取其群而不失其類也. 鴈, 取其候時而行也. 雉, 取其守介, 死不失節也. 曲禮云'飾羔鴈者以繢', 謂衣之以布而又畫之. 雉執之無飾. 士相見之禮, 卿大夫飾贄以布, 不言繢. 此諸侯之臣與天子之臣異也." 鄭之此言, 論周之禮耳, 虞時每事猶質, 羔鴈不必有飾.

◎孔傳: "卿執"~"執雉". ○이것은 모두 『주례』「대종백(大宗伯)」편의 기록이다.[18] 정현은 "고(羔)는 새끼 양으로, 그것들이 무리를 이루어 같은 부류를 잃지 않는다는 것에서 뜻을 취했다. 기러기는 기후와 계절에 따라 이동하는 것에서 뜻을 취했다. 꿩은 절개를 지켜 목숨을 바쳐 그 절의를 잃지 않는 것에서 뜻을 취했다. 『예기』「곡례(曲禮)」편에서는 '새끼 양과 기러기를 바칠 때에는 구름무늬가 들어간 천으로 덮어서 바친다.'[19]라 했는데, 포로 옷을 입히고 또 그곳에 그림을 그린 것을 뜻한다. 꿩을 가지고 갈 때 장식은 없다. 『의례』「사상견례(士相見禮)」편에서는 경·대부가 예물에 대해 포로 장식을 할 때 궤(繢)를 언급하지 않았다. 이것은 제후에게 소속된 신하와 천자에게 소속된 신하 사이에 나타나는 차이점이다."라 했다. 정현의 이러한 말은 주나라의 예법을 논한 것일 뿐이니, 우 때에는 매사가 오히려 질박하였으므로, 새끼 양이나 기러기에도 반드시 장식이 있을 필요는 없다.

孔疏 ◎傳"玉帛"至"見之". ○正義曰: 曲禮云: "贄, 諸侯圭, 卿羔, 大夫鴈, 士雉." 雉不可生, 知"一死"是雉, "二生"是羔·鴈也. 鄭玄云: "贄之言至, 所執以自至也." 自"五玉"以下, 蒙上"修"文者, 執之使有常也. 若不言"贄", 則不知所用, 故言"贄"以結上, 又見玉·帛·生·

---

18) 『주례』「춘관(春官)·대종백(大宗伯)」 : 以禽作六摯, 以等諸臣. 孤執皮帛, 卿執羔, 大夫執鴈, 士執雉, 庶人執鶩, 工商執雞.

19) 『예기』「곡례상(曲禮上)」 : 飾羔鴈者, 以繢.

死皆所以爲贄, 以見君與自相見, 其贄同也.

◎孔傳: "玉帛"~"見之". ○『예기』「곡례(曲禮)」편에서는 "예물에 있어서 제후는 규를 사용하고, 경은 새끼 양을 사용하며, 대부는 기러기를 사용하고, 사는 꿩을 사용한다."[20]라 했다. 꿩은 살아있는 것을 사용할 수 없으니, '일사(一死)'라는 것이 꿩에 해당함과 '이생(二生)'이 새끼 양과 기러기에 해당함을 알 수 있다. 정현은 "지(贄)자는 이른다는 뜻이니, 잡고 있는 것을 가지고 스스로 찾아오는 것이다."라 했다. '오옥(五玉)'으로부터 그 이하의 것들은 앞에 나온 '수(修)'자에 걸리는데, 예물을 들 때 일정한 법칙을 갖게끔 한 것이다. 만약 지(贄)자를 언급하지 않았다면 사용되는 바를 알 수 없다. 그렇기 때문에 '지(贄)'자를 언급하여 앞 문장을 매듭지은 것이고, 또 옥·백·생·사가 모두 예물이 됨을 드러냈으니, 군주를 찾아뵙거나 스스로 서로 만나보는 경우 그 예물은 동일하다.

참고 1-3 『주례』「천관(天官)·포인(庖人)」 기록

경문 凡用禽獻, 春行羔豚, 膳膏香; 夏行腒鱐, 膳膏臊; 秋行犢麛, 膳膏腥; 冬行鮮羽, 膳膏羶.

무릇 짐승을 조리해 바칠 때, 봄에는 새끼 양과 새끼 돼지를 조리해서 바치는데 소의 지방을 섞어 요리하고, 여름에는 말린 꿩고기와 말린 물고기를 조리해서 바치는데 개의 지방을 섞어 요리하며, 가을에는 송아지와 새끼 사슴을 조리해서 바치는데 닭의 지방을 섞어 요리하고, 겨울에는 물고기와 기러기를 조리해서 바치는데 양의 지방을 섞어 요리한다.

---

20) 『예기』「곡례하(曲禮下)」: 凡贄, 天子鬯, 諸侯圭, 卿羔, 大夫鴈, 士雉, 庶人之贄匹. 童子委贄而退. 野外軍中無贄, 以纓·拾·矢, 可也.

鄭注 用禽獻, 謂煎和之以獻王. 鄭司農云: "膏香, 牛脂也, 以牛脂和之. 腒, 乾雉. 鱐, 乾魚. 膏臊, 豕膏也, 以豕膏和之." 杜子春云: "膏臊, 犬膏. 膏腥, 豕膏也. 鮮, 魚也. 羽, 鴈也. 膏羶, 羊脂也." 玄謂膏腥, 雞膏也. 羔豚, 物生而肥. 犢與麛, 物成而充. 腒・鱐, 暵熱而乾. 魚・鴈, 水涸而性定. 此八物者, 得四時之氣尤盛, 爲人食之弗勝, 是以用休廢之脂膏煎和膳之. 牛屬司徒, 土也. 雞屬宗伯, 木也. 犬屬司寇, 金也. 羊屬司馬, 火也.

'용금헌(用禽獻)'은 조리하고 조미하여 천자에게 바치는 것을 말한다. 정사농[21]은 "고향(膏香)은 소의 지방으로, 소의 지방으로 조미를 한다. 거(腒)는 말린 꿩고기이다. 숙(鱐)은 말린 물고기이다. '고조(膏臊)'는 돼지의 지방으로, 돼지의 지방으로 조미를 한다."고 했다. 두자춘[22]은 "고조(膏臊)는 개의 지방이다. 고성(膏腥)은 돼지의 지방이다. 선(鮮)은 물고기이다. 우(羽)는 기러기이다. 고전(膏羶)은 양의 지방이다."라 했다. 내가 생각하기에, '고성(膏腥)'은 닭의 지방이다. 새끼 양과 새끼 돼지는 사물이 생겨나게 되면 살찌게 된다. 송아지와 새끼 사슴은 사물이 다 자라나면 충만해진다. 거(腒)와 숙(鱐)은 말려서 건조시킨 것이다. 물고기와 기러기는 물이 마르면 성질이 안정된다. 이 여덟 가지 사물은 사계절의 기운 중 왕성한 것을 얻어서 사람이 먹으면 기운을 이겨내지 못하니, 이러한 까닭으로 쇠퇴하는 기운의 지방을 이용해서 조리하고 조미하여

---

21) 정중(鄭衆, ?~A.D.83) : =정사농(鄭司農). 후한(後漢) 때의 경학자이다. 자(字)는 중사(仲師)이다. 부친은 정흥(鄭興)이다. 부친에게 『춘추좌씨전(春秋左氏傳)』의 학문을 전수받았다. 또한 그는 대사농(大司農) 등의 관직을 역임하였기 때문에, '정사농'이라고도 불렀다. 한편 정흥과 그의 학문은 정현(鄭玄)에게 많은 영향을 주었기 때문에, 후대에서는 정현을 후정(後鄭)이라고 불렀고, 정흥과 그를 선정(先鄭)이라고도 불렀다. 저서로는 『춘추조례(春秋條例)』, 『주례해고(周禮解詁)』 등을 지었다고 하지만, 현재는 전해지지 않았다.

22) 두자춘(杜子春, B.C.30?~A.D.58?) : 후한(後漢) 때의 학자이다. 유흠(劉歆)에게서 수학하였다. 정중(鄭衆)과 가규(賈逵)에게 학문을 전수하였다.

요리하는 것이다. 소는 사도[23]에 속하니 토(土)에 해당한다.[24] 닭은 종
백[25]에 속하니 목(木)에 해당한다.[26] 개는 사구[27]에 속하니 금(金)에 해
당한다.[28] 양은 사마(司馬)에 속하니 화(火)에 해당한다.[29]

---

23) 사도(司徒)는 대사도(大司徒)라고도 부른다. 본래 주(周)나라 때의 관리로, 국가
의 토지 및 백성들에 대한 교화(敎化)를 담당했다. 전설상으로는 소호(少昊) 시대
때부터 설치되었다고 전해진다. 주나라의 육경(六卿) 중 하나였으며, 전한(前漢)
애제(哀帝) 원수(元壽) 2년(B.C. 1)에는 승상(丞相)의 관직명을 고쳐서, 대사도
(大司徒)라고 불렀고, 대사마(大司馬), 대사공(大司空)과 함께 삼공(三公)의 반
열에 있었다. 후한(後漢) 때에는 다시 '사도'로 명칭을 고쳤고, 그 이후로는 이
명칭을 계속 사용하다가 명(明)나라 때 폐지되었다. 명나라 이후로는 호부상서(戶
部尙書)를 '대사도'라고 불렀다.

24) 『주례』「지관사도(地官司徒)」 : 牛人, 中士二人, 下士四人, 府二人, 史四人,
胥二十人, 徒二百人.

25) 종백(宗伯)은 대종백(大宗伯)이라고도 부른다. 주(周)나라 때에는 육경(六卿) 중
하나에 해당하는 고위 관직이었다. 『주례』의 체제 속에서는 춘관(春官)의 수장이
된다. 종묘(宗廟)에 대한 제사 등 주로 예제(禮制)와 관련된 일을 담당하였다.
후대의 관직체계에서는 예부(禮部)에 해당하기 때문에, 예부상서(禮部尙書)를
또한 '대종백' 혹은 '종백'이라고도 부른다. 『서』「주서(周書)・주관(周官)」편에는
"宗伯掌邦禮, 治神人, 和上下."라는 기록이 있다. 또 『주례』「춘관(春官)・종백
(宗伯)」편에는 "乃立春官宗伯, 使帥其屬而掌邦禮, 以佐王和邦國."이라는 기
록이 있는데, 이에 대한 정현의 주에서는 "宗伯, 主禮之官."이라고 풀이했다. 한
(漢)나라 때에는 태재(太宰)라는 이름으로 관직명을 고치기도 했다. 한편 진(秦)
나라 때에는 종실(宗室)의 일들을 담당하는 종정(宗正)이라는 관리가 있었는데,
한나라 때에는 이 관직명을 '종백'으로 고치기도 했다.

26) 『주례』「춘관종백(春官宗伯)」 : 雞人, 下士一人, 史一人, 徒四人.

27) 사구(司寇)는 주(周)나라 때 설치되었던 관직이다. 하(夏)나라와 은(殷)나라 때에
도 이미 존재했었다고 주장하기도 한다. 주나라 때에는 육경(六卿) 중 하나였으
며, 대사구(大司寇)라고도 불렀다. 형벌이나 옥사에 관련된 일을 담당하였고, 감
찰 임무를 맡기도 하였다. 춘추시대(春秋時代)에는 여러 제후국들에 이 관직이
설치되었으며, 공자(孔子) 또한 노(魯)나라에서 '사구'를 지냈다고 전해지기도 한
다. 청(淸)나라 때에는 형부상서(刑部尙書)를 '대사구'로 불렀으며, 시랑(侍郎)을
소사구(少司寇)로 불렀다.

28) 『주례』「추관사구(秋官司寇)」 : 犬人, 下士二人, 府一人, 史二人, 賈四人, 徒

●“凡用”至“膏羶”. ○ 釋曰: 言“凡用禽獻”者, 四者不同, 故言凡也. 煎和謂之用, 故言凡用禽獻也. 云“春行羔豚, 膳膏香”者, 言行者, 義與用同. 春用羔豚者, 草物始生, 羔豚食而肥. 膳膏香者謂牛膏. 春, 木王, 火相, 土死, 羔豚爲其太盛, 牛屬中央土, 故以死之脂膏殺其氣. “夏行腒鱐, 膳膏臊”者, 腒謂乾雉. 鱐謂乾魚. 膏臊, 犬膏. 腒鱐, 夏之暵熱而乾, 故食之, 爲其太盛. 夏時金死, 犬屬西方金, 故用死之脂膏煎和之. 云“秋行犢麛, 膳膏腥”者, 秋時草物有實, 犢麛食之而肥, 故秋用犢麛. 膏腥謂雞膏. 雞屬東方木, 時木死, 故用死之脂膏煎和之. 云“冬行鮮羽, 膳膏羶”者, 鮮謂魚. 羽謂鴈. 冬, 魚之性定, 鴈又新來, 故用食之. 膏羶謂羊膏. 羊屬南方火. 冬時火死, 魚鴈食之大盛, 故用死之脂膏煎和之. 五行不言北方豕之脂膏者, 以其中央土王, 分於四時, 土賊水, 但無中央食法, 故不言豕之脂膏也.

● 經文: “凡用”~“膏羶”. ○“무릇 짐승을 조리해 바친다.”라고 했는데, 사계절마다 사용하는 것이 다르기 때문에 ‘범(凡)’이라고 말했다. 조리하고 조미하는 것을 ‘용(用)’이라 부른다. 그렇기 때문에 ‘범용금헌(凡用禽獻)’이라고 했다. “봄에는 새끼 양과 새끼 돼지를 조리해서 바치는데 소의 지방을 섞어 요리한다.”라고 했는데, ‘행(行)’이라 말한 것은 그 의미가 용(用)자와 동일하다. 봄에 새끼 양과 새끼 돼지를 조리하는 것은 봄에는 풀들이 생겨나기 시작하고 새끼 양과 새끼 돼지는 그것을 먹고 살찌기 때문이다. 소의 지방을 섞어 요리하는 것을 평고(平膏)라 부른다. 봄에는 목(木)의 기운이 왕성하고 화(火)의 기운이 도우며 토(土)의 기운이 죽는데, 새끼 양과 새끼 돼지는 왕성한 기운에 해당하고, 소는 중앙인 (土)에 속한다. 그러므로 죽어가는 기운에 해당하는 소의 지방으로 왕성한 기운을 죽이는 것이다. “여름에는 말린 꿩고기와 말린 물고기를 조리해서 바

十六人.

29) 『주례』「하관사마(夏官司馬)」: 羊人, 下士二人, 史一人, 賈二人, 徒八人.

치는데 개의 지방을 섞어 요리한다."라고 했는데, '거(腒)'는 말린 꿩고기를 뜻한다. '숙(鱐)'은 말린 물고기를 뜻한다. '고조(膏臊)'는 개의 지방이다. 말린 꿩고기와 말린 물고기는 여름철에 말리고 건조시킨다. 그렇기 때문에 그것을 먹으니, 왕성한 기운에 해당하기 때문이다. 여름철에는 금(金)의 기운이 죽는데, 개는 서쪽인 금(金)에 속한다. 그렇기 때문에 죽어가는 기운에 해당하는 개의 지방으로 조리하고 조미하는 것이다. "가을에는 송아지와 새끼 사슴을 조리해서 바치는데 닭의 지방을 섞어 요리한다."라 했는데, 가을철에는 초목이 결실을 맺고 송아지와 새끼 사슴은 그것을 먹고 살찌기 때문에 가을에는 송아지와 새끼 사슴을 조리한다. '고성(膏腥)'은 닭의 지방을 뜻한다. 닭은 동쪽인 목(木)에 속하고, 당시 목의 기운이 죽기 때문에 죽어가는 기운에 해당하는 닭의 지방으로 조리하고 조미하는 것이다. "겨울에는 물고기와 기러기를 조리해서 바치는데 양의 지방을 섞어 요리한다."라고 했는데, '선(鮮)'은 물고기를 뜻한다. '우(羽)'는 기러기를 뜻한다. 겨울에는 물고기의 성질이 안정되고, 기러기는 또 새로이 찾아온다. 그렇기 때문에 그것을 조리해서 먹는다. '고전(膏羶)'은 양의 지방을 뜻한다. 양은 남쪽인 화(火)에 속한다. 겨울철에는 화(火)의 기운이 죽고, 물고기와 기러기를 먹는 것은 왕성한 기운을 먹는 것이다. 그렇기 때문에 죽어가는 기운에 해당하는 양의 지방으로 조리하고 조미하는 것이다. 오행(五行) 중 북쪽에 해당하는 돼지의 지방을 언급하지 않은 것은 중앙은 토(土)가 주관하고 사계절에 나뉘어 있는데, 토(土)는 수(水)를 해친다. 다만 중앙에 해당하는 짐승을 먹는 예법이 없기 때문에 돼지의 지방을 언급하지 않은 것이다.

賈疏 ◎注"用禽"至"火也". ○釋曰: 云"用禽獻, 謂煎和之以獻王"者, 殺牲謂之用, 煎和謂之膳. 用膳相將之言, 故以煎和解用. 上言賓客之禽獻, 此用禽以王爲主, 故言獻王. "鄭司農云, 膏香牛脂也"者, 按內則鄭注: "釋者曰膏, 凝者曰脂." 彼是相對之義, 通而言之, 脂膏一

也, 故司農以脂解膏. 云"腒, 乾雉"者, 以土相見云"冬用雉, 夏用腒",
故知腒乾雉也. 云"鱐, 乾魚"者, 籩人職云"魚鱐", 此鱐腒同是夏用之,
腒旣是乾雉, 明鱐是乾魚. 云"膏臊, 豕膏也"者, 經云"夏行腒鱐, 膳膏
臊", 此經四時所膳者, 皆取所賊死之脂膏. 火賊金卽膏臊犬膏也, 不
得云北方豕膏. 又杜子春云"膏臊, 犬膏"者, 於義是也. 云"膏腥, 豕膏
也"者, 於義非也, 以其秋行犢麛, 秋時金王, 金克木, 雞屬東方木, 則
膏腥雞膏也, 不得爲豕膏. 云"鮮, 魚也. 羽, 鴈也"者, 尙書·益稷云
"與稷決川而鮮食". 鮮出於川, 故知鮮魚也. 又此鮮對羽, 故知鮮是
魚. 知羽是鴈者, 以其禽摯中有羔·雉·鴈, 此禽獻中已有羔雉, 明
亦有鴈, 故以羽爲鴈也. "玄謂膏腥, 雞膏也"者, 破子春豕膏. 云"魚鴈
水涸而性定"者, 依周語云"天根見而水涸", 鄭注月令云"天根見, 九
月末", 是水涸在九月末·十月初. 云"是以用休廢之脂膏"者, 五行王
相相克. 春木王, 火相, 土死, 金囚, 水爲休廢. 夏火王, 土相, 金死,
水囚, 木爲休廢. 已下推之可知. 王所勝者死, 相所勝者囚, 新謝者
爲休廢. 若然, 向來所膳膏者, 皆是死之脂膏. 鄭云休廢者, 相對死
與休廢別, 散則死亦爲休廢, 故鄭以休廢言之也. 云"牛屬司徒土也"
者, 鄭於司徒注云"牛能任載地之類", 故屬土. 云"雞屬宗伯木也"者,
雞爲貌, 雞又知時, 象春, 故屬木. 云"犬屬司寇金也"者, 金爲言, 犬
亦言, 屬金. 云"羊屬司馬火也"者, 火爲視, 羊亦視, 故屬火.

◎ 鄭注: "用禽"~"火也". ○ 정현이 "'용금헌(用禽獻)'은 조리하고 조미하
여 천자에게 바치는 것을 말한다."라고 했는데, 희생물을 도축하는 것을
'용(用)'이라 하고, 조리하고 조미하는 것을 '선(膳)'이라 한다. 용(用)과
선(膳)을 함께 언급했기 때문에 조리하고 조미한다는 뜻으로 용(用)자를
풀이하였다. 앞에서는 빈객에게 짐승을 요리해 바치는 것을 언급했는데,
이곳에서는 짐승을 이용해 천자에게 바치는 것을 위주로 말하고 있다.
그렇기 때문에 '헌왕(獻王)'이라 말한 것이다. 정현이 "정사농은 고향(膏
香)은 소의 지방이라 했다."라고 했는데, 『예기』 「내칙(內則)」편에 대한

정현의 주를 살펴보면, "지방이 녹은 것은 고(膏)라 부르고, 응고된 것은 지(脂)라 부른다."30)고 했다. 「내칙」편의 주는 서로 대비하는 뜻에 해당하는데, 통괄해서 말하게 되면 지(脂)와 고(膏)는 동일하다. 그렇기 때문에 정사농은 지(脂)자로 고(膏)자를 풀이한 것이다. 정사농은 "거(胠)는 말린 꿩고기이다."라고 했는데, 「사상견례」에서 "겨울에는 죽은 꿩을 사용하고, 여름에는 말린 꿩고기를 사용한다."라고 했다. 그렇기 때문에 거(胠)가 말린 꿩고기에 해당함을 알 수 있다. 정사농은 "숙(鱐)은 말린 물고기이다."라고 했는데, 『주례』「변인(籩人)」편의 직무기록에서 '어(魚)와 숙(鱐)'31)이라 했고, 이곳에서는 숙(鱐)과 거(胠)는 모두 여름에 조리한다고 했으며, 거(胠)가 이미 말린 꿩고기에 해당하므로, 숙(鱐)이 말린 물고기에 해당함을 나타낸다. 정사농은 "고조(膏臊)는 돼지의 지방이다."라고 했는데, 경문에서는 "여름에는 말린 꿩고기와 말린 물고기를 조리해서 바치는데 고조(膏臊)를 섞어 요리한다."라 했다. 이곳 경문은 사계절별로 조리해서 바치는 음식에 대한 것이며, 모두 해치고 죽이는 기운의 짐승 지방을 취해서 사용한다. 화(火)는 금(金)을 해치니, 곧 고조(膏臊)는 개의 지방이 되며, 북쪽에 해당하는 돼지의 지방이라고 말할 수 없다. 또 두자춘은 "고조(膏臊)는 개의 지방이다."라 했는데, 의미상 옳다. 두자춘은 "고성(膏腥)은 돼지의 지방이다."라고 했는데, 의미상 옳지 않으니, 가을에는 송아지와 새끼 사슴을 조리하며, 가을철에는 금(金)의 기운이 왕성하며, 금(金)은 목(木)을 이기는데, 닭은 동쪽인 목(木)에 속하므로, 고성(膏腥)은 닭의 지방이며, 돼지의 지방이 될 수 없다. 두자

---

30) 이 문장은 『예기』「내칙(內則)」편의 "膾, 春用蔥, 秋用芥. 豚, 春用韭, 秋用蓼. 脂用蔥, 膏用薤, 三牲用藙, 和用醯, 獸用梅."라는 기록에 대한 정현의 주이다. 정현의 주 원문은 "'지(脂)'는 지방이 응고된 것이며, 녹은 것을 '고(膏)'라고 부른다.[脂肥凝者, 釋者曰膏.]"라고 되어 있다.

31) 『주례』「천관(天官)·변인(籩人)」 : 朝事之籩, 其實麷·蕡·白·黑·形鹽·膴·鮑魚·鱐.

춘은 "선(鮮)은 물고기이다. 우(羽)는 기러기이다."라고 했는데, 『상서』「익
직(益稷)」편에서는 "직과 함께 하천을 트고 선(鮮)을 먹었다."라 했다.
선(鮮)이 하천에서 나왔기 때문에 선(鮮)이 물고기에 해당한다는 사실을
알 수 있다. 또 여기에서 선(鮮)은 우(羽)와 대비를 해서 기록했다. 그렇
기 때문에 선(鮮)이 물고기에 해당함을 알 수 있다. 우(羽)가 기러기에
해당함을 알 수 있는 것은 예물로 사용하는 짐승 중에는 새끼 양과 꿩과
기러기가 포함된다. 이곳에서 금헌(禽獻)이라고 했을 때, 그 가운데 이미
새끼 양과 꿩이 포함되어 있기 때문에 또한 기러기도 포함됨을 나타낸다.
그래서 우(羽)를 기러기로 여긴 것이다. 정현이 "내가 생각하기에, '고성
(膏腥)'은 닭의 지방이다."라고 했는데, 두자춘이 돼지의 지방이라고 한
것을 논파한 말이다. 정현이 "물고기와 기러기는 물이 마르면 성질이 안
정된다."라고 했는데, 『국어』「주어(周語)」에 따르면 "천근(天根)[32]이 나
타나면 물이 마른다."[33]라 했고, 『예기』「월령(月令)」편에 대한 정현의
주에서는 "천근이 나타나는 것은 9월 말이다."[34]라 했다. 이것은 물이
마르는 것이 9월 말과 10월 초에 해당함을 나타낸다. 정현이 "이러한 까닭
으로 쇠퇴하는 기운의 지방을 이용해서 조리하고 조미한다."라고 했는데,
오행(五行)은 각 기운이 계절에 따라 왕성하게 되기도 하고 돕기도 하며
서로 상극하기도 한다. 봄에는 목(木)의 기운이 왕성하고 화(火)의 기운
이 도우며 토(土)의 기운이 죽고 금(金)의 기운이 갇히며 수(水)의 기운
이 쇠퇴하게 된다. 여름에는 화(火)의 기운이 왕성하고 토(土)의 기운이
도우며 금(金)의 기운이 죽고 수(水)의 기운이 갇히며 목(木)의 기운이

---

32) 천근(天根)은 동방에 속한 별자리 중 3번째 별자리로, 저수(氐宿)에 해당한다.
   총 4개의 별로 이루어져 있다.
33) 『국어』「주어중(周語中)」: 夫辰角見而雨畢, <u>天根見而水涸</u>, 本見而草木節解,
   駟見而隕霜, 火見而淸風戒寒.
34) 이 문장은 『예기』「월령(月令)」편의 "是月也, 日夜分, 雷始收聲, 蟄蟲坏戶, 殺
   氣浸盛, 陽氣日衰, 水始涸."라는 기록에 대한 정현의 주이다.

쇠퇴한다. 그 나머지도 이를 추론해보면 그 관계를 알 수 있다. 왕성한 기운이 이겨내는 대상이 죽는 것이고, 돕는 기운이 이겨내는 대상이 갇히는 것이며 새로 양보하는 것이 쇠퇴하는 것이다. 만약 그렇다면 이전에 요리하며 사용했던 지방은 모두 죽는 기운에 해당하는 동물의 지방에 해당한다. 그런데 정현이 쇠퇴라고 말한 것은 서로 대비해서 말하면 죽는 것과 쇠퇴하는 것은 구별되지만, 범범하게 말한다면 죽는다는 것 또한 쇠퇴하는 것이 된다. 그렇기 때문에 정현이 휴폐(休廢)라고 말한 것이다. 정현이 "소는 사도에 속하니 토(土)에 해당한다."라고 했는데, 『주례』「사도(司徒)」편에 대한 정현의 주에서는 "소는 싣는 일을 맡을 수 있으니 땅의 부류이다."[35]라 했다. 그렇기 때문에 토(土)에 속한다. 정현이 "닭은 종백에 속하니 목(木)에 해당한다."라고 했는데, 닭은 모양이 되고 닭은 또 시각을 알며 봄을 형상하기 때문에 목(木)에 속한다. 정현이 "개는 사구에 속하니 금(金)에 해당한다."라고 했는데, 금(金)은 말에 해당하고, 개 또한 말에 해당하니 금(金)에 속한다. 정현이 "양은 사마(司馬)에 속하니 화(火)에 해당한다."라고 했는데, 화(火)는 봄에 해당하고, 양 또한 봄에 해당하기 때문에 화(火)에 속한다.

참고 1-4 『예기』「곡례상(曲禮上)」 기록

경문 執禽者, 左首.

새를 바칠 때에는 새를 잡고서 머리를 좌측 방향으로 해서 바친다.

鄭注 左首, 尊.

---

35) 이 문장은 『주례』「지관(地官)·대사도(大司徒)」편의 "祀五帝, 奉牛牲, 羞其肆."라는 기록에 대한 정현의 주이다.

머리를 좌측 방향으로 해서 주는 것은 머리가 존귀한 부위이기 때문이다.

孔疏 ● "執禽者左首"者, 禽, 鳥也. 左, 陽也, 首亦陽也. "左首", 謂橫捧之也, 凡鳥皆然. 若並授, 則主人在左, 故客以鳥首授之也. 不牽, 故執之也.

● 經文: "執禽者左首". ○ '금(禽)'자는 조류를 뜻한다. 좌측은 음양으로 따지면 양(陽)에 해당하며, 신체 중 머리 또한 양(陽)에 해당한다. '좌수(左首)'라는 말은 옆으로 눕혀서 든다는 뜻으로, 무릇 조류에 대해서는 모두 이러한 방식으로 든다. 만약 주인과 빈객이 나란히 서서 주고받는 경우라면 주인은 좌측에 있게 된다. 그렇기 때문에 빈객이 새의 머리 부분을 주인에게 건네는 것이다. 새는 끌고 갈 수 없기 때문에 손으로 잡고 가는 것이다.

참고 1-5 『논어』「양화(陽貨)」 기록

경문 孺悲欲見孔子, 孔子辭以疾. 將命者出戶, 取瑟而歌, 使之聞之.

유비가 공자를 뵙고자 하였는데, 공자는 질병을 핑계로 사양하였다. 명령을 전달하는 자가 방문 밖으로 나가자 슬(瑟)을 가져다가 노래하며 그로 하여금 듣게 하였다.

何注 孺悲, 魯人也. 孔子不欲見, 故辭之以疾. 爲其將命者不已, 故歌令將命者悟, 所以令孺悲思之.

'유비(孺悲)'는 노나라 사람이다. 공자는 만나보고자 하지 않았기 때문에 질병을 핑계로 사양한 것이다. 명령을 전달하는 자가 그치지 않을 것이기 때문에 노래를 불러 명령을 전달하는 자가 깨닫게 한 것으로, 유비로 하여금 자신의 잘못을 생각해보게끔 한 것이다.

●"孺悲"至"聞之". ○ 正義曰: 此章蓋言孔子疾惡也. "孺悲欲
見孔子, 孔子辭以疾"者, 孺悲, 魯人也. 來欲見孔子, 孔子不欲見, 故
辭之以疾也. "將命者出戶, 取瑟而歌, 使之聞之"者, 將猶奉也. 奉命
者, 主人傳辭出入人也. 初, 將命者來, 入戶言孺悲求見, 夫子辭之以
疾. 又爲將命者不已, 故取瑟而歌, 令將命者聞之而悟, 己無疾, 但不
欲見之, 所以令孺悲思之.

● 經文: "孺悲"~"聞之". ○ 이 문장은 아마도 공자가 미워했던 것을 말하
는 것 같다. "유비가 공자를 뵙고자 하였는데, 공자는 질병을 핑계로 사양
하였다."라고 했는데, '유비(孺悲)'는 노나라 사람이다. 찾아와서 공자를
만나보고자 하였는데, 공자는 만나보고싶지 않았기 때문에 질병을 핑계
로 사양하였다. "명령을 전달하는 자가 방문 밖으로 나가자 슬(瑟)을 가
져다가 노래하며 그로 하여금 듣게 하였다."라고 했는데, '장(將)'자는 받
들다는 뜻이다. 명령을 받드는 자는 주인의 말을 전달하기 위해 출입하는
사람을 뜻한다. 애초에 명령을 전달하는 자가 와서 방문으로 들어와 유비
가 만나보기를 청한다고 말하자 부자는 질병을 핑계로 사양한 것이다.
또 명령을 전달하는 자가 그치지 않을 것이기 때문에 슬을 가져다가 노래
를 불러서 명령을 전달하는 자가 그 소리를 듣고 깨닫게 한 것이니, 자신
에게는 질병이 없고 단지 그를 만나보고싶지 않다는 것으로, 유비로 하여
금 자신의 잘못을 생각해보게끔 한 것이다.

孺悲, 魯人, 嘗學士喪禮於孔子, 當是時必有以得罪者, 故辭
以疾, 而又使知其非疾, 以警教之也.

'유비(孺悲)'는 노나라 사람으로 일찍이 사상례(士喪禮)를 공자에게서
배웠던 자인데 당시에 분명 죄를 지었던 것이다. 그래서 질병을 핑계로

사양한 것이며, 또 그로 하여금 질병 때문이 아니라는 사실을 알게끔 하여 경계를 통해 일깨워준 것이다.

集註 程子曰: 此孟子所謂不屑之敎誨, 所以深敎之也.

정자가 말하길, 이것은 맹자가 말한 '좋게 여기지 않는 가르침'[36]이라는 것으로 깊이 깨우쳐주기 위한 것이다.

참고 1-6 『춘추공양전』 장공(莊公) 10년 기록

전문 州不若國, 國不若氏, 氏不若人, 人不若名, 名不若字.

주(州)를 기록하는 것은 국(國)을 기록하는 것만 못하고, 국(國)을 기록하는 것은 씨(氏)를 기록하는 것만 못하며, 씨(氏)를 기록하는 것은 인(人)을 기록하는 것만 못하고, 인(人)을 기록하는 것은 명(名)을 기록하는 것만 못하며, 명(名)을 기록하는 것은 자(字)를 기록하는 것만 못하다.

何注 皆取精詳錄也.

이 모두는 자세하고 상세한 기록에 따라 서술한 것이다.

徐疏 ●"州不若國". ○解云: 言荊不如言楚.

● 傳文: "州不若國". ○ 형(荊)이라 말한 것은 초(楚)라 말하는 것만 못하다는 뜻이다.

徐疏 ●"國不若氏". ○解云: 言楚不如言潞氏·甲氏.

---

36) 『맹자』「고자하(告子下)」: 孟子曰, "敎亦多術矣, 予不屑之敎誨也者, 是亦敎誨之而已矣."

● 傳文: "國不若氏". ○ 초(楚)라 말하는 것은 노씨(潞氏)나 갑씨(甲氏)라 말하는 것만 못하다는 뜻이다.

徐疏 ●"氏不若人". ○解云: 言潞氏不如言楚人.

● 傳文: "氏不若人". ○ 노씨(潞氏)라 말하는 것은 초인(楚人)이라 말하는 것만 못하다는 뜻이다.

徐疏 ●"人不若名". ○解云: 言楚人不如言介葛盧.

● 傳文: "人不若名". ○ 초인(楚人)이라 말하는 것은 개갈로(介葛盧)라 말하는 것만 못하다는 뜻이다.

徐疏 ●"名不若字". ○解云: 言介葛盧不如言邾婁儀父.

● 傳文: "名不若字". ○ 개갈로(介葛盧)라 말하는 것은 주루의보(邾婁儀父)라 말하는 것만 못하다는 뜻이다.

徐疏 ◎注"皆取精詳錄也". ○解云: 正以貴重爲詳錄, 輕賤爲略之也.

◎ 何注: "皆取精詳錄也". ○ 귀하고 중대한 것에 대해서는 상세히 기록하고, 가볍고 천한 것에 대해서는 약술한다는 뜻이다.

전문 字不若子.

자(字)를 기록하는 것은 자(子)를 기록하는 것만 못하다.

何注 爵最尊, 春秋假行事以見王法, 聖人爲文辭孫順, 善善惡惡, 不可正言其罪, 因周本有奪爵稱國氏人名字之科, 故加州文, 備七等, 以進退之, 若自記事者書人姓名, 主人習其讀而問其傳, 則未知己之有罪焉爾, 猶此類也.

작위가 가장 존귀하니, 『춘추』에서 어떤 일을 시행하는 것을 통해 천자와 법도를 드러내고, 성인은 글자를 기록함에 겸손하고 유순하게 하며 선한 것을 좋아하고 악한 것을 미워하였으나 그 죄를 직접적으로 언급할 수 없었으므로, 주나라에 본래부터 작위를 빼았으면 국(國)·씨(氏)·인(人)·명(名)·자(字)로 부르던 것이 있음에 연유했기 때문에 주(州)로 기록하는 것을 더하여 일곱 등급을 갖추었고, 이를 통해 밀고 물렸으니, 마치 그 사안을 기록한 자가 인(人)·성(姓)·명(名)으로 기록해서, 당사자가 그 기록을 읽고 그 의미를 묻더라도 자신에게 죄가 있는지 몰랐던 것들도 이와 같은 부류이다.

徐疏 ●"字不若子". ○解云: 言邾婁儀父不如言楚子·吳子.

● 傳文: "字不若子". ○ 주루의보(邾婁儀父)라 말하는 것은 초자(楚子)나 오자(吳子)라 말하는 것만 못하다는 뜻이다.

徐疏 ◎注"春秋"至"王法". ○解云: 卽孔子曰"我欲託諸空言, 不如載諸行事", 是也.

◎ 何注: "春秋"~"王法". ○ 즉 공자가 "나는 공언에 의탁하고자 하나 여러 일을 시행하는 것에 싣는 것만 못하다."라고 한 말에 해당한다.

徐疏 ◎注"善善"至"其罪". ○解云: 若其善善可正言其美, 但以惡惡不可正言其罪, 若正言其罪, 則非孫順之義, 故此何氏偏以其罪言之. 若其備文, 宜云不可正言其善惡矣.

◎ 何注: "善善"~"其罪". ○ 선함을 좋아하는 것에 대해서는 그 아름다움을 직접적으로 말할 수 있지만, 악함을 미워하는 것에 대해서는 그 죄를 직접적으로 말할 수 없다. 만약 그 죄를 직접적으로 말하게 된다면 공손

하고 유순한 뜻이 아니다. 그렇기 때문에 이곳에서 하씨는 한쪽으로 그 죄에 대해서 언급한 것이다. 만약 그 문장을 자세히 갖춰서 쓴다면, 마땅히 "그 선악에 대해서는 직접적으로 말할 수 없다."라 말해야 한다.

徐疏 ◎注"因周"至"之科". ○解云: 卽隱元年注邾婁儀父云"稱字所以得爲褒者, 儀父本在春秋前失爵, 在名例"之屬, 是也.

◎何注: "因周"~"之科". ○은공 1년에 주루의보(邾婁儀父)에 대한 주에서 "자(字)를 지칭한 것은 그를 기릴 수 있기 때문이니, 의보는 본래 춘추 이전에 작위를 잃었으니, 이름을 나열하는 것에 해당한다."라고 한 부류가 여기에 해당한다.

徐疏 ◎注"故加州"至"姓名". ○解云: 所以必備七等之法者, 正以北斗七星主賞罰, 示法. 春秋者, 賞罰之書, 故則之. 故說題辭曰"北斗七星有政, 春秋亦以七等宣化", 運斗樞曰"春秋設七等之文, 以貶絶錄行, 應斗屈伸", 是也.

◎何注: "故加州"~"姓名". ○반드시 일곱 등급의 법칙을 갖췄던 것은 북두칠성이 상벌을 주관하기 때문에 이를 통해 그 법도를 드러낸 것이다. 『춘추』라는 것은 상벌에 대한 기록이다. 그렇기 때문에 이것을 따른 것이다. 그래서 『설제사』에서는 "북두칠성에는 정교가 포함되니, 『춘추』 또한 일곱 등급으로 교화를 펼쳤다."라 했고, 『운두추』에서는 "『춘추』에서는 일곱 등급의 문장을 기록하여 폄절을 통해 행동을 기록하여 북두칠성의 굴신 작용에 따랐다."라 했다.

徐疏 ◎注"主人"至"焉爾". ○解云: 定元年傳文, 彼注云"此假設而言之, 主人謂定·哀也. 習其經而讀之, 問其傳解詁, 則未知己之有罪於是", 是也.

◎ 何注: "主人"~"焉爾". ○ 정공 1년의 전문이다. 그 주에서는 "이것은 가설하여 말한 것으로, '주인(主人)'은 정공과 애공을 뜻한다. 그 경문을 익혀 읽고서 그 전문의 뜻에 대해 묻더라도, 여기에 자신의 죄가 있는지 알지 못한다."라 했다.

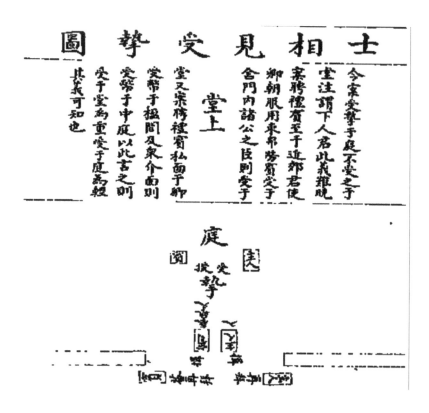

그림 1-2 각종 예물: 훈(纁)·현(玄)·황(黃), 고(羔)·안(鴈)·치(雉)

※ 출처: 『삼재도회(三才圖會)』「문사(文史)」 2권

그림 1-3 오옥(五玉) : 황(璜) · 벽(璧) · 장(璋) · 규(圭) · 종(琮)

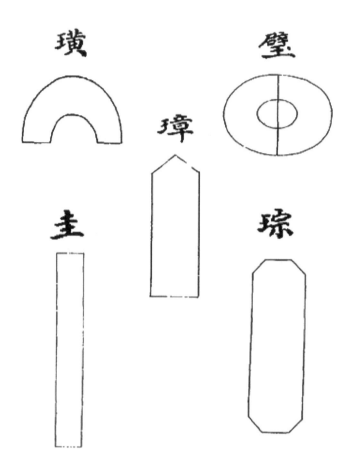

璜

璧

璋

圭

琮

※ 출처: 『주례도설(周禮圖說)』 하권

※ 출처: 『흠정서경도설(欽定書經圖說)』 2권 「순수대종도(巡守岱宗圖)」

그림 1-5 망사산천도(望祀山川圖)

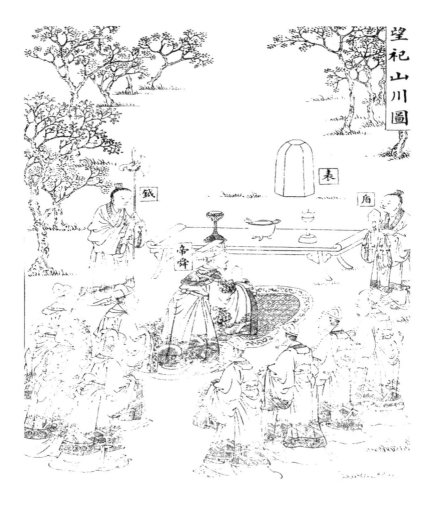

※ 출처:『흠정서경도설(欽定書經圖說)』2권「망사산천도(望祀山川圖)」

그림 1-6 구주(九州)와 오악(五岳)

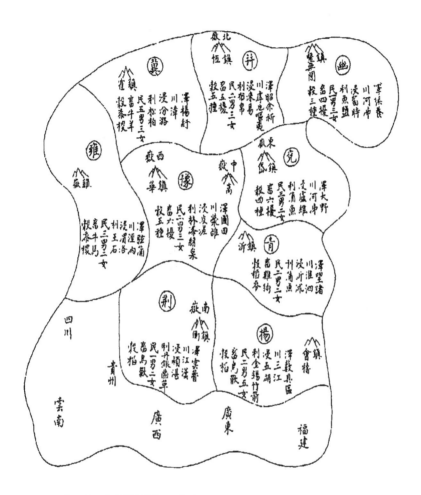

※ 출처: 『주례도설(周禮圖說)』 상권

그림 1-7 저수(氐宿)

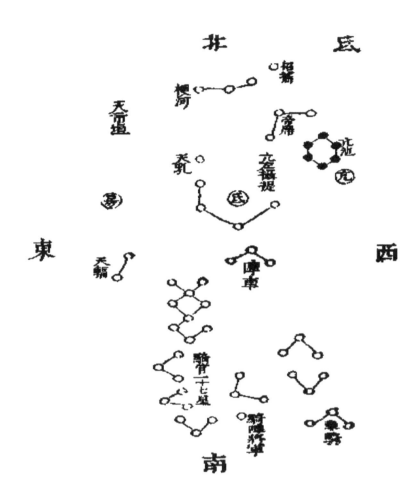

※ 출처: 『삼재도회(三才圖會)』「천문(天文)」 2권

그림 1-8 슬(瑟)

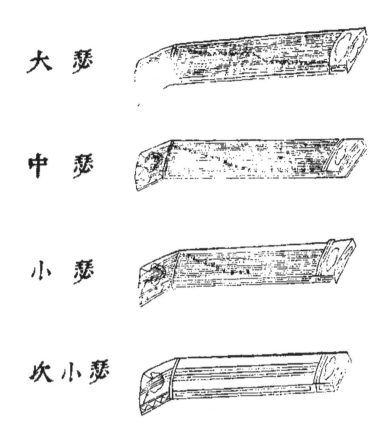

大 瑟

中 瑟

小 瑟

次 小 瑟

※ 출처: 『삼재도회(三才圖會)』「기용(器用)」 3권

主人對曰: "某子命某見, 吾子有辱. 請吾子之就家也, 某將
走見."

직역 主人이 對하여 曰 "某子께서 某에게 見하라 命하신데, 吾子께서 有히 辱합니다.
請컨대 吾子께서는 家로 就하시면, 某가 將히 走見하겠습니다."

의역 주인은 대답하며 "아무개[소개자]께서 아무개[주인]에게 그대를 찾아뵈라고
명하셨는데, 그대께서 또한 수고롭게도 찾아오셨습니다. 청컨대 그대께서 집으
로 돌아가 계시면, 아무개[주인]가 장차 찾아가서 뵙도록 하겠습니다."라 한다.

鄭注 有, 又也. 某子命某往見, 今吾子又自辱來, 序其意也. 走, 猶
往也. 今文無走.

'유(有)'자는 우(又)자의 뜻이다. 아무개께서 아무개에게 명하시여 가서
찾아뵈라고 하셨는데, 지금 그대께서 또한 스스로 욕되게도 찾아오셨다
는 것으로, 그 뜻을 서술한 것이다. '주(走)'자는 가다는 뜻이다. 금문에는
'주(走)'자가 없다.

賈疏 ● "主人"至"走見". ○ 釋曰: 云"某子命某見"者, 某子則是紹介
姓名, 以某子是中間之人, 故賓主共稱之也. 此上下皆言請, 不言辭.
辭而不受, 須相見, 故言請而已.

● 經文: "主人"~"走見". ○ "아무개께서 아무개에게 그대를 찾아뵈라고
명하셨다."라고 했는데, '모자(某子)'는 소개를 시켜준 자의 성명으로, 모
자(某子)가 중간에 연결해준 사람이기 때문에 빈객과 주인이 함께 그를
지칭하는 것이다. 이 문장 앞뒤에서는 모두 청한다고 말하고 사양한다고
말하지 않았다. 사양을 하고 받지 않으려면 서로 만나보아야만 한다. 그
렇기 때문에 청한다고만 말했을 뿐이다.

賈疏 ◎注“有又”至“無走”. ○釋曰: 鄭轉有爲又者, 以言某子以命命某, 往就彼見吾子, 又自辱來, 於義爲便, 故從又, 不從有也. 云“走, 猶往也”者, 以言走, 直取急往相見之意, 非走驟之義, 故釋從往也. 云“今文無走字”者, 無走, 於文義不足, 故不從今文從古文也.

◎鄭注: “有又”~“無走”. ○ 정현은 선회하여 유(有)자를 우(又)자로 여겼는데, 아무개가 주인의 명으로 아무개에게 명하여 그에게 찾아가 나를 만나보라고 하였는데, 또 스스로 욕되게 찾아온 것이니, 우(又)자로 보는 것이 의미상 편안하다. 그렇기 때문에 우(又)자에 따르고 유(有)자에 따르지 않았다. 정현이 “‘주(走)’자는 가다는 뜻이다.”라고 했는데, 주(走)라고 말한 것은 단지 급히 찾아가 서로 만나본다는 뜻에 따른 것이지 달려간다는 뜻이 아니다. 그렇기 때문에 풀이하며 왕(往)자에 따른 것이다. 정현이 “금문에는 ‘주(走)’자가 없다.”라고 했는데, 주(走)자가 없으면 문장의 뜻이 부족하게 된다. 그렇기 때문에 금문에 따르지 않고 고문에 따른 것이다.

賓對曰: "某不足以辱命, 請終賜見."

직역 賓이 對하여 曰 "某는 辱으로 命하심을 不足하니, 請컨대 終히 見을 賜해주십시오."

의역 빈객은 대답하며 "아무개[빈객]는 욕되이 찾아오시겠다는 명을 받아들이기가 힘드니, 청컨대 끝내 만나뵙는 것을 허락해주십시오."라 한다.

鄭注 命, 謂請吾子之就家.

'명(命)'은 "청컨대 그대께서 집으로 돌아가 계십시오."[1]라고 한 말을 가리킨다.

---

1) 『의례』「사상견례」 : 主人對曰: "某子命某見, 吾子有辱. 請吾子之就家也, 某將走見."

主人對曰: "某不敢爲儀, 固請吾子之就家也, 某將走見."

직역 主人이 對하여 曰 "某는 儀를 爲하기가 不敢하니, 固히 請컨대 吾子께서는 家로 就하시면, 某가 將히 走見하겠습니다."

의역 주인은 대답하며 "아무개[주인]는 감히 겉치레로 하는 말이 아니니, 거듭 청컨대 그대께서 집으로 돌아가 계시면, 아무개[주인]가 장차 찾아가서 뵙도록 하겠습니다."라 한다.

鄭注 不敢爲儀, 言不敢外貌爲威儀, 忠誠欲往也. 固, 如故也. 今文不爲非, 古文云"固以請"也.

'불감위의(不敢爲儀)'는 감히 겉으로만 위엄스러운 행동거지를 보이는 것이 아니며, 진심으로 찾아가고자 한다는 뜻이다. '고(固)'자는 이전과 같다는 뜻이다. 금문에는 '불(不)'자가 비(非)자로 되어 있고, 고문에는 '고이청(固以請)'으로 되어 있다.

賈疏 ◎注"不敢"至"以請". ○釋曰: 固如故也者, 固爲堅固, 堅固則如故, 以再請如前, 故云固如故也. 云"今文不爲非"者, 云非敢於義不便, 故不從今文非也. 云"古文云'固以請'"者, 固請於文從便, 若有以字於文賒緩, 故不從古文"固以請"也.

◎鄭注: "不敢"~"以請". ○정현이 "'고(固)'자는 이전과 같다는 뜻이다."라고 했는데, '고(固)'자는 견고하다는 뜻이고, 견고하다면 이전과 같으니, 재차 이전처럼 청하는 것이기 때문에 "'고(固)'자는 이전과 같다는 뜻이다."라 했다. 정현이 "금문에는 '불(不)'자가 비(非)자로 되어 있다."라고 했는데, '비감(非敢)'은 의미상 편안치 않기 때문에 금문의 비(非)자에 따르지 않았다는 뜻이다. 정현이 "고문에는 '고이청(固以請)'으로 되어 있다."라고 했는데, '고청(固請)'이 문장상 편안한데, 만약 '이(以)'자가 있

는 것으로 보게 되면 문장이 느슨해진다. 그렇기 때문에 고문의 '고이청
(固以請)'에 따르지 않았다.

賓對曰: "某不敢爲儀, 固以請."

직역 賓이 對하여 曰 "某는 儀를 爲하기가 不敢하니, 固히 請합니다."

의역 빈객이 대답하며 "아무개[빈객]는 감히 겉치레로 하는 말이 아니니, 거듭 만나 뵙기를 청합니다."라 한다.

鄭注 言如固請終賜見也. 今文不爲非.

이전과 같이 끝내 만나뵙는 것을 허락해달라는 뜻이다. 금문에는 '불(不)' 자가 비(非)자로 되어 있다.

主人對曰: “某也固辭, 不得命, 將走見. 聞吾子稱摯, 敢辭
摯.”

직역 主人이 對하여 曰 “某는 固辭나 命을 不得하니, 將히 走하여 見하겠습니다. 聞
컨대 吾子께서 摯를 稱이라 하니, 敢히 摯를 辭합니다.”

의역 주인이 대답하며 “아무개[주인]는 고사¹⁾를 하였으나 허락을 받지 못했으니,
문밖으로 나아가 만나뵙도록 하겠습니다. 듣자니 그대께서 예물을 가져오셨
다고 하는데 감히 예물을 사양하고자 합니다.”라 한다.

鄭注 不得命者, 不得見許之命也. 走, 猶出也. 稱, 擧也. 辭其摯,
爲其大崇也. 古文曰“某將走見”.

‘부득명(不得命)’은 상대방 집으로 찾아가 만나보는 것을 수락한다는 명
을 받지 못했다는 뜻이다. ‘주(走)’자는 나간다는 뜻이다. ‘칭(稱)’자는 든
다는 뜻이다. 예물을 사양하는 것은 예물이 있게 되면 너무 중대한 의례
가 되기 때문이다. 고문에는 ‘모장주견(某將走見)’이라고 되어 있다.

賈疏 ◎注“不得”至“走見”. ○釋曰: 云“走猶出也”者, 亦如上之走往,
彼據向賓家, 故走爲往, 此據出門, 故云走猶出也. 云“辭其摯, 爲其
大崇也”者, 凡賓主相見, 唯此新升爲士有摯, 又初不相識, 故有摯爲
重. 對重相見, 則無摯爲輕. 是以始相見辭之, 爲大崇故也. 云“古文
曰‘某將走見’”者, 上再番皆云“某將走見”, 今此三者亦云“某將走見”,
與前同, 此疊古文不從者, 以上第一番請賓主皆無“不敢爲儀”, 第二
番賓及主人皆云“不敢爲儀”, 文句旣異, 若不云某, 於文不便, 故須云

---

1) 고사(固辭)는 빈객과 주인은 예법에 따라 세 번 사양을 하게 되는데, 처음 사양하
   는 것을 ‘예사(禮辭)’라고 부르며, 두 번째 사양하는 것을 ‘고사’라고 부르고, 세
   번째 사양하는 것을 ‘종사(終辭)’라고 부른다.

某也. 此三番於上已云某也固辭不得命, 於下不須云某, 於文便, 古文更云"某將走見", 文疊, 故不從也.

◎ 鄭注: "不得"~"走見". ○ 정현이 "'주(走)'자는 나간다는 뜻이다."라고 했는데, 이 또한 앞에서 주(走)자가 간다는 뜻이 됨과 같은 것으로, 앞에서는 빈객의 집으로 향하는 것에 기준을 두었기 때문에 주(走)자를 왕(往)자로 본 것이고, 이곳에서는 문밖으로 나가는 것에 기준을 두었기 때문에 주(走)자가 출(出)자와 같다고 한 것이다. 정현이 "예물을 사양하는 것은 예물이 있게 되면 너무 중대한 의례가 되기 때문이다."라고 했는데, 무릇 빈객과 주인이 서로 만나보게 되는 경우 중 오직 이처럼 새로 승진하여 사가 되었을 때에만 예물을 가지고 가는데, 또한 애초부터 서로 알고 지내던 사이가 아니다. 그렇기 때문에 예물이 있는 것은 중대한 예가 된다. 서로 만나보는 것을 중시한다는 것과 대비를 한다면 예물이 없게 되면 상대적으로 덜 중요한 것이 된다. 이러한 까닭으로 처음 서로 만나보는 경우에는 사양을 하니, 너무 중대한 의례가 되기 때문이다. 정현이 "고문에는 '모장주견(某將走見)'이라고 되어 있다."라고 했는데, 앞에서는 2차례 모두 '모장주견(某將走見)'이라 했고, 현재 이곳 3번째 경우에서도 '모장주견(某將走見)'이라 한 것으로, 앞의 기록과 동일하다. 그런데 이곳에서 거듭 고문의 기록에 따르지 않은 것은 앞에 나온 1번째 경우에는 청하면서 빈객과 주인이 모두 "감히 겉치레로 하는 말이 아니다."라는 말을 하지 않았다. 반면 2번째 경우에는 빈객과 주인이 모두 "감히 겉치레로 하는 말이 아니다."라고 했으니, 문장과 구문이 이미 다른데, 만약 '모(某)'자를 언급하지 않았다면 문장상 편안하지 않다. 그렇기 때문에 '모(某)'자를 말해야만 한다. 이곳 3번째 경우에는 앞에서 이미 아무개가 고사(固辭)를 했지만 허락을 받지 못했다고 하였으므로, 뒤에서 '모(某)'자를 언급할 필요가 없고, 또 없는 것이 문장상 편안하다. 고문에서 재차 '모장주견(某將走見)'이라 한 것은 문장상 중복된 것이므로 따르지 않았다.

賓對曰: "某不以摯不敢見."

직역 賓이 對하여 曰 "某는 摯로써 不하면 見을 不敢합니다."

의역 빈객이 대답하며 "아무개[빈객]는 예물을 가지고 찾아뵙는 것이 아니라면, 감히 찾아뵐 수 없습니다."라 한다.

鄭注 見於所尊敬而無摯, 嫌大簡.

존경하는 자를 찾아뵐 때 예물이 없다면 너무 단출하다는 혐의를 받기 때문이다.

賈疏 ◎注"見於"至"大簡". ○釋曰: 此士相見唯是平敵相伉, 按曲禮云: "主人敬客則先拜客, 客敬主人則先拜主人." 並不問爵之大小, 唯以相尊敬爲先後, 故雖兩士, 亦得云相尊敬, 不敢空手, 須以摯相見. 若無摯相見, 是則大簡略也.

◎鄭注: "見於"~"大簡". ○이것은 사가 서로 만나보는 경우 중에서도 신분이 서로 대등한 경우이다. 『예기』「곡례(曲禮)」편을 살펴보면 "주인이 빈객을 공경하면 먼저 빈객에게 절을 하고, 빈객이 주인을 공경하면 먼저 주인에게 절을 한다."[1]라 했다. 모두 작위의 크고 작음을 따지지 않았고, 오직 서로 존경하는 것으로 선후를 삼았다. 그렇기 때문에 둘이 모두 사 계층이지만 또한 서로 존경하여 감히 빈 손으로 가지 않고 예물을 가지고 서로 만나보아야 한다고 말할 수 있는 것이다. 만약 예물 없이 서로 만나보게 된다면 너무 간략하게 된다.

---

1) 『예기』「곡례하(曲禮下)」: 大夫士相見, 雖貴賤不敵, 主人敬客, 則先拜客, 客敬主人, 則先拜主人.

참고 1-7 『예기』「곡례하(曲禮下)」기록

경문 大夫士相見, 雖貴賤不敵, 主人敬客, 則先拜客, 客敬主人, 則先拜主人.

대부나 사가 다른 나라에 빙문(聘問)을 가서 그 나라의 경이나 대부 및 사 등을 서로 만나보게 되면, 비록 신분이 대등하지 않더라도, 주인이 빈객을 공경하면 먼저 빈객에게 절을 하고, 빈객이 주인을 공경하면 먼저 주인에게 절을 한다.

鄭注 尊賢.

현명한 자를 존중하기 때문이다.

孔疏 ●"大夫士相見"至"則先拜主人". ○正義曰: 此謂使臣行禮受勞已竟, 次見彼國卿大夫也. 唯賢是敬, 不計賓主貴賤, 雖爲大夫而德劣, 亦先拜有德之士也. 謂異國則爾, 同國則否. 又士相見禮若先生異爵者, 謂士則先拜之, 此則不必同國也.

● 經文: "大夫士相見"~"則先拜主人". ○ 이 문장의 내용은 사신이 의례를 시행하고서 상대방 군주로부터 노고를 위로 받는 일까지 이미 끝난 뒤에 다음 수순으로 상대방 국가의 경이나 대부를 찾아가 만나보는 경우에 해당한다. 오직 현명한 자여야만 공경을 받게 되는데, 빈객과 주인의 신분을 따지지 않으니, 비록 대부가 되었더라도 덕이 보잘것없으면, 또한 덕을 갖춘 사에게 먼저 절을 하는 것이다. 그리고 이 문장의 내용은 다른 나라에 찾아갔을 경우에만 이렇게 하고, 자신의 나라에서는 이처럼 하지 않는다는 뜻이다. 또 「사상견례」편에는 선생이나 작위가 남다른 경이나 대부가 만나보는 경우가 언급되어 있는데,[2] 그 내용은 사인 경우라면 먼

---

2) 『의례』「사상견례」: 若先生·異爵者請見之, 則辭. 辭不得命, 則曰: "某無以

저 절을 한다는 뜻이니, 이러한 경우에는 같은 나라여야만 한다는 조건이
필요치 않는다.

見, 辭不得命, 將走見."先見之.

主人對曰: "某不足以習禮, 敢固辭."

직역 主人이 對하여 曰: "某는 禮를 習하기가 不足하니, 敢히 固辭합니다."

의역 주인이 대답하며 "아무개[주인]는 예를 충분히 익히지 못했으니, 감히 고사(固辭)하고자 합니다."라 한다.

鄭注 言不足習禮者, 不敢當其崇禮來見己.

예를 충분히 익히지 못했다는 것은 숭고한 예식에 따라 찾아와 나를 만나보는 것을 감당하지 못한다는 뜻이다.

賈疏 ◎注"言不"至"見己". ○釋曰: 按上經賓云某不以摯不敢見, 是賓以崇禮來見主人. 今主人不敢當其崇禮來見己, 故變文言"不足以習禮", 故鄭云言不足習禮者, 不敢當其崇禮來見己也.

◎ 鄭注: "言不"~"見己". ○ 앞의 경문을 살펴보면 빈객은 예물을 가지고 찾아뵙는 것이 아니라면 감히 찾아뵐 수 없다고 했는데, 이것은 빈객이 숭고한 예식에 따라 찾아와서 주인을 만나보는 것에 해당한다. 지금 주인이 숭고한 예식에 따라 찾아와 나를 만나보는 것을 감당하지 못하는 것이다. 그렇기 때문에 문장을 바꿔서 "예를 충분히 익히지 못했다."라 말한 것이다. 그래서 정현은 "예를 충분히 익히지 못했다는 것은 숭고한 예식에 따라 찾아와 나를 만나보는 것을 감당하지 못한다는 뜻이다."라 했다.

賓對曰: "某也不依於摯不敢見, 固以請."

직역 賓이 對하여 曰 "某는 摯에 不依하면 見을 不敢하니 固히 請합니다."

의역 빈객은 대답하며 "아무개[빈객]는 예물에 의지하지 않고서는 감히 찾아뵐 수 없으니, 거듭 청합니다."라 한다.

鄭注 言依於摯, 謙自卑也. 今文無也.

예물에 의지한다고 말한 것은 겸손히 하여 스스로를 낮춘 것이다. 금문에는 '야(也)'자가 없다.

賈疏 ◎注"言依"至"卑也". ○釋曰: 凡相見之禮, 以卑見尊必依摯. 禮記・檀弓云"魯人有周豐也者, 哀公執摯請見之"者, 是下賢, 非正法. 今士相見云"不依於摯不敢見", 謙自卑也.

◎鄭注: "言依"~"卑也". ○ 무릇 서로 만나보는 예법에서 미천한 자가 존귀한 자를 찾아뵐 때에는 반드시 예물에 의지해야 한다. 『예기』「단궁(檀弓)」편에서 "노나라 사람 중에 주풍이라는 자가 있었는데, 애공이 예물을 가지고 만나보기를 청했다."[1]라 한 것은 현자에 대해 스스로를 낮춘 것이니 정식 예법이 아니다. 지금 사가 서로 만나보는데, "예물에 의지하지 않고서는 감히 찾아뵐 수 없다."라 한 것은 겸손히 하여 스스로를 낮춘 것이다.

---

1) 『예기』「단궁하(檀弓下)」: 魯人有周豐也者, 哀公執摯請見之, 而曰: "不可." 公曰: "我其已夫!" 使人問焉, 曰: "有虞氏未施信於民, 而民信之; 夏后氏未施敬於民, 而民敬之. 何施而得斯於民也?" 對曰: "墟墓之間, 未施哀於民而民哀; 社稷宗廟之中, 未施敬於民而民敬. 殷人作誓而民始畔, 周人作會而民始疑. 苟無禮義・忠信・誠慤之心以涖之, 雖固結之, 民其不解乎!"

경문 魯人有周豐也者, 哀公執摯請見之, 而曰: "不可." 公曰: "我其已夫!" 使人問焉, 曰: "有虞氏未施信於民, 而民信之; 夏后氏未施敬於民, 而民敬之. 何施而得斯於民也?" 對曰: "墟墓之間, 未施哀於民而民哀; 社稷宗廟之中, 未施敬於民而民敬. 殷人作誓而民始畔, 周人作會而民始疑. 苟無禮義·忠信·誠慤之心以涖之, 雖固結之, 民其不解乎!"

노나라 사람 중에 주풍이라는 자가 있었는데, 그는 현명함으로 명성이 높았다. 그래서 애공은 폐물을 보내서 만나보기를 청했다. 그러나 주풍은 "안 됩니다."라고 거절했다. 애공은 그 말을 전해 듣고, "그를 강제로 만나보는 것은 도리가 아니니, 나는 그와 만나보고자 했던 마음을 접겠다!"라고 했다. 그러나 궁금한 점이 있었으므로, 사람으로 시켜서 그에게 자문을 구했으니, "유우씨는 백성들에게 믿음을 강요하지도 않았는데 백성들이 그를 믿었고, 하후씨는 백성들에게 공경을 강요하지도 않았는데 백성들이 그를 공경했습니다. 도대체 어떻게 해야만 백성들에게 이러한 것들을 얻을 수 있습니까?"라고 했다. 그러자 주풍은 "무덤가에서는 백성들에게 슬퍼하도록 강요하지 않아도 백성들은 저절로 슬퍼하게 되며, 사직과 종묘 안에서는 백성들에게 공경함을 나타내도록 강요하지 않아도 백성들이 저절로 공경함을 나타냅니다. 반대로 은나라 때에는 맹세를 했지만 백성들이 배반하는 일이 나타나기 시작했고, 주나라 때에는 회합을 가졌지만 백성들이 의심하는 일이 나타나기 시작했습니다. 따라서 군주가 예의·충신·성각의 마음도 없이 백성들에게 임한다면, 비록 그들을 단단히 결속시키려고 하더라도 백성들이 그것을 풀어내지 못하겠습니까!"라고 대답해주었다.

鄭注 下賢也. 摯, 禽摯也. 諸侯而用禽摯, 降尊就卑之義. 辭君以尊

見卑. 士禮, 先生異爵者, 請見之則辭. 已, 止也. 重强變賢. 時公與
三桓始有惡, 懼將不安. 言民見悲哀之處則悲哀, 見莊敬之處則莊
敬, 非必有使之者. 墟, 毀滅無後之地. 會謂盟也. 盟・誓所以結衆以
信, 其後外恃衆而信不由中, 則民畔・疑之. 孔子曰: "其身正, 不令
而行; 其身不正, 雖令不從." 涖, 臨.

현명한 자에 대해서 자신을 낮춘 것이다. '지(摯)'자는 짐승을 선물로 가
져가는 것을 뜻한다. 제후의 신분인데도 짐승을 예물로 사용한 것은 자신
의 존귀한 신분을 낮춰서 신분이 낮은 자에게 나아가는 도리에 해당한다.
주풍은 군주가 자신의 존귀함을 버리고 신분이 낮은 자신을 찾아보겠다
는 것을 사양한 것이다. 사 계층에 적용되는 예법에 있어서, 선생이나
작위가 남다른 자가 만나 보기를 청하게 되면 사양을 하게 된다. '이(已)'
자는 그만둔다는 뜻이다. 거듭 강요하여 현명한 자의 마음을 바꾸려고
하던 것을 중지했다는 뜻이다. 당시 애공은 삼환(三桓)과 악한 감정을
갖게 되었으므로, 자신의 지위가 위태롭게 될 것을 걱정하였다. 백성들은
비통함과 애통함을 나타내야 하는 장소를 보게 되면 저절로 비통해하고
애통해하며, 장엄함과 공경함을 나타내야 하는 장소를 보게 되면 저절로
장엄함과 공경함을 나타내는 것으로, 반드시 그렇게 시켜서 되었던 것이
아니라는 뜻이다. '허(墟)'자는 폐허가 되어 후손이 없는 땅을 뜻한다.
'회(會)'자는 회맹을 뜻한다. 회맹과 맹서는 신의로써 백성들을 결집시키
는 방법인데, 후대에는 겉으로만 백성들을 믿고 신의가 그 마음속에서
비롯되지 않았으니, 백성들이 배반하고 의심게 된 것이다. 공자는 "위정
자 본인이 올바르다면 시키지 않아도 백성들은 올바름을 시행하고, 위정
자 본인이 올바르지 않다면 비록 강제로 시켜도 따르지 않는다."[2]라고
했다. '이(涖)'자는 임한다는 뜻이다.

---

2) 『논어』 「자로(子路)」 : 子曰, "其身正, 不令而行, 其身不正, 雖令不從."

孔疏 ●"魯人"至"解乎". ○正義曰: 此一節論君之臨臣民當以禮義忠信爲本之事, 各依文解之.

● 經文: "魯人"~"解乎". ○ 이곳 문단은 군주가 신하와 백성들을 임할 때에는 마땅히 예의와 충신을 근본으로 삼아야 한다는 사안을 논의하고 있으니, 각각의 문장에 따라서 풀이하겠다.

130上

主人對曰: "某也固辭, 不得命, 敢不敬從!" 出迎于門外, 再拜. 賓答再拜. 主人揖, 入門右. 賓奉摯, 入門左. 主人再拜受. 賓再拜送摯, 出.

직역 主人이 對하여 曰 "某는 固辭나 命을 不得하니, 敢히 敬從을 不하겠습니까!" 門外로 出하여 迎하며 再拜한다. 賓은 答하며 再拜한다. 主人은 揖하고 門을 入하여 右한다. 賓은 摯를 奉하고 門을 入하여 左한다. 主人은 再拜하며 受한다. 賓은 再拜하며 摯를 送하고 出한다.

의역 주인은 대답하며 "아무개[주인]는 고사(固辭)를 하였으나 허락을 받지 못했으니, 감히 공경히 따르지 않을 수 있겠습니까."라 하고, 문밖으로 나와 맞이하며 재배를 한다. 빈객은 답배를 하며 재배를 한다. 주인은 읍을 하고 문으로 들어가 우측으로 간다. 빈객은 예물을 받들고 문으로 들어가 좌측으로 간다. 주인은 재배를 하며 받는다. 빈객은 재배를 하며 예물을 전하고 밖으로 나온다.

鄭注 右, 就右也. 左, 就左也. 受摯於庭, 既拜受, 送則出矣. 不受摯於堂, 下人君也. 今文無.

'우(右)'는 우측으로 나아간다는 뜻이다. '좌(左)'는 좌측으로 나아간다는 뜻이다. 마당에서 예물을 받는데 이미 절을 하며 받았으니, 전하게 되면 밖으로 나온다. 당에서 예물을 받지 않는 것은 군주에 대한 경우보다 낮추기 때문이다. 금문에는 '야(也)'자가 없다.

賈疏 ◎注"右就"至"無文". ○釋曰: 凡門出, 則以西爲右, 以東爲左; 入門則以東爲右, 以西爲左, 依賓西主東之位也. 知"受摯於庭"者, 以其入門左右, 不言揖讓而升之事, 故知在庭也. 云"既拜[1), 送則出

---

1) 배(拜)자에 대하여. 포당(蒲鐺)은 "배(拜)자 뒤에 수(受)자가 누락된 것이다."라 했고, 완원의 『교감기』에서는 "주의 문장을 살펴보면 수(受)자는 아마도 연문에 해당하는 것 같다."라 했다.

矣"者, 欲見賓拜送摯訖而言出, 則去還家, 無意得待主人留己也. 云
"不受摯於堂, 下人君也"者, 聘禮賓升堂致命授玉, 又下云君在堂升
見無方階, 亦是升堂見君法, 故云不升堂下人君也.

◎ 鄭注: "右就"~"無文". ○ 무릇 문밖으로 나가게 되면 서쪽을 우측으로
삼고 동쪽을 좌측으로 삼으며, 문안으로 들어오게 되면 동쪽을 우측으로
삼고 서쪽을 좌측으로 삼으니, 빈객이 서쪽이고 주인이 동쪽인 위치에
따르기 때문이다. 정현이 "마당에서 예물을 받는다."라고 했는데, 이 말이
사실임을 알 수 있는 것은 문으로 들어와 좌측과 우측으로 이동한다고
했는데, 읍과 사양을 하며 당상으로 오르는 사안을 언급하지 않았다. 그
렇기 때문에 마당에서 한다는 사실을 알 수 있다. 정현이 "이미 절을 했으
니, 전하게 되면 밖으로 나온다."라고 했는데, 빈객이 절하며 예물 전달하
는 것을 끝내고 출(出)이라 말했다면 떠나 집으로 돌아가는 것으로, 주인
이 자신을 머물게 할 때까지 기다리려는 의도가 없음을 드러내고자 한
것이다. 정현이 "당에서 예물을 받지 않는 것은 군주에 대한 경우보다
낮추기 때문이다."라고 했는데, 『의례』「빙례(聘禮)」편에서 빈객은 당상
에 올라가 명령을 전달하고 옥을 건네고, 또 아래문장에서는 군주가 당상
에 있으면 올라가 찾아뵐 때 고정된 방향의 계단이 없다고 했으니,[2] 또한
이것은 당상에 올라가서 군주를 찾아뵙는 예법이다. 그렇기 때문에 당상
에 올라가지 않는 것은 군주에 대한 경우보다 낮춘 것이라 했다.

---

2) 『의례』「사상견례」 : <u>君在堂, 升見無方階</u>, 辯君所在.

제 2 절
사상견례(士相見禮)-반견지연(反見之燕)

130上

主人請見, 賓反見, 退. 主人送于門外, 再拜.

직역 主人이 見을 請하면, 賓은 反하여 見하고 退한다. 主人은 門外에서 送하며 再拜한다.

의역 주인이 만나뵙기를 청하면, 빈객은 되돌아와 만나보고 물러난다. 주인은 문밖에서 전송하며 재배를 한다.

鄭注 請見者, 爲賓崇禮來, 相接以矜莊, 歡心未交也. 賓反見, 則燕矣. 下云"凡燕見於君"至"凡侍坐於君子", 博記反見之燕義. 臣初見於君, 再拜, 奠摯而出.

만나뵙기를 청하는 것은 빈객이 숭고한 예식에 따라 찾아와서 조심함과 엄숙함에 따라 서로 만나보게 되어 기뻐하는 마음을 아직까지 주고받지 못했기 때문이다. 빈객이 되돌아와 만나본다면 연회를 하게 된다. 아래문장에서 "무릇 군주를 사적으로 찾아뵙는다."[1]라고 한 기록부터 "무릇 군자를 모시고 앉아 있는다."[2]라고 한 기록까지는 되돌아와 만나볼 때 연회를 하는 뜻을 두루 기록한 것이다. 신하가 처음으로 군주를 찾아뵙게 되면 재배를 하고 예물을 내려놓고서 밖으로 나온다.

---

1) 『의례』「사상견례」: 凡燕見于君, 必辯君之南面. 若不得, 則正方, 不疑君.
2) 『의례』「사상견례」: 凡侍坐於君子, 君子欠伸, 問日之早晏, 以食具告, 改居, 則請退可也.

●“主人請見”至“再拜”. ◎注“請見”至“而出”. ○ 釋曰: 鄭解主人留賓之意. 云“請見”者, 爲賓崇禮來相接, 則執摯來是也. 云“以矜莊, 歡心未交也”者, 正謂入門拜受拜送時, 賓主俱矜莊相敬, 歡心未交也. 云“賓反見, 則燕矣”者, 上士冠禮賓・士昏納采之等, 禮記皆有禮賓・饗賓之事, 明此行禮, 主人留必不虛, 宜有歡燕, 故云則燕矣. 以摯相見, 非聘問之禮. 燕旣在寢, 明前相見亦在寢之庭矣. 若諸文有留賓者, 多是禮賓之事, 知此不行禮賓而云燕者, 彼諸文皆是爲餘事相見, 以其事重, 故爲禮賓. 此直當身相見, 其事輕, 故直有燕矣. 是以諸文禮賓, 此燕賓, 故直云“請見”也. 云“‘凡燕見於君’至‘反見之燕義’”者, 凡燕見, 或反見, 或本來侍坐, 非反見, 下注云“此謂時見圖事, 非立賓主之燕”, 是也. 侍坐於君子之下, 乃有侍坐問夜・膳葷・賜食爵之等, 不引證燕見者, 彼直是侍坐法, 非燕見之禮故也. 云“臣初見於君, 再拜, 奠摯而出”者, 鄭欲見自“燕見于君”下至“凡侍坐於君子”, 皆反見燕法, 其中仍有臣見于君法, 臣始事見于君法, 禮畢, 奠摯而出, 君亦當遣人留之燕也. 若然, 下有他邦之人則還摯, 雖不見反燕, 臣尙燕, 他邦有燕可知, 但文不具也.

● 經文: “主人請見”~“再拜”. ◎鄭注: “請見”~“而出”. ○ 정현은 주인이 빈객을 머물게 한 뜻을 풀이한 것이다. “만나뵙기를 청한다.”라고 했는데, 빈객이 숭고한 예식에 따라 찾아와 서로 만나보게 되었기 때문이니, 예물을 가지고 찾아온 것이 여기에 해당한다. 정현이 “조심함과 엄숙함에 따라 기뻐하는 마음을 아직까지 주고받지 못했기 때문이다.”라고 했는데, 문으로 들어와 절을 하며 받고 절을 하며 건넬 때, 빈객과 주인 모두 조심함과 엄숙함에 따라 서로 공경하여 기뻐하는 마음을 아직까지 주고받지 못한 것을 말한다. 정현이 “빈객이 되돌아와 만나본다면 연회를 하게 된다.”라고 했는데, 앞의 「사관례(士冠禮)」편에서 빈객을 예우하고, 「사혼례(士昏禮)」편에서 납채3)를 할 때 등과 『예기』에는 모두 빈객을 예우하고 빈객에게 향연을 베푸는 사안이 있는데, 바로 이러한 의례를 시행할

때 주인이 빈객을 머물게 하는 것은 반드시 공허히 하는 것이 아니니, 마땅히 기쁨을 나누는 연회가 있어야 한다. 그렇기 때문에 "연회를 하게 된다."라 했다. 예물을 가지고 서로 만나보는 것은 빙문[4]의 예가 아니다. 연회는 이미 침(寢)에서 시행하니, 앞에서 서로 만나볼 때에도 침에 있는 마당에서 하게 됨을 나타낸다. 여러 기록들에는 빈객을 머물게 하는 것이 나오는데, 대부분 빈객을 예우하는 일에 해당하니, 이곳의 기록이 빈객을 예우하기 위해 시행하는 것이 아님을 알면서도 연회를 한다고 말한 것은 앞서 말한 여러 기록들은 모두 다른 여러 사안들로 인해 서로 만나보는 것으로, 그 사안이 중대하기 때문에 빈객을 예우하게 된다. 이곳의 경우는 단지 본인이 찾아와 서로 만나보는 것으로, 그 사안이 상대적으로 덜 중요하기 때문에 단지 연회만 있게 된다. 이러한 까닭으로 여러 기록들에서는 빈객을 예우하게 되지만 이곳에서는 빈객에게 연회만 베푼다. 그렇기 때문에 단지 "만나보기를 청한다."라고 했다. 정현이 "무릇 군주를 사적으로 찾아뵙는다."라고 한 기록부터 "되돌아와 만나볼 때 연회를 하는 뜻."이라고 한 기록까지, 무릇 연현(燕見)이라 하거나 반견(反見)이라 하거나 본래 시좌(侍坐)라고 한 것들은 여기에서 말한 반견(反見)이 아니니, 아래 주에서 "이것은 때때로 찾아뵈어 일을 도모하기 위한 것을 뜻하지 빈객과 주인을 세우는 연회가 아니다."[5]라 한 말이 이러한 사실을 나타낸다. "군자를 모시고 앉아 있는다."라고 한 말 뒤에는 모시고 앉아 있을 때 밤 몇시가 되었는지 묻고, 매운 음식을 맛보며,[6] 음식과[7] 술잔을[8]

---

3) 납채(納采)는 혼인과 관련된 육례(六禮) 중 하나이다. 청원을 하며 여자 집안에 예물을 보내는 일을 뜻한다.

4) 빙문(聘問)은 국가 간이나 개인 간에 사람을 보내서 상대방을 찾아가 안부를 묻는 의식 절차를 통칭하는 말이다. 또한 제후가 신하를 시켜서 천자에게 보내, 안부를 묻는 예법을 뜻하기도 한다.

5) 이 문장은 『의례』「사상견례」편의 "凡燕見于君, 必辯君之南面. 若不得, 則正方, 不疑君."이라는 기록에 대한 정현의 주이다.

6) 『의례』「사상견례」 : 夜侍坐, <u>問夜, 膳葷</u>, 請退可也.

하사하는 등의 절차가 있게 되는데, 이것을 인용해서 연현(燕見)에 대해 증명하지 않은 것은 그 기록은 단지 모시고 앉아 있을 때의 예법이지 연현의 예가 아니기 때문이다. 정현이 "신하가 처음으로 군주를 찾아뵙게 되면 재배를 하고 예물을 내려놓고서 밖으로 나온다."라고 했는데, 정현은 "군주를 사적으로 찾아뵙는다."라고 한 기록으로부터 "무릇 군자를 모시고 앉아 있는다."라고 한 기록까지는 모두 되돌아와 만나보고 연회를 하는 예법에 해당하고, 그 중에는 신하가 군주를 찾아뵙는 예법이 포함되어, 신하가 처음으로 섬기게 되어 군주를 찾아뵙는 예법도 포함되어, 그 의례가 끝나면 예물을 놓아두고 밖으로 나오고, 군주는 또한 사람을 보내 머물게 해서 연회를 베풀게 되기 때문이다. 만약 그렇다면 아래에서 다른 나라의 사람이 찾아왔을 때 예물을 돌려주게 되는데,9) 비록 되돌아와 연회를 한다는 기록은 나타나지 않지만, 신하에게도 오히려 연회를 베푼다면, 다른 나라의 사람에게도 연회를 베풀게 됨을 알 수 있다. 다만 문장을 자세히 기록하지 않았기 때문이다.

---

7) 『의례』「사상견례」: 若君賜之食, 則君祭先飯, 徧嘗膳, 飮而俟. 君命之食, 然後食.

8) 『의례』「사상견례」: 若君賜之爵, 則下席, 再拜稽首, 受爵, 升席祭, 卒爵而俟, 君卒爵, 然後授虛爵.

9) 『의례』「사상견례」: 若他邦之人, 則使擯者還其摯, 曰: "寡君使某還摯." 賓對曰: "君不有其外臣, 臣不敢辭." 再拜稽首, 受.

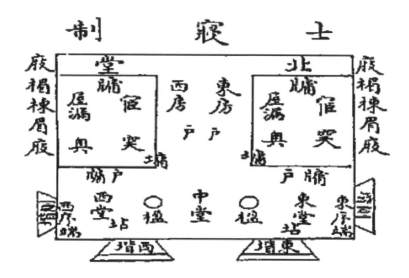

그림 2-1 사(士)의 침(寢)

※ 출처: 『삼례도(三禮圖)』 2권

『譯註 儀禮注疏』「士相見禮」

제 3 절

사상견례(士相見禮)-부견(復見)

131上

> 主人復見之, 以其摯, 曰: "鼻者吾子辱, 使某見. 請還摯於
> 將命者."

직역 主人이 復히 見하며 그 摯로써 하고 曰 "鼻者에 吾子께서 辱되이 某로 使하여 見하였습니다. 請컨대 將命者에게 摯를 還하고자 합니다."

의역 주인은 다시 빈객을 찾아뵈며 빈객이 가져왔던 예물을 들고 가고, 빈객의 입장 이 되어 말하길 "지난번에는 그대께서 욕되이 찾아오셔서 아무개[빈객]로 하여 금 뵐 수 있게 해주셨습니다. 청컨대 명령을 전달하는 자에게 가져오셨던 예물 을 돌려드리고자 합니다."라 한다.

鄭注 復見之者, 禮尙往來也. 以其摯, 謂鼻時所執來者也. 鼻, 曩 也. 將猶傳也. 傳命者, 謂擯相者.

"다시 찾아뵙는다."라 한 것은 예에서는 오고 가는 것을 숭상하기 때문이 다. "그 예물로써 한다."는 것은 지난번에 가지고 찾아왔던 것을 말한다. '향(鼻)'자는 이전이라는 뜻이다. '장(將)'자는 전한다는 뜻이다. 명령을 전달하는 자는 빈상자(擯相者)를 뜻한다.

賈疏 ●"主人"至"命者". ○釋曰: 自此至"賓退送再拜", 論主人還于 賓之事.

● 經文: "主人"~"命者". ○ 이곳 구문으로부터 "빈객이 물러나게 되면 전 송하며 재배한다."[1]라고 한 구문까지는 주인이 빈객에게 예물을 돌려주

는 사안을 논의하고 있다.

◎注“復見”至“相者”. ○釋曰: 云“復見之者, 禮尙往來也”者,
鄭解主人還摯之意, 云“禮尙往來”, 曲禮文. 五等諸侯, 身自出朝及
遣臣出聘, 以其圭璋重, 不可遙復, 朝聘訖, 卽還之. 璧琮財輕, 故不
還. 彼朝聘用玉, 自爲一禮, 有不還之義, 其在國之臣, 自執摯相見,
雖禽摯皆還之. 臣見於君, 則不還. 義與朝聘異, 不可相決也. 云“將
猶傳也. 傳命者, 謂擯相者”者, 謂出接賓曰擯, 入詔禮曰相, 一也. 故
聘禮與冠義皆云每一門止一相, 是謂擯介爲相也.

◎鄭注: “復見”~“相者”. ○정현이 “다시 찾아뵙는다라 한 것은 예에서는
오고 가는 것을 숭상하기 때문이다.”라고 했는데, 정현은 주인이 예물을
돌려주는 뜻을 풀이한 것이며, “예에서는 오고 가는 것을 숭상하기 때문
이다.”라고 한 말은 『예기』「곡례(曲禮)」편의 기록이다.[2] 다섯 등급의 제
후는 본인이 직접 국경을 넘어 조회를 하거나 신하를 보내 국경을 넘어
빙례를 시행할 때 규(圭)와 장(璋)처럼 중요한 것을 예물로 가져가서 긴
시간을 두고 돌려줄 수 없으니, 조빙[3]이 끝나면 곧바로 돌려준다. 벽(璧)

---

1) 『의례』「사상견례」: 賓奉摯入, 主人再拜受, 賓再拜送摯, 出. 主人送于門外,
再拜. 士見於大夫, 終辭其摯. 於其入也, 一拜其辱也. 賓退, 送, 再拜.

2) 『예기』「곡례상(曲禮上)」: 太上貴德, 其次務施報. 禮尙往來, 往而不來, 非禮
也; 來而不往, 亦非禮也.

3) 조빙(朝聘)은 본래 제후가 주기적으로 천자를 찾아뵙는 것을 뜻한다. 고대에는
제후가 천자에 대해서 매년 1번씩 소빙(小聘)을 했고, 3년에 1번씩 대빙(大聘)을
했으며, 5년에 1번씩 조(朝)를 했다. '소빙'은 제후가 직접 찾아가지 않았고, 대부
(大夫)를 대신 파견하였으며, '대빙' 때에는 경(卿)을 파견하였다. '조'에서만 제후
가 직접 찾아갔는데, 이것을 합쳐서 '조빙'이라고 부른다. 춘추시대(春秋時代) 때
에는 진(晉)나라 문공(文公)과 같은 패주(覇主)에게 '조빙'을 하기도 하였다. 『예
기』「왕제(王制)」편에는 “諸侯之於天子也, 比年一小聘, 三年一大聘, 五年一
朝.”라는 기록이 있고, 이에 대한 정현의 주에서는 “比年, 每歲也. 小聘, 使大夫,
大聘, 使卿, 朝, 則君自行. 然此大聘與朝, 晉文霸時所制也.”라고 풀이했다.

과 종(琮) 등은 그 재화가 상대적으로 덜 중요하기 때문에 돌려주지 않는다. 조빙을 할 때 옥을 사용하는데 그 자체로 하나의 의례가 되며 돌려주지 않는다는 뜻이 포함된다. 그러나 그 나라에 속한 신하가 스스로 예물을 가지고 서로 만나보는 경우에는 비록 짐승을 예물로 삼은 것이라 하더라도 모두 돌려준다. 신하가 군주를 찾아뵙는 경우라면 돌려주지 않는다. 그 의미가 조빙을 할 때와는 차이가 나니 상호 기록을 통해서 판결할 수 없다. 정현이 "'장(將)'자는 전한다는 뜻이다. 명령을 전달하는 자는 빈상자(擯相者)를 뜻한다."라고 했는데, 밖으로 나와서 빈객을 접하는 것을 '빈(擯)'이라 부르고, 들어와 예에 대해 알려주는 것을 '상(相)'이라 하는데 동일한 사람이다. 그렇기 때문에 『의례』「빙례(聘禮)」편과 『예기』「관의(冠義)」편에서는 모두 매 1개의 문마다 1명의 상(相)을 멈추게 한다고 했는데, 이것은 빈4)과 개(介)가 상(相)이 됨을 뜻한다.

참고 3-1 『예기』「곡례상(曲禮上)」 기록

경문 太上貴德, 其次務施報. 禮尙往來, 往而不來, 非禮也; 來而不往, 亦非禮也.

삼황(三皇)과 오제(五帝) 시대에는 덕을 가장 귀중하게 여겼고, 그 다음 시대에는 은덕을 베풀고 보답하는 것에 힘썼다. 예에 있어서는 서로 주고받는 것을 숭상하니, 가기만 하고 오지 않는 것은 예가 아니며, 또한 오기만 하고 가지 않는 것도 예가 아니다.

후대에는 서로 찾아가서 만나보는 것을 '조빙'이라고 범칭하기도 했다.

4) 빈(擯)은 빈객(賓客)이 방문했을 때, 주인(主人)의 부관이 되어, 빈객과의 사이에서 시행해야 할 일들을 도왔던 부관들을 뜻한다.

鄭注 太上, 帝皇之世, 其民施而不惟報. 三王之世, 禮始興焉.

'태상(太上)'은 삼황[5]과 오제[6] 때이니, 그 당시의 백성들은 베풀기만 하

---

5) 삼황(三皇)은 전설시대에 존재했다고 전해지는 세 명의 제왕을 뜻한다. 그러나 세 명이 누구였는지에 대해서는 이설(異說)이 많다. 첫 번째 주장은 복희(伏羲), 신농(神農), 황제(黃帝)를 '삼황'으로 보는 견해이다. 『장자(莊子)』「천운(天運)」편에는 "余語汝三皇五帝之治天下."라는 기록이 있는데, 이에 대한 성현영(成玄英)의 주에서는 "三皇者, 伏羲·神農·黃帝也."라고 풀이했다. 두 번째 주장은 복희(伏羲), 신농(神農), 여와(女媧)로 보는 견해이다. 『여씨춘추(呂氏春秋)』「용중(用衆)」편에는 "此三皇五帝之所以大立功名也."라는 기록이 있는데, 이에 대한 고유(高誘)의 주에서는 "三皇, 伏羲·神農·女媧也."라고 풀이했다. 세 번째 주장은 복희(伏羲), 신농(神農), 수인(燧人)으로 보는 견해이다. 『백호통(白虎通)』「호(號)」편에는 "三皇者, 何謂也? 謂伏羲·神農·燧人也."라는 기록이 있다. 네 번째 주장은 복희(伏羲), 신농(神農), 축융(祝融)으로 보는 견해이다. 『백호통』「호」편에는 "禮曰, 伏羲·神農·祝融, 三皇也."라는 기록이 있다. 다섯 번째 주장은 천황(天皇), 지황(地皇), 태황(泰皇)으로 보는 견해이다. 『사기(史記)』「진시황본기(秦始皇本紀)」편에는 "古有天皇, 有地皇, 有泰皇. 泰皇最貴."라는 기록이 있다. 여섯 번째 주장은 천황(天皇), 지황(地皇), 인황(人皇)으로 보는 견해이다. 『예문유취(藝文類聚)』에서는 『춘추위(春秋緯)』를 인용하며, "天皇, 地皇, 人皇, 兄弟九人, 分九州, 長天下也."라고 기록하였다.

6) 오제(五帝)는 전설시대에 존재했다고 전해지는 다섯 명의 제왕(帝王)을 뜻한다. 그러나 다섯 명이 누구였는지에 대해서는 이설(異說)이 많다. 첫 번째 주장은 황제(黃帝: =軒轅), 전욱(顓頊: =高陽), 제곡(帝嚳: =高辛), 당요(唐堯), 우순(虞舜)으로 보는 견해이다. 『사기정의(史記正義)』「오제본기(五帝本紀)」편에는 "太史公依世本·大戴禮, 以黃帝·顓頊·帝嚳·唐堯·虞舜爲五帝. 譙周·應劭·宋均皆同."이라는 기록이 있고, 『백호통(白虎通)』「호(號)」편에도 "五帝者, 何謂也? 禮曰, 黃帝·顓頊·帝嚳·帝堯·帝舜也."라는 기록이 있다. 두 번째 주장은 태호(太昊: =伏羲), 염제(炎帝: =神農), 황제(黃帝), 소호(少昊: =摯), 전욱(顓頊)으로 보는 견해이다. 이 주장은 『예기』「월령(月令)」편에 나타난 각 계절별 수호신들의 내용을 종합한 것이다. 세 번째 주장은 소호(少昊), 전욱(顓頊), 고신(高辛), 당요(唐堯), 우순(虞舜)으로 보는 견해이다. 『서서(書序)』에는 "少昊·顓頊·高辛·唐·虞之書, 謂之五典, 言常道也."라는 기록이 있다. 또 『제왕세기(帝王世紀)』에는 "伏羲·神農·黃帝爲三皇, 少昊·高陽·高辛·唐·虞爲五帝."라는 기록이 있다. 네 번째 주장은 복희(伏羲), 신농(神農), 황제

고 보답에 대해서는 염두에 두지 않았다. 삼왕[7]의 시대가 되어서야 예가 비로소 흥성하게 되었다.

孔疏 ● "禮尙往來"者, 言三王之世, 其禮主尙往來.

● 經文: "禮尙往來". ○ 이 문장의 내용은 삼왕(三王)이 다스리던 시대에는 예법상 주로 주고받는 것을 숭상했다는 뜻이다.

(黃帝), 당요(唐堯), 우순(虞舜)으로 보는 견해이다. 이 주장은 『역』「계사하(繫辭下)」편의 내용에 근거한 주장이다.

7) 삼왕(三王)은 하(夏), 은(殷), 주(周) 삼대(三代)의 왕을 뜻한다. 『춘추곡량전』「은공(隱公) 8年」편에는 "盟詛不及三王."이라는 기록이 있고, 이에 대한 범녕(範寧)의 주에서는 '삼왕'을 하나라의 우(禹), 은나라의 탕(湯), 주나라의 무왕(武王)을 지칭한다고 풀이했다. 그리고 『맹자』「고자하(告子下)」편에는 "五覇者, 三王之罪人也."이라는 기록이 있고, 이에 대한 조기(趙岐)의 주에서는 '삼왕'을 범녕의 주장과 달리, 주나라의 무왕 대신 문왕(文王)을 지칭한다고 풀이했다.

主人對曰: "某也旣得見矣, 敢辭."

직역 主人이 對하여 曰: "某가 旣히 見을 得했으니 敢히 辭합니다."

의역 주인이 대답하며 "아무개[주인]가 이미 찾아뵈었으니 감히 사양하고자 합니다."라 한다.

鄭注 讓其來答己也.

찾아와서 자신에게 답례하겠다는 것을 사양하는 것이다.

賈疏 ●"主人"至"敢辭". ○釋曰: 上言主人, 此亦言主人者, 上言主人者據前爲主人而言. 此云主人者, 謂前賓今在己家而說也.

● 經文: "主人"~"敢辭". ○ 앞에서도 '주인(主人)'[1]이라 말했고, 이곳에서도 '주인(主人)'이라 말했는데, 앞에서 '주인(主人)'이라 말한 것은 이전에 주인의 입장이었던 것에 기준을 두어 말한 것이다. 이곳에서 '주인(主人)'이라 말한 것은 이전에 빈객의 입장이었던 자가 지금 자신의 집에 있어서 이처럼 말했다는 뜻이다.

---

1) 『의례』「사상견례」: 主人復見之, 以其摯, 曰: "曩者吾子辱, 使某見. 請還摯於將命者."

> 賓對曰: "某也非敢求見, 請還摯于將命者."

직역 賓이 對하여 曰 "某는 敢히 見을 求함이 非이니, 請컨대 將命者에게 摯를 還하고자 합니다."

의역 빈객이 대답하며 "아무개[빈객]는 감히 만나뵙기를 구하는 것이 아니니, 청컨대 명령을 전달하는 자에게 가져오셨던 예물을 돌려드리고자 합니다."라 한다.

鄭注 言不敢求見, 嫌褻主人, 不敢當也. 今文無也.

감히 만나보기를 구하지 않는다고 말한 것은 주인을 너무 친근하게 대한다는 혐의로 인해 감당할 수 없다는 뜻이다. 금문에는 '야(也)'자가 없다.

賈疏 ◎注"言不"至"當也". ○釋曰: 云"嫌褻主人, 不敢當也"者, 曏者主人見己, 今卽來見主人, 賓主頻見, 是褻也. 今云"非敢求見", 嫌褻主人, 不敢更相見也, 故不敢當相見之法, 直云"還摯"而已.

◎鄭注: "言不"~"當也". ○ 정현이 "주인을 너무 친근하게 대한다는 혐의로 인해 감당할 수 없다는 뜻이다."라고 했는데, 이전에 주인이 자신을 만나보았는데, 지금 곧장 찾아와서 주인을 만나보게 되면 빈객과 주인이 빈번히 만나보게 되는 것으로, 이것은 너무 친근하게 대하는 경우이다. 지금 "감히 만나보기를 구하는 것이 아니다."라 했는데, 주인을 너무 친근하게 대한다는 혐의로 재차 서로 만나보는 것을 감히 하지 않겠다는 뜻이다. 그래서 서로 만나보는 예법을 감당할 수 없어 단지 "예물을 돌려준다."라고만 말했을 따름이다.

主人對曰: "某也旣得見矣, 敢固辭."

직역 主人이 對하여 曰 "某는 旣히 見을 得했으니 敢히 固辭합니다."

의역 주인이 대답하며 "아무개[주인]는 이미 찾아뵈었으니 감히 고사(固辭)하고자
합니다."라 한다.

鄭注 固, 如故也.

'고(固)'자는 이전과 같다는 뜻이다.

賓對曰: "某不敢以聞, 固以請於將命者."

직역 賓이 對하여 曰 "某는 敢히 聞하기를 不하니, 固히 將命者에게 請합니다."

의역 빈객은 대답하며 "아무개[빈객]는 감히 찾아왔다는 소식을 알려드리고자 하는 것이 아니니, 거듭 명령을 전달하는 자에게 가져오셨던 예물을 돌려드리고자 청합니다."라 한다.

鄭注 言不敢以聞, 又益不敢當.

"감히 소식을 알리고자 하는 것이 아니다."라 말한 것은 더욱 감당할 수 없기 때문이다.

賈疏 ◎注"言不敢"至"敢當". ○釋曰: 上云"非敢求見", 已是不敢當, 此云"不敢以聞", 耳聞疏於目見, 故云"又益不敢當"也.

◎鄭注: "言不敢"~"敢當". ○앞에서는 "감히 만나보기를 구하는 것이 아니다."라 했는데, 이미 이것은 감당할 수 없는 것이다. 이곳에서 "감히 소식을 알리고자 하는 것이 아니다."라 했는데, 귀로 듣는 것은 눈으로 보는 것보다 소원하다. 그렇기 때문에 "더욱 감당할 수 없기 때문이다."라 했다.

132上

主人對曰: "某也固辭, 不得命, 敢不從."

> 직역 主人이 對하여 曰 "某는 固辭나 命을 不得하니 敢히 不從하겠습니까."
>
> 의역 주인이 대답하며 "아무개[주인]는 고사(固辭)를 하였으나 허락을 받지 못했으니, 감히 따르지 않을 수 있겠습니까."라 한다.

鄭注 許受之也. 異日則出迎, 同日則否.

수락하여 예물을 받는 것이다. 찾아온 것이 자신이 찾아갔던 날과 다른 날이라면 밖으로 나와서 맞이하지만 같은 날이라면 그렇게 하지 않는다.

賈疏 ◎注"異日"至"則否". ○釋曰: 下云"賓奉摯入", 不言主人出迎, 又不言厥明, 是與前相見同日. 知異日出迎者, 鄕飮酒禮云: 明日, 乃息司正, 主人出迎之. 司正猶迎之, 況同僚乎, 是知異日出迎也. 若然, 聘禮公迎于大門內, 至禮賓又出迎者, 彼初是公迎, 彼初之命不爲迎賓身, 故至禮賓身, 雖同日亦出迎之, 故鄭注云公出迎者, 己之禮更端是也. 昏禮賓爲男家使, 初時出迎, 至禮賓身, 雖同日亦出迎也. 有司徹前爲尸, 後爲賓, 所爲異, 故云雖同日亦出迎. 此二者亦是更端之義也. 按鄕飮酒及公食大夫皆於戒賓之時, 未行賓主之禮, 是以賓至乃迎之, 故雖同日, 亦迎賓, 非更端之義也.

◎鄭注: "異日"~"則否". ○아래문장에서 "빈객이 예물을 받들고 들어간다."[1]라 했고, 주인이 밖으로 나와서 맞이한다고 말하지 않았으며, 또 그 다음날이라고 말하지 않았으니, 이것은 이전에 서로 만나보았던 것과 같은 날에 함을 나타낸다. 다른 날에 할 때 밖으로 나와서 맞이한다는 사실

---

1) 『의례』「사상견례」: 賓奉摯入, 主人再拜受, 賓再拜送摯, 出. 主人送于門外, 再拜. 士見於大夫, 終辭其摯. 於其入也, 一拜其辱也. 賓退, 送, 再拜.

114 『譯註 儀禮注疏』「士相見禮」

을 알 수 있는 것은 『의례』「향음주례(鄕飮酒禮)」편에서 다음날 사정²⁾의 노고를 위로해주며 주인이 밖으로 나와서 맞이한다고 했다.³⁾ 사정에 대해서도 오히려 맞이한다면 하물며 동료에 대해서는 어떠하겠는가. 따라서 다른 날에 하는 경우 밖으로 나와서 맞이한다는 사실을 알 수 있다. 만약 그렇다면 『의례』「빙례(聘禮)」편에서 공이 대문 안에서 맞이하는데 빈객을 예우함에 이르러 다시 밖으로 나와서 맞이하는 것은 「빙례」편의 처음 기록은 공이 맞이하는 것이고, 그 기록에서 처음 내린 명령은 빈객 자신을 맞이하기 위한 것이 아니다. 그렇기 때문에 빈객 본인에게 단술로 예우를 하게 됨에 이르러서야 비록 같은 날에 하더라도 밖으로 나와서 맞이한다. 그래서 정현의 주에서는 "공이 밖으로 나와서 맞이하는 것은 자신의 예이므로 단서를 바꾸기 때문이다."⁴⁾라고 했다. 『의례』「사혼례(士昏禮)」편에서의 빈객은 신랑 집안에서 보낸 심부름꾼이니, 처음 신부 집에 도착했을 때 나와서 맞이하고, 빈객 본인을 단술로 예우할 때에 이르러서도 비록 같은 날에 하더라도 나와서 맞이한다. 『의례』「유사철(有司徹)」편의 내용은 앞은 시동을 위한 것이고 뒤는 빈객을 위한 것으로 위하는 대상이 다르다. 그렇기 때문에 비록 같은 날에 하더라도 나와서 맞이한다. 이 두 가지 또한 단서를 바꾸는 뜻에 해당한다. 「향음주례」편과 『의례』「공사대부례(公食大夫禮)」편을 살펴보면, 모두 빈객에게 알리고 청할 때 아직 빈객과 주인의 의례를 시행하지 않은 상태이다. 이러한 까닭으로 빈객이 이르고 나서야 맞이한다. 그래서 비록 같은 날에 하더라도 빈객을 맞이하는 것이니, 이것은 단서를 새롭게 하는 뜻이 아니다.

---

2) 사정(司正)은 향음주례(鄕飮酒禮)나 빈객(賓客)들을 대접하는 연회를 시행할 때, 의례절차 등을 총감독하는 사람이다.

3) 『의례』「향음주례(鄕飮酒禮)」: 明日賓服鄕服以拜賜. 主人如賓服以拜辱. 主人釋服. 乃息司正.

4) 이 문장은 『의례』「빙례(聘禮)」편의 "公出, 迎賓以入, 揖讓如初."라는 기록에 대한 정현의 주이다.

賓奉摯入, 主人再拜受, 賓再拜送摯, 出. 主人送于門外, 再拜.

직역 賓이 摯를 奉하여 入하면, 主人이 再拜하며 受하고, 賓은 再拜하며 摯를 送하고 出한다. 主人은 門外에서 送하며 再拜한다.

의역 빈객이 예물을 받들고 들어가면, 주인이 재배를 하며 받고, 빈객은 재배를 하며 예물을 건네고 밖으로 나온다. 주인은 문밖에서 전송하며 재배한다.

제 **4** 절

사현대부례(士見大夫禮)-상례(常禮)

> 士見於大夫, 終辭其摯. 於其入也, 一拜其辱也. 賓退, 送,
> 再拜.

직역 士가 大夫를 見할 때에는 그 摯를 終辭한다. 그 入에는 그 辱에 一拜한다. 賓이
退하면, 送하며 再拜한다.

의역 사가 대부를 찾아뵐 때에는 대부는 사가 가져온 예물을 종사[1]한다. 사가 대문
안으로 들어올 때 대부는 그가 욕되이 찾아온 것에 대해 일배를 한다. 빈객인
사가 물러나게 되면 대부는 그를 전송하며 재배한다.

鄭注 終辭其摯, 以將不親答也. 凡不答而受其摯, 唯君於臣耳. 大
夫於士, 不出迎. 入一拜, 正禮也. 送再拜, 尊賓.

그 예물을 종사(終辭)하는 것은 직접 답례를 하지 않을 것이기 때문이다.
무릇 답례를 하지 않는데도 그 예물을 받는 것은 오직 군주가 신하를
대하는 경우일 따름이다. 대부는 사에 대해서 문밖으로 나가 맞이하지
않는다. 사가 대문 안으로 들어왔을 때 일배를 하는 것은 정식 예법이다.
전송하며 재배를 하는 것은 빈객을 높이기 때문이다.

---

1) 종사(終辭)는 빈객과 주인은 예법에 따라 세 번 사양을 하게 되는데, 처음 사양하
   는 것을 '예사(禮辭)'라고 부르며, 두 번째 사양하는 것을 '고사(固辭)'라고 부르고,
   세 번째 사양하는 것을 '종사'라고 부른다.

●"士見於大夫"至"再拜". ◎注"終辭"至"尊賓". ○釋曰: 云"以
將不親答也"者, 事未至謂之將, 如上士相見賓來見士, 後將親答就
士家, 則辭而受其摯. 此則以將不親答, 終不受也. 若然, 經直云"終
辭其摯", 不言一辭‧再辭, 亦有可知, 但略而不言也. 又少儀云始見
君子曰"願聞名", 此不言願聞, 亦文不具也. 云"凡不答而受其摯, 唯
君於臣耳"者, 見下文"他邦之人則使擯者還其摯", 見己君不言還摯.
又文有三辭: 初辭‧中辭‧終辭. 初辭之時, 則云"使某", 中辭云"命
某", 以辭在中者, 傳言而已, 故云"命某". 然使某者是尊君卑臣之義,
其心重. 若云"命某"者, 尊君卑臣, 稍淺漸輕之義, 故鄭云或言命某
傳言耳. 必知有此義者, 按僖九年左傳曰: "天子有事於文武, 使孔賜
伯舅胙. 以伯舅耋老, 加勞賜一級, 無下拜", 是尊君. 稱使傳言, 云命
有輕重之義也.

● 經文: "士見於大夫"~"再拜". ◎鄭注: "終辭"~"尊賓". ○ 정현이 "직
접 답례를 하지 않을 것이기 때문이다."라고 했는데, 그 사안이 아직 이르
지 않았을 때 '장(將)'이라 부르니, 앞에서 사들이 서로 만나볼 때 빈객이
찾아와 사를 만나보고, 이후에 장차 찾아왔던 사의 집으로 직접 찾아가
답례를 하면 사양을 하지만 그 예물을 받는 것과 같다. 이곳의 경우는
직접 답례를 하지 않을 것이기 때문에 끝내 받지 않는 것이다. 만약 그렇
다면 경문에서는 단지 "그 예물을 종사(終辭)한다."라고만 하고, 한 차례
사양하고 두 차례 사양한다고 말하지 않았는데, 이러한 절차가 포함됨을
알 수 있는 것은 단지 문장을 간략히 기록하여 자세한 내용을 언급하지
않았기 때문이다. 또 『예기』「소의(少儀)」편에서는 처음 군자를 찾아뵈
며 "이름이 전해지기를 원합니다."[2]라 했는데, 이곳에서 전해지길 원한다
고 말하지 않은 것 또한 문장을 자세히 기록하지 않았기 때문이다. 정현

---

2) 『예기』「소의(少儀)」: 聞始見君子者, 辭曰: "某固願聞名於將命者." 不得階
主. 適者曰: "某固願見." 罕見曰: "聞名", 亟見曰: "朝夕", 瞽曰: "聞名".

이 "무릇 답례를 하지 않는데도 그 예물을 받는 것은 오직 군주가 신하를 대하는 경우일 따름이다."라고 했는데, 아래문장을 살펴보면, "다른 나라의 사람이 군주를 찾아뵙는 경우라면, 군주는 빈을 시켜 가져온 예물을 되돌려준다."³⁾라 했고, 자기 군주를 찾아뵐 때에는 예물을 돌려준다고 말하지 않았다. 또 문장에는 세 차례 사양하는 것이 나오니, 초사(初辭)·중사(中辭)·종사(終辭)이다. 초사를 할 때라면 "아무개를 시키다."라 하고, 중사를 할 때라면 "아무개에게 명하다."라 하는데, 사양하는 것이 그 가운데 있는 것은 말을 전할 따름이기 때문이다. 그래서 "아무개에게 명하다."라 했다. 그렇다면 아무개를 시킨다는 것은 군주를 높이고 신하를 낮추는 뜻에 해당하니, 그 마음이 중대한 것이다. 만약 "아무개에게 명하다."라고 말한다면 군주를 높이고 신하를 낮추는 것으로, 보다 얕고 보다 가벼운 뜻이 된다. 그렇기 때문에 정현이 "혹 아무개에게 명하였다고 말한 것은 말을 전달할 따름이다."⁴⁾라 했다. 이러한 뜻이 포함되어 있음을 분명히 알 수 있는 이유는 희공(僖公) 9년에 대한 『좌전』의 기록을 살펴보면, "천자가 문왕이나 무왕에게 제사를 지냈기에 재공을 보내 백구에게 제사를 지내고 남은 고기를 보낸다. 백구는 나이가 많고 공로가 있어 한 등급을 올려주니 내려가서 절하게 하지 말라."⁵⁾라 했는데, 이것은 군주를 높인 것이다. 사(使)라 칭하고 말을 전했으니, 명(命)이라 말함에는 경중의 뜻이 포함되어 있다.

---

3) 『의례』「사상견례」: <u>若他邦之人, 則使擯者還其摯</u>, 曰: "寡君使某還摯." 賓對曰: "君不有其外臣, 臣不敢辭." 再拜稽首, 受.

4) 이 문장은 『의례』「사상견례」편의 "擯者對曰: 某也使某, 不敢爲儀也. 固以請." 이란 기록에 대한 정현의 주이다.

5) 『춘추좌씨전』「희공(僖公) 9년」: 王使宰孔賜齊侯胙, 曰, "<u>天子有事于文·武, 使孔賜伯舅胙</u>." 齊侯將下拜. 孔曰, "且有後命, 天子使孔曰, '<u>以伯舅耋老, 加勞, 賜一級, 無下拜!</u>'"

『예기』「소의(少儀)」 기록

* 참고: 1-1 참조

참고 4-2 『춘추좌씨전』 희공(僖公) 9년 기록

경문 夏, 公會宰周公·齊侯·宋子·衛侯·鄭伯·許男·曹伯于葵丘.

여름에 희공이 재 주공·제후·송자·위후·정백·허남·조백과 규구에서 회합했다.

杜注 周公, 宰孔也. 宰, 官. 周, 采地. 天子三公不字. 宋子, 襄公也. 傳例曰: 在喪公侯曰子. 陳留外黃縣東有葵丘.

'주공(周公)'은 재공(宰孔)이다. '재(宰)'는 관직명이다. '주(周)'는 채지이다. 천자에게 소속된 삼공6)에게는 자(字)를 칭하지 않는다. 송자(宋子)는 양공(襄公)이다. 전례에서는 상중에 있는 공작과 후작에 대해서는 '자(子)'로 부른다고 했다. 진류 외황현 동쪽에 규구 땅이 있다.

---

6) 삼공(三公)은 중앙정부의 가장 높은 관직자 3명을 합쳐서 부르는 말이다. '삼공'에 속한 관직명에 대해서는 각 시대별로 차이가 있다. 『사기(史記)』「은본기(殷本紀)」편에는 "以西伯昌, 九侯, 鄂侯, 爲三公."이라는 기록이 있다. 즉 은나라 때에는 서백(西伯)인 창(昌), 구후(九侯), 악후(鄂侯)들을 '삼공'으로 삼았다. 또한 주(周)나라 때에는 태사(太師), 태부(太傅), 태보(太保)를 '삼공'으로 삼았다. 『서』「주서(周書)·주관(周官)」편에는 "立太師·太傅·太保, 玆惟三公, 論道經邦, 燮理陰陽."이라는 기록이 있다. 한편 『한서(漢書)』「백관공경표서(百官公卿表序)」에 따르면 사마(司馬), 사도(司徒), 사공(司空)을 '삼공'으로 삼았다는 기록이 있다.

孔疏 ◎注"周公"至"葵丘". ○正義曰: 傳稱"王使宰孔賜齊侯胙", 知周公卽宰孔也. 其官爲大宰, 采地名爲周, 天子三公, 故稱"公"; 孔, 則其名也. 穀梁傳曰: "天子之宰, 通於四海." 其意言宰者, 六官之長, 官名通於海內, 是故書其官名也. 通于四海者, 當謂大宰之長官耳, 其屬官不應得通. 而宰咺·宰渠伯糾則必非長官, 亦稱爲宰者, 蓋自宰夫以上皆通也. 釋例曰: "今按春秋以考之, 其稱公者皆三公, 非五等之公也", 是言祭公·周公皆三公也. 釋例又曰"王之公卿皆書爵", 則卿亦不字. 杜云"三公不字"者, 以入春秋以來, 家父·南季皆大夫稱字, 宰周公文承其後, 故云"不字". 不於"祭公逆王后"注者, 因歷序諸國而言之. 莊八年傳曰: "連稱·管至父戍葵丘." 杜云: "齊地, 臨淄縣西有地名葵丘." 知此葵丘與彼異者, 傳稱"齊侯不務德而勤遠略, 西爲此會", 則此地遠處齊西, 不得近在臨淄. 故釋例以爲宋地, 陳留外黃縣東有葵丘. 或曰河東汾陰縣爲葵丘, 非也. 經書夏會葵丘, 九月乃盟, 晉爲地主, 無緣欲會而不及盟也. 是說不同之意.

◎杜注: "周公"~"葵丘". ○전문에서 "천자가 재공(宰孔)을 보내서 제나라 후작에게 제사를 지내고 남은 고기를 하사했다."라 했으니, 주공(周公)이 재공(宰孔)에 해당함을 알 수 있다. 그의 관직은 대재[7]가 되며, 채지의 이름은 주(周)가 되는데, 천자에게 속한 삼공에 해당하기 때문에 '공(公)'이라 칭한 것이고, 공(孔)은 그의 이름에 해당한다. 『곡량전』에서는 "천자에게 소속된 재(宰)는 천하에 두루 통한다."[8]라 했는데, 그 의도

---

7) 대재(大宰)는 태재(太宰) 또는 총재(冢宰)라고도 부른다. 은대(殷代) 때 설치된 관직이라고 전해지며, 주대(周代)에서는 '총재'라고도 불렀다. 『주례』의 체제상으로는 천관(天官)의 수장이며, 경(卿) 1명이 담당했다. '대재'가 담당했던 일은 여러 가지이며, 국정(國政)의 전반적인 것들을 관리하였다. 또한 『주례』「천관(天官)·대재(大宰)」편에는 "祀五帝, 則掌百官之誓戒與其具脩."라고 하여, 오제(五帝)에게 제사를 지내게 되면, 뭇 관리들에게 근신하라고 권고하는 일 및 제물이 갖추어진 것을 확인하고, 그 청결상태 등을 감독했다고 기록하고 있다.

는 '재(宰)'라 말한 것은 여섯 관부의 수장으로, 그 관직명이 사해이내에 두루 통한다. 이러한 까닭으로 그 관직명을 기록했다는 것이다. 천하에 두루 통한다는 것은 대재라는 관부의 수장만을 뜻할 따름이며, 그 휘하에 속해 있는 관리들은 통할 수 없다. 그런데 재훤(宰咺)[9]・재거백규(宰渠伯糾)[10]는 분명 관부의 수장이 아닌데도 재(宰)라 칭한 것은 아마도 재부[11]로부터 그 이상의 관리는 모두 통했기 때문일 것이다. 「석례」[12]에서는 "지금 살펴보니, 『춘추』를 통해 고증해보면 공(公)이라 칭한 것은 모두 삼공(三公)에 해당하며, 다섯 등급의 제후에 속하는 공작이 아니다." 라 했다. 이것은 제공(祭公)과 주공(周公)이 모두 삼공에 해당함을 뜻한다. 「석례」에서는 또 "천자에게 속한 공과 경에 대해서는 모두 작위를 기록한다."라 했으니, 경에 대해서도 자(字)를 칭하지 않는다. 두예가 "삼공에게는 자(字)를 칭하지 않는다."라고 했는데, 춘추시대 이래로 가보(家父)[13]나 남계(南季)[14]는 모두 대부에 해당하며 자(字)로 칭했고, 재(宰)인 주공(周公)에 대한 기록은 그 뒤에 있다. 그렇기 때문에 "자(字)

---

8) 『춘추곡량전』「희공(僖公) 30년」: 冬, 天王使宰周公來聘, 天子之宰通於四海.

9) 『춘추』「은공(隱公) 1년」: 秋, 七月, 天王使宰咺來歸惠公仲子之賵.

10) 『춘추』「환공(桓公) 4년」: 夏, 天王使宰渠伯糾來聘.

11) 재부(宰夫)는 주(周)나라 때 천관(天官)에 소속된 관직이다. 조정 내에서의 법도를 담당하였으며, 신하들의 서열을 바로잡았고, 금령 등에 대한 일을 담당하였다. 천관의 수장인 대재(大宰)와 부관인 소재(小宰)를 보좌하였다. 『주례』의 체제에 따르면 하대부(下大夫) 4명이 담당을 하였다. 『주례』「천관총재(天官冢宰)」편에는 "宰夫, 下大夫四人."이라는 기록이 있고, 『주례』「천관(天官)・재부(宰夫)」편에는 "宰夫之職掌治朝之灋, 以正王及三公六卿大夫群吏之位, 掌其禁令."이라는 기록이 있다.

12) 「석례(釋例)」편은 두예(杜預)가 『춘추경전집해(春秋經傳集解)』를 저술하고서, 각종 용례들을 별도로 간추려서 별집으로 엮은 것이다.

13) 『춘추』「환공(桓公) 8년」: 天王使家父來聘. / 『춘추』「환공 15년」: 十有五年, 春, 二月, 天王使家父來求車.

14) 『춘추』「은공(隱公) 9년」: 九年, 春, 天王使南季來聘.

를 칭하지 않는다."고 했다. "제공이 왕후를 맞이했다."[15]는 문장의 주에
서 이를 언급하지 않은 것은 여러 제후국들을 두루 기술하는 것으로 인해
언급했기 때문이다. 장공(莊公) 8년에 대한 전문에서는 "연칭(連稱)과
관지보(管至父)로 규구를 지키게 했다."[16]라 했고, 두예[17]는 "제나라 땅
으로 임치현 서쪽에 규구(葵丘)라는 지명이 있다."라 했다. 이곳에 나온
규구(葵丘)가 장공(莊公) 8년에 나온 규구(葵丘)와 다른 곳임을 알 수
있는 것은 전문에서 "제나라 후작은 덕을 닦는데 힘쓰지 않고 원정에만
힘써서 서쪽으로 와서 이 회합을 연 것이다."[18]라 했으니, 이곳의 땅은
제나라의 서쪽에서 멀리 떨어져 있는 것으로 임치와 가까운 곳에 있을
수 없기 때문이다. 그래서 「석례」에서는 송나라 땅으로 여겼으니, 진류
외황현 동쪽에 규구 땅이 있다. 혹자는 하동 분음현이 규구 땅이 된다고
하는데 잘못된 주장이다. 경문에서는 여름에 규구에서 회합을 가졌다고
했고 9월에 맹약을 맺었다고 했으며,[19] 진나라는 그 땅의 주인이 되지만
연고가 없어 회합을 희망했으나 맹약에는 이르지 못했다. 이것은 같지
않다는 뜻을 말한 것이다.

---

15) 『춘추』「환공(桓公) 8년」 : 祭公來, 遂逆王后于紀.
16) 『춘추좌씨전』「장공(莊公) 8년」 : 齊侯使連稱·管至父戍葵丘, 瓜時而往, 曰,
"及瓜而代."
17) 두예(杜預, A.D.222~A.D.284) : =두원개(杜元凱). 서진(西晉) 때의 유학자이다.
경조(京兆) 두릉(杜陵) 출신이다. 자(字)는 원개(元凱)이다. 『춘추경전집해(春
秋經典集解)』를 저술하였는데, 이 책은 현존하는 『춘추(春秋)』의 주석서 중 가
장 오래된 것이며, 『십삼경주소(十三經注疏)』의 『춘추좌씨전정의(春秋左氏傳
正義)』에도 채택되어 수록되었다.
18) 『춘추좌씨전』「희공(僖公) 9년」 : 秋, 齊侯盟諸侯于葵丘, 曰, "凡我同盟之人,
旣盟之後, 言歸于好." 宰孔先歸, 遇晉侯, 曰, "可無會也. 齊侯不務德而勤遠
略, 故北伐山戎, 南伐楚, 西爲此會也.
19) 『춘추』「희공(僖公) 9년」 : 九月, 戊辰, 諸侯盟于葵丘.

전문 夏, 會于葵丘. 尋盟, 且脩好, 禮也. 王使宰孔賜齊侯胙,

여름에 규구에서 회합을 가졌다. 지난 맹약을 돈독히 하고 또 우호를 다졌으니 예에 맞다. 천자가 재공을 보내서 제나라 후작에게 제사를 지내고 남은 고기를 하사하며,

杜注 胙, 祭肉. 尊之, 比二王後.

'조(胙)'는 제사를 지내고 남은 고기이다. 그를 높인 것을 이왕[20]의 후손에 견준 것이다.

孔疏 ◎注"胙祭"至"王後". ○王義曰: 傳稱"大子祭于曲沃, 歸胙于公", 此天子有事于文·武賜齊侯以胙, 知胙是祭肉也. 周禮·大宗伯: "以脤膰之禮, 親兄弟之國." 鄭玄云: "脤膰, 社稷宗廟之肉, 以賜同姓之國, 同福祿也." 脤膰卽胙肉也. 言親兄弟之國, 則異姓不合賜也. 二十四年傳曰: "宋, 先代之後也, 於周爲客, 天子有事膰焉." 是言二王之後, 禮合得之. 今賜齊侯, 是尊之比二王後也.

◎杜注: "胙祭"~"王後". ○ 전문에서는 "태자가 곡옥에 가서 제사를 지내고 헌공(獻公)에게 조(胙)를 올렸다."[21]라 했고, 이곳에서 천자는 문왕과 무왕에게 제사를 지내고서 제나라 후작에게 조(胙)를 하사했다고 했으니, 조(胙)가 제사를 지내고 남은 고기에 해당함을 알 수 있다. 『주례』「대종백(大宗伯)」편에서는 "신번(脤膰)의 예로써 형제의 제후국들을 친하게 한다."[22]라 했고, 정현은 "신번(脤膰)은 사직과 종묘의 제사에서 사용하는 고기로, 이것을 동성의 제후국에 하사하여 복과 녹을 함께 하는 것이

---

20) 이왕(二王)은 주(周)나라 이전 왕조인 하(夏)나라와 은(殷)나라를 뜻한다.

21) 『춘추좌씨전』「희공(僖公) 4년」: 及將立奚齊, 旣與中大夫成謀, 姬謂大子曰, "君夢齊姜, 必速祭之!" 大子祭于曲沃, 歸胙于公.

22) 『주례』「춘관(春官)·대종백(大宗伯)」: 以脤膰之禮, 親兄弟之國.

다."라 했다. 여기에서 말한 신번(脤膰)은 조육(胙肉)에 해당한다. "형제의 제후국들을 친하게 한다."라 했으니, 이성의 제후국에게는 하사하는 것이 마땅하지 않다. 24년 전문에서 "송나라는 선대의 후예국이니 주나라에게는 빈객이 되어 천자가 제사를 지내고서 번(膰)을 하사한다."[23]라 했다. 이것은 두 왕조의 후손에 대해서는 예법상 마땅히 하사할 수 있음을 뜻한다. 그런데 지금은 제나라 후작에게 하사를 한 것이니, 이것이 그를 높이며 두 왕조의 후손에 견주었다는 사실을 나타낸다.

전문 曰: "天子有事于文·武①, 使孔賜伯舅胙②."

말하길, "천자가 문왕이나 무왕에게 제사를 지냈기에 재공을 보내 백구에게 제사를 지내고 남은 고기를 보낸다."라 했다.

杜注① 有祭事也.

제사를 지냈다는 뜻이다.

杜注② 天子謂異姓諸侯曰伯舅.

천자는 이성의 제후에 대해서 '백구(伯舅)'라 부른다.

孔疏 ◎注"天子"至"伯舅". ○正義曰: 曲禮曰: "五官之長曰伯. 天子同姓謂之伯父, 異姓謂之伯舅." 鄭玄云: "謂爲三公者, 周禮九命作伯." 齊桓是九命之伯, 故以伯舅呼之.

◎杜注: "天子"~"伯舅". ○『예기』「곡례(曲禮)」편에서는 "다섯 관부의 수장을 '백(伯)'이라 부르고, 천자와 동성인 경우에는 '백부(伯父)'라 부르

---

23) 『춘추좌씨전』「희공(僖公) 24년」: 鄭伯將享之, 問禮於皇武子. 對曰, "宋, 先代之後也, 於周爲客, 天子有事, 膰焉; 有喪, 拜焉. 豐厚可也."

며, 이성인 경우에는 '백구(伯舅)'라 부른다."24)라 했고, 정현은 "삼공(三公)의 신분을 가진 자들이니, 『주례』에서는 9명(命)의 등급을 받으면 '백(伯)'이 된다25)고 했다."라 했다. 제나라 환공(桓公)은 9명의 등급을 가진 백(伯)이 된다. 그렇기 때문에 '백구(伯舅)'라 불렀던 것이다.

전문 齊侯將下拜. 孔曰: "且有後命. 天子使孔曰: '以伯舅耋老, 加勞, 賜一級, 無下拜!'"

제나라 후작이 아래로 내려와 절을 하려고 했다. 재공이 말하길, "또 그 다음 명령이 계셨소. 천자께서 나에게 '백구는 나이가 많고 공로가 있어 한 등급을 올려주니 내려가서 절하게 하지 말라!'고 하셨소."라 했다.

杜注 七十曰耋. 級, 等也.

70세를 '질(耋)'이라 부른다. '급(級)'자는 등급을 뜻한다.

孔疏 ◎注"七十曰耋. 級, 等也". ○正義曰: 釋言云: "耋, 老也." 舍人云: "年六十稱也." 郭璞云: "八十爲耋." 釋名云: "八十曰耋. 耋, 鐵也. 皮黑如鐵." 彼說或云六十, 或云八十, 杜云"七十曰耋"者, 耋之年齒旣無明文, 曲禮云"七十曰老", 爾雅以耋爲老, 故以爲七十. 曲禮升階之法云"涉級聚足", 是級爲等也. 法當下拜, 賜之勿下, 是進一等.

---

24) 『예기』「곡례하(曲禮下)」: 五官之長曰伯, 是職方, 其擯於天子也, 曰天子之吏. 天子同姓謂之伯父, 異姓謂之伯舅. 自稱於諸侯, 曰天子之老, 於外曰公, 於其國曰君.

25) 『주례』「춘관(春官)·대종백(大宗伯)」: 以九儀之命正邦國之位. 壹命受職. 再命受服. 三命受位. 四命受器. 五命賜則. 六命賜官. 七命賜國. 八命作牧. 九命作伯.

◎ 杜注: "七十曰耋. 級, 等也". ○『이아』「석언(釋言)」편에서는 "질(耋)자는 노(老)자의 뜻이다."[26]라 했고, 사인은 "나이가 60세인 자를 지칭한다."라 했으며, 곽박[27]은 "80세가 질(耋)이 된다."라 했다. 『석명』[28]에서는 "80세를 질(耋)이라 부른다. 질(耋)자는 쇠를 뜻한다. 피부가 검게 변해 쇠와 같아진 것이다."라 했다. 이러한 설명들에서는 60세라 말하기도 하고 80세라 말하기도 하는데, 두예가 "70세를 '질(耋)'이라 부른다."라고 한 것은 질(耋)에 해당하는 나이에 대해서 이미 명확한 기록이 없고, 『예기』「곡례(曲禮)」편에서는 "70세인 사람을 노(老)라 부른다."[29]라 했으며, 『이아』에서는 질(耋)자를 노(老)자로 보았다. 그렇기 때문에 70세라고 여긴 것이다. 「곡례」편에서는 계단을 오르는 예법에 대해서 "다만 한 계단을 오를 때마다 양발을 모은다."[30]라 했으니, 이것은 급(級)자가 등(等)자가 됨을 나타낸다. 예법에서는 마땅히 내려와서 절을 하는데, 하사를 하며 내려오지 못하도록 한 것은 한 등급을 올려준 것을 나타낸다.

전문 對曰: "天威不違顔咫尺,

제나라 후작이 대답하며 "천자의 위엄이 내 면전에서 지척도 떨어져 있지 않으니,

---

26) 『이아』「석언(釋言)」: 耋, 老也.
27) 곽박(郭璞, A.D.276~A.D.324): =곽경순(郭景純). 진(晋)나라 때의 학자이다. 자(字)는 경순(景純)이다. 저서로는 『이아주(爾雅注)』, 『방언주(方言注)』, 『산해경주(山海經注)』 등이 있다.
28) 『석명(釋名)』은 후한(後漢) 때의 학자인 유희(劉熙)가 지은 서적이다. 오래된 훈고학 서적의 하나로 꼽힌다.
29) 『예기』「곡례상(曲禮上)」: 人生十年曰幼, 學. 二十曰弱, 冠. 三十曰壯, 有室. 四十曰强, 而仕. 五十曰艾, 服官政. 六十曰耆, 指使. 七十曰老, 而傳. 八十九十曰耄, 七年曰悼, 悼與耄, 雖有罪, 不加刑焉. 百年曰期, 頤.
30) 『예기』「곡례상(曲禮上)」: 主人與客讓登, 主人先登, 客從之, 拾級聚足, 連步以上. 上於東階, 則先右足; 上於西階, 則先左足.

杜注 言天鑒察不遠, 威嚴常在顔面之前. 八寸曰咫.

하늘이 감시하는 것이 멀리 떨어져 있지 않고 천자의 위엄은 항상 면전에 있다는 뜻이다. 8촌을 '지(咫)'라 부른다.

孔疏 ◎注"言天"至"曰咫". ○ 正義曰: 顔謂額也. 楊雄方言云: "顔‧額, 謂顙也. 中夏謂之額, 東齊謂之顙, 河‧潁‧淮‧泗之間謂之顔." 魯語云: "肅愼氏貢楛矢, 長尺有咫." 賈逵亦云: "八寸曰咫." 說文云: "周制: 寸‧尺‧咫‧尋, 皆以人之體爲法. 中婦人手長八寸謂之咫, 周尺也."

◎ 杜注: "言天"~"曰咫". ○ '안(顔)'자는 이마를 뜻한다. 양웅31)의 『방언』32)에서는 "안(顔)자와 액(額)자는 이마를 뜻한다. 중하 지역에서는 액(額)이라 부르고, 동제 지역에서는 상(顙)이라 부르며, 하‧영‧회‧사 지역에서는 안(顔)이라 부른다."라 했다. 『국어』「노어(魯語)」편에서는 "숙신씨가 고시(楛矢)를 바쳤는데, 그 길이가 1척 1지(咫)이다."33)라 했고, 가

---

31) 양웅(楊雄, B.C.53~A.D.18) : =양웅(揚雄)‧양자(揚子). 전한(前漢) 때의 학자이다. 자(字)는 자운(子雲)이다. 사부작가(辭賦作家)로도 명성이 높았다. 왕망(王莽)에게 동조했다는 이유로 송(宋)나라 이후부터는 배척을 당하였다. 만년에는 경학(經學)에 전념하여, 자신을 성현(聖賢)이라고 자처하였다. 참위설(讖緯說) 등을 배척하고, 유가(儒家)와 도가(道家)의 사상을 절충하였다. 저서로는 『법언(法言)』, 『태현경(太玄經)』 등이 있다.

32) 『방언(方言)』은 『유헌사자절대어석별국방언(輶軒使者絕代語釋別國方言)』‧『별국방언(別國方言)』이라고도 부른다. 한(漢)나라 때의 학자인 양웅(揚雄)이 편찬했다고 전해지는 서적이다. 총 13권으로 구성되어 있으며, 각 지방에서 온 사신들의 방언을 모았다는 뜻에서, 『유헌사자절대어석별국방언』이라는 제목으로 출간되었고, 또 이 말을 줄여서 『별국방언』‧『방언』이라고 부르게 되었다. 현존하는 『방언』은 곽박(郭璞)의 주(注)가 붙어 있는 판본이다. 그러나 『한서(漢書)』 등의 기록에는 양웅의 저술 목록에 『방언』이 포함되어 있지 않으므로, 편찬자에 대한 의혹이 끊임없이 제기되었다.

33) 『국어』「노어하(魯語下)」 : 於是<u>肅愼氏貢楛矢</u>‧石砮, <u>其長尺有咫</u>.

규34)는 "8촌을 지(咫)라 부른다."라 했다. 『설문』에서는 "주나라 제도에서 촌(寸)・척(尺)・지(咫)・심(尋)은 모두 인체를 기준으로 법도를 정했다. 일반 아녀자들의 손 길이는 8촌으로 이것을 지(咫)라 부르는데, 주나라의 척도이다."라 했다.

전문 小白余敢貪天子之命無下拜!

소백인 제가 감히 천자의 명을 탐하여 하사에 내려가서 절을 하지 않겠소!

杜注 小白, 齊侯名. 余, 身也.

'소백(小白)'은 제나라 후작의 이름이다. '여(余)'자는 본인을 가리킨다.

孔疏 ◎注"小白"至"身也". ○正義曰: 諸自稱余者, 當稱名之處耳. 齊侯旣稱小白, 而復言余, 故解之. "余, 身", 釋詁文. 舍人曰: "余, 卑謙之身也." 孫炎曰: "余, 舒遲之身也." 郭璞曰: "今人亦自呼爲身."

◎杜注: "小白"~"身也". ○스스로를 '여(余)'라 칭하는 것들은 이름을 칭해야 하는 곳에 해당할 따름이다. 제나라 후작이 이미 소백(小白)이라 칭하고 다시 여(余)라 칭했기 때문에 풀이한 것이다. 두예가 "여(余)'자는 본인을 가리킨다."라고 했는데, 이것은 『이아』「석고(釋詁)」편의 문장이다.35) 사인은 "여(余)자는 낮추고 겸손한 자신을 말한다."라 했고, 손염36)은 "여(余)자는 여유있고 침착한 자신을 말한다."라 했으며, 곽박은

---

34) 가규(賈逵, A.D.30~A.D.101) : 후한(後漢) 때의 경학자이다. 자(字)는 경백(景伯)이다. 『춘추좌씨전해고(春秋左氏傳解詁)』를 지었지만, 현재 일실되어 존재하지 않는다. 청대(淸代) 마국한(馬國翰)의 『옥함산방집일서(玉函山房輯佚書)』와 황석(黃奭)의 『한학당총서(漢學堂叢書)』에 일집본(佚輯本)이 남아 있다.

35) 『이아』「석고(釋詁)」 : 朕・余・躬, 身也.

"오늘날의 사람들은 또한 스스로를 신(身)이라 부른다."라 했다.

전문 恐隕越于下①, 以遺天子羞. 敢不下拜!" 下拜, 登受②.

아래로 굴러 떨어지게 만들어 천자께 치욕을 끼치게 될까 염려되니, 감히 내려가서 절을 하지 않겠소!'라 하고, 내려가 절을 한 뒤에 올라가서 받았다.

杜注 ① 隕越, 顚墜也. 據天王居上, 故言恐顚墜于下.

'운월(隕越)'은 굴러 떨어진다는 뜻이다. 천왕이 위에 있는 것에 기준을 두었기 때문에 아래로 굴러 떨어질까 두렵다고 말한 것이다.

杜注 ② 拜堂下, 受胙於堂上.

당하에서 절하고 당상에서 제사를 지내고 남은 고기를 받았다는 뜻이다.

孔疏 ●"下拜登受". ○ 正義曰: 覲禮: "天子賜侯氏以車服. 諸公奉篋服, 加命書于其上, 升自西階東面, 大史氏右, 侯氏升西面立, 大史述命, 侯氏降兩階之間, 北面再拜稽首, 升成拜." 彼侯氏降階再拜, 是此"下拜"也. "升成拜", 是此"登受".

● 傳文: "下拜登受". ○『의례』「근례(覲禮)」편에서는 "천자가 제후에게 수레와 의복을 하사한다. 제공이 옷이 담긴 상자를 받들고 그 위에 명서를 올려둔다. 서쪽 계단을 통해 당상으로 올라가서 동쪽을 바라보고, 태사가 그 우측에 선다. 제후가 당상으로 올라가서 서쪽을 바라보며 서고 태사가 명서를 읽는다. 제후는 내려와 양쪽 계단 사이에서 북쪽을 바라보며 재배를 하고 머리를 조아리며, 당상으로 올라가서 절하는 절차를 완성

---

36) 손염(孫炎, ?~?) : 삼국시대(三國時代) 때의 학자이다. 자(字)는 숙연(叔然)이다. 정현의 문도였으며, 『이아음의(爾雅音義)』를 저술하여 반절음을 유행시켰다.

한다."[37]라 했다. 그 기록에서 제후가 계단으로 내려와서 재배를 한다고 했는데, 이것이 여기에서 말한 '하배(下拜)'에 해당한다. "올라가서 절하는 절차를 완성한다."는 것은 여기에서 말한 '등수(登受)'에 해당한다.

---

37) 『의례』「근례(覲禮)」: 天子賜侯氏以車服. 迎于外門外, 再拜. ······ 諸公奉篋服, 加命書于其上, 升自西階, 東面, 大史是右, 侯氏升, 西面立, 大史述命, 侯氏降兩階之間, 北面再拜稽首, 升成拜.

제 5 절

사현대부례(士見大夫禮)-상위신(嘗爲臣)

133上

若嘗爲臣者, 則禮辭其摯, 曰: "某也辭, 不得命, 不敢固辭."

직역 若히 嘗히 臣이 爲한 者라면 그 摯를 禮辭하고 曰 "某는 辭나 命을 不得하니 固辭를 不敢합니다."

의역 만약 일찍이 대부의 가신이었던 자가 새로이 제후의 사가 되어 대부를 찾아뵙는 경우라면, 대부는 그가 가져온 예물에 대해 예사1)를 하며 "아무개[대부]는 사양을 했으나 허락을 받지 못했으니, 감히 고사(固辭)를 하지 못하겠습니다." 라 한다.

鄭注 禮辭, 一辭其摯而許也. 將不答而聽其以摯入, 有臣道也.

예사(禮辭)는 예물에 대해 한 차례 사양을 하고서 수락한다는 뜻이다. 장차 답례를 하지 않을 것인데도 예물을 가지고 들어오겠다는 것을 받아들인 것은 그에게는 신하의 도리가 있기 때문이다.

---

1) 예사(禮辭)는 빈객과 주인은 예법에 따라 세 번 사양을 하게 되는데, 처음 사양하는 것을 '예사'라고 부르며, 두 번째 사양하는 것을 '고사(固辭)'라고 부르고, 세 번째 사양하는 것을 '종사(終辭)'라고 부른다.

132 『譯註 儀禮注疏』「士相見禮」

賓入, 奠摯, 再拜. 主人答壹拜.

직역 賓은 入하여 摯를 奠하고 再拜한다. 主人은 答으로 壹拜한다.

의역 빈객은 대문 안으로 들어와서 예물을 내려놓고 재배를 한다. 주인은 답배로 일배를 한다.

鄭注 奠摯, 尊卑異, 不親授也. 古文壹爲一.

예물을 내려놓는 것은 신분이 차이가 나서 직접 건넬 수 없기 때문이다. 고문에는 '일(壹)'자가 일(一)자로 되어 있다.

賓出, 使擯者還其摯于門外, 曰: "某也使某還摯."

직역 賓이 出하면, 擯者로 使하여 門外에서 그 摯를 還하며 曰 "某께서는 某로 使하여 摯를 還했습니다."

의역 빈객이 대문 밖으로 나가면, 대부는 빈을 시켜서 문밖에서 예물을 돌려주게 하며, "아무개[대부]께서는 아무개[빈]를 시켜서 예물을 돌려드리게 하셨습니다."라 한다.

鄭注 還其摯者, 辟正君也.

예물을 돌려주는 것은 정식 군주에 대한 예를 피하고자 했기 때문이다.

賓對曰: "某也旣得見矣, 敢辭."

직역 賓이 對하여 曰 "某가 旣히 見을 得했으니 敢히 辭합니다."

의역 빈객은 대답하며 "아무개[사]가 이미 찾아뵈었으니 예물을 돌려받는 것을 감히 사양하고자 합니다."라 한다.

鄭注 辭君還其摯也. 今文無.

주군이었던 대부가 예물을 돌려주는 것을 사양하는 것이다. 금문에는 '야(也)'자가 없다.

擯者對曰: "某也命某, 某非敢爲儀也, 敢以請."

직역 擯者가 對하여 曰 "某께서는 某에게 命하시며, 某는 敢히 儀를 爲함이 非라 하셨으니, 敢히 請합니다."

의역 빈은 대답하며 "아무개[대부]께서는 아무개[빈]에게 명하시며, '아무개[대부] 는 감히 겉치레로 하는 말이 아닙니다.'라 하셨으니, 감히 받아주시기를 청합니 다."라 한다.

鄭注 還摯者請使受之.

예물을 돌려주는 자가 받아주기를 청하는 것이다.

賓對曰: "某也夫子之賤私, 不足以踐禮, 敢固辭."

직역 賓이 對하여 曰 "某는 夫子의 賤私로 禮를 踐하기가 不足하니 敢히 固辭합니다."

의역 빈객은 대답하며 "아무개[사]는 부자의 천한 가신이었던 자로 빈객의 예를 시행하기에 부족하니 감히 고사(固辭)하고자 합니다."라 한다.

鄭注 家臣稱私. 踐, 行也. 言某臣也, 不足以行賓客禮. 賓客所不答者, 不受摯.

가신을 '사(私)'라 칭한다. '천(踐)'자는 시행한다는 뜻이다. 아무개는 신하의 신분이었던 자이니 빈객의 예를 시행하기에 부족하다는 말이다. 빈객 중 답례를 받지 못하는 자는 예물을 돌려받지 않는다.

> 擯者對曰: "某也使某, 不敢爲儀也. 固以請."

직역 擯者가 對하여 曰 "某께서는 某로 使하시며, 儀를 爲하기가 不敢이라 하셨으니, 固히 請합니다."

의역 빈은 대답하며 "아무개[대부]께서는 아무개[빈]를 시키시며 '감히 겉치레로 하는 말이 아닙니다.'라 하셨으니, 거듭 받아주시기를 청합니다."라 한다.

鄭注 言使某, 尊君也. 或言命某, 傳言耳.

아무개를 시켰다고 말한 것은 군주를 높이기 위한 것이다. 간혹 아무개에게 명하였다고 말한 것은 말을 전달할 따름이다.

賓對曰: "某固辭, 不得命, 敢不從!" 再拜受.

직역 賓이 對하여 曰 "某는 固辭나 命을 不得하니 敢히 不從하겠습니까." 再拜하여 受한다.

의역 빈객은 대답하며 "아무개[사]는 고사(固辭)를 하였으나 허락을 받지 못했으니, 감히 따르지 않을 수 있겠습니까."라 하고, 재배하며 받는다.

鄭注 受其摯而去之.

예물을 받아가지고 떠나는 것이다.

賈疏 ◎注"受其摯而去之". ○釋曰: 云"受其摯而去"者, 以其嘗爲臣爲輕, 旣不受其摯, 又相見無饗燕之禮, 故鄭云而去以絶之也.

◎鄭注: "受其摯而去之". ○정현이 "예물을 받아가지고 떠나는 것이다."라 했는데, 일찍이 가신이었던 자에 대해 상대적으로 가볍게 여겨, 이미 예물을 받아주지 않았고 또 서로 만나보며 연회를 베푸는 의례절차가 없다. 그렇기 때문에 떠난다 말하며 설명을 끝낸 것이다.

제 6 절
대부상견례(大夫相見禮)

> 下大夫相見, 以鴈, 飾之以布, 維之以索, 如執雉.

직역 下大夫가 相見함에는 鴈으로써 하는데 飾하길 布로써 하며 維하길 索으로써 하되 雉를 執함과 如한다.

의역 하대부가 서로 만나볼 때에는 기러기를 예물로 사용하는데 포로 옷을 입히고 노끈으로 발을 묶되 꿩을 들고 갈 때처럼 한다.

鄭注 鴈, 取知時, 飛翔有行列也. 飾之以布, 謂裁縫衣其身也. 維, 謂繫聯其足.

기러기를 사용하는 것은 때를 알고 날아감에 대열이 있는 것에 따른 것이다. 포로 장식한다는 것은 재봉하여 그 몸체에 옷을 입힌 것을 뜻한다. '유(維)'는 그 다리를 나란히 묶은 것을 뜻한다.

賈疏 ● "下大夫"至"執雉". ○ 釋曰: 言"下大夫"者, 國皆有三卿五大夫. 言上大夫, 據三卿, 則此下是五大夫也. 二十七士與五大夫轉相副貳, 則三卿宜有六大夫, 而五者, 何休云: 司馬事省, 闕一大夫.

● 經文: "下大夫"~"執雉". ○ '하대부(下大夫)'라 말한 것은 제후국에는 모두 3명의 경과 5명의 대부가 있다. '상대부(上大夫)'를 말한 것이 3명의 경에 기준을 둔 것이라면 여기에서 말한 하대부는 5명의 대부에 해당한다. 27명의 사가 5명의 대부와 상호 전환하며 보좌를 하게 된다면 3명

의 경에게는 마땅히 6명의 대부가 있어야 하는데도 5명이라 말한 이유에 대해 하휴[1]는 사마[2]의 일이 생략되어 1명의 대부를 뺀 것이라고 했다.

賈疏 ◎注“鴈取”至“其足”. ○釋曰: 云“鴈, 取知時”者, 以其木落南翔, 冰泮北徂, 隨陽南北, 義取大夫能從君政敎而施之. 云“飛翔有行列也”者, 義取大夫能依其位次, 尊卑有敍也. 上士執雉, 左頭奉之, 此云“如執雉”, 明執鴈者亦左頭奉之也. 按曲禮云: “飾羔鴈者以繢.” 彼天子卿大夫, 非直以布, 上又畫之, 此諸侯卿大夫執摯, 雖與天子之臣同飾羔鴈者, 直用布爲飾, 無繢. 彼不言士, 則天子之士與諸侯之士同, 亦無飾. 士賤, 故無別也.

◎鄭注: “鴈取”~“其足”. ○정현이 “기러기를 사용하는 것은 때를 아는 것에 따랐다.”라고 했는데, 나뭇잎이 떨어지면 남쪽으로 날아가고 얼음이 녹으면 북쪽으로 가는데, 그 뜻은 대부는 군주의 정교를 따라 시행할 수 있음을 취한 것이다. 정현이 “날아감에 대열이 있다.”라고 했는데, 그 뜻은 대부는 지위의 등급에 의거할 수 있어 신분에 차례가 있음을 취한 것이다. 상사는 꿩을 예물로 들고 가며 머리를 좌측으로 해서 받드는데,

---

1) 하휴(何休, A.D.129~A.D.182): 전한(前漢) 때의 금문경학자(今文經學者)이다. 자(字)는 소공(邵公)이다. 『춘추공양전해고(春秋公羊傳解詁)』를 지었으며, 『효경(孝經)』, 『논어(論語)』 등에 대해서도 주를 달았고, 『춘추한의(春秋漢議)』를 짓기도 하였다.

2) 사마(司馬)라는 관직은 전설상으로는 소호(少昊) 시대부터 설치되었다고 전해진다. 주(周)나라 때에는 육경(六卿) 중 하나였으며, 하관(夏官)의 수장이며, 대사마(大司馬)라고도 불렀다. 군대와 관련된 일을 담당했다. 한(漢)나라 무제(武帝) 때에는 태위(太尉)라는 관직명을 고쳐서 대사마(大司馬)라고 불렀고, 후한(後漢) 때에는 다시 태위(太尉)로 고쳐 불렀다. 남북조시대(南北朝時代)에는 대장군(大將軍)과 함께 이대(二大)로 칭해지기도 했으나, 청(淸)나라 때 폐지되었다. 후세에서는 병부상서(兵部尙書)의 별칭으로 사용하기도 했고, 시랑(侍郞)을 소사마(少司馬)로 칭하기도 하였다.

이곳에서 "꿩을 들고 갈 때처럼 한다."라고 했으니, 기러기를 들고 갈 때에도 머리를 좌측으로 해서 받들게 됨을 나타낸다. 『예기』「곡례(曲禮)」편을 살펴보면 "새끼 양과 기러기를 바칠 때에는 구름무늬가 들어간 천으로 덮어서 바친다.[3]라고 했다. 「곡례」편의 내용은 천자에게 소속된 경과 대부로, 단지 포로만 옷을 입히는 것이 아니라 그 위에 그림을 그리게 된 것이고, 이곳의 내용은 제후에게 속한 경과 대부가 들고 가는 예물에 대한 것이니, 비록 천자의 신하와 동일하게 새끼 양과 기러기를 장식하더라도, 단지 포를 이용해 장식만 하고 그림을 그리지는 않는다. 「곡례」편에서 사를 언급하지 않은 것은 천자의 사는 제후의 사와 동일하여 또한 장식이 없기 때문이다. 사는 미천하기 때문에 구별을 두지 않는다.

참고 6-1 『예기』「곡례상(曲禮上)」 기록

경문 飾羔鴈者, 以繢.

새끼 양과 기러기를 바칠 때에는 구름무늬가 들어간 천으로 덮어서 바친다.

鄭注 繢, 畫也. 諸侯大夫以布, 天子大夫以畫.

'궤(繢)'자는 그림을 그린 천을 뜻한다. 제후에게 소속된 대부는 무늬가 없는 천을 사용했고, 천자에게 소속된 대부는 그림이 그려진 천을 사용했다.

孔疏 ●"飾羔鴈者以繢"者, 飾, 覆也. 羔, 羊也. 繢, 畫也. 畫布爲雲氣, 以覆羔鴈爲飾以相見也. 士相見禮云, "下大夫以鴈, 上大夫以羔, 飾之以布." 並不言繢, 此言繢者, 鄭云, 彼是諸侯之卿大夫, 卑, 但用布; 此天子之卿大夫, 尊, 故畫之也.

-----

3) 『예기』「곡례상(曲禮上)」 : 飾羔鴈者, 以繢.

● 經文: "飾羔鴈者以績". ○ '식(飾)'자는 천으로 덮는다는 뜻이다. '고(羔)'자는 양을 뜻한다. '궤(績)'자는 그림을 그린 천을 뜻한다. 포에 구름 무늬를 그려놓은 것으로 새끼 양과 기러기를 덮어 장식으로 삼아 서로 만나볼 때의 예물로 사용한다. 「사상견례」편에서는 "하대부가 서로 만나 볼 때에는 기러기를 예물로 사용하는데 포로 옷을 입히고, 상대부가 서로 만나볼 때에는 새끼 양을 예물로 사용하는데 포로 옷을 입힌다."라고 하였다. 그런데『의례』의 두 기록에서는 모두 궤(績)를 언급하지 않았고, 이곳에서는 궤(績)를 언급하였다. 그 이유에 대해 정현은『의례』에 기록된 대부는 제후에게 소속된 경과 대부에 해당하여 신분이 낮기 때문에 단지 포만 사용하는 것이고, 이곳에 기록된 대부는 천자에게 소속된 경과 대부에 해당하여 신분이 높기 때문에 그림을 그린 것을 사용한다고 하였다.

제 **7**절

경상견례(卿相見禮)

> 上大夫相見, 以羔, 飾之以布, 四維之, 結于面, 左頭, 如麛
> 執之.

직역 上大夫가 相見함에는 羔로써 하는데 飾하길 布로써 하며 四를 維하여 面에서 結하고 頭를 左하되 麛를 執함과 如한다.

의역 상대부가 서로 만나볼 때에는 새끼 양을 예물로 사용하는데 포로 옷을 입히고 네 다리는 노끈으로 묶는데 가슴 앞쪽에서 매듭을 짓고 머리는 좌측으로 하되 새끼 사슴을 들고 갈 때처럼 한다.

鄭注 上大夫, 卿也. 羔取其從帥, 群而不黨也. 面, 前也. 繫聯四足, 交出背上, 於胸前結之也. 如麛執之者, 秋獻麛, 有成禮, 如之. 或曰麛, 孤之摯也. 其禮蓋謂左執前足, 右執後足. 今文頭爲脰.

'상대부(上大夫)'는 경을 뜻한다. 새끼 양을 사용하는 것은 우두머리를 따르고 무리를 이루되 간사하지 않은 것에 따른 것이다. '면(面)'은 앞을 뜻한다. 네 발을 나란히 묶고 교차한 것이 등 위로 나오게 해서 가슴 앞에서 매듭을 짓는다. 새끼 사슴을 들고 갈 때처럼 한다는 것은 가을에 새끼 사슴을 바칠 때에는 정해진 예법이 있으니 그처럼 한다는 뜻이다. 혹자는 "새끼 사슴은 고[1]가 사용하는 예물이다."라 한다. 그 예법은 아마

---

1) 고(孤)는 고대의 작위이다. 천자에게 소속된 '고'는 삼공(三公) 밑의 서열에 해당하며, 육경(六卿)보다 높았다. 고대에는 소사(少師)·소부(少傅)·소보(少保)를 삼고(三孤)라고 불렀다.

도 좌측 손으로 앞의 두 다리를 잡고 우측 손으로 뒤의 두 다리를 잡는 것을 뜻할 것이다. 금문에는 '두(頭)'자가 두(脰)자로 되어 있다.

賈疏 ●"上大夫"至"執之". ◎注"上大"至"爲脰". ○釋曰: 云"上大夫, 卿也"者, 卽三卿也. 云"羔取其從帥"者, 凡羔羊群皆有引帥, 若卿之 從君之命者也. 云"群而不黨也"者, 羊羔群而不黨, 義取三卿亦皆正 直, 雖群居不阿黨也. 云"繫聯四足, 交出背上, 於胸前結之"者, 謂先 以繩雙繫前兩足, 復以繩繫後兩足, 乃以雙繩於左右從腹下向背上 交過, 於胸前結之也. 云"如麛執之者, 秋獻麛, 有成禮, 如之"者, 按 周禮·獸人云: "冬獻狼, 夏獻麋, 春秋獻獸物." 鹿·豕·群獸及狐狸 可也. 麛是鹿子, 與鹿同時獻之, 又庖人云"秋行犢麛", 則獻當在秋 時, 故云秋獻麛也. 又按禮器"曲禮三千", 鄭云: "曲猶事也. 事禮謂今 禮也, 其中事儀三千." 則禮未亡之時, 三千條內有此獻麛之法, 是有 成禮可依, 故此經得如之也. 云"或曰麛, 孤之摯也"者, 按大宗伯及 大行人與聘禮, 皆云孤執皮帛, 謂天子之孤與諸侯之孤執皮帛. 今此 執麛者, 謂新升爲孤, 見己君法, 至餘事則皆皮帛也. 云"其禮蓋謂左 執前足, 右執後足"者, 按經云左頭則與雉·鴈同, 是以曲禮云"執禽 者左首". 此鄭又云執之, 蓋謂左執前足, 右執後足者. (元缺起此) 此 釋經麛執之, 據四足而言之. 凡以摯相見之法, 唯有新升爲臣, 及聘 朝, 及他國君來, 主國之臣見, 皆執摯相見. 常朝及餘會聚皆執笏, 無 執摯之禮. 又執摯者, 或平敵, 或以卑見尊, 皆用摯. 尊無執摯見卑 之法. 檀弓云哀公執摯見己臣周豐者, 彼謂下賢, 非正法也.

● 經文: "上大夫"~"執之". ◎鄭注: "上大"~"爲脰". ○정현이 "'상대부 (上大夫)'는 경을 뜻한다."라고 했는데, 곧 3명의 경에 해당한다. 정현이 "새끼 양을 사용하는 것은 우두머리를 따르는 것을 취했다."라고 했는데, 무릇 새끼 양과 양은 무리를 이루어 모두 이끄는 우두머리가 있으니, 마 치 경이 군주의 명령을 따르는 것과 같다. 정현이 "무리를 이루되 간사하

지 않다."라고 했는데, 양과 새끼 양은 무리를 이루되 간사하지 않으니, 그 뜻은 3명의 경 또한 모두 정직하여 비록 무리를 이루어 있지만 간사하지 않다는 것에 따랐다. 정현이 "네 발을 나란히 묶고 교차한 것이 등 위로 나오게 해서 가슴 앞에서 매듭을 짓는다."라고 했는데, 먼저 노끈 한 쌍으로 앞의 두 다리를 묶고, 재차 노끈을 이용해 뒤의 두 다리를 묶으며, 그런 뒤에 한 쌍의 노끈을 좌우측에서 배 아래쪽으로부터 등 위로 향하게 해서 교차해 지나가게 하고, 가슴 앞에서 매듭을 짓는다는 뜻이다. 정현이 "새끼 사슴을 들고 갈 때처럼 한다는 것은 가을에 새끼 사슴을 바칠 때에는 정해진 예법이 있으니 그처럼 한다는 뜻이다."라고 했는데, 『주례』「수인(獸人)」편을 살펴보면, "겨울에는 이리를 바치고, 여름에는 큰 사슴을 바치며, 봄과 가을에는 뭇짐승들을 바친다."[2]라 했다. 뭇짐승들이라는 것은 사슴, 돼지, 뭍짐승 및 여우와 삵 등이 모두 가능하다. 미(麛)는 사슴의 새끼이니, 사슴과 같은 시기에 바친다. 또 『주례』「포인(庖人)」편에서는 "가을에는 송아지와 새끼 사슴을 조리해서 바친다."[3]라고 했으니, 그것을 바치는 시기는 가을에 해당한다. 그렇기 때문에 "가을에 새끼 사슴을 바친다."고 했다. 또 『예기』「예기(禮器)」편을 살펴보면, "곡례(曲禮)가 3,000가지이다."[4]라 했고, 정현은 "곡(曲)자는 구체적인 일을 뜻하니, 사례(事禮)는 곧 현재 통행되는 예법을 뜻한다. 그 중 구체적 일에 따른 세부적인 의례절차가 3,000가지였다."라 했으니, 예가 아직 망실되지 않았을 때, 3,000가지 조목 안에는 이와 같이 새끼 사슴을 바치는 예법이 있었던 것이다. 이것이 정해진 예법이 있어서 따를 수 있었음

---

2) 『주례』「천관(天官)·수인(獸人)」: 冬獻狼, 夏獻麋, 春秋獻獸物.

3) 『주례』「천관(天官)·포인(庖人)」: 凡用禽獻, 春行羔豚, 膳膏香; 夏行腒鱐, 膳膏臊; <u>秋行犢麛</u>, 膳膏腥; 冬行鮮羽, 膳膏羶.

4) 『예기』「예기(禮器)」: 禮也者, 猶體也. 體不備, 君子謂之不成人. 設之不當, 猶不備也. 禮有大有小, 有顯有微. 大者不可損, 小者不可益, 顯者不可揜, 微者不可大也. 故經禮三百, <u>曲禮三千</u>, 其致一也. 未有入室而不由戶者.

을 나타낸다. 그렇기 때문에 이곳 경문에서 그처럼 할 수 있었던 것이다. 정현이 "혹자는 새끼 사슴은 고(孤)가 사용하는 예물이라 한다."라고 했는데, 『주례』「대종백(大宗伯)」5)과 「대행인(大行人)」6)편 및 『의례』「빙례(聘禮)」편을 살펴보면 모두 고는 피백(皮帛)을 들고 간다고 했는데, 천자에게 속한 고와 제후에게 속한 고가 피백을 예물로 들고 간다는 뜻이다. 지금 이곳에서 새끼 사슴을 예물로 들고 간다고 했는데, 이것은 새로 승진하여 고가 되었을 때 자신의 군주를 찾아뵙는 예법을 뜻하니, 나머지 경우에는 모두 피백을 사용한다. 정현이 "그 예법은 아마도 좌측 손으로 앞의 두 다리를 잡고 우측 손으로 뒤의 두 다리를 잡는 것을 뜻할 것이다."라고 했는데, 경문을 살펴보면 머리를 좌측으로 둔다고 했으니, 꿩이나 기러기를 사용하는 경우와 동일하다. 이러한 까닭으로 『예기』「곡례(曲禮)」편에서는 "새를 바칠 때에는 새를 잡고서 머리를 좌측 방향으로 해서 바친다."7)라 했다. 이곳에서 정현은 또한 집지(執之)라고 한 것은 "아마도 좌측 손으로 앞의 두 다리를 잡고 우측 손으로 뒤의 두 다리를 잡는 것을 뜻할 것이다."라고 했는데, (본래 누락된 것이 여기에서 시작한다.) 이것은 경문에서 "새끼 사슴을 잡는다."고 한 것을 풀이한 것으로, 네 발이 달린 것에 기준을 두고 말한 것이다. 무릇 예물을 가지고 서로 만나보는 예법에서는 오직 새로 승진하여 신하가 된 경우, 빙례와 조례, 다른 나라의 군주가 찾아왔을 때 빙례나 조례를 받는 나라의 신하가 찾아뵙는 경우에서는 모두 예물을 가지고 서로 만나보게 된다. 일상적인 조례나 나머지 회합 등으로 모일 때에는 모두 홀을 들게 되어 예물을 들고

---

5) 『주례』「춘관(春官)·대종백(大宗伯)」: 孤執皮帛, 卿執羔, 大夫執鴈, 士執雉, 庶人執鶩, 工商執雞.

6) 『주례』「추관(秋官)·대행인(大行人)」: 凡大國之孤, 執皮帛以繼小國之君, 出入三積, 不問, 壹勞, 朝位當車前, 不交擯, 廟中無相, 以酒禮之. 其他皆視小國之君.

7) 『예기』「곡례상(曲禮上)」: 執禽者, 左首.

가는 예법이 없다. 또 예물을 들고 가는 경우에는 신분이 대등한 경우도 있고 미천한 자가 존귀한 자를 찾아뵙는 경우도 있는데 모두 짐승을 예물로 사용한다. 존귀한 자에게는 짐승 예물을 들고 미천한 자를 만나보는 예법이 없다. 『예기』「단궁(檀弓)」편에서 애공이 예물을 가지고 자신의 신하에 해당하는 주풍을 만나보았는데[8] 이 경우는 현명한 자에게 자신을 낮춘 경우이니, 정식 예법은 아니다.

참고 7-1 『주례』「천관(天官)·수인(獸人)」 기록

경문 冬獻狼, 夏獻麋, 春秋獻獸物.

겨울에는 이리를 바치고, 여름에는 큰 사슴을 바치며, 봄과 가을에는 뭇 짐승들을 바친다.

鄭注 狼膏聚, 麋膏散, 聚則溫, 散則涼, 以救時之苦也. 獸物, 凡獸皆可獻也, 及狐狸.

이리의 지방은 뭉쳐지고 큰 사슴의 지방은 풀어지는데, 뭉쳐진 것은 따뜻하게 만들고 풀어진 것은 서늘하게 만드니, 이를 통해 그 시기의 고난을 구원하는 것이다. '수물(獸物)'은 뭇짐승들을 모두 바칠 수 있으니, 여우와 삵까지도 가능하다.

賈疏 ●"冬獻"至"獸物". ○釋曰: 云"冬獻狼"者, 狼, 山獸. 山是聚,

---

8) 『예기』「단궁하(檀弓下)」: 魯人有周豐也者, 哀公執摯請見之, 而曰: "不可." 公曰: "我其已夫!" 使人問焉, 曰: "有虞氏未施信於民, 而民信之; 夏后氏未施敬於民, 而民敬之. 何施而得斯於民也?" 對曰: "墟墓之間, 未施哀於民而民哀; 社稷宗廟之中, 未施敬於民而民敬. 殷人作誓而民始畔, 周人作會而民始疑. 苟無禮義·忠信·誠愨之心以涖之, 雖固結之, 民其不解乎!"

故狼膏聚, 聚則溫, 故冬獻之. 云"夏獻麋"者, 麋是澤獸, 澤主銷散,
故麋膏散, 散則涼, 故夏獻之. 云"春秋獻獸物"者, 春秋寒溫適, 故獸
物皆獻之.

● 經文: "冬獻"~"獸物". ○ "겨울에는 이리를 바친다."라고 했는데, 이리
는 산에 사는 짐승이다. 산은 모이는 것에 해당한다. 그렇기 때문에 이리
의 지방은 뭉쳐지고, 뭉쳐진 것은 따뜻하게 만든다. 그렇기 때문에 겨울
에 바치는 것이다. "여름에는 큰 사슴을 바친다."라고 했는데, 큰 사슴은
못 주변에 사는 짐승으로, 못은 녹이고 흩어지게 하는 것을 주관한다.
그렇기 때문에 큰 사슴의 지방은 풀어지고, 풀어진 것은 서늘하게 만든
다. 그렇기 때문에 여름에 바치는 것이다. "봄과 가을에는 뭇짐승들을
바친다."라고 했는데, 봄과 가을은 추위와 더위가 적당하다. 그렇기 때문
에 짐승들을 모두 바칠 수 있다.

賈疏 ◎ 注"狼膏"至"狐狸". ○ 釋曰: 云"以救時之苦"者, 夏苦其大熱,
故獻麋. 冬苦其大寒, 故獻狼. 按內則取稻米與狼臅膏以爲饘. 狼之
所用, 惟據取膏爲饘食, 若麋之所用則多矣. 云"及狐狸"者, 按內則,
狐去首, 狸去正脊. 二者並堪食之物, 故知獸物中兼獻.

◎ 鄭注: "狼膏"~"狐狸". ○ 정현이 "이를 통해 그 시기의 고난을 구원하
는 것이다."라고 했는데, 여름에는 무더위가 고통스럽다. 그렇기 때문에
큰 사슴을 바친다. 겨울에는 매서운 추위가 고통스럽다. 그렇기 때문에
이리를 바친다. 『예기』「내칙(內則)」편을 살펴보면, 쌀알과 이리의 지방
을 섞어서 된죽을 만든다고 했다.9) 이리를 사용하는 것은 오직 그 지방을
취해 된죽을 만드는 경우 뿐인데, 큰 사슴을 사용하는 경우에는 용도가
다양하다. 정현이 "여우와 삵까지도 가능하다."라고 했는데, 「내칙」편을
살펴보면 여우는 머리를 제거하고 먹고 삵은 등뼈를 제거하고 먹는다고

---

9) 『예기』「내칙(內則)」: 取稻米擧糔溲之, 小切狼臅膏, 以與稻米爲酏.

했다.[10) 이 두 가지 동물은 모두 식용으로 사용할 수 있다. 그렇기 때문에 수물(獸物) 중에 이것들도 포함해서 바친다는 사실을 알 수 있다.

참고 7-2 『주례』「천관(天官)·포인(庖人)」 기록

* 참고: 1-3 참조

참고 7-3 『예기』「예기(禮器)」 기록

경문 禮也者, 猶體也. 體不備, 君子謂之不成人. 設之不當, 猶不備也. 禮有大有小, 有顯有微. 大者不可損, 小者不可益, 顯者不可揜, 微者不可大也. 故經禮三百, 曲禮三千, 其致一也. 未有入室而不由戶者.

예라는 것은 사람의 신체와 같은 것이다. 신체가 온전하지 못한 자에 대해서 군자는 그를 가리켜 "온전한 사람이 되지 못했다."고 부른다. 따라서 예를 시행할 때 그것이 부당하다면, 이것은 마치 사람의 신체가 온전히 갖춰지지 못한 것과 같다. 또한 예에는 본래부터 커야 하는 것이 있고, 반대로 작아야 하는 것이 있으며, 또는 본래부터 드러내야 하는 것이 있고, 반대로 은미하게 숨겨야 하는 것이 있다. 따라서 본래부터 커야 하는 것은 덜어내서는 안 되고, 본래부터 작아야 하는 것은 보태서는 안 되며, 본래부터 드러내야 하는 것은 가려서는 안 되고, 본래부터 은미하게 숨겨야 하는 것은 드러내서는 안 된다. 그러므로 경례(經禮)는 300가지이고, 곡례(曲禮)는 3,000가지라고 하지만, 그것들이 지향하는 점은 정성일 따

---

10) 『예기』「내칙(內則)」: 不食雛鼈. 狼去腸, 狗去腎, <u>狸去正脊</u>, 兔去尻, <u>狐去首</u>, 豚去腦, 魚去乙, 鼈去醜.

름이다. 따라서 방에 들어갈 때에 방문을 경유하지 않은 자가 없는 것처럼, 예를 시행할 때에도 정성스러움을 따르지 않는 경우가 없는 것이다.

鄭注 若人身體. 致之言至也. 一, 謂誠也. 經禮謂周禮也, 周禮六篇, 其官有三百六十. 曲猶事也, 事禮謂今禮也. 禮篇多亡, 本數未聞, 其中事儀三千. 三百・三千, 皆猶誠也.

예는 마치 사람의 신체와 같다는 뜻이다. '치(致)'자는 지극함을 뜻한다. '일(一)'자는 정성을 뜻한다. '경례(經禮)'는 『주례(周禮)』를 뜻하니, 『주례』는 천관(天官)・지관(地官)・춘관(春官)・하관(夏官)・추관(秋官)・동관(冬官) 등 6편으로 구성되어 있고, 그 안에 포함된 관직의 개수는 360가지이다. '곡(曲)'자는 구체적인 일을 뜻하니, 사례(事禮)는 곧 현재 통행되는 예법을 의미한다. 『예』와 관련된 각 편들은 대부분 망실되어서 본래의 편수에 대해서는 확인할 수가 없는데, 그 중 구체적 일에 따른 세부적인 의례절차가 3,000가지였다. 300가지와 3,000가지의 예들은 모두 정성스러움에 따른다는 뜻이다.

孔疏 ●"故經禮三百, 曲禮三千"者, 旣設禮大小隨於萬體, 不可不備, 故周公制禮, 遂有三千三百之多也.

● 經文: "故經禮三百, 曲禮三千". ○ 이미 예를 시행할 때, 시행의 규모는 모든 체계에 따르게 되니, 완비하지 않을 수가 없다. 그렇기 때문에 주공이 예법을 제정함에 결국 3,000가지 및 300가지 등의 많은 조목들이 생겨나게 되었다.

참고 7-4 『주례』「춘관(春官)・대종백(大宗伯)」 기록

경문 孤執皮帛, 卿執羔, 大夫執鴈, 士執雉, 庶人執鶩, 工商執雞.

고는 가죽과 비단을 예물로 들고 가고, 경은 새끼 양을 예물로 들고 가며, 대부는 기러기를 예물로 들고 가고, 사는 꿩을 예물로 들고 가며, 서인은 집오리를 예물로 들고 가고, 공인과 상인은 닭을 예물로 들고 간다.

鄭注 皮帛者, 束帛而表以皮爲之飾. 皮, 虎豹皮. 帛, 如今璧色繒也. 羔, 小羊, 取其群而不失其類. 鴈, 取其候時而行. 雉, 取其守介而死, 不失其節. 鶩, 取其不飛遷. 雞, 取其守時而動. 曲禮曰“飾羔鴈者以繢”, 謂衣之以布而又畫之者. 自雉以下, 執之無飾. 士相見之禮, 卿大夫飾摯以布, 不言繢. 此諸侯之臣與天子之臣異也. 然則天子之孤飾摯以虎皮, 公之孤飾摯以豹皮與. 此孤卿大夫士之摯, 皆以爵不以命數, 凡摯無庭實.

'피백(皮帛)'은 속백(束帛)을 마련하고 겉에 가죽을 씌워 장식을 한 것이다. 가죽은 호랑이와 표범의 가죽을 뜻한다. 비단은 지금의 벽(璧) 색깔인 증(繒)과 같은 것이다. '고(羔)'는 새끼 양으로, 그것들이 무리를 이루어 같은 부류를 잃지 않는다는 것에서 뜻을 취했다. 기러기는 기후와 계절에 따라 이동하는 것에서 뜻을 취했다. 꿩은 절개를 지켜 목숨을 바쳐 그 절의를 잃지 않는 것에서 뜻을 취했다. 집오리는 날아 다른 곳으로 떠나지 않는 것에서 뜻을 취했다. 닭은 때를 지켜 움직이는 것에서 뜻을 취했다. 『예기』「곡례(曲禮)」편에서는 “새끼 양과 기러기를 바칠 때에는 구름무늬가 들어간 천으로 덮어서 바친다.”[11]라 했는데, 포로 옷을 입히고 또 그곳에 그림을 그린 것을 뜻한다. 꿩으로부터 그 이하의 경우에는 그것을 가지고 갈 때 장식이 없게 된다. 「사상견례」편에서는 경·대부가 예물에 대해 포로 장식을 할 때 궤(繢)를 언급하지 않았다. 이것은 제후에게 소속된 신하와 천자에게 소속된 신하 사이에 나타나는 차이점이다. 그렇다면 천자에게 소속된 고는 예물을 호랑이 가죽으로 장식하고, 공작에게 소속

---

11) 『예기』「곡례상(曲禮上)」 : 飾羔鴈者, 以繢.

된 고는 예물을 표범 가죽으로 장식했을 것이다. 이곳에서 고·경·대부·사가 들고 가는 예물은 모두 작위에 따른 것이지 명의 등급 수에 따른 것은 아니며, 무릇 이러한 예물들에는 마당에 늘어놓는 것이 없다.

賈疏 ◎注"皮帛"至"庭實". ○釋曰: 凡此所執, 天子之臣尊, 諸侯之臣卑, 雖尊卑不同, 命數有異, 爵同則摯同. 此文雖以天子之臣爲主, 文兼諸侯之臣, 是以士相見卿大夫士所執, 亦與此同, 但飾有異耳. 鄭云"皮帛者, 束帛而表以皮爲之飾"者, 按聘禮"束帛加璧", 又云"束帛乘馬", 故知此帛亦束. 束者, 十端, 每端丈八尺, 皆兩端合卷, 總爲五匹, 故云束帛也. 言表以皮爲之飾者, 凡以皮配物者, 皆手執帛以致命, 而皮設於地, 謂若小行人"圭以馬, 璋以皮", 皮馬設於庭, 而圭璋特達, 以升堂致命也. 此言以皮爲之飾者, 孤相見之時, 以皮設於庭, 手執束帛而授之, 但皮與帛爲飾耳. 云"皮, 虎豹皮"知者, 見禮記·郊特牲云"虎豹之皮, 示服猛", 且皮中之貴者, 勿過虎豹, 故知皮是虎豹皮也. 云"帛, 如今璧色繒也"者, 但玉有五色, 而言璧色繒, 蓋漢時有璧色繒, 故鄭擧以言之, 故云如今璧色繒. 其璧色繒, 未知色之所定也. 云"羔, 小羊取其群而不失其類"者, 凡羊與羔, 皆隨群而不獨, 故卿亦象焉而不失其類也. 云"鴈, 取其候時而行"者, 其鴈以北方爲居, 但隨陽南北, 木落南翔, 冰泮北徂, 其大夫亦當隨君無背. 云"雉, 取其守介而死, 不失其節"者, 但雉性耿介, 不可生服, 其士執之亦當如雉耿介, 爲君致死, 不失節操也. 云"鶩, 取其不飛遷"者, 庶人府史胥徒新升之時, 執鶩, 鶩卽今之鴨. 是鶩旣不飛遷, 執之者, 象庶人安土重遷也. 云"雞, 取其守時而動"者, 但工或爲君興其巧作, 商或爲君興販來去, 故執雞, 象其守時而動. 云"曲禮曰'飾羔鴈者以績', 謂衣之以布而又畫之者", 鄭意以經所執, 天子之臣與諸侯之臣同, 欲見飾之有異耳. 云"自雉下, 執之無飾"者, 欲見天子士·諸侯士同, 皆無布飾, 以其士卑, 故不異. 又引士相見已下者, 欲以天子·諸侯・卿・大夫飾摯者異, 明天子孤・諸侯孤皮亦不同. 此約卿・大夫以明孤. 無正文, 故言"與"以疑之也. 云"此孤卿大夫士之摯, 皆以爵, 不以命數"者, 但天子孤卿六命, 大夫四命, 上士三命, 中士再命, 下士一命; 諸侯孤四命, 公侯伯卿三命, 大夫再命, 士一命; 子男卿再命, 大夫一命, 士不命. 但爵稱孤皆執皮帛, 爵稱卿皆執羔, 爵大夫皆執鴈, 爵稱士皆執雉, 庶人已下雖無命數及爵, 皆執鶩. 天子諸侯下皆同, 故云"皆以爵不以命數"也. 云"凡摯無庭實"者, 按士相見皆不見有庭實, 對享・私覿・私面之等有庭實, 故此言無也.

◎ 鄭注: "皮帛"~"庭實". ○ 무릇 이처럼 들고가는 예물들에 있어, 천자에게 소속된 신하는 존귀하고, 제후에게 소속된 신하는 상대적으로 미천한데, 비록 신분이 다르고 명의 등급 수에 있어서 차이가 있더라도 작위가 동일하다면 사용하는 예물은 같다. 이 문장이 비록 천자에게 소속된 신하를 위주로 하고 있지만 문장은 제후에게 소속된 신하의 경우도 겸하고 있다. 이러한 까닭으로 사가 경・대부・사와 서로 만나볼 때 가지고 가는 예물 또한 이곳의 경우와 동일하다. 다만 장식에 있어서 차이가 있을 따름이다. 정현이 "'피백(皮帛)'은 속백을 마련하고 겉에 가죽을 씌워 장식을 한 것이다."라고 했는데, 『의례』「빙례(聘禮)」편을 살펴보면 "속백(束帛)에 벽(璧)을 올린다."[12]라 했고, 또 "속백과 네 필의 말"[13]이라고 했다. 그렇기 때문에 이곳의 백(帛) 또한 속백에 해당한다는 사실을 알 수 있다. '속(束)'은 10단(端)에 해당하니, 매 단은 그 길이가 1장 8척이고, 모두 2단을 합쳐 1권이 되니, 총 5필이 된다. 그렇기 때문에 속백(束帛)이라고 부른다. "겉에 가죽을 씌워 장식을 한 것이다."라고 했는데, 무릇 가죽을 사물에 짝하는 경우 모두 손으로 비단을 들고 명령을 전달하고,

---

12) 『의례』「빙례(聘禮)」: 受享<u>束帛加璧</u>, 受夫人之聘璋, 享玄纁束帛加琮, 皆如初.

13) 『의례』「빙례(聘禮)」: 賓如受饗之禮, 儐之<u>乘馬・束錦</u>. 上介四豆・四籩・四壺, 受之如賓禮.

가죽은 땅에 두는데, 마치 『주례』「소행인(小行人)」편에서 "규(圭)는 말과 함께 바치고 장(璋)은 가죽과 함께 바친다."[14]라고 한 경우를 뜻하니, 가죽과 말은 마당에 두고, 규와 장은 전달하게 되어, 이것을 가지고 당상에 올라가서 명령을 전달하는 것이다. 이곳에서 가죽으로 그것을 장식한다고 말한 것은 고가 서로 만나보는 경우 가죽은 마당에 놓아두고 손으로는 속백을 들고서 건네게 되는데, 다만 가죽은 비단과 더불어 장식이 될 따름이라는 뜻이다. 정현이 "가죽은 호랑이와 표범의 가죽을 뜻한다."라고 했는데, 이러한 사실을 알 수 있는 이유는 『예기』「교특생(郊特牲)」편에서 "호랑이나 표범 등의 가죽을 진열하는 것은 난폭한 자를 굴복시키는 위엄을 보이기 위해서이다."[15]라고 했기 때문이며, 또 가죽 중에서도 존귀한 것은 호랑이나 표범 가죽에 불과하다. 그렇기 때문에 가죽이 호랑이나 표범 가죽에 해당한다는 사실을 알 수 있다. 정현이 "비단은 지금의 벽(璧) 색깔인 증(繒)과 같은 것이다."라고 했는데, 다만 옥에는 다섯 가지 색깔이 있는데도 벽(璧) 색깔인 증(繒)이라고 말했으니, 아마도 한나라 때에는 벽(璧) 색깔인 증(繒)이라는 것이 있었기 때문에 정현이 이것을 들어 설명을 했던 것이다. 그래서 "지금의 벽(璧) 색깔인 증(繒)과 같은 것이다."라고 했다. 그런데 벽(璧) 색깔인 증(繒)이라고 했을 때 그 색깔이 정확히 무엇인지 모르겠다. 정현이 "'고(羔)'는 새끼 양으로, 그것들이 무리를 이루어 같은 부류를 잃지 않는다는 것에서 뜻을 취했다."라고 했는데, 무릇 양과 새끼 양은 모두 무리를 따르며 홀로 떨어져 생활하지 않는다. 그렇기 때문에 경 또한 이를 형상화하여 그 부류를 잃지 않는 것이다. 정현이 "기러기는 기후와 계절에 따라 이동하는 것에서 뜻을 취

---

14) 『주례』「추관(秋官)·소행인(小行人)」: 合六幣: <u>圭以馬, 璋以皮</u>, 璧以帛, 琮以錦, 琥以繡, 璜以黼. 此六物者, 以和諸侯之好故.

15) 『예기』「교특생(郊特牲)」: 旅幣無方, 所以別土地之宜, 而節遠邇之期也. 龜爲前列, 先知也. 以鍾次之, 以和居參之也. <u>虎豹之皮, 示服猛</u>也. 束帛加璧, 往德也.

했다."라고 했는데, 그러기는 북방을 거주지로 삼고, 단지 양기를 따라 남쪽이나 북쪽으로 이동하니, 나뭇잎이 떨어지면 남쪽으로 날아가고, 얼음이 녹으면 북쪽으로 가는데, 대부 또한 마땅히 군주를 따라야 하며 배신함이 없어야 한다. 정현이 "꿩은 절개를 지켜 목숨을 바쳐 그 절의를 잃지 않는 것에서 뜻을 취했다."라고 했는데, 다만 꿩의 성질은 한결같고 굽히지 않아서 살아 있을 때에는 복종시킬 수 없으니, 사가 이것을 예물로 삼는 것 또한 마땅히 꿩의 한결같고 굽히지 않음과 같이 하여 군주를 위해 목숨을 마쳐 절개와 지조를 잃지 말아야 하기 때문이다. 정현이 "집오리는 날아 다른 곳으로 떠나지 않는 것에서 뜻을 취했다."라고 했는데, 서인 중 부(府)·사(史)·서(胥)·도(徒) 등이 새로 승진했을 때 집오리를 예물로 들고 가니, 목(鶩)이라는 것은 오늘날의 압(鴨)에 해당한다. 이것은 집오리가 이미 날아서 다른 곳으로 떠나지 못하니, 이것을 예물로 들고가서 서인이 그 땅을 편안히 여겨 쉽사리 거주지를 옮겨가지 않는다는 것을 형상한 것이다. 정현이 "닭은 때를 지켜 움직이는 것에서 뜻을 취했다."라고 했는데, 다만 공인은 간혹 군주를 위해 기교 있는 작품을 일으키기도 하고, 상인은 간혹 군주를 위해 물건을 흥정해 팔며 왕래하게 된다. 그렇기 때문에 닭을 예물로 들고 가니, 때를 지켜 움직이는 것을 형상한다. 정현이 "「곡례(曲禮)」편에서는 '새끼 양과 기러기를 바칠 때에는 구름무늬가 들어간 천으로 덮어서 바친다.'라 했는데, 포로 옷을 입히고 또 그곳에 그림을 그린 것을 뜻한다."라고 했는데, 정현의 의중은 경문에서 언급한 들고 가는 예물은 천자에게 소속된 신하나 제후에게 소속된 신하나 동일하지만 그것을 장식함에 있어 차이가 있다는 사실을 드러내고자 한 것일 따름이다. 정현이 "꿩으로부터 그 이하의 경우에는 그것을 가지고 갈 때 장식이 없게 된다."라고 했는데, 천자에게 소속된 사나 제후에게 소속된 사나 동일하게 모두 포로 장식함이 없음을 드러내고자 한 것으로, 사는 신분이 미천하여 차이를 두지 않기 때문이다. 또 사가 서로 만나볼 때의 예법으로부터 그 이하의 기록을 인용하였는데, 이것은 천자·제후·경·대부는 예물을 장식함에 차이를 둔다는 사실을 통해 천자에게 속한 고나 제후에게 속한 고 또한 동일하지 않음을 나타내고자 한 것이다. 이것은 경과 대부에 대한 경우를 요약하여 고에 대한 경우를 드러낸 것이다. 그러나 관련 경문 기록이 없기 때문에 '여(與)'자를 덧붙여서 의문시했던 것이다. 정현이 "이곳에서 고·경·대부·사가 들고 가는 예물은 모두 작위에 따른 것이지 명의 등급 수에 따른 것은 아니다."라고 했는데, 천자에게 소속된 고와 경은 6명의 등급이고, 대부는 4명의 등급이며, 상사는 3명의 등급이고, 중사는 2명의 등급이며, 하사는 1명의 등급이다. 제후에게 소속된 고는 4명의 등급이고, 공작·후작·백작에게 소속된 경은 3명의 등급이며, 대부는 2명의 등급이고, 사는 1명의 등급이다. 자작과 남작에게 소속된 경은 2명의 등급이고, 대부는 1명의 등급이며, 사는 명의 등급을 받지 못한다. 그러나 작위에 따라 고라고 지칭하게 된다면 모두 가죽과 비단을 예물로 들고 가며, 작위에 따라 경이라 지칭하게 된다면 모두 새끼 양을 예물로 들고 가며, 작위에 따라 대부라 지칭하게 된다면 모두 기러기를 예물로 들고 가고, 작위에 따라 사라고 지칭하게 된다면 모두 꿩을 예물로 들고 가며, 서인으로부터 그 이하의 경우에는 비록 명의 등급 수나 작위가 없지만 모두들 집오리를 예물로 들고 가게 된다. 천자와 제후로부터 그 이하는 모두 동일하다. 그렇기 때문에 "모두 작위에 따른 것이지 명의 등급 수에 따른 것은 아니다."라고 했다. 정현이 "무릇 이러한 예물들에는 마당에 늘어놓는 것이 없다."라고 했는데, 「사상견례」편을 살펴보면, 모두 마당에 늘어놓는 것들이 나타나지 않으니, 이것은 향(享)·사적(私覿)·사면(私面) 등의 경우에 마당에 늘어놓는 것이 있는 것과 대비된다. 그렇기 때문에 이곳에서는 없다고 말한 것이다.

『주례』「추관(秋官)·대행인(大行人)」 기록

경문 凡大國之孤, 執皮帛以繼小國之君, 出入三積, 不問, 壹勞, 朝
位當車前, 不交擯, 廟中無相, 以酒禮之. 其他皆視小國之君.

무릇 대국에 속한 고(孤)는 가죽과 비단을 잡고 소국의 군주의 뒤에 이어
서 하며, 찾아오고 떠날 때에는 3개의 적(積)을 마련하여 보내며, 문(問)
을 하지 않고, 1번의 노(勞)를 하며, 조위(朝位)는 수레 앞에 해당하고,
교빈(交擯)을 하지 않으며, 묘 안에서는 상(相)이 없고, 술로 예우한다.
기타 나머지는 모두 소국의 군주에 견주어서 한다.

정주 此以君命來聘者也. 孤尊, 既聘享, 更自以其贄見, 執束帛而
已, 豹表之爲飾. 繼小國之君, 言次之也. 朝聘之禮, 每一國畢, 乃前.
不交擯者, 不使介傳辭交于王之擯, 親自對擯者也. 廟中無相, 介皆
入門西上而立, 不前相禮者, 聘之介是與. 以酒禮之, 酒謂齊酒也, 和
之不用鬱鬯耳. 其他, 謂貳車及介·牢禮·賓主之間·擯者·將幣·
祼酢·饗食之數.

이것은 군주의 명으로 찾아와 빙문하는 경우를 뜻한다. 고(孤)는 존귀하
니, 이미 빙(聘)과 향(享)을 하고서 재차 직접 예물을 가지고 찾아와 만
나보는데, 이때에는 속백을 들게 될 따름이며, 표범의 가죽으로 겉을 싸
서 장식하게 된다. '계소국지군(繼小國之君)'이라는 것은 그 다음에 한
다는 뜻이다. 조빙(朝聘)의 의례에서는 매번 한 나라의 사람들이 모두
끝나야만 나아가게 된다. 교빈(交擯)을 하지 않는다는 것은 개(介)를 시
켜서 말을 전달하며 천자의 빈(擯)과 교차로 하지 않고, 직접 빈에게 대
답하는 것이다. 묘 안에서는 상(相)이 없다는 것은 개가 모두 문으로 들
어가 서쪽 끝에서부터 차례대로 서며 앞서 나아가 해당 의례절차를 돕지
않으니, 빙(聘)에서의 개가 이에 해당할 것이다. 술로 예우한다고 했는
데, '주(酒)'는 제주(齊酒)를 뜻하며, 섞어 맛을 가미할 때 울창을 사용하

지 않을 따름이다. '기타(其他)'는 이거(貳車) 및 개(介), 뇌례(牢禮), 빈객과 주인의 간격, 빈자(擯者), 장폐(將幣), 관초(祼酢), 향사(饗食)의 수치들을 뜻한다.

賈疏 ●"凡大"至"之君". ○釋曰: 按典命, 上公之國, 立孤一人, 侯伯已下則無, 故云"大國之孤"也. 趙商問: "大行人職曰'凡大國之孤執皮帛', 所尊衆多, 下云'其他視小國之君', 以五爲節. 今此亦五. 下云'諸侯之卿各下其君二等以下', 注云: '公使卿亦七, 侯伯亦五, 子男三.' 不審大國孤五而卿七何?" 答曰: "卿奉君命, 七介. 孤尊, 更自特見, 故五介. 此有聘禮可參之, 未之思邪? 反怪此更張擯介. 又繼小國之君, 非私覿也." 然則諸侯之大夫, 以時接見天子, 服緦衰於天子, 或可有私覿, 結其恩好, 但無文耳. 趙商又問: "大行人職曰: '孤出入三積.' 此卽與小國同, 宜應視小國之君, 何須特云三積, 與例似錯?" 答曰: "三積者, 卿亦然, 非獨孤也. 故不在視小國之中. 與例似錯, 何所據也?" 然則一勞者, 亦是卿亦然, 故須見之. 若然, 牢禮卿亦五, 視小國君五牢同, 其餘則異. 按聘禮, 腥牢無鮮腊, 醯醢百罋, 米百筥, 禾四十車, 薪芻倍禾. 按掌客, 饔餼五牢, 米八十筥, 醯醢八十罋, 米二十車, 禾三十車, 薪芻倍禾. 有此別, 故在視小國之君中. 然則孤聘天子, 旣以聘使受禮, 又自得禮, 如是, 孤法再重受禮矣也.

● 經文: "凡大"~"之君". ○『주례』「전명(典命)」편을 살펴보면, 상공의 나라에는 고(孤) 1명을 세우고,[16] 후작 · 백작으로부터 그 이하의 계층에는 나타나지 않는다. 그렇기 때문에 '대국의 고(孤)'라고 말한 것이다. 조상[17]이 질문하길, "「대행인」편의 직무기록에서 '무릇 대국의 고는 가죽

---

16) 『주례』「춘관(春官) · 전명(典命)」: <u>公之孤四命</u>, 以皮帛視小國之君, 其卿三命, 其大夫再命, 其士一命, 其宮室 · 車旗 · 衣服 · 禮儀, 各視其命之數.

17) 조상(趙商, ?~?): 정현(鄭玄)의 제자이다. 자(字)는 자성(子聲)이다. 하내(河內) 지역 출신이다.

과 비단을 잡는다.'라 했는데, 존귀하게 높이는 대상은 그 수가 많습니다. 그런데 아래 문장에서 '기타 나머지는 모두 소국의 군주에 견주어서 한다.'라고 했고, 소국의 군주는 5개로 절도를 맞춥니다. 지금 이곳에서도 5개로 한다고 했습니다. 그런데 뒤에서는 '제후들에게 소속되어 있는 경들에 대해서는 그 예법을 각각 자신의 군주보다 2등급씩 낮춘다.'[18]라 하였고, 주에서는 '상공이 경을 사신으로 보낼 때에는 또한 7명의 개(介)이고, 후작과 백작은 5명의 개이며, 자작과 남작은 3명의 개이다.'라고 하였는데, 대국의 고가 5로 맞춘다는 것을 살피지 않고 경을 7이라고 한 것은 어째서입니까?"라고 했다. 답하길 "경이 군주의 명을 받들고 있을 때 7명의 개를 둔다. 고는 신분이 존귀한데 재차 스스로 홀로 만나보는 것이기 때문에 5명의 개를 둔다. 이것과 관련해서는 『의례』 「빙례(聘禮)」 편에 참고할 만한 기록이 있는데, 아직 생각해보지 않았는가? 도리어 여기에서 다시금 빈과 개를 늘어놓는 것을 괴이하게 여기고 있다. 또 소국의 군주의 뒤에 이어서 한다는 것은 사적(私覿)의 경우가 아니다."라 했다. 그렇다면 제후에게 속한 대부가 때때로 천자를 만나뵙는 것은 천자에 대해 세최[19]를 착용하는 경우에는[20] 간혹 사적(私覿)을 하여 그 은혜와 우호를 맺을 수 있기도 하겠지만 관련 경문 기록이 없을 따름이다. 조상이 또 질문하길, "「대행인」편의 직무기록에서는 '고에게 찾아오고 떠날 때에는 3개의 적(積)을 마련하여 보낸다.'라 했는데, 이것은 곧 소국의 경우와 동일하니, 마땅히 소국의 군주에 견주어서 해야 하는 것인데 어찌 특별히 삼적(三積)이라고 말하여 용례들과 어긋나는 것처럼 할 필요가

---

18) 『주례』 「추관(秋官) · 대행인(大行人)」 : 凡諸侯之卿, 其禮各下其君二等以下, 及其大夫士皆如之.

19) 세최(繐衰)는 5개월 동안 소공복(小功服)의 상을 치를 때 착용하는 상복을 뜻한다. 가늘고 성근 마(麻)의 포를 사용해서 만들기 때문에, '세최'라고 부른다.

20) 『의례』 「상복(喪服)」 : 諸侯之大夫爲天子. 傳曰, 何以繐衰也? 諸侯之大夫以時接見乎天子.

있습니까?"라고 했다. 답하길 "삼적(三積)이라는 것은 경 또한 그러하니, 고만이 그러한 것은 아니다. 그렇기 때문에 소국의 것에 견준다고 한 것에 포함되지 않는다. 용례들과 어긋나는 것 같다고 한 것은 무엇을 근거로 한 말인가?"라 했다. 그렇다면 1번 노(勞)를 한다는 것 또한 경도 그러한 것이다. 그렇기 때문에 드러낼 필요가 있다. 만약 그렇다면 뇌례(牢禮)에 있어서 경 또한 5뢰가 되어 소국의 군주가 5뢰로 하는 것에 견주어 보면 동일한데, 나머지 것들에 있어서는 차이가 난다. 「빙례」편을 살펴보면, 생고기 1뢰만 나오고 신선한 어포는 없으며,21) 식초와 젓갈을 담은 100개의 옹(甕), 미(米)를 담은 100개의 거(筥), 신(薪)과 추(芻)를 실은 수레는 화(禾)를 실은 수레의 배로 한다.22) 『주례』「장객(掌客)」편을 살펴보면, 옹희(饔餼)에는 5뢰를 사용하고, 미(米)를 담은 80개의 거(筥), 식초와 젓갈을 담은 80개의 옹(甕), 미(米)를 실은 20대의 수레, 화(禾)를 실은 30대의 수레, 추(芻)와 신(薪)을 실은 수레는 화(禾)를 실은 수레의 배로 한다고 했다.23) 이와 같은 구별이 있기 때문에 소국의 군주에 견준다고 한 항목에 포함되는 것이다. 그렇다면 고가 천자를 빙문할 때 이미 빙문의 사신 신분으로 예우를 받았고, 또 스스로 찾아뵈어 예우를 받으니, 이와 같이 고의 법도는 재차 거듭 예우를 받게 된다.

賈疏 ◎注"此以"至"之數". ○釋曰: 云"此以君命來聘者也"者, 畿外之臣, 不因聘, 何以輒來? 故知因君命來聘者也. 知"孤尊, 既聘享, 更

---

21) 『의례』「빙례(聘禮)」: 宰夫朝服設飧, 飪一牢在西, 鼎九, 羞鼎三, 腥一牢在東, 鼎七, 堂上之饌八, 西夾六.

22) 『의례』「빙례(聘禮)」: 醯醢百甕, 夾碑, 十以爲列, 醯在東. 餼二牢陳于門西, 北面, 東上, 牛以西羊豕, 豕西牛羊豕. 米百筥, 筥半斛, 設于中庭, 十以爲列, 北上. 黍·粱·稻皆二行, 稷四行. 門外米三十車, 車秉有五籔, 設于門東, 爲三列, 東陳. 禾三十車, 車三秅, 設于門西, 西陳. 薪芻倍禾.

23) 『주례』「추관(秋官)·장객(掌客)」: 饔餼五牢, 其死牢如飧之陳, 牽二牢, 米八十筥, 醯醢八十甕, 皆陳. 米二十車, 禾三十車, 芻薪倍禾, 皆陳.

自以其贄見, 執束帛而已"者, 若行正聘, 則執瑑圭璋八寸以行聘, 何
得執皮帛也? 但侯伯已下臣來, 直行公使執圭璋, 無此更見法. 以大
國孤四命, 尊, 故天子別見之也. 按宗伯云"孤執皮帛", 故云自以其
贄見, 執皮帛而已. 云"豹皮表之爲飾"者, 宗伯注云"天子之孤, 飾摯
以虎皮. 公之孤, 飾摯以豹皮"也. 云"繼小國之君, 言次之也"者, 謂行
禮次在小國君之後. 云"不使介傳辭交於王之擯"者, 則諸侯行交擯
者, 使介傳於王擯, 傳而下, 又傳而上是也. 云"親自對擯者也"者, 則
聘禮來在末介下, 東面, 上擯亦至末擯下, 親相與言者是也. 云"廟中
無相, 介皆入門西上而立, 不前相禮者, 聘之介是與"者, 按聘禮, 賓
行聘之時, 擯者納賓, 賓入門左, 介皆入門左, 北面西上. 注云: "隨賓
入也, 介無事, 止於此." 是介入廟門西上, 不相者也. 云是與者, 彼諸
侯法, 約同天子禮, 故云"與"以疑之也. 云"以酒禮之, 酒謂齊酒也"者,
按聘禮, 禮賓用醴齊, 明此亦用醴齊. 對文, 三酒五齊別, 通而言之,
齊亦明酒, 故云齊酒也. 云"其他, 謂貳車"至"之數"者, 此其他中之數,
一唯上子男禮中, 卽孤之所用者也. 若然, 子男用鬯祼, 孤用醴, 今得
入其他中者, 祼據小國君而言, 以其孤用醴醴之, 不酢, 子男祼亦不
酢, 祼亦不酢同. 故舉小國君祼而言, 不謂孤用祼也.

◎ 鄭注: "此以"~"之數". ○ 정현이 "이것은 군주의 명으로 찾아와 빙문하
는 경우를 뜻한다."라고 했는데, 천자의 수도 밖의 신하가 빙문에 따르지
않고 어떻게 문득 올 수 있겠는가? 그렇기 때문에 군주의 명으로 인해
찾아와 빙문하는 경우임을 알 수 있다. 정현이 "고(孤)는 존귀하니, 이미
빙(聘)과 향(享)을 하고서 재차 직접 예물을 가지고 찾아와 만나보는데,
이때에는 속백을 들게 될 따름이다."라고 했는데, 이 말이 사실임을 알
수 있는 만약 정식 빙(聘)을 시행하는 경우라면 규(圭)와 장(璋)을 8촌으
로 새긴 것을 잡고서 빙문을 시행하는데,24) 어떻게 가죽과 비단을 들 수

24) 『주례』 「춘관(春官) · 전서(典瑞)」: 瑑圭璋璧琮, 繅皆二采一就, 以覜聘.

있겠는가? 다만 후작이나 백작으로부터 그 이하 계층의 신하들이 찾아오는 경우라면 곧바로 공적인 사신의 임무를 수행하여 규와 장을 들게 되며, 이와 같이 재차 예법을 드러내는 일이 없다. 대국에 속한 고는 4명(命)의 등급으로 존귀하기 때문에 천자가 특별히 만나보는 것이다. 『주례』「대종백(大宗伯)」편을 살펴보면, "고는 가죽과 비단을 예물로 들고 간다."[25]라 했다. 그렇기 때문에 직접 예물을 가지고 찾아와 만나보는데, 이때에는 속백을 들게 될 따름이라고 말한 것이다. 정현이 "표범의 가죽으로 겉을 싸서 장식하게 된다."라고 했는데, 「대종백」편의 주에서는 "천자에게 소속된 고는 예물을 호랑이 가죽으로 장식하고, 공작에게 소속된 고는 예물을 표범 가죽으로 장식한다."라고 했다. 정현이 "계소국지군(繼小國之君)이라는 것은 그 다음에 한다는 뜻이다."라고 했는데, 의례를 시행하는 순번이 소국의 군주 다음에 있다는 뜻이다. 정현이 "개(介)를 시켜서 말을 전달하며 천자의 빈(擯)과 교차로 하지 않는다."라고 했는데, 제후가 교빈(交擯)을 시행하는 경우, 개를 시켜서 천자의 빈에게 전달하고, 전달해서 말이 차례대로 내려가고, 또 전달해서 말이 차례대로 올라가게 된다. 정현이 "직접 빈에게 대답하는 것이다."라고 했는데, 「빙례」편에서는 찾아와 말개(末介) 아래에 위치하여 동쪽을 바라보고, 상빈(上擯)은 또한 말빈(末擯)의 아래에 이르러 직접 서로 말을 주고받는다. 정현이 "묘 안에서는 상(相)이 없다는 것은 개가 모두 문으로 들어가 서쪽 끝에서부터 차례대로 서며 앞서 나아가 해당 의례절차를 돕지 않으니, 빙(聘)에서의 개가 이에 해당할 것이다."라고 했는데, 「빙례」편에서 빈객이 빙례를 시행할 때 빈이 빈객을 안으로 들여서 빈객이 문으로 들어와 좌측으로 가고, 개는 모두 문으로 들어와 좌측으로 가서 북쪽을 바라보며 서쪽 끝에서부터 차례대로 정렬한다. 주에서는 "빈객을 뒤따라 들어오며

---

25) 『주례』「춘관(春官)·대종백(大宗伯)」: 孤執皮帛, 卿執羔, 大夫執鴈, 士執雉, 庶人執鶩, 工商執雞.

개는 시행할 일이 없으니 여기에 멈춘다."라 했다. 이것은 개가 묘문으로 들어와 서쪽 끝에서부터 차례대로 정렬하며 의례의 진행을 돕지 않는다는 것을 나타낸다. '시여(是與)'라고 했는데, 그 기록은 제후의 예법에 해당하며 대략적으로 천자의 예법과 동일하기 때문에, '여(與)'자를 덧붙여서 의문시한 것이다. 정현이 "술로 예우한다고 했는데, 주(酒)는 제주(齊酒)를 뜻한다."라고 했는데, 「빙례」편을 살펴보면, 빈객을 예우하며 예제(醴齊)를 사용했으니, 여기에서도 예제를 사용한다는 사실을 나타낸다. 문장을 대비해보면 삼주와 오제는 구별되지만 통괄해서 말한다면 오제 또한 술에 해당하기 때문에 '제주(齊酒)'라고 말한 것이다. 정현이 "기타(其他)는 이거(貳車)"라고 한 말로부터 "수치들을 뜻한다."라고 한 말까지, 이것은 기타 나머지 것들의 수치는 앞의 자작과 남작에게 적용되는 예와 같이 하며, 이것이 곧 고가 사용하는 것에 해당한다는 뜻이다. 만약 그렇다면 자작과 남작이 울창주를 이용해서 관(祼)을 하는데, 고는 단술을 사용한다. 그런데 지금 이것이 기타 항목에 들어갈 수 있는 것은 관(祼)은 소국의 군주를 기준으로 말한 것으로, 고의 경우에는 단술을 사용해서 예우를 하며 초(酢)를 하지 않고, 자작과 남작이 관(祼)을 할 때에도 초(酢)를 하지 않으니, 관(祼)에서도 초(酢)를 하지 않는 것이 동일하다. 그렇기 때문에 소국의 군주가 관(祼)을 하는 것을 기준으로 말한 것이지, 고가 이것을 사용하여 관(祼)을 한다는 말이 아니다.

참고 7-6 『예기』「곡례상(曲禮上)」 기록

* 참고: 1-4 참조

참고 7-7 『예기』「단궁하(檀弓下)」 기록

* 참고: 1-8 참조

如士相見之禮.

직역 士가 相見하는 禮와 如한다.

의역 사가 서로 만나보는 예법처럼 한다.

鄭注 大夫雖摯異, 其儀猶如士.

대부의 경우 비록 들고 가는 예물이 다르지만, 그 의례는 오히려 사의 경우와 같다.

賈疏 ●"如士相見之禮". ○釋曰: 此下大夫及卿, 其摯雖有羔·鴈之異, 其相見之儀則皆如士也.

● 經文: "如士相見之禮". ○ 이것은 하대부나 경이 그 예물에 있어서 비록 새끼 양이나 기러기를 사용한다는 측면에 차이가 있지만, 서로 만나보는 의례에서는 모두 사의 경우와 같다는 뜻이다.

賈疏 ◎注"大夫"至"如士". ○釋曰: 云"儀猶如士"者, 或兩大夫, 或兩卿相見, 皆如上文"某也願見無由達己"下至"主人拜送于門外"也.

◎ 鄭注: "大夫"~"如士". ○ 정현이 "의례는 오히려 사의 경우와 같다."라고 했는데, 두 대부 또는 두 경이 서로 만나보는 경우 모두 앞의 문장에서 "아무개는 오래전부터 만나뵙기를 원하였지만 소식을 전할 길이 없었습니다."[1]라고 한 기록으로부터 "주인이 문밖에서 절하며 전송한다."[2]라고 한 기록까지, 이처럼 한다는 뜻이다.

---

1) 『의례』「사상견례」: 士相見之禮. 摯, 冬用雉, 夏用腒. 左頭奉之, 曰: "某也願見, 無由達. 某子以命命某見."

2) 『의례』「사상견례」: 賓奉摯入, 主人再拜受, 賓再拜送摯, 出. 主人送于門外, 再拜. 士見於大夫, 終辭其摯. 於其入也, 一拜其辱也. 賓退, 送, 再拜.

제 8 절

현군례(見君禮) - 시현(始見)

135下

始見于君, 執摯, 至下, 容彌蹙.

직역 始히 君을 見함에는 摯를 執하며 下에 至해서는 容을 彌히 蹙한다.

의역 처음 군주를 찾아뵐 때에는 예물을 들고 가며 군주가 있는 장소에 이르러서는 용모를 더욱 공손한 태도로 취한다.

鄭注 下, 謂君所也. 蹙猶促也, 促, 恭愨貌也. 其爲恭, 士·大夫一也.

'하(下)'는 군주가 있는 장소를 뜻한다. '축(蹙)'자는 촉(促)자와 같으니, '촉(促)'자는 공손하고 조심스러운 모습을 뜻한다. 공손한 태도를 취하는 것은 사와 대부가 동일하다.

賈疏 ◎注"下謂"至"一也". ○釋曰: 直云"見于君", 不辨臣之貴賤, 則臣之貴賤皆同. 故鄭云"其爲恭, 士大夫一也". 不言所而言"下"者, 凡臣視袷已下, 故不言所言下也.

◎ 鄭注: "下謂"~"一也". ○ 단지 "군주를 알현한다."라고만 하고, 신하의 신분을 변별하지 않았으니, 신하 중 존귀한 자나 미천한 자 모두 동일하게 따르는 것이다. 그렇기 때문에 정현이 "공손한 태도를 취하는 것은 사와 대부가 동일하다."라 했다. '소(所)'라 말하지 않고 '하(下)'라 말한 것은 무릇 신하는 군주의 옷깃 아래를 보게 된다.[1] 그렇기 때문에 소(所)라 말하지 않고 하(下)라 말한 것이다.

경문 天子視, 不上於袷, 不下於帶. 國君綏視, 大夫衡視, 士視五步.

천자를 바라볼 때에는 시선이 옷깃 위로 올라가지 않고 허리띠 아래로 내려가지 않는다. 제후를 바라볼 때에는 시선을 내려트려서 보니 얼굴 아래와 옷깃 사이 지점을 바라보고, 대부를 바라볼 때에는 시선을 얼굴과 수평이 되도록 바라보며, 사를 바라볼 때에는 좌우로 다섯 걸음 정도의 거리를 둘러볼 수 있다.

鄭注 袷, 交領也. 天子至尊, 臣視之, 目不過此. 視國君彌高. 綏讀爲妥, 妥視, 謂視上於袷. 視大夫又彌高也. 衡, 平也. 平視, 謂視面也. 士視得旁遊目五步之中也. 視大夫以上, 上下遊目不得旁.

'겁(袷)'은 옷깃이 교차하는 지점이다. 천자는 지극히 존귀한 존재이므로, 신하가 그를 바라보게 되면 그 시선이 겁(袷)을 벗어날 수 없다. 제후국의 군주를 바라볼 때에는 천자의 경우에 비해서 그 시선을 조금 높이게 된다. '수(綏)'자는 타(妥)자가 되니, '타시(妥視)'라는 말은 바라볼 때 겁(袷)보다 조금 위를 본다는 뜻이다. 대부를 바라볼 때에는 또한 제후의 경우에 비해서 시선을 조금 더 높이게 된다. '형(衡)'자는 수평이 된다는 뜻이다. '평시(平視)'라는 말은 시선을 얼굴에 두고 마주본다는 뜻이다. 사를 바라볼 경우, 다섯 걸음 정도의 공간 안에서 시선을 옆으로 하여 둘러볼 수 있다. 대부 이상의 계급을 바라보는 경우에는 눈을 위아래로만 돌릴 수 있고, 옆으로는 둘러볼 수 없다.

---

1) 『예기』「곡례하(曲禮下)」: 天子視, 不上於袷, 不下於帶. 國君綏視, 大夫衡視, 士視五步.

●“天子”至“則姦”. ○ 正義曰: 此一節論天子以下, 其臣視君尊卑有異之事.

● 經文: “天子”~“則姦”. ○ 이 문장은 천자 이하의 계급에 있어서, 그들의 신하들이 주군을 바라볼 때에는 시선을 두는 높낮이에 차등이 있다는 사안을 논의하고 있다.

●“天子視不上於袷”者, 袷謂朝祭服之曲領也. 天子至尊, 臣之所視, 不得上過於袷, 過袷則慢. 供奉至尊, 須承候顔色. 又不得下過於帶, 若下過於帶, 則似有憂戚, 不供其事.

● 經文: “天子視不上於袷”. ○ ‘겁(袷)’자는 조복[2]과 제복(祭服)에 있는 굽어진 옷깃을 뜻한다. 천자는 지극히 존귀한 존재이므로, 신하가 그를 바라볼 경우, 그 시선은 겁(袷) 위로 벗어날 수가 없으니, 겁(袷)을 벗어나서 시선을 위로하여 바라본다면, 천자에 대해서 태만하게 구는 것이다. 지극히 존귀한 자를 공손하게 수행할 때에는 이처럼 바라보며, 그들의 안색과 기색을 살펴야 한다. 또 그 시선은 천자가 차고 있는 허리띠 아래로 내려갈 수가 없으니, 만약 허리띠 아래로 내려간다면, 근심거리가 있는 듯이 보이게 되므로, 이 또한 수행하는 일을 공손하게 받드는 행위가 아니다.

●“國君綏視”者, 國君, 諸侯也. 妥, 下也. 若臣視君, 目不得取看於面, 當視面下袷上. 旣卑, 稍得上視也. 庾氏云: “妥, 頟下之貌. 前執器以心爲平, 故以下爲妥. 此視以面爲平, 故妥下於面, 則上於袷也.”

● 經文: “國君綏視”. ○ ‘국군(國君)’은 제후를 뜻한다. ‘타(妥)’자는 아래

---

2) 조복(朝服)은 군주와 신하가 조회를 열 때 착용하는 복장을 뜻한다. 중요한 의식을 치를 때 착용하는 예복(禮服)을 가리키기도 한다.

로 내려트린다는 뜻이다. 만약 신하가 제후를 바라보게 된다면, 시선은 제후의 얼굴을 똑바로 쳐다볼 수 없으니, 마땅히 얼굴 아래쪽과 옷깃 위쪽을 바라보아야 한다. 제후는 천자에 비해 신분이 낮으므로, 천자를 바라보는 경우보다도 시선을 조금 위로 둘 수 있다. 유울지[3]가 말하길, "'타(妥)'는 아래로 늘어진 모양을 뜻한다. 앞 문장에서도 기물을 들 때에는 자신의 가슴 높이로 들어서 수평이 되도록 한다고 했기 때문에,[4] 시선을 아래로 내려트리는 것을 '타(妥)'라고 여긴 것이다. 따라서 이곳에서는 시선을 둘 때 얼굴을 바라보는 것을 수평이 된다고 여긴 것이다. 그러므로 '타(妥)'가 얼굴 아래로 내리는 것이라면, 결국 옷깃 위쪽을 바라보는 것이다."라고 했다.

孔疏 ●"大夫衡視"者, 衡, 平也. 人相看, 以面爲平. 若大夫之臣視大夫, 平看其面也, 故前云"綏視", 形大夫爲言.

● 經文: "大夫衡視". ○ '형(衡)'자는 수평이 된다는 뜻이다. 사람이 서로 마주볼 때에는 얼굴을 바라보는 것을 수평이 된다고 여겼다. 만약 대부의 가신들이 대부를 바라보게 된다면, 대부의 얼굴과 수평이 되도록 마주보는 것이다. 그렇기 때문에 앞 구문에서 '타시(綏視)'라고 한 말은 대부가 제후를 바라보는 경우를 가정해서 말한 것이다.

孔疏 ●"士視五步"者, 若視大夫以上, 唯直瞻上下, 並不得旁視. 若士之屬吏視士, 亦不得高面下帶, 而得旁視左右五步也.

---

3) 유울지(庾蔚之, ?~?) : =유씨(庾氏). 남조(南朝) 때 송(宋)나라 학자이다. 저서로는 『예기약해(禮記略解)』, 『예론초(禮論鈔)』, 『상복(喪服)』, 『상복세요(喪服世要)』, 『상복요기주(喪服要記注)』 등을 남겼다.

4) 『예기』 「곡례하(曲禮下)」 : 執天子之器則上衡, 國君則平衡, 大夫則綏之, 士則提之.

● 經文: "士視五步". ○ 만약 대부 이상의 계급에 해당하는 자를 바라보게 된다면, 다만 시선을 위아래로 둘 수만 있고, 모든 경우에 있어서 옆을 둘러볼 수 없다. 그런데 만약 사에게 소속된 아전들이 사를 바라보는 경우라면, 이러한 경우에도 시선을 사의 얼굴보다 높게 치켜들거나 허리띠 아래로 내려트릴 수는 없지만, 좌우로 다섯 걸음 정도의 거리는 둘러볼 수 있다.

그림 8-1　제후의 조복(朝服)

朝服　諸侯

※ 출처:『삼례도집주(三禮圖集注)』1권

제 9 절
현군례(見君禮)-서인(庶人)

135下

庶人見於君, 不爲容, 進退走.

직역 庶人이 君을 見함에는 爲容을 不하고 進退에 走한다.

의역 서인이 군주를 찾아뵐 때에는 용모를 꾸미지 않으며 나아가고 물러날 때에는 빨리 걷는다.

鄭注 容, 謂趨翔.

'용(容)'은 종종걸음으로 걷고 팔을 벌려 걷는 것을 말한다.

賈疏 ◎注"容謂趨翔". ○釋曰: 此不言民而言庶人, 則是庶人在官, 謂若王制云: "庶人在官者, 其祿以是爲差." 卽府史胥徒是也. 按鄭注曲禮云: "行而張足曰趨, 行而張拱曰翔." 皆是庶人貌也. 此庶人見君不趨翔, 謂是常法. 論語是孔子行事, 而云"趨進翼如"者, 彼謂孔子與君圖事於堂, 圖事訖, 降堂, 向時揖處至君前橫過, 向門, 特加肅敬, 與庶人同也.

◎鄭注: "容謂趨翔". ○ 여기에서는 민(民)이라 말하지 않고 '서인(庶人)'이라 말했으니, 서인들 중 관직에 있는 자를 가리킨다. 마치 『예기』 「왕제(王制)」편에서 "서인들 중 관직에 있는 자는 그 녹봉을 농전(農田)의 분배에 준해서 차등한다."[1]라고 한 자들과 같은 것으로, 부(府)[2]·사(史)[3]·서(胥)[4]·도(徒)[5] 등에 해당한다. 『예기』 「곡례(曲禮)」편에 대한

정현의 주를 살펴보면, "걸을 때 발을 크게 떼는 것을 '추(趨)'라 부르고, 걸으면서 두 팔을 길게 벌리는 것을 '상(翔)'이라 부른다."[6]라 했으니, 이 모두는 서인의 모습에 해당한다. 여기에서 서인이 군주를 알현할 때 추(趨)와 상(翔)을 하지 않는다고 했는데, 이것은 일상적인 예법을 가리킨다. 『논어』의 내용은 공자가 어떤 일을 시행할 때에 해당하는 것인데, "빨리 나아가실 때에는 날개를 편 듯 하셨다."[7]라 한 것은 『논어』의 기록은 공자가 군주와 함께 당상에서 어떤 일을 도모하고, 일에 대해 계획하는 것이 끝나 당하로 내려간 것이니, 이전에 읍하는 곳을 지나쳐 군주 앞에 이르러 과감히 통과하고 문을 향해 갈 때에는 더욱 엄숙함과 공경함을 더하게 되니, 서인의 경우와 동일하다.

---

1) 『예기』「왕제(王制)」: 制農田百畝, 百畝之分, 上農夫食九人, 其次食八人, 其次食七人, 其次食六人, 下農夫食五人. 庶人在官者, 其祿以是爲差也.

2) 부(府)는 각 관부에 소속된 하급 관리 중 하나이다. 각 관부의 창고에 보관된 재화나 물건 등을 담당했던 관리이다. 『주례』「천관총재(天官冢宰)」편에는 "府, 六人; 史, 十有二人."이라는 기록이 있는데, 이에 대한 정현의 주에서는 "府, 治藏."이라고 풀이했고, 손이양(孫詒讓)의 『정의(正義)』에서는 "凡治藏之吏亦通謂之府也."라고 풀이했다.

3) 사(史)는 각 관부에 소속된 하급 관리 중 하나이다. 각 관부의 문서기록 및 보관, 그리고 문서기록과 관련된 각종 부수자재 등을 담당했던 관리이다. 『주례』「천관(天官)·재부(宰夫)」편에는 "六曰史, 掌官書以贊治."라는 기록이 있는데, 이에 대한 정현의 주에서는 "贊治, 若今起文書草也."라고 풀이했다.

4) 서(胥)는 각 관부에 소속된 하급 관리 중 하나이다. 재주와 지모를 갖춰서 십장(什長)으로 삼을 만한 사람을 뜻한다.

5) 도(徒)는 각 관부에 소속된 하급 관리 중 하나이다. 각 관부에서 시행하는 사역(使役)에 투입되는 사람들이다.

6) 이 문장은 『예기』「곡례상(曲禮上)」편의 "帷薄之外不趨, 堂上不趨, 執玉不趨. 堂上接武, 堂下布武, 室中不翔."이라는 기록에 대한 정현의 주이다.

7) 『논어』「향당(鄕黨)」: 君召使擯, 色勃如也, 足躩如也. 揖所與立, 左右手, 衣前後, 襜如也. 趨進, 翼如也. 賓退, 必復命曰, "賓不顧矣."

『예기』「왕제(王制)」 기록

경문 制農田百畝, 百畝之分, 上農夫食九人, 其次食八人, 其次食
七人, 其次食六人, 下農夫食五人. 庶人在官者, 其祿以是爲差也.

농전(農田) 100무를 제정함에 100무씩의 분배는 상농부는 9명을 먹여
살릴 만큼이고, 그 다음은 8명을 먹여 살릴 만큼이며, 그 다음은 7명을
먹여 살릴 만큼이고, 그 다음은 6명을 먹여 살릴 만큼이며, 하농부는 5명
을 먹여 살릴 만큼을 분배한다. 서인 중에 관직에 있는 자는 그 녹봉을
농전의 분배에 준해서 차등한다.

鄭注 農夫皆受田於公, 田肥墝有五等, 收入不同也. 庶人在官, 謂
府史之屬, 官長所除, 不命於天子·國君者. 分或爲糞.

농부는 모두 공(公)에게서 전을 받는데, 전(田)의 비옥함과 척박함에는
다섯 등급의 차등이 있어서, 거둬들이는 양이 제각기 달랐다. 서인 중에
관에 있는 자는 부(府)나 사(史)의 무리들을 말하며, 그 관부의 수장이
임명하는 자들로, 천자나 제후국의 군주에게서 명을 받는 고위 관직자들
이 아니다. 분(分)자를 다른 판본에서는 분(糞)자로 기록하기도 한다.

『예기』「곡례상(曲禮上)」 기록

경문 帷薄之外不趨, 堂上不趨, 執玉不趨. 堂上接武, 堂下布武, 室
中不翔.

장막과 주렴 밖에 사람이 없다면 공경스러운 태도를 보이기 위해 굳이
종종걸음으로 걷지 않는다. 또한 당 위에서는 공간이 좁으므로 종종걸음
으로 걷지 않고, 옥을 들고 있을 때에는 실수로 떨어트릴 수도 있으니,
종종걸음으로 걷지 않는다. 한편 당 위에서는 보폭을 적게 하여 발자국이

이어지도록 걷고, 당 아래에서는 보폭을 넓게 해서 성큼 성큼 걸으며, 방안에서는 공간이 협소하므로 양팔을 벌려서 걷지 않는다.

鄭注 不見尊者, 行自由, 不爲容也. 入則容. 行而張足曰趨. 爲其迫也. 堂下則趨. 志重玉也. 聘禮曰: "上介授賓玉於廟門外." 武, 迹也. 迹相接, 謂每移足半蹈之, 中人之迹尺二寸. 布武謂每移足, 各自成迹, 不相蹈. 又爲其迫也. 行而張拱曰翔.

존귀한 자가 보이지 않는다면 자연스럽게 걸으며 굳이 공손한 태도를 취하지 않는다. 존귀한 자가 있는 곳에 들어서게 되면 공손한 태도를 취한다. 걸을 때 발을 크게 떼는 것을 '추(趨)'라 부른다. 당 위에서 발걸음을 크게 떼지 않는 이유는 공간이 협소하기 때문이다. 그러나 당 아래에서 걷는 경우라면 공간이 충분하므로 발걸음을 크게 뗀다. 옥을 들고 있을 때 종종걸음으로 걷지 않는 이유는 옥이 귀중한 물건이라는 사실을 염두에 두고 있기 때문이다. 『의례』「빙례(聘禮)」편에서는 "상개[8]는 종묘의 문밖에서 빈객에게 옥을 건넨다."[9]라고 하였다. '무(武)'자는 발자취를 뜻한다. "발자취가 서로 연접한다."는 말은 매 걸음마다 반보씩 뗀다는 뜻으로, 일반 사람들의 한 걸음은 1척 2촌의 보폭이 된다. '포무(布武)'는 발걸음을 뗄 때마다 각각 본래의 발걸음대로 걷는다는 뜻으로, 발걸음이 겹치도록 반보씩 떼지 않는다는 뜻이다. 방안에서 양팔을 벌리지 않는 이유는 방안은 공간이 더욱 협소하기 때문이다. 걸으면서 두 팔을 길게 벌리는 것을 '상(翔)'이라 부른다.

---

8) 상개(上介)는 개(介) 중에서도 가장 직위가 높았던 자를 뜻한다. 빈객(賓客)이 방문했을 때, 빈객의 부관이 되어, 주인(主人)과의 사이에서 시행해야 할 일들을 도왔던 부관들을 '개'이라고 부른다.

9) 『의례』「빙례(聘禮)」: 賈人東面坐, 啓櫝, 取圭, 垂繅, 不起而授上介. 上介不襲, 執圭屈繅授賓. 賓襲執圭.

孔疏 ●“帷薄”至“不立”. ○ 正義曰: 此一節言趨步授受之儀. 帷, 幔也. 薄, 簾也. 趨謂行而張足, 疾趨而行, 敬也. 貴賤各有臣吏, 故其敬處亦各有遠近也. 禮: 天子外屏, 諸侯內屏, 卿大夫以簾, 士以帷. 外屏, 門外爲之. 內屏, 門內爲之. “邦君樹塞門”, 是也. 臣來朝君, 至屏而加肅敬, 屏外不敬, 故不趨也. 今言“帷薄”, 謂大夫士也. 其外不趨, 則內可趨, 爲敬也. 此帷薄外不趨, 謂平常法也. 若祭祀之禮, 爾雅云: “室中謂之時, 堂上謂之行, 堂下謂之步, 門外謂之趨, 中庭謂之走, 大路謂之奔.” 知爾雅是祭祀者, 以召誥云: “王朝步自周, 則至于豐.” 注云: “告文主廟. 告文王則告武王可知.” 出廟入廟, 不以遠爲文是也. 若迎賓, 則樂師云: “行以肆夏, 趨以采齊.” 行謂大寢之庭至路門, 趨謂路門至應門.

● 經文: “帷薄”~“不立”. ○ 이 문장은 종종걸음으로 걷거나 물건을 주고받을 때의 행동예절에 대해서 언급하고 있다. ‘유(帷)’자는 장막을 뜻한다. ‘박(薄)’자는 주렴을 뜻한다. ‘추(趨)’자는 걸을 때 보폭을 길게 떼는 걸음이니, 걸음을 빠르게 하면서도 보폭을 길게 하며 걷는 것은 공손한 태도에 해당한다. 신분의 귀천에 따라 각자 소속된 신하들을 가지고 있기 때문에, 그 신하들이 공경하게 행동해야 할 장소 또한 각각의 등급에 따라 범위의 차이가 있다. 예법에 따르면, 천자는 외병10)을 설치하고, 제후는 내병11)을 설치한다.12) 또한 경과 대부는 주렴을 치고, 사는 휘장을

---

10) 외병(外屏)은 천자가 문 밖에 설치했던 담장이다. 문 안에 있는 작은 담장을 내병(內屏)이라고 부르는데, 이것과 상대되는 말이다. 문 밖에 설치했기 때문에 ‘외(外)’자를 붙인 것이고, 병풍과도 같은 역할을 했기 때문에 ‘병(屏)’자를 붙여서 ‘외병’이라고 부른 것이다. 후대에는 조벽(照壁)으로 부르기도 했다.

11) 내병(內屏)은 제후가 문 안에 설치했던 담장을 뜻한다. 문 안쪽에 위치하여 ‘내(內)’자를 붙인 것이며, 병풍처럼 가려주는 역할을 하므로, ‘병(屏)’자를 붙여서 ‘내병’이라고 부른 것이다.

12) 『순자』「대략(大略)」: 天子外屏, 諸侯內屏, 禮也. 外屏, 不欲見外也, 內屏, 不欲見內也.

친다. 외병은 문밖에 설치한다. 반면 내병은 문안에 설치한다. "제후만이 나무로 문 가림을 한다."[13]라고 하였는데, 이때의 '수색문(樹塞門)'은 바로 내병을 가리킨다. 신하가 찾아와 군주를 알현하는 경우, 신하가 병(屛)이 설치된 곳에 도달하게 되면, 더욱 엄숙하고 공손한 태도를 취하게 된다. 따라서 병 밖에서는 굳이 공손한 태도를 취하지 않기 때문에, 종종걸음으로 걷지 않는 것이다. 그런데 이곳 문장에서는 장막과 주렴이라고 하였으니, 위에서 언급하는 내용은 대부와 사 계급에게 적용되는 예법이다. 그리고 장막이나 주렴 밖에서는 종종걸음으로 걷지 않는다고 하였으니, 그 안에서는 종종걸음으로 걸어야하며, 이처럼 행동하는 이유는 더욱 공손하게 행동하기 위해서이다. 그리고 이곳 문장에서 장막이나 주렴 밖에서 종종걸음으로 걷지 않는다고 한 말은 평상시의 예법을 뜻한다. 만약 제사를 지낼 때의 예법에 따른다면, 『이아』에서는 "묘실 안에 있을 때에는 '시(時)'라 부르고, 당 위에서는 '행(行)'이라 부르며, 당 아래에서는 '보(步)'라 부르고, 문밖에서는 '추(趨)'라 부르며, 마당에서는 '주(走)'라 부르며, 대로(大路)에서는 '분(奔)'이라 부른다."[14]라고 했다. 『이아』의 내용이 제사를 지내는 예법에 해당한다는 사실을 알 수 있는 이유는 『서』 「소고(召誥)」편에서 "왕이 아침에 주(周) 땅으로부터 와서, 풍(豐) 땅에 이르렀다."[15]라고 하였는데, 이 문장에 대한 공안국[16]의 주에서는 "문왕(文王)의 묘에 아뢰는 것이다. 문왕에게 아뢰었다면, 무왕(武王)에게도

---

13) 『논어』「팔일(八佾)」 : <u>邦君樹塞門</u>, 管氏亦樹塞門.

14) 『이아』「석궁(釋宮)」 : 室中謂之時, 堂上謂之行, 堂下謂之步, 門外謂之趨, 中庭謂之走, 大路謂之奔.

15) 『서』「주서(周書)·소고(召誥)」 : 惟二月旣望越六日乙未, <u>王朝步自周, 則至于豐</u>.

16) 공안국(孔安國, ?~?) : 전한(前漢) 때의 학자이다. 자(字)는 자국(子國)이다. 고문상서학(古文尙書學)의 개조(開祖)로 알려져 있다. 『십삼경주소(十三經注疏)』의 『상서정의(尙書正義)』에는 공안국의 전(傳)이 수록되어 있는데, 통상적으로 이 주석은 후대인들이 공안국의 이름에 가탁하여 붙인 문장으로 인식되고 있다.

아뢰었음을 알 수 있다."라고 했다. 종묘를 출입함에 있어서도, "멀리 간다."라고 기록하지 않은 것도 바로 이러한 이유 때문이다. 만약 제사를 지내며 빈객을 맞이하는 경우라면, 『주례』「악사(樂師)」편에서 "'행(行)'할 때에는 사하(肆夏)라는 악장을 연주하고, '추(趨)'할 때에는 '채제(采齊)'라는 악장을 연주한다."[17]라고 했는데, 행(行)이라는 것은 대침[18]의 마당에서 노문[19]까지 걷는 것을 뜻하며, 추(趨)라는 것은 노문(路門)에서 응문(應門)[20]까지 걷는 것을 뜻한다.

孔疏 ● "堂上不趨"者, 亦謂不疾趨, 堂上迫狹故也. 下階則趨, 故論語云: "沒階, 趨進, 翼如也." 然論語云是孔子見於君也.

● 經文: "堂上不趨". ○ 이 구문 또한 종종걸음으로 빨리 걷지 않는다는 뜻으로, 당 위의 공간은 매우 협소하기 때문이다. 당과 연결된 계단을 내려가게 되면 종종걸음으로 걷는다. 그렇기 때문에 『논어』에서 "계단을 내려와서, 종종걸음으로 걸어갈 때에는 새가 나래를 편 것처럼 우아하였다."[21]라고 했던 것이다. 다만 『논어』에서 말하고 있는 상황은 공자가

---

17) 『주례』「춘관(春官)·악사(樂師)」: 教樂儀, 行以肆夏, 趨以采薺, 車亦如之, 環拜以鍾鼓爲節.

18) 대침(大寢)은 노침(路寢)을 뜻한다. 천자나 제후가 정무(政務)를 처리하던 곳이다. 『주례』「하관(夏官)·태복(太僕)」편에는 "建路鼓于大寢之門外, 而掌其政."이라는 기록이 있고, 이에 대한 정현의 주에서는 "大寢, 路寢也."라고 풀이했다.

19) 노문(路門)은 고대 궁실(宮室) 건축물 중에서도 가장 안쪽에 있었던 정문이다. 여러 문들 중에서 노침(路寢)에 가장 가까운 위치에 있었기 때문에, '노문'이라는 명칭이 붙게 되었다. 『주례』「동관고공기(冬官考工記)·장인(匠人)」편에는 "路門不容乘車之五个."라는 기록이 있는데, 이에 대한 정현의 주에서는 "路門者, 大寢之門."라고 풀이하였고, 가공언(賈公彦)의 소(疏)에서는 "路門以近路寢, 故特小爲之."라고 풀이하였다.

20) 응문(應門)은 궁(宮)의 정문을 가리킨다. 『시』「대아(大雅)·면(緜)」편에는 "迺立應門, 應門將將."이라는 기록이 있는데, 이에 대한 모전(毛傳)에서는 "王之正門曰應門."이라고 풀이하였다.

군주를 알현하는 경우이다.

●“執玉不趨”者, 執玉須愼, 不論堂之上下, 皆不疾趨也. 若張
足疾趨, 則或蹉跌失玉, 故不趨. 注云“聘禮曰: ‘上介授賓玉於廟門
外’”者, 引證賓有執玉於堂下時也. 賓當進聘, 故上介授賓玉於主人
廟門外, 賓執玉進入門內, 不疾趨而爲徐趨. 徐趨者, 則玉藻云: “圈
豚行, 不擧足, 齊如流.” 注云: “孔子執圭則然也.” 又云: “執龜玉, 擧
前曳踵, 踖踖如也.” 注云: “著徐趨之事.” 疾趨者, 則玉藻云: “疾趨則
欲發, 而手足毋移.” 注云: “疾趨謂直行也. 疏數自若, 毋移欲其直且
正也.”

● 經文: “執玉不趨”. ○ 옥을 지니게 되면 신중해야 한다. 따라서 당의
위나 아래에 상관없이 모든 경우에 있어서 종종걸음으로 빨리 걸어서는
안 된다. 만약 발걸음을 크게 떼며 종종걸음으로 빨리 걷게 된다면, 혹여
넘어지게 되어 옥을 떨어트리게 될 수도 있다. 그렇기 때문에 종종걸음으
로 걷지 않는 것이다. 정현의 주에서 “『의례』「빙례(聘禮)」편에서는 ‘상
개(上介)는 종묘의 문밖에서 빈객에게 옥을 건넨다.’”라고 하였는데, 정
현은 이 문장을 인용하여, 빈객이 당 아래에 있을 때 옥을 지니고 있는
경우가 있다는 사실을 증명하고 있는 것이다. 「빙례」편에서 언급하는 상
황은 빈객이 빙문(聘問)을 하기 위해 찾아온 경우에 해당하므로, 상개가
주인의 종묘 문밖에서 빈객에게 옥을 건네게 되어, 빈객이 옥을 지니고
묘문의 안으로 들어가게 된 상황이니, 빠른 속도로 종종걸음으로 걷지
않고, 느린 속도로 문밖에서의 걸음걸이인 추(趨)로 걷게 되는 것이다.
‘서추(徐趨)’에 대해서는 『예기』「옥조(玉藻)」편에서 “천천히 걸어갈 때
에는 발을 높이 들지 않으니, 그 가지런히 걷는 모습이 마치 물이 흐르는
것과 같았다.”[22]라 했고, 이 문장에 대한 정현의 주에서는 “공자가 규(圭)

---

21) 『논어』「향당(鄕黨)」 : 沒階, 趨進, 翼如也. 復其位, 踧踖如也.

를 들게 되면 이처럼 하였다."라고 했다. 또 「옥조」편에서는 "거북 껍질이나 옥을 들었을 때에는 앞발을 뗄 때 뒤꿈치가 땅에 끌리도록 걸어서 작은 보폭으로 느릿하게 걷는다."[23]라고 하였고, 이 문장에 대한 정현의 주에서는 "'서추(徐趨)'로 해야 하는 일들에 대해서 나타낸 것이다."라고 했다. 한편 빠른 속도로 종종걸음을 걷는 것에 대해서는 「옥조」편에서 "'질추(疾趨)'를 할 때에는 신발 바닥을 들어 올리도록 걷되 팔과 다리를 휘젓지는 않는다."[24]라 하였고, 이 문장에 대한 정현의 주에서는 "질추(疾趨)는 똑바로 걸어간다는 뜻이다. 걸음을 뗄 때는 폭과 빈번한 정도는 평상시처럼 하되 팔을 휘젓지 않는 것은 똑바로 걸어가기 위해서이다."라고 했다.

孔疏 ●"堂上接武"者, 武, 跡也. 旣不欲疾趨, 故跡相接也. 鄭云: "每移足半躡之." 王云: "足相接也." 庾云: "謂接則足連, 非半也." 武跡相接, 謂每移足半躡之也. 中人跡一尺二寸, 半躡之, 是每進六寸也.

● 經文: "堂上接武". ○ '무(武)'자는 발자국을 뜻한다. 이미 빠른 걸음으로 걷고자 하지 않기 때문에, 발자국이 서로 이어지도록 보폭을 작게 하는 것이다. 정현은 "매 발걸음마다 반보씩 뗀다."라고 하였고, 왕숙[25]은 "발이 서로 붙는 것이다."라 하였으며, 유울지는 "'접(接)'이라고 한다면

---

22) 『예기』「옥조(玉藻)」: <u>圈豚行, 不擧足, 齊如流</u>. 席上亦然. 端行, 頤霤如矢.

23) 『예기』「옥조(玉藻)」: 執龜玉, 擧前曳踵, 蹜蹜如也.

24) 『예기』「옥조(玉藻)」: 徐趨皆用是, <u>疾趨則欲發, 而手足毋移</u>.

25) 왕숙(王肅, A.D.195~A.D.256) : =왕자옹(王子雍). 위진남북조(魏晉南北朝) 때의 위(魏)나라 경학자이다. 자(字)는 자옹(子雍)이다. 출신지는 동해(東海)이다. 부친 왕랑(王朗)으로부터 금문학(今文學)을 공부했으나, 고문학(古文學)의 고증적인 해석을 따랐다. 『상서(尙書)』, 『시경(詩經)』, 『좌전(左傳)』, 『논어(論語)』 및 삼례(三禮)에 대한 주석을 남겼다.

발이 연이어지게 보폭을 적게 한다는 뜻으로, 반보씩 떼는 것이 아니다."
라 했다. 그러나 발자국이 서로 붙는다는 말은 곧 매 걸음마다 반보씩
뗀다는 뜻이 된다. 일반 사람들의 보폭은 1척 2촌이 되니, 반보씩 떼게
되면 매 걸음마다 6촌씩 앞으로 나아가게 된다.

孔疏 ●"堂下布武"者, 鄭謂每移足各自成跡, 不半相躡, 王云: "謂
跡間容足." 若間容足, 則中武, 王說非也.

● 經文: "堂下布武". ○ 정현은 이 구문에 대해서, 매 걸음을 뗄 때에는
각자 본래의 걸음걸이로 걷는다는 뜻으로, 발자국이 겹치도록 반보씩 떼
지 않는다고 하였다. 왕숙은 "발자국 사이마다 발 하나가 들어갈 만큼
떼는 것이다."라고 하였다. 만약 발자국 사이마다 발 하나가 들어갈 만큼
떼는 것이라면, 일반 사람들이 평상시에 걷는 보폭이 되니, 왕숙의 설명
은 잘못되었다.

참고 9-3 『논어』「향당(鄕黨)」 기록

경문 君召使擯①, 色勃如也②, 足躩如也③. 揖所與立, 左右手, 衣
前後, 襜如也④. 趨進, 翼如也⑤. 賓退, 必復命曰: "賓不顧矣⑥."

군주가 불러 빈(擯)을 시키면 낯빛을 바꾸셨고, 발걸음을 격식에 맞춰
하셨다. 함께 서 있는 자에게 읍을 할 때에는 손을 좌로 하기도 하고
우로 하기도 하며 옷의 앞뒤 옷자락을 가지런히 하셨다. 빨리 나아가실
때에는 날개를 편 듯 하셨다. 빈객이 물러나게 되면 반드시 "빈객은 돌아
보지 않고 떠났습니다."라 복명하셨다.

何注① 鄭曰: 君召使擯者, 有賓客使迎之.

정씨가 말하길, "군이 불러 빈(擯)을 시켰다."는 것은 빈객이 있어 그로

하여금 맞이하게 했다는 뜻이다.

何注 ② 孔曰: 必變色.

공씨가 말하길, 반드시 낮빛을 바꾸었다는 뜻이다.

何注 ③ 包曰: 足躩, 盤辟貌.

포씨가 말하길, '족곽(足躩)'은 반벽26)하는 모습이다.

何注 ④ 鄭曰: 揖左人, 左其手; 揖右人, 右其手; 一俯一仰, 衣前後襜
如也.

정씨가 말하길, 좌측에 있는 자에게 읍을 하게 되면 손을 좌측으로 하고,
우측에 있는 자에게 읍을 하게 되면 손을 우측으로 하는데, 몸을 한 차례
굽히고 펴며 옷의 앞뒤 옷자락을 가지런히 하였다는 뜻이다.

何注 ⑤ 孔曰: 言端好.

공씨가 말하길, 단정하고 아름답다는 뜻이다.

何注 ⑥ 鄭曰: 復命, 白君賓已去矣.

정씨가 말하길, '복명(復命)'은 군주에게 빈객이 이미 떠났음을 아뢰는
것이다.

邢疏 ●"君召使擯"至"顧矣". ○正義曰: 此一節言君召孔子, 使爲擯
之禮也. 擯, 謂主國之君所使出接賓者也. "色勃如也, 足躩如也"者,

---

26) 반벽(盤辟)은 일정한 규범에 따라 의례 절도에 맞춰 몸을 선회하며 나아가고 물러
나는 것을 말한다.

勃然變色也. 足躩, 盤辟貌. 既傳君命以接賓, 故必變色而加肅敬也. 足容盤辟, 躩然不敢懈慢也. "揖所與立, 左右手, 衣前後襜如也"者, 謂交擯傳命時, 揖左人, 左其手; 揖右人, 右其手; 一俯一仰, 衣前後襜如也. "趨進, 翼如也"者, 謂疾趨而進, 張拱端好, 爲鳥之張翼也. "賓退, 必復命曰: 賓不顧矣", 謂賓禮畢, 上擯送賓出, 反告白君, 已去矣, 不反顧也.

● 經文: "君召使擯"~"顧矣". ○ 이 한 문단은 군주가 공자를 불러 그로 하여금 빈(擯)을 시켰을 때의 예를 언급하고 있다. '빈(擯)'은 주인 입장의 제후국 군주가 시켜서 밖으로 나가 빈객을 영접하도록 시킨 자를 뜻한다. "낯빛을 바꾸셨고, 발걸음을 격식에 맞춰 하셨다."라고 했는데, 갑작스럽게 낯빛을 바꾸었다는 뜻이다. '족곽(足躩)'은 반벽(盤辟)하는 모습을 뜻한다. 이미 군주의 명을 전달하여 빈객을 영접하는 것이기 때문에 반드시 낯빛을 바꾸고 엄숙하고 공경스러운 태도를 더하는 것이다. 발의 모습을 반벽(盤辟)하는 것은 재빨리 하여 감히 태만하게 굴지 않는 것이다. "함께 서 있는 자에게 읍을 할 때에는 손을 좌로 하기도 하고 우로 하기도 하며 옷의 앞뒤 옷자락을 가지런히 하셨다."라고 했는데, 교빈[27] 하여 명령을 전달할 때 좌측에 있는 사람에게 읍을 하게 되면 손을 좌측으로 하고, 우측에 있는 사람에게 읍을 하게 되면 손을 우측으로 하며, 몸을 한 차례 굽히고 폄에 옷의 앞뒤 옷자락을 가지런히 하였다는 뜻이다. "빨리 나아가실 때에는 날개를 편 듯 하셨다."라고 했는데, 빨리 종종걸음으로 나아가며 팔을 벌리고 손을 모아서 단정하고 아름다운 자세를 취하여 마치 새가 날개를 편 것처럼 한다는 뜻이다. 정현이 "빈객이 물러나게 되면 반드시 빈객은 돌아보지 않고 떠났다고 복명하셨다."라고 했는데, 빈객을 예우하는 일이 끝나서 상빈[28]이 빈객을 전송하기 위해 나갔다

---

27) 교빈(交擯)은 빙문(聘問) 등의 의례에서, 상대방이 도착했을 때, 문 앞에 부관에 해당하는 개(介)나 빈(擯) 등이 도열하여, 명령을 전달하는 것을 뜻한다.

가 되돌아와서 군주에게 보고하며 빈객이 이미 떠났는데 되돌아보지 않았다고 아뢰는 것이다.

邢疏 ◎注"鄭曰"至"如也". ○正義曰: 云"揖左人, 左其手; 揖右人, 右其手"者, 謂傳擯時也. 按諸侯自相爲賓之禮, 凡賓主各有副, 賓副曰介, 主副曰擯及行人. 若諸侯自行, 則介各從其命數. 至主國大門外, 主人及擯出門相接. 若主君是公, 則擯者五人, 侯伯則擯者四人, 子男則擯者三人. 所以不隨命數者, 謙也, 故並用强半之數也. 賓若是公, 來至門外, 直當闃西, 去門九十步而下車, 當軹北嚮而立. 鄭注考工記云: "軹, 轂末也." 其侯伯立當前侯胡下, 子男立當衡. 注: "衡謂車軛." 其君當軹, 而九介立在君之北, 邐迤西北, 並東嚮而列. 主公出, 直闃東, 南西嚮立. 擯在主人之南, 邐迤東南立, 並西嚮也. 使末擯與末介相對, 中間傍相去三丈六尺. 列擯·介旣竟, 則主君就擯求辭. 所以須求辭者, 不敢自許, 人求詣己, 恐爲他事而至, 故就求辭, 自謙之道也. 求辭之法, 主人先傳求辭之言與上擯, 上擯以至次擯, 次擯繼傳以至末擯, 末擯傳與賓末介, 末介以次繼傳, 上至於賓. 賓答辭隨其來意, 又從上介而傳, 下至末介, 末介又傳與末擯, 末擯傳相次而上至於主人. 傳辭旣竟, 而後進迎賓至門. 知擯·介朝位如此者, 大行人職文. 又知傳辭拜迎賓前至門者, 司儀職文. 其傳辭, 司儀之交擯也. 其列擯·介, 傳辭委曲, 約聘禮文. 若諸侯使卿大夫相聘, 其介與主位, 則大行人云: "卿大夫之禮, 各下其君二等." 鄭注云: "介與朝位", 是也. 主君待之, 擯數如待其君. 其有異者, 主君至大門而不出限, 南面而立也. 若公之使, 亦直闃西北嚮, 七介, 而去門七十步. 侯伯之使, 列五介, 而去門五十步. 子男之使, 三介, 而去門

---

28) 상빈(上擯)은 빈(擯)들 중에서도 가장 직위가 높았던 자를 뜻한다. 빈객(賓客)이 방문했을 때, 주인(主人)의 부관이 되어, 빈객과의 사이에서 시행해야 할 일들을 도왔던 부관들을 '빈'이라고 부른다.

三十步. 上擯出闑外闑東南西嚮, 陳介西北, 東面邐迤, 如君自相見
也, 而末介・末擯相對亦相去三丈六尺. 陳擯介竟, 則不傳命, 而上
擯進至末擯間, 南揖賓, 賓亦進至末介間, 上擯與賓相去亦三丈六
尺, 而上擯揖而請事, 入告君. 君在限内, 後乃相與入也. 知者, 約聘
禮文. 不傳辭, 司儀及聘禮謂之旅擯. 君自來, 所以必傳命者, 聘義
云: "君子於其所尊弗敢質, 敬之至也." 又若天子春夏受朝宗則無迎
法, 受享則有之, 故大行人云: "廟中將幣三享." 鄭云: "朝先享, 不言
朝者, 朝正禮, 不嫌有等也." 若秋冬覲遇一受之於廟, 則亦無迎法,
故郊特牲云: "覲禮, 天子不下堂而見諸侯." 明冬遇依秋也. 以爲擯
之禮, 依次傳命, 故揖左人左其手, 揖右人右其手, 一俯一仰, 使衣前
後襜如也.

◎ 何注: "鄭曰"~"如也". ○ "좌측에 있는 자에게 읍을 하게 되면 손을 좌
측으로 하고, 우측에 있는 자에게 읍을 하게 되면 손을 우측으로 한다."라
고 했는데, 빈(擯)에게 명령을 전달할 때를 뜻한다. 살펴보니, 제후가 스
스로 상호간에 찾아가 빈객이 되었을 때의 예법에서, 무릇 빈객과 주인측
에서는 각각 부관을 두는데, 빈객의 부관을 개(介)라 부르고, 주인의 부
관을 빈(擯)이나 행인(行人)이라 부른다. 만약 제후가 직접 찾아가게 되
면 개(介)의 인원수는 각각 그들의 명(命) 등급에 따른다. 주인 입장이
되는 제후국의 대문 밖에 도달하게 되면, 주인과 빈(擯)은 문밖으로 나와
서로 연접하게 된다. 만약 주인 입장의 제후가 공작이라면 빈(擯)은 5명
을 두고, 후작이나 백작이라면 빈(擯)은 4명을 두며, 자작이나 남작이라
면 빈(擯)은 3명을 둔다. 명(命)의 등급에 따르지 않는 것은 겸손히 한
것이다. 그렇기 때문에 모두 절반이 넘는 수를 사용한다. 빈객이 만약
공작이라면 찾아와 문밖에 이르렀을 때 문 중앙 말뚝의 서쪽에 당도하게
되어, 문과의 거리가 90보가 되는 지점에서 수레에서 내리고, 수레의 굴
대 지점에 당도하여 북쪽을 바라보며 선다. 『고공기』에 대한 정현의 주
에서는 "지(軹)는 바퀴통의 끝이다."[29]라 했다. 후작과 백작이라면 수레

전후(前侯)의 호(胡) 아래에 당도하여 서며, 자작과 남작이라면 수레의 형(衡)에 당도하여 선다. 주에서는 "형(衡)은 수레의 멍에이다."라 했다. 그 군주가 수레의 진(軫)에 당도하면 9명의 개(介)가 서게 되는 위치는 군주의 북쪽이 되며 서북 방향으로 길게 늘어져 서게 되고, 모두 동쪽을 바라보며 대열을 맞춘다. 주인에 해당하는 공이 밖으로 나와 얼(闑)의 동쪽에 위치하여 남서쪽을 바라보며 선다. 빈(擯)은 주인의 남쪽에 위치하는데, 동남 방향으로 길게 늘어져 서며 모두 서쪽을 바라본다. 말빈(末擯)과 말개(末介)로 하여금 서로 마주하게 하고, 그 사이에는 옆으로 3장 6척을 벌린다. 빈(擯)과 개(介)를 나열시키는 것이 끝나게 되면 주인에 해당하는 군주가 빈(擯)에게 나아가 찾아온 연유를 청해 묻는다. 찾아온 연유를 물어보아야 하는 것은 감히 스스로 그 연유를 판단하지 않고, 상대가 자신에게서 요구하기 위해 찾아온 것이 다른 일로 인해 찾아온 것이 아닐까 걱정되기 때문에 나아가 찾아온 연유를 묻는 것이니, 스스로 겸손하게 처신하는 도리이다. 연유를 묻는 예법에 있어서 주인은 먼저 연유를 묻는 말을 전하여 상빈에게 전달하고, 상빈은 차빈에게 전달하며, 차빈은 계속해 전달해서 말빈에 이르게 되며, 말빈은 전달하여 빈객에게 속한 말개에게 전하고, 말개는 그 다음 수순으로 계속해 전달해서 위로 빈객에게 이르게 된다. 빈객이 찾아온 이유에 따라 답하는 말은 또한 상개로부터 전달되어 밑으로 말개에 이르게 되고, 말개는 또 전달하여 말빈에게 전하며, 말빈은 상호 그 다음 수순으로 전달해서 위로 주인에게 이르게 된다. 말을 전달하는 것이 끝나게 되면, 그 이후에는 나아가 빈객을 맞이하고 문에 이르게 된다. 빈(擯)과 개(介)의 조위가 이와 같다는 사실을 알 수 잇는 것은 『주례』「대행인(大行人)」편의 직무기록에 나오기 때문이다. 또 빈객 앞에서 말을 전달하고 절하며 맞이하여 문에 이른다는 것

---

29) 이 문장은 『주례』「동관고공기(冬官考工記)」편의 "六尺有六寸之輪, 軹崇三尺有三寸也, 加軫與櫜焉四尺也. 人長八尺登下以爲節."이라는 기록에 대한 정현의 주이다.

을 알 수 있는 이유는 『주례』「사의(司儀)」편의 직무기록에 나오기 때문이다. 말을 전달하는 것은 「사의」편에 나온 교빈(交擯)에 해당한다. 빈(擯)과 개(介)를 도열시켜서 말을 전할 때의 자세한 내용은 『의례』「빙례(聘禮)」편의 문장을 요약해보면 알 수 있다. 만약 제후가 경이나 대부를 시켜서 서로 빙문을 하는 경우라면, 그때 개(介)의 수와 주인의 조위에 대해서 「대행인」편에서는 "경과 대부의 예법에서는 각각 그들 군주에 비해 2등급을 낮춘다."라 했고, 정현의 주에서는 "개(介)의 수와 주인의 조위에 대한 것이다."라 했다. 주인 입장의 군주가 그들을 대할 때, 빈(擯)의 수는 그들 군주를 대할 때와 같게 한다. 차이가 있는 점은 주인 입장의 군주가 대문에 이르러서 문지방을 넘어가지 않고 남쪽을 바라보며 서게 된다. 공작이 보낸 사신의 경우에도 얼(闃)의 서쪽에 당도하여 북쪽을 바라보고, 7명의 개(介)를 두며 문과의 거리는 70보로 한다. 후작과 백작이 보낸 사신의 경우에는 5명의 개(介)를 도열시키고, 문과의 거리는 50보로 둔다. 자작과 남작이 보낸 사신의 경우에는 3명의 개(介)를 두며, 문과의 거리는 30보로 둔다. 상빈은 문지방 밖으로 나와 얼(闃)의 동쪽에서 남서쪽을 바라보며, 개(介)는 서북 방향으로 도열시키는데, 동쪽을 바라보며 길게 연이어 서서 군주가 직접 찾아와 서로 만나보는 경우처럼 하고, 말개와 말빈이 서로 마주하는 것 역시 서로의 거리를 3장 6척으로 한다. 빈(擯)과 개(介)를 도열시키는 것이 끝나면 명령을 전달하지 않고, 상빈이 나아가 말빈 사이에 이르러 남쪽을 바라보며 빈객에게 읍을 하고, 빈객 또한 나아가 말개 사이에 이르게 되니, 상빈과 빈객의 서로간 거리 또한 3장 6척이 되고, 상빈이 읍을 하고 찾아온 연유를 청해 묻고, 안으로 들어가 군주에게 아뢴다. 군주는 문지방 안에 있고, 그 뒤에는 서로 더불어서 들어간다. 이러한 사실을 알 수 있는 것은 「빙례」편의 문장을 요약해보면 알 수 있다. 명령을 전달하지 않는 것은 「사의」편과 「빙례」편에서 말한 여빈(旅擯)에 해당한다. 군주가 직접 찾아왔을 때 반드시 명령을 전달하는 것에 대해, 『예기』「빙의(聘義)」편에서는 "군자는 존귀하게 높이는 대상에 대해 감히 마주할 수 없는 것이며, 이처럼 하는 것은 공경함을 지극히 나타내는 것이다."[30]라 했다. 또 천자가 봄과 여름에 조(朝)와 종(宗)을 받는 경우라면 맞이하는 예법이 없고, 향(享)을 받는 경우에는 있게 된다. 그렇기 때문에 「대행인」편에서는 "묘(廟) 안에서는 폐물을 가지고 세 차례 향(享)을 한다."라 했고, 정현은 "조(朝)는 향(享)보다 먼저 하게 되는데, '조(朝)'를 언급하지 않은 것은 조(朝)는 정규 예법에 해당하여 등급에 따른 차등이 있다는 것에 대해 혐의를 두지 않기 때문이다."라 했다. 가을과 겨울에 근(覲)과 우(遇)를 받을 때에는 모두 묘에서 받게 되니 또한 맞이하는 예법이 없다. 그렇기 때문에 『예기』「교특생(郊特牲)」편에서는 "근례(覲禮)에 있어서 천자는 당하(堂下)로 내려가서 제후들을 조견하지 않는다."[31]라 했으니, 이것은 겨울에 하는 우(遇)가 가을에 하는 근(覲)에 따른다는 사실을 나타낸다. 빈(擯)이 되었을 때의 예법은 차례에 따라 명령을 전달하는 것이다. 그렇기 때문에 좌측 사람에게 읍을 할 때에는 그 손을 좌측으로 하고, 우측 사람에게 읍을 할 때에는 그 손을 우측으로 하며, 몸을 한 차례 굽히고 펴면서 옷의 앞뒤 옷자락을 가지런히 하는 것이다.

邢疏 ◎注"鄭曰: 復命, 白君賓己去矣". ○ 正義曰: 按聘禮行聘享私覿禮畢, 賓出, 公再拜送, 賓不復. 鄭注云: "公旣拜, 客趨辟. 君命上擯送賓出, 反告, 賓不顧矣. 於此, 君可以反路寢矣."

◎ 何注: "鄭曰: 復命, 白君賓己去矣". ○『의례』「빙례(聘禮)」편을 살펴보면, 빙향(聘享)과 사적(私覿)의 예가 끝나면 빈객이 밖으로 나오고 공이 재배를 하며 전송하고 빈객은 돌아보지 않는다고 했다. 정현의 주에

---

30) 『예기』「빙의(聘義)」: 介紹而傳命, <u>君子於其所尊弗敢質, 敬之至也</u>.
31) 『예기』「교특생(郊特牲)」: 天子無客禮, 莫敢爲主焉. 君適其臣, 升自阼階, 不敢有其室也. <u>覲禮, 天子不下堂而見諸侯</u>, 下堂而見諸侯, 天子之失禮也. 由夷王以下.

서는 "공이 절을 하게 되면 빈객은 빨리 그 자리를 피한다. 군주가 상빈에게 명령하여 빈객을 전송하게 해서 밖으로 나가게 하면 되돌아와 보고하며 빈객이 되돌아보지 않았다고 아뢴다. 이때에 군주는 노침[32]으로 돌아갈 수 있다."라 했다.

集註 擯, 主國之君所使出接賓者. 勃, 變色貌, 躩, 盤辟貌, 皆敬君命故也.

'빈(擯)'은 주인 입장의 제후국 군주가 시켜 나가서 빈객을 영접하게 한 자이다. '발(勃)'은 낯빛을 바꾸는 모양을 뜻하며, '곽(躩)'은 반벽(盤辟)하는 모양을 뜻하니, 모두 군주의 명령을 공경하기 때문이다.

集註 所與立, 謂同爲擯者也. 擯用命數之半, 如上公九命, 則用五人, 以次傳命. 揖左人則左其手, 揖右人則右其手. 襜, 整貌.

'소여립(所與立)'은 함께 빈(擯)이 된 자들을 뜻한다. 빈(擯)은 명(命)의 등급 수 반절을 사용하니, 예를 들어 상공[33]은 9명의 등급이므로, 5명을

---

32) 노침(路寢)은 천자나 제후가 정무를 처리하던 정전(正殿)이다. 『시』「노송(魯頌)·민궁(閟宮)」편에는 "松桷有舃, 路寢孔碩."이라는 기록이 있는데, 이에 대한 모전(毛傳)에서는 "路寢, 正寢也."라고 풀이했고, 『문선(文選)』에 수록된 장형(張衡)의 '서경부(西京賦)'에는 "正殿路寢, 用朝群辟."이라는 기록이 있는데, 이에 대한 설종(薛綜)의 주에서는 "周曰路寢, 漢曰正殿."이라고 하여, 주(周)나라에서는 '정전'을 '노침'으로 불렀다고 풀이했다.

33) 상공(上公)은 주(周)나라 제도에 있었던 관직 등급이다. 본래 신하의 관직 등급은 8명(命)까지이다. 주나라 때에는 태사(太師), 태부(太傅), 태보(太保)와 같은 삼공(三公)들이 8명의 등급에 해당했다. 그런데 여기에 1명을 더하게 되면 9명이 되어, 특별직인 '상공'이 된다. 『주례』「춘관(春官)·전명(典命)」편에는 "上公九命爲伯, 其國家宮室車旗衣服禮儀, 皆以九爲節."이라는 기록이 있고, 이에 대한 정현의 주에서는 "上公, 謂王之三公有德者, 加命爲二伯. 二王之後亦爲上公."이라고 풀이하였다. 즉 '상공'은 삼공 중에서도 유덕(有德)한 자에게 1명을 더해주어, 제후들을 통솔하는 '두 명의 백(伯)[二伯]'으로 삼았다. 또한 제후의 다

사용하여 순차적으로 명령을 전달한다. 좌측에 있는 사람에게 읍을 하게 되면 손을 좌측으로 하고, 우측에 있는 사람에게 읍을 하게 되면 손을 우측으로 한다. '첨(襜)'은 가지런한 모양을 뜻한다.

集註 疾趨而進, 張拱端好, 如鳥舒翼.

빨리 종종걸음으로 나아가며 팔을 펴고 손을 모아 단정하고 아름다운 것이 마치 새가 날개를 펴는 것과 같다는 뜻이다.

集註 紓君敬也.

군주의 공경을 펴게 한 것이다.

集註 此一節, 記孔子爲君擯相之容.

이 하나의 문단은 공자가 군주를 위해 빈상(擯相)이 되었을 때의 행동거지를 기록한 것이다.

섯 등급을 나열할 경우, 공작(公爵)을 '상공'이라고 부르기도 한다.

그림 9-1　주렴[簾]

簾

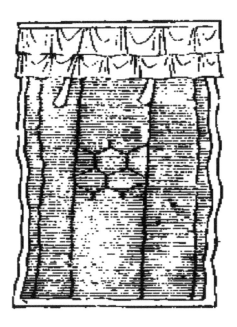

※ 출처:『삼재도회(三才圖會)』「기용(器用)」 12권

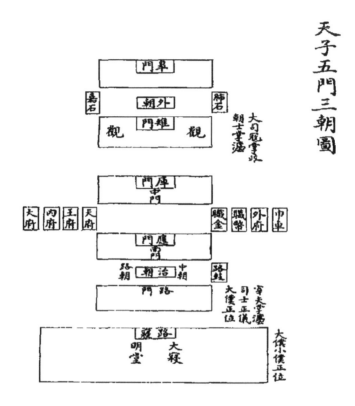

◎ 노침(路寢)의 앞마당=연조(燕朝)

※ 출처: 『주례도설(周禮圖說)』 상권

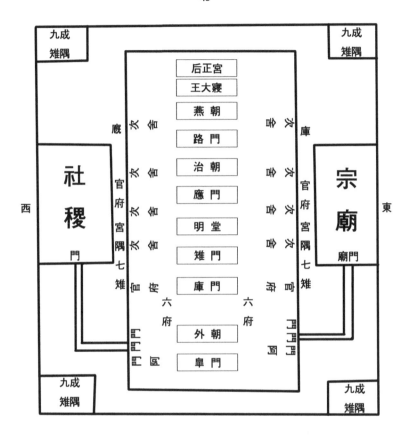

北

后正宮
王大寢
燕朝
路門
治朝
應門
明堂
雉門
庫門
外朝
皐門

社稷
門

宗廟
廟門

西

東

九成
雉隅

九成
雉隅

九成
雉隅

九成
雉隅

廡
次舍
官府宮隅七雉
次舍
次舍
次舍
次舍
官府
六府
門門圖
門

庫
次舍
官府宮隅七雉
次舍
次舍
次舍
次舍
官府
六府
門門阿

※ 참조: 『삼재도회(三才圖會)』「궁실(宮室)」 2권

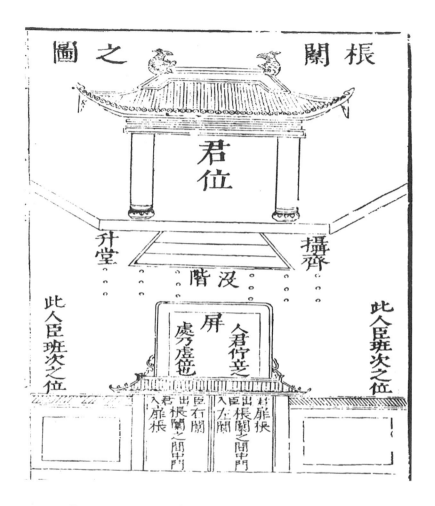

※ 출처:『삼재도회(三才圖會)』「궁실(宮室)」3권

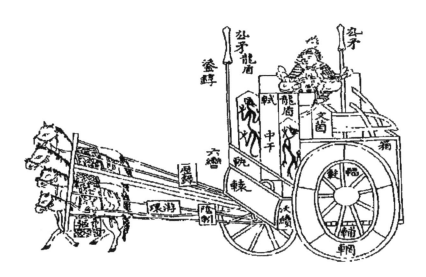

※ 출처: 『육경도(六經圖)』 3권

136上

> **士大夫則奠摯, 再拜稽首, 君答壹拜.**

직역 士와 大夫라면 摯를 奠하고 再拜하며 稽首하고, 君은 答으로 壹拜한다.

의역 사와 대부가 군주를 찾아뵙는 경우라면 사와 대부는 예물을 가지고 들어가서 내려놓고 재배를 하며 머리를 조아리고, 군주는 답배로 일배를 한다.

鄭注 言君答士大夫一拜, 則於庶人不答之. 庶人之摯鶩. 古文壹作一.

군주가 사와 대부에게 답배를 하며 일배를 한다고 말했다면, 서인에 대해서는 답배를 하지 않는 것이다. 서인은 예물로 집오리를 사용한다. 고문에는 '일(壹)'자가 일(一)자로 되어 있다.

賈疏 ◎注"言君"至"作一". ○釋曰: 臣拜君云再拜稽首, 則君答一拜者, 當作空首, 則九拜中奇拜是也. 云"言君答士大夫一拜則於庶人不答之"者, 按曲禮"君於士不答拜", 謂已士. 此得與大夫同答一拜者, 士賤, 君不答拜. 此以新升爲士, 故答拜. 聘禮問勞云答士拜者, 亦以新使反, 故拜之也. 云"庶人之摯鶩"者, 按大宗伯云"以禽作六摯, 庶人執鶩", 注云: "鶩取其不飛遷." 象庶人安土重遷是也.

◎鄭注: "言君"~"作一". ○ 신하가 군주에게 절을 하며 "재배를 하며 머리를 조아린다."라고 했다면, 군주가 답배로 일배를 할 때에는 마땅히

공수(空首)를 해야 하니, 구배[1] 중 기배(奇拜)가 여기에 해당한다. 정현이 "군주가 사와 대부에게 답배를 하며 일배를 한다고 말했다면, 서인에 대해서는 답배를 하지 않는 것이다."라고 했는데, 『예기』「곡례(曲禮)」편을 살펴보면, "군주는 사에 대해서 답배를 하지 않는다."[2]라 했으니, 이미 사의 신분을 가지고 있었던 자에 해당한다. 이곳에서 사가 대부와 동일하

---

1) 구배(九拜)는 제사 등을 지낼 때 사용하게 되는 아홉 종류의 절하는 형식을 뜻한다. 계수(稽首), 돈수(頓首), 공수(空首), 진동(振動), 길배(吉拜), 흉배(凶拜), 기배(奇拜), 포배(褒拜), 숙배(肅拜)에 해당한다. '계수'는 절을 하며 머리가 지면에 닿도록 하는 것이며, '돈수'는 절을 하며 머리가 땅을 두드리듯이 꾸벅거리는 것이고, '공수'는 절을 하며 머리가 손을 포갠 곳에 닿도록 하는 것이니, '배수(拜手)'라고 부르는 것에 해당한다. '길배'는 절을 한 이후에 이마를 땅에 닿게 하는 것이며, '흉배'는 이마를 땅에 닿게 한 이후에 절을 하는 것이다. '진동'의 경우 애통하게 울면서 절을 하는 것을 뜻하기도 하고, 양손을 서로 부딪치는 것을 뜻하기도 하며, 위엄을 갖추고 절을 하는 것을 뜻하기도 한다. '기배'는 절하는 횟수를 홀수로 하는 것을 뜻하기도 하며, 한쪽 무릎만 굽히고 하는 절이나 손에 쥐고 있는 물건 등에 의지해서 절하는 것을 뜻하기도 하고, 한 번 절하는 것을 뜻하기도 한다. '포배'는 답배를 뜻하기도 하니, 재배(再拜)에 해당하고, 또 손에 물건을 쥐고 절하는 것을 뜻하기도 한다. '숙배'는 단지 손을 아래로 내려서 몸에 붙이는 것에 해당한다. 『주례』「춘관(春官)·대축(大祝)」편에는 "辨九拜, 一曰稽首, 二曰頓首, 三曰空首, 四曰振動, 五曰吉拜, 六曰凶拜, 七曰奇拜, 八曰褒拜, 九曰肅拜, 以享右祭祀."라는 기록이 있고, 이에 대한 정현의 주에서는 "稽首, 拜頭至地也. 頓首, 拜頭叩地也. 空首, 拜頭至手, 所謂拜手也. 吉拜, 拜而后稽顙, 謂齊衰不杖以下者. 言吉者, 此殷之凶拜, 周以其拜與頓首相通, 故謂之吉拜云. 凶拜, 稽顙而后拜, 謂三年服者. 杜子春云, '振讀爲振鐸之振, 動讀爲哀慟之慟, 奇讀爲奇偶之奇, 謂先屈一膝, 今雅拜是也. 或云, 奇讀曰倚, 倚拜謂持節·持戟拜, 身倚之以拜.' 鄭大夫云, '動讀爲董, 書亦或爲董. 振董, 以兩手相擊也. 奇拜, 謂一拜也. 褒讀爲報, 報拜, 再拜是也.' 鄭司農云, '褒拜, 今時持節拜是也. 肅拜, 但俯下手, 今時揖是也. 介者不拜, 故曰爲事故, 敢肅使者.' 玄謂振動戰栗變動之拜. 書曰王動色變. 一拜, 答臣下拜. 再拜, 拜神與尸. 享, 獻也, 謂朝獻饋獻也. 右讀爲侑. 侑勸尸食而拜."라고 풀이했다.

2) 『예기』「곡례하(曲禮下)」: 君於士, 不答拜也, 非其臣, 則答拜之. 大夫於其臣, 雖賤, 必答拜之.

게 답배로 일배를 받을 수 있었던 것은 사는 미천하여 본래 군주가 답배를 하지 않는다. 그러나 이곳의 경우는 새로 승진하여 사가 된 경우이다. 그렇기 때문에 군주가 답배를 한다. 『의례』「빙례(聘禮)」편에서 노고를 위로하며 사의 절에 답배를 한다고 한 것 또한 새로 사신이 되어 갔다가 되돌아왔기 때문에 절을 하는 것이다. 정현이 "서인은 예물로 집오리를 사용한다."라고 했는데, 『주례』「대종백(大宗伯)」편을 살펴보면, "짐승으로 여섯 가지 예물을 만들고, 서인은 집오리를 예물로 들고 간다."[3]라 했고, 주에서는 "집오리는 날아 다른 곳으로 떠나지 않는 것에서 뜻을 취했다."라 했으니, 서인이 그 땅을 편안히 여겨 쉽사리 거주지를 옮겨가지 않는다는 것을 형상한다는 것이 이것을 가리킨다.

참고 10-1 『예기』「곡례하(曲禮下)」 기록

경문 君於士, 不答拜也, 非其臣, 則答拜之. 大夫於其臣, 雖賤, 必答拜之.

군주는 사에 대해서 본래 답배를 하지 않지만, 그 자가 자신의 신하가 아니라면 답배를 한다. 대부는 자신의 가신에 대해서, 비록 그가 미천한 신분이라 하더라도 반드시 답배를 한다.

鄭注 不臣人之臣. 辟正君.

남의 신하를 자신의 신하처럼 대하지 않기 때문이다. 대부의 경우는 자신의 군주가 따르는 예법보다 낮추기 때문이다.

---

3) 『주례』「춘관(春官)·대종백(大宗伯)」: 以禽作六摯, 以等諸臣. 孤執皮帛, 卿執羔, 大夫執鴈, 士執雉, 庶人執鶩, 工商執雞.

孔疏 ● "君於士, 不答拜也, 非其臣, 則答拜之"者, 君於己士, 以其賤, 故不答拜. 然聘禮云聘使還, 士介四人, 君旅答拜者, 敬其奉使而還. 士相見禮士見國君, 君答拜者, 以其初爲士, 敬之故也.

● 經文: "君於士, 不答拜也, 非其臣, 則答拜之". ○ 군주는 자신에게 소속된 사에 대해서, 그 자가 미천한 신분이기 때문에 답배를 하지 않는 것이다. 그런데 『의례』「빙례(聘禮)」편에서는 빙문(聘問)을 갔던 사신이 다시 돌아왔을 때, 사의 신분인 부관 4명에 대해서 군주가 모두 답배를 한다고 하였다.[4] 그 이유는 그들이 사신을 받들어서 무사히 돌아온 일에 대해서 공경스러운 태도로 대하기 때문이다. 「사상견례」편에서는 사가 군주를 찾아뵙게 되면, 군주는 답배를 한다고 했는데, 그 이유는 그가 처음으로 사의 신분이 되어서 그를 공경스러운 태도로 대하기 때문이다.

참고 10-2 『주례』「춘관(春官)·대종백(大宗伯)」기록

경문 以禽作六摯, 以等諸臣.

짐승으로 여섯 가지 예물을 만들어 신하들의 등급을 나눈다.

鄭注 摯之言至, 所執以自致.

'지(摯)'자는 이르다는 뜻이니, 잡은 것을 가지고 스스로 이른다는 의미이다.

賈疏 ◎注"摯之"至"自致". ○釋曰: 此亦與下爲總目. 按下文有"孤執皮帛", 而此云"以禽"者, 據羔已下以多爲主也. 按莊公傳, 男摯, 大者玉帛, 小者禽鳥, 尙書五玉亦云摯, 則玉亦是摯. 此上下文玉爲瑞,

---

4) 『의례』「빙례(聘禮)」: <u>使者歸</u>, 及郊, 請反命. ······ 上介徒以公賜告, 如上賓之禮. 君勞之. 再拜稽首. 君答拜. <u>勞士介亦如之</u>.

제10절 현군례(見君禮)-사대부(士大夫) **199**

禽云摯者, 此以相對爲文, 故王以下言瑞. 天子受瑞於天, 諸侯受瑞
於天子, 諸臣無此義, 故以摯爲文. 鄭云"摯之言至, 執之以自致"者,
按士謁見新升爲士, 皆執摯乃相見, 卿大夫亦然. 至於五等諸侯朝聘
天子及相朝聘, 皆執摯以自致, 及得見主人, 故以"至"解"摯"也.

◎ 鄭注: "摯之"~"自致". ○ 이 또한 아래문장과 더불어 총괄적인 목록이
된다. 아래문장을 살펴보면 "고(孤)는 가죽과 비단을 예물로 들고 간다."
라 했고, 이곳에서는 "금(禽)으로써"라고 했다. 이것은 새끼 양으로부터
그 이하로 대다수를 차지하는 것을 위주로 삼아 말한 것이다. 장공(莊公)
에 대한 전문을 살펴보면, 남자의 예물에 있어 신분이 존귀한 자는 옥과
비단을 사용하고 미천한 자는 날짐승을 사용한다고 했다.[5] 『상서』에서
도 오옥(五玉)을 또한 예물[贄]이라고 했으니,[6] 옥 또한 예물에 해당한
다. 이곳 앞뒤의 문장에서는 옥을 서옥으로 삼았고 금(禽)에 대해서 지
(摯)라고 한 것은 서로 대비해서 문장을 기록했기 때문이다. 그래서 천자
로부터 그 이하의 계층에 대해서는 서(瑞)라 말한 것이다. 천자는 하늘로
부터 서옥을 받고, 제후는 천자로부터 서옥을 받는데, 신하들에게는 이러
한 도의가 없다. 그렇기 때문에 지(摯)로 문장을 기록한 것이다. 정현이
"'지(摯)'자는 이르다는 뜻이니, 잡은 것을 가지고 스스로 이른다는 의미
이다."라고 했는데, 살펴보니, 사가 알현을 하거나 새로 승진하여 사가
되었을 때 모두 예물을 가지고 서로 만나보게 되는데, 경과 대부 또한
그러하다. 다섯 등급의 제후들이 천자에게 조빙(朝聘)을 하거나 서로 조
빙을 할 때에는 모두 예물을 가지고 직접 찾아가 주인을 만나볼 수 있게

---

5) 『춘추좌씨전』「장공(莊公) 24년」: 御孫曰, "男贄, 大者玉帛, 小者禽鳥, 以章物
也. 女贄, 不過榛·栗·棗·脩, 以告虔也. 今男女同贄, 是無別也. 男女之別,
國之大節也; 而由夫人亂之, 無乃不可乎?"

6) 『서』「우서(虞書)·순전(舜典)」: 歲二月, 東巡守至于岱宗, 柴, 望秩于山川,
肆覲東后, 協時月正日, 同律度量衡, 修五禮, 五玉, 三帛, 二生, 一死贄, 如五
器, 卒乃復.

된다. 그렇기 때문에 지(至)자로 지(摯)자를 풀이한 것이다.

경문 孤執皮帛, 卿執羔, 大夫執鴈, 士執雉, 庶人執鶩, 工商執雞.

* 참고: 7-4 참조

제 11 절
현군례(見君禮) – 타방인(他邦人)

若他邦之人, 則使擯者還其摯, 曰: "寡君使某還摯." 賓對
曰: "君不有其外臣, 臣不敢辭." 再拜稽首, 受.

직역 若히 他邦의 人이라면 擯者를 使하여 그 摯를 還하며 曰 "寡君께서 某를 使하여 摯를 還하셨습니다." 賓이 對하여 曰 "君께서 그 外臣을 不有하시니, 臣은 敢히 辭를 不합니다." 再拜하며 稽首하고 受한다.

의역 만약 다른 나라의 사람이 군주를 찾아뵙는 경우라면, 군주는 빈을 시켜 가져온 예물을 되돌려주는데, 빈은 "저희 군주께서는 아무개[빈]를 시켜서 예물을 돌려드리라고 하셨습니다."라 한다. 빈객은 대답하며 "군주께서는 외국의 신하를 자신의 신하로 두지 않으시니, 외신의 입장으로 감히 사양하지 않겠습니다."라 하고, 재배를 하며 머리를 조아리고 예물을 받는다.

賈疏 ○ 釋曰: 賓不辭卽受摯, 以君所不臣, 禮無受他臣摯法, 賓如此法, 故不敢亢禮於他君, 故不辭卽受之也. 凡臣無境外之交, 今得以摯執見他邦君者, 謂他國之君來朝, 此國之臣因見之, 謂若掌客 "卿皆見以羔"之類, 是也. 春秋卿·大夫與他國之君相見者, 皆因聘會乃見之, 非特行也.

○ 빈객이 사양하지 않고 곧바로 예물을 받는 것은 군주가 신하로 여기지 않는 대상이기 때문이니, 예법상 다른 나라의 신하가 가져온 예물을 받는 법도가 없어, 빈객이 이와 같은 예법에 따른다. 그렇기 때문에 감히 다른 나라의 군주에 대해 자신의 군주를 대하듯 대등한 예법으로 대할 수 없다. 그래서 사양하지 않고 곧바로 예물을 받는 것이다. 무릇 신하에게는

국경을 벗어나 외국에서 교류함이 없다. 그런데 지금 예물을 가지고 다른 나라의 군주를 찾아뵐 수 있었던 것은 다른 나라의 군주가 그 나라에 찾아와 조회를 하여 그 나라에 속한 신하가 그것으로 인해 찾아뵙는 것을 뜻하니, 마치 『주례』「장객(掌客)」편에서 "경은 모두 찾아뵈며 새끼양을 사용한다."[1]라고 한 부류를 가리킨다. 『춘추』에서 경과 대부가 다른 나라의 군주와 서로 만나보는 경우는 모두 빙례나 회합으로 인해 만나보는 것이지 단독으로 시행했던 것이 아니다.

참고 11-1 『주례』「추관(秋官)·장객(掌客)」 기록

경문 凡諸侯之禮: 上公五積, 皆眡飱牽, 三問皆脩, 群介·行人·

---

1) 『주례』「추관(秋官)·장객(掌客)」: 凡諸侯之禮: 上公五積, 皆眡飱牽, 三問皆脩, 群介·行人·宰·史皆有牢. 飱五牢, 食四十, 簠十, 豆四十, 鉶四十有二, 壺四十, 鼎簋十有二, 牲三十有六, 皆陳. 饔餼九牢, 其死牢如飱之陳, 牽四牢, 米百有二十筥, 醯醢百有二十甕, 車皆陳. 車米眡生牢, 牢十車, 車秉有五籔, 車禾眡死牢, 牢十車, 車三秅, 芻薪倍禾, 皆陳. 乘禽日九十雙, 殷膳大牢, 以及歸, 三饗·三食·三燕, 若弗酌則以幣致之. 凡介·行人·宰·史皆有飱饔餼, 以其爵等爲之牢禮之陳數, 唯上介有禽獻. 夫人致禮, 八壺·八豆·八籩, 膳大牢, 致饗大牢, 食大牢. 卿皆見, 以羔, 膳大牢. 侯伯四積, 皆眡飱牽, 再問皆脩. 飱四牢, 食三十有二, 簠八, 豆三十有二, 鉶二十有八, 壺三十有二, 鼎簋十有二, 腥二十有七, 皆陳. 饔餼七牢, 其死牢如飱之陳, 牽三牢, 米百筥, 醯醢百甕, 皆陳. 米三十車, 禾四十車, 芻薪倍禾, 皆陳. 乘禽日七十雙, 殷膳大牢, 再饗·再食·再燕. 凡介·行人·宰·史皆有飱饔餼, 以其爵等爲之禮, 唯上介有禽獻. 夫人致禮, 八壺·八豆·八籩, 膳大牢, 致饗大牢. 卿皆見, 以羔, 膳特牛. 子男三積, 皆眡飱牽, 壹問以脩. 飱三牢, 食二十有四, 簠六, 豆二十有四, 鉶十有八, 壺二十有四, 鼎簋十有二, 牲十有八, 皆陳. 饔餼五牢, 其死牢如飱之陳, 牽二牢, 米八十筥, 醯醢八十甕, 皆陳. 米二十車, 禾三十車, 芻薪倍禾, 皆陳. 乘禽日五十雙, 壹饗·壹食·壹燕. 凡介·行人·宰·史皆有飱饔餼, 以其爵等爲之禮, 唯上介有禽獻. 夫人致禮, 六壺, 六豆, 六籩, 膳眡致饗. 親見卿皆膳特牛.

宰・史皆有牢. 飧五牢, 食四十, 簠十, 豆四十, 鉶四十有二, 壺四十, 鼎簋十有二, 牲三十有六, 皆陳. 饔餼九牢, 其死牢如飧之陳, 牽四牢, 米百有二十筥, 醯醢百有二十罋, 車皆陳. 車米視生牢, 牢十車, 車秉有五籔, 車禾視死牢, 牢十車, 車三秅, 芻薪倍禾, 皆陳. 乘禽日九十雙, 殷膳大牢, 以及歸, 三饗・三食・三燕, 若弗酌則以幣致之. 凡介・行人・宰・史皆有飧饔餼, 以其爵等爲之牢禮之陳數, 唯上介有禽獻. 夫人致禮, 八壺・八豆・八籩, 膳大牢, 致饗大牢, 食大牢. 卿皆見, 以羔, 膳大牢. 侯伯四積, 皆視飧牽, 再問皆脩. 飧四牢, 食三十有二, 簠八, 豆三十有二, 鉶二十有八, 壺三十有二, 鼎簋十有二, 腥二十有七, 皆陳. 饔餼七牢, 其死牢如飧之陳, 牽三牢, 米百筥, 醯醢百罋, 皆陳. 米三十車, 禾四十車, 芻薪倍禾, 皆陳. 乘禽日七十雙, 殷膳大牢, 再饗・再食・再燕. 凡介・行人・宰・史皆有飧饔餼, 以其爵等爲之禮, 唯上介有禽獻. 夫人致禮, 八壺・八豆・八籩, 膳大牢, 致饗大牢. 卿皆見, 以羔, 膳特牛. 子男三積, 皆視飧牽, 壹問以脩. 飧三牢, 食二十有四, 簠六, 豆二十有四, 鉶十有八, 壺二十有四, 鼎簋十有二, 牲十有八, 皆陳. 饔餼五牢, 其死牢如飧之陳, 牽二牢, 米八十筥, 醯醢八十罋, 皆陳. 米二十車, 禾三十車, 芻薪倍禾, 皆陳. 乘禽日五十雙, 壹饗・壹食・壹燕. 凡介・行人・宰・史皆有飧饔餼, 以其爵等爲之禮, 唯上介有禽獻. 夫人致禮, 六壺, 六豆, 六籩, 膳視致饗. 親見卿皆膳特牛.

제후에 대한 예법에 있어서, 상공(上公)에 대해서는 5개의 적(積)을 마련하니, 모두 손견(飧牽)에 견주며, 3차례 문(問)을 할 때에는 모두 포(脯)를 갖추고, 뭇 개(介)와 행인(行人)・재(宰)・사(史)에 대해서도 모두 뇌례(牢禮)를 갖춘다. 손(飧)에는 5뢰(牢)를 사용하며, 사(食)는 40개이고, 보(簠)는 10개이며, 두(豆)는 40개이고, 형(鉶)은 42개이며, 호(壺)는 40개이고, 정(鼎)과 궤(簋)는 12개이며, 성(腥)은 36개인데, 모두 진열한다. 옹희(饔餼)에는 9뢰를 사용하며, 죽은 희생물에 대해서는 손을 진열하는 것과 같이 하고, 견(牽)은 4뢰이며, 미(米)는 120개의 거(筥)에 담고, 식초와 육장은 120개의 옹(罋)에 담으며 모두 진열한다. 미(米)를 실은 수레는 살아있는 희생물에 견주어서 마련하니, 희생물을 실은 수레는 10대이고, 수레에는 1병(秉) 5수(籔)가 실리며, 화(禾)를 실은 수레는 죽은 희생물에 견주어서 마련하니, 희생물을 실은 수레는 10대이고, 수레에는 3타(秅)가 실리며, 추(芻)와 신(薪)을 실은 수레는 화(禾)를 실은 수레의 배로 하는데, 모두 진열한다. 승금(乘禽)은 날마다 90쌍을 마련하며, 은선(殷膳)에는 태뢰를 사용하며 그가 돌아갈 때까지 보내주고, 3차례의 향례(饗禮)를 하고 3차례의 사례(食禮)를 하며 3차례의 연례(燕禮)를 하는데, 만약 직접 술을 따라 권하지 않는 경우라면 예물을 보낸다. 뭇 개(介)와 행인(行人)·재(宰)·사(史)에게는 모두 손(飧)과 옹희(饔餼)를 갖춰주는데, 그들의 작위 등급에 따라 뇌례를 진열하는 수치의 차등으로 삼고, 오직 상개(上介)에 대해서만 금헌(禽獻)이 있다. 부인이 예물을 보낼 때에는 8개의 호(壺), 8개의 두(豆), 8개의 변(籩)을 마련하는데, 선(膳)에는 태뢰를 사용하고, 향례를 베풀 때에는 태뢰를 사용하며, 사례를 베풀 때에는 태뢰를 사용한다. 경이 모두 찾아뵙게 되면 새끼양을 사용하고, 선(膳)은 태뢰로 한다. 후작과 백작에 대해서는 4개의 적(積)을 마련하니, 모두 손견(飧牽)에 견주며, 2차례 문(問)을 할 때에는 모두 포(脯)를 갖춘다. 손(飧)에는 4뢰(牢)를 사용하며, 사(食)는 32개이고, 보(簠)는 8개이며, 두(豆)는 32개이고, 형(鉶)은 28개이며, 호(壺)는 32개이고, 정(鼎)과 궤(簋)는 12개이며, 성(腥)은 27개인데, 모두 진열한다. 옹희(饔餼)에는 7뢰를 사용하며, 죽은 희생물에 대해서는 손을 진열하는 것과 같이 하고, 견(牽)은 3뢰이며, 미(米)는 100개의 거(筥)에 담고, 식초와 육장은 100개의 옹(罋)에 담으며 모두 진열한다. 미(米)를 실은 수레는 30대이고, 화(禾)를 실은 수레는 40대이며, 추(芻)와 신(薪)을 실은 수레는 화(禾)를 실은 수레의 배로 하는데, 모두 진열한다. 승금(乘禽)은 날마다 70쌍을 마련하며, 은선(殷膳)에는 태뢰를 사용하고, 2차례의 향례(饗禮)를 하고 2차례의 사례(食禮)를 하며 2차례의 연례(燕禮)를 한다. 뭇 개(介)와 행인(行人)·재(宰)·사(史)에게는 모두 손(飧)과 옹희(饔餼)를 갖춰주는데, 그들의 작위 등급에 따라 예의 차등으로 삼고, 오직 상개(上介)에 대해서만 금헌(禽獻)이 있다. 부인이 예물을 보낼 때에는 8개의 호(壺), 8개의 두(豆), 8개의 변(籩)을 마련하는데, 선(膳)에는 태뢰를 사용하고, 옹희를 보낼 때에는 태뢰를 사용한다. 경이 모두 찾아뵙게 되면 새끼양을 사용하고, 선(膳)은 한 마리의 소를 사용한다. 자작과 남작에 대해서는 3개의 적(積)을 마련하니, 모두 손견(飧牽)에 견주며, 1차례 문(問)을 할 때에는 포(脯)를 갖춘다. 손(飧)에는 3뢰(牢)를 사용하며, 사(食)는 24개이고, 보(簠)는 6개이며, 두(豆)는 24개이고, 형(鉶)은 18개이며, 호(壺)는 24개이고, 정(鼎)과 궤(簋)는 12개이며, 성(腥)은 18개인데, 모두 진열한다. 옹희(饔餼)에는 5뢰를 사용하며, 죽은 희생물에 대해서는 손을 진열하는 것과 같이 하고, 견(牽)은 2뢰이며, 미(米)는 80개의 거(筥)에 담고, 식초와 육장은 80개의 옹(甕)에 담으며 모두 진열한다. 미(米)를 실은 수레는 20대이고, 화(禾)를 실은 수레는 30대이며, 추(芻)와 신(薪)을 실은 수레는 화(禾)를 실은 수레의 배로 하는데, 모두 진열한다. 승금(乘禽)은 날마다 50쌍을 마련하며, 1차례의 향례(饗禮)를 하고 1차례의 사례(食禮)를 하며 1차례의 연례(燕禮)를 한다. 뭇 개(介)와 행인(行人)·재(宰)·사(史)에게는 모두 손(飧)과 옹희(饔餼)를 갖춰주는데, 그들의 작위 등급에 따라 예의 차등으로 삼고, 오직 상개(上介)에 대해서만 금헌(禽獻)이 있다. 부인이 예물을 보낼 때에는 6개의 호(壺), 6개의 두(豆), 6개의 변(籩)을 마련하는데, 선(膳)은 향례를 치르는 것에 견주어서 한다. 직접 찾아가 만나보는 경에 있어서는 모두 선(膳)에 한 마리의 소를 사용한다.

鄭注 積皆視飧牽, 謂所共如飧, 而牽牲以往, 不殺也. 不殺則無鉶鼎. 簠簋之實, 其米實于筐, 豆實實于甕. 其設, 筐陳于楹內, 甕陳于

楹外, 牢陳于門西. 車米禾芻薪, 陳于門外. 壺之有無未聞. 三問皆
脩, 脩, 脯也. 上公三問皆脩, 下句云"群介行人宰史皆有牢", 君用脩
而臣有牢, 非禮也. 蓋著脫字失處且誤耳. 飧, 客始至, 致小禮也. 公
侯伯子男飧皆餁一牢, 其餘牢則腥. 食者, 其庶羞美可食者也. 其設,
蓋陳于楹外東西, 不過四列. 簠, 稻粱器也. 公十簠, 堂上六, 西夾東
夾各二也. 侯伯八簠, 堂上四, 西夾東夾各二. 子男六簠, 堂上二, 西
夾東夾各二. 豆, 菹醢器也. 公四十豆, 堂上十六, 西夾東夾各十二.
侯伯三十二豆, 堂上十二. 西夾東夾各十. 子男二十四豆, 堂上十二,
西夾東夾各六. 禮器曰: "天子之豆二十有六, 諸公十有六, 諸侯十有
二, 上大夫八, 下大夫六." 以聘禮差之, 則堂上之數與此同. 鉶, 羹器
也. 公鉶四十二, 侯伯二十八, 子男十八, 非衰差也. 二十八, 書或爲
"二十四", 亦非也. 其於衰, 公又當三十, 於言又爲無施. 禮之大數,
鉶少於豆, 推其衰, 公鉶四十二, 宜爲三十八, 蓋近之矣. 則公鉶堂上
十八, 西夾東夾各十. 侯伯堂上十二, 西夾東夾各八. 子男堂上十,
西夾東夾各四. 壺, 酒器也, 其設於堂夾, 如豆之數. 鼎, 牲器也. 簋,
黍稷器也. 鼎十有二者, 餁一牢, 正鼎九與陪鼎三, 皆設于西階前.
簋十二者, 堂上八, 西夾東夾各二. 合言鼎簋者, 牲與黍稷俱食之主
也. 牲當爲腥, 聲之誤也. 腥謂腥鼎也. 於侯伯云"腥二十有七", 其故
腥字也. 諸侯禮盛, 腥鼎有鮮魚·鮮腊, 每牢皆九爲列, 設于阼階前.
公腥鼎三十六, 腥四牢也. 侯伯腥鼎二十七, 腥三牢也. 子男腥鼎十
八, 腥二牢也. 皆陳, 陳列也. 飧門內之實, 備于是矣. 亦有車米禾芻
薪. 公飧五牢, 米二十車, 禾三十車. 侯伯四牢, 米禾皆二十車. 子男
三牢, 米十車, 禾二十車. 芻薪皆倍其禾. 饔餼, 旣相見致大禮也. 大
者, 旣兼飧積, 有生, 有腥, 有孰, 餘又多也. 死牢如飧之陳, 亦餁一
牢在西, 餘腥在東也. 牽, 生牢也. 陳于門西, 如積也. 米橫陳于中庭,
十爲列, 每筥半斛. 公侯伯子男黍粱稻皆二行, 公稷六行, 侯伯稷四
行, 子男二行. 醢醯夾碑從陳, 亦十爲列, 醢在碑東, 醯在碑西. 皆陳

於門內者, 於公門內之陳也. 言車者, 衍字耳. 車米, 載米之車也. 聘禮曰: "十斗曰斛, 十六斗曰籔, 十籔曰秉." 每車秉有五籔, 則二十四斛也. 禾, 稿實幷刈者也. 聘禮曰: "四秉曰筥, 十筥曰稯, 十稯曰秅." 每車三秅, 則三十稯也. 稯猶束也. 米禾之秉筥, 字同數異. 禾之秉, 手把耳. 筥讀爲棟梠之梠, 謂一穧也. 皆陳, 橫陳門外者也. 米在門東, 禾在門西. 芻薪雖取數于禾, 薪從米, 芻從禾也. 乘禽, 乘行群處之禽, 謂雉鴈之屬, 於禮以雙爲數. 殷, 中也. 中又致膳, 示念賓也. 若則酌, 謂君有故, 不親饗食燕也. 不饗則以酬幣致之, 不食則以侑幣致之. 凡介 · 行人 · 宰 · 史, 衆臣從賓者也. 行人主禮, 宰主具, 史主書, 皆有飧饔餼, 尊其君以及臣也. 以其爵等爲之牢禮之數陳, 爵卿也, 則飧二牢, 饔餼五牢. 大夫也, 則飧大牢, 饔餼三牢. 士也, 則飧少牢, 饔餼大牢也. 此降小禮, 豐大禮也. 以命數則參差難等, 略於臣, 用爵而已. 夫人致禮, 助君養賓也. 籩豆陳于戶東, 壺陳于東序. 凡夫人之禮, 皆使下大夫致之. 於子男云膳視致饗, 言夫人致膳於小國君, 以致饗之禮, 則是不復饗也. 饗有壺酒, 卿皆見者, 見于賓也. 既見之, 又膳之, 亦所以助君養賓也. 卿又膳, 此聘禮卿大夫勞賓 · 餼賓之類與. 於子男云"親見卿皆膳特牛", 見讀如"卿皆見"之見, 言卿於小國之君, 有不故造館見者, 故造館見者乃致膳. 鄭司農說牽云: 牲可牽行者也, 故春秋傳曰"餼牽竭矣". 秅讀爲"秅秭麻荅"之秅.

적(積)은 모두 손견(飧牽)에 견주어서 한다고 했는데, 공급하는 것이 손(飧)을 할 때와 같고, 희생물을 이끌고서 찾아가며 도축하지 않은 것이다. 아직 도축하지 않았다면 형정(鉶鼎)은 사용하지 않게 된다. 보(簠)와 궤(簋)에 담는 것에 있어서 미(米)는 광(筐)에 담고, 두(豆)에 담은 것은 옹(甕)에 담는다. 진설할 때에는 광(筐)은 기둥 안쪽에 진설하고, 옹(甕)은 기둥 바깥쪽에 진설하며, 희생물은 문의 서쪽에 진설한다. 미(米) · 화(禾) · 추(芻) · 신(薪)을 실은 수레는 문밖에 진설한다. 호(壺)가 포함되느냐 그렇지 않느냐에 대해서는 들어보지 못했다. 3차례 문(問)을 할 때 모두 수(脩)를 한다고 했는데, '수(脩)'는 육포를 뜻한다. 상공에 대해 3차례 문(問)을 하며 모두 육포를 사용한다고 했는데, 아래 구문에서는 "뭇 개(介)와 행인(行人)·재(宰)·사(史)에 대해서도 모두 뇌례(牢禮)를 갖춘다."라고 했으니, 군주에 대해서는 육포를 사용하고, 신하에 대해서는 희생물을 사용하여 비례가 된다. 아마도 누락된 글자가 있거나 잘못하여 이곳에 기록되었거나 또는 아예 잘못 기록되었을 것이다. '손(飧)'은 빈객이 처음 도착했을 때, 비교적 규모가 작은 예물을 보내주는 것이다. 공작·후작·백작·자작·남작에 대해 손(飧)을 할 때에는 모두 익힌 고기 1뢰(牢)를 사용하고, 나머지 뇌는 생고기로 보내준다. '사(食)'는 서수(庶羞) 중 맛이 좋아 먹을 수 있는 것을 뜻한다. 그것을 진설할 때에는 기둥 바깥쪽의 동서방향으로 진설했을 것인데, 4열을 넘지 않았을 것이다. '보(簠)'는 쌀밥이나 조밥 등을 담는 그릇이다. 공작에 대해서 10개의 보(簠)를 진설한다고 했는데, 당상에 6개를 진설하고, 서쪽 협실과 동쪽 협실에 각각 2개씩 놓아두게 된다. 후작과 백작에 대해서 8개의 보(簠)를 진설한다고 했는데, 당상에 4개를 진설하고, 서쪽 협실과 동쪽 협실에 각각 2개씩 놓아두게 된다. 자작과 남작에 대해서 6개의 보(簠)를 진설한다고 했는데, 당상에 2개를 진설하고, 서쪽 협실과 동쪽 협실에 각각 2개씩 놓아두게 된다. '두(豆)'는 절임이나 육장 등을 담는 그릇이다. 공작에 대해서 40개의 두(豆)를 진설한다고 했는데, 당상에 16개를 진설하고, 서쪽 협실과 동쪽 협실에 각각 12개씩 놓아두게 된다. 후작과 백작에 대해서 32개의 두(豆)를 진설한다고 했는데, 당상에 12개를 진설하고, 서쪽 협실과 동쪽 협실에 각각 10개씩 놓아두게 된다. 자작과 남작에 대해서 24개의 두(豆)를 진설한다고 했는데, 당상에 12개를 진설하고, 서쪽 협실과 동쪽 협실에 각각 6개씩 놓아두게 된다. 『예기』「예기(禮器)」편에서는 "천자가 음식을 먹을 때 사용하는 두(豆)의 개수는 26개이고, 제공(諸公)이 서로에게 음식을 대접할 때 사용하는 두(豆)의 개수는 16개이며, 제후(諸

侯)가 서로에게 음식을 대접할 때 사용하는 두(豆)의 개수는 12개이고, 상대부(上大夫)가 음식을 먹을 때 사용하는 두(豆)의 개수는 8개이며, 하대부(下大夫)가 음식을 먹을 때 사용하는 두(豆)의 개수는 6개이다."[2] 라고 했다. 『의례』「빙례(聘禮)」편의 기록에 따라 차등을 두면, 당상에 차려내는 수는 이곳의 내용과 동일하다. '형(鉶)'은 국을 담는 그릇이다. 공작에게 차려내는 형(鉶)은 42개라고 했고, 후작과 백작에게 차려내는 형(鉶)은 28개라고 했으며, 자작과 남작에게 차려내는 형(鉶)은 18개라고 했는데, 순차적인 차등은 아니다. '이십팔(二十八)'이라는 기록은 간혹 '이십사(二十四)'라고도 기록하는데, 이 또한 잘못된 것이다. 나머지 순차적인 차등에 따르면 공작에 대해서는 마땅히 30개라고 해야 하는데, 근거할 만한 기록은 없다. 예법의 큰 수치에 따르면 형(鉶)의 수량은 두(豆)보다 적으니, 순차적인 차등에 따르면 공작에게 차려내는 형(鉶)의 42개라는 수치는 마땅히 38이 되어야 정답에 가깝게 될 것이다. 따라서 공작에게 차려내는 형(鉶)은 당상에 18개를 진설하고, 서쪽 협실과 동쪽 협실에 각각 10개씩 놓아두게 된다. 후작과 백작에 대해서는 당상에 12개를 진설하고, 서쪽 협실과 동쪽 협실에 각각 8개씩 놓아두게 된다. 자작과 남작에 대해서는 당상에 10개를 진설하고, 서쪽 협실과 동쪽 협실에 각각 4개씩 놓아두게 된다. '호(壺)'는 술을 담는 그릇이니, 당상과 협실에 진설하는데, 그 수량은 두(豆)를 진설하는 수치와 같다. '정(鼎)'은 희생물을 담는 기물이다. '궤(簋)'는 메기장과 차기장을 담는 그릇이다. 정(鼎)이 12개라고 했는데, 익힌 고기는 1뢰(牢)를 본래 차려내는 정(鼎) 9개와 배정(陪鼎) 3개에 담아 모두 서쪽 계단 앞에 진설한다. 궤(簋)는 12개라고 했는데, 당상에 8개를 진설하고, 서쪽 협실과 동쪽 협실에 각각 2개씩 놓아두게 된다. 정(鼎)과 궤(簋)를 함께 언급한 것은 희생물과 메

---

2) 『예기』「예기(禮器)」: 天子之豆, 二十有六. 諸公十有六. 諸侯十有二. 上大夫八, 下大夫六.

기장·차기장은 음식을 갖춤에 있어서 주된 것이 되기 때문이다. '생삼십유륙(牲三十有六)'이라고 했을 때의 '생(牲)'자는 마땅히 성(腥)자가 되어야 하니, 소리가 비슷해서 생긴 오류이다. '성(腥)'은 생고기를 담은 정(鼎)을 뜻한다. 후작과 백작에 대해서 "성(腥)은 27개이다."라고 했는데, 옛 성(腥)자에 해당한다. 제후에 대한 예법은 융성하여 생고기를 담은 정(鼎)에는 신선한 물고기와 신선한 포가 포함되며 매 뇌마다 모두 9개를 1열로 삼아 동쪽 계단 앞에 진설한다. 공작에 대해 생고기를 담은 정(鼎)은 36개가 되는데, 생고기를 4뢰로 한 것이다. 후작과 백작에 대해 생고기를 담은 정(鼎)은 27개가 되는데, 생고기를 3뢰로 한 것이다. 자작과 남작에 대해 생고기를 담은 정(鼎)은 18개가 되는데, 생고기를 2뢰로 한 것이다. 모두 진설한다는 것은 열을 맞춰 진열한다는 뜻이다. 손(飧)은 문 안쪽에 진설하는 것으로, 여기에서 모두 갖춰진다. 또한 미(米)·화(禾)·추(芻)·신(薪)을 실은 수레도 포함된다. 공작에 대한 손(飧)은 5뢰로 하며, 미(米)를 실은 수레는 20대이고, 화(禾)를 실은 수레는 30대이다. 후작과 백작에 대한 손(飧)은 4뢰로 하며, 미(米)를 실은 수레와 화(禾)를 실은 수레는 모두 20대씩이다. 자작과 남작에 대한 손(飧)은 3뢰로 하며, 미(米)를 실은 수레는 10대이고, 화(禾)를 실은 수레는 20대이다. 추(芻)와 신(薪)을 실은 수레는 모두 화(禾)를 실은 수레의 2배로 한다. '옹희(饔餼)'는 서로 만나보는 절차를 끝내고 성대한 예물을 보내주는 것이다. 성대한 경우에는 이미 그 안에 손(飧)과 적(積)에 대한 것이 포함되어 있고, 살아있는 희생물, 날고기, 익힌 고기가 포함되고 그 나머지 것들도 많이 차려내게 된다. 죽은 희생물의 경우 손(飧)을 진설하는 것처럼 하니, 익힌 고기 1뢰는 서쪽에 진설하고, 나머지 생고기는 동쪽에 진설한다. '견(牽)'은 살아있는 희생물을 뜻한다. 문의 서쪽에 놓아두는 것은 적(積)과 같이 하는 것이다. 미(米)는 마당에 가로로 진열하는데, 10개가 1열이 되며, 매 거(筥)마다 0.5곡(斛)씩 채운다. 공작·후작·백작·자작·남작에 대해 차려내는 메기장·조·쌀은 모두 2행이 되는

데, 공작에게 차려내는 차기장은 6행이 되고, 후작과 백작에게 차려내는
차기장은 4행이 되며, 자작과 남작에게 차려내는 차기장은 2행이 된다.
식초와 육장은 비(碑)를 끼고서 세로로 진열하는데, 또한 10개가 1열이
되며, 식초는 비(碑)의 동쪽에 놓이고, 육장은 비(碑)의 서쪽에 놓인다.
모두 문의 안쪽에 진설한다고 했는데, 공문의 안쪽에 진설한다는 뜻이다.
'거개진(車皆陳)'이라고 할 때 '거(車)'자를 언급했는데, 연문으로 들어간
글자일 뿐이다. '거미(車米)'는 미(米)를 실은 수레를 뜻한다. 「빙례」편
에서는 "10두(斗)를 1곡(斛)이라 부르고, 16두를 1수(籔)라 부르며, 10수
를 1병(秉)이라 부른다."라고 했다. 수레마다 1병(秉) 5수(籔)를 싣는다
고 했다면, 24곡(斛)이 된다. '화(禾)'는 볏단과 알곡을 함께 자른 것이다.
「빙례」편에서는 "4병(秉)을 1거(筥)라 부르고, 10거를 1종(稯)이라 부르
며 10종을 1타(秅)라 부른다."라고 했다. 수레마다 3타(秅)를 싣는다고
했다면, 30종(稯)이 된다. 종(稯)은 속(束)과 같은 말이다. 미(米)와 화
(禾)의 수량을 부르는 병(秉)과 거(筥)는 자형은 같지만 수량에서는 차이
가 난다. 화(禾)에 대한 단위인 병(秉)은 손으로 움켜잡는 것을 수치화한
것일 뿐이다. 거(筥)는 동려(棟梠)라고 할 때의 '여(梠)'라고 풀이하니,
하나의 볏단을 뜻한다. 모두 진설한다는 것은 문밖에 가로로 진설하는
것이다. 미(米)는 문의 동쪽에 놓이고, 화(禾)는 문의 서쪽에 놓인다. 추
(芻)와 신(薪)에 있어서는 비록 그 수치를 화(禾)를 기준으로 정하지만,
신(薪)을 실은 수레는 미(米)를 실은 수레에 따르게 되고, 추(芻)를 실은
수레는 화(禾)를 실은 수레에 따르게 된다. '승금(乘禽)'은 대열을 맞춰
이동하고 무리를 지어 사는 조류를 뜻하니, 꿩이나 기러기를 의미하며,
예법에 따르면 쌍을 맞춘 것을 수치로 삼는다. '은(殷)'은 간격을 벌린다
는 뜻이다. 간격을 벌리고서 다시 음식을 보내주는 것은 빈객을 생각하고
있다는 뜻을 내보이기 위해서이다. 술을 따라주지 못했다는 것은 군주에
게 특별한 사정이 생겨서 직접 향례(饗禮)·사례(食禮)·연례(燕禮)를
시행하지 못했다는 뜻이다. 직접 향례를 베풀지 못한다면 수폐(酬幣)를

보내고, 직접 사례를 베풀지 못한다면 유폐(侑幣)를 보낸다. 뭇 개(介)와 행인(行人)·재(宰)·사(史)는 빈객을 따라온 여러 신하들을 뜻한다. 행인은 의례를 주관하고, 재는 기물 갖추는 것을 주관하며, 사는 기록을 주관하는데, 이들 모두에 대해서 손(飧)과 옹희(饔餼)가 돌아가게 하니, 그의 군주를 존귀하게 높여서 그에게 소속된 신하에게까지 미치기 때문이다. 그들 작위의 등급으로 뇌례를 진열하는 수치의 차등으로 삼는다고 했는데, 작위가 경의 신분이라면 손(飧)은 2뢰이고 옹희(饔餼)는 5뢰이다. 대부의 신분이라면 손은 태뢰이고 옹희는 3뢰이다. 사의 신분이라면 손은 소뢰이고 옹희는 태뢰이다. 이것은 규모가 작은 예식은 낮추고 성대한 예식은 풍부하게 갖추는 것이다. 그런데 명(命)의 등급에 따른다면 번잡해져서 순차적으로 차등을 주기가 어려우니, 신하에 대해서는 간략히 적용하여 작위에 따르는 것일 뿐이다. '부인치례(夫人致禮)'라는 것은 군주를 도와 빈객을 봉양한다는 뜻이다. 변(籩)과 두(豆)는 방문의 동쪽에 진설하고, 호(壺)는 동쪽 서(序)에 진설한다. 부인의 예법에 있어서는 모두 하대부를 시켜서 예물을 전달하게 한다. 자작과 남작에 대한 기록에서 "선(膳)은 향례를 치르는 것에 견주어서 한다."라고 했는데, 부인이 소국의 군주에게 음식을 보내며 향례를 치를 때의 예법에 따른다면, 이것은 재차 향례를 치른 것이 아니다. 향례에는 술을 담은 호(壺)가 포함되며, 경이 모두 찾아뵙는다는 것은 빈객을 찾아뵙는다는 뜻이다. 만나보는 것을 끝내고 재차 음식을 베푸는 것은 또한 군주를 도와 빈객을 봉양하는 것이다. 경이 만나보고 또 음식을 베푸는 것은 「빙례」편에서 경과 대부가 빈객의 노고를 위로하고 빈객에게 옹희(饔餼)를 보내는 부류를 뜻할 것이다. 자작과 남작에 대해서는 "직접 찾아가 만나보는 경에 있어서는 모두 선(膳)에 한 마리의 소를 사용한다."라고 했는데, '현(見)'자는 "경이 모두 찾아뵙는다."라고 할 때의 '현(見)'자처럼 풀이하니, 경은 소국의 군주에 대해서 일부러 숙소로 찾아가 만나보지 않는 자도 있지만, 일부러 숙소로 찾아가 만나보는 자는 곧 음식을 전달하게 된다는 의미이다. 정사농은 견(牽)을 설명하며 희생물 중 끌고 갈 수 있는 것이다. 그렇기 때문에 『춘추전』에서는 "가축·희생물 등이 모두 고갈되었다."라고 했다. '타(秅)'자는 '타자마답(秅秭麻荅)'이라고 할 때의 '타(秅)'자로 풀이한다.

賈疏 ◎注"積皆"至"之秅". ○釋曰: 云"凡諸侯之禮"者, 此一句與下爲總目也. 此一經並是諸侯自相朝, 主國待賓之禮. 若然, 天子掌客不見天子待諸侯之禮, 而見諸侯自相待者, 天子掌客自掌天子禮, 則諸侯相待之禮無由得見. 今以天子之官, 輒見諸侯自相待, 以外包內, 天子待諸侯, 亦同諸侯自相待可知. 是以見諸侯相待之法也. 云"上公五積, 皆視飧牽"者, 公國自相朝, 是上公待上公之禮, 有五積, 皆視飧, 一積視一飧, 飧五牢, 五積則二十五牢. 言牽者, 數雖視飧, 飧則殺, 積全不殺, 並生致之, 故云牽. "侯伯四積, 皆視飧牽", 飧四牢, 一積視一飧, 則一積四牢, 總十六牢, 亦牽不殺. "子男三積", 積亦視飧, 飧三牢, 一積三牢, 三積九牢, 亦牽之不殺也. 必牽之不殺者, 以其在道分置豫往, 故不殺之, 容至自殺也. 旣云"視飧", 飧則有芻薪米禾之等, 故鄭解積皆依飧解之也. 云"不殺則無鉶鼎"者, 鉶鼎卽陪鼎是也. 但殺乃有鉶鼎, 不殺則無鉶鼎可知, 侯伯子男皆然. 鄭云"籩簋之實"已下, 皆約公食大夫"親食則有籩簋之實"已下, 皆餁在俎. 若不親食, 使大夫各以其爵朝服以侑幣致之, 則生往. 今積旣不殺, 與公食生致同, 故鄭皆約公食大夫解之也. 云"其設筐陳于楹內"者, 彼云: "簋實實于筐, 陳于楹內兩楹間, 二以並, 南陳." 云"甕陳於楹外"者, 彼云: "豆實實于甕, 陳于楹外, 二以並, 北陳." 云"牢陳於門西"者, 彼云: "牛羊豕陳于門內西方, 東上." 是鄭皆依公食大夫之文也. 云"車米禾芻薪陳于門外"者, 此約聘禮致饔餼之文. 彼云"米三十車, 設于門東, 爲三列, 東陳. 禾三十車, 設于門西, 西陳. 薪芻倍禾", 注云: "薪從米, 芻從禾." 是其事也. 侯伯子男積之籩豆米禾薪芻等, 陳列亦與此同也. 云"壺之有無未聞"者, 以其酒不可生致, 故云未聞.

云"三問皆脩, 群介‧行人‧宰‧史皆有牢"者, 鄭云"三問皆脩, 脩, 脯也", 對文, 脩是腶脩, 加薑桂搥之者. 脯, 乾肉薄者. 散文, 脩脯一也. 云"上公三問皆脩, 下句云'群介行人宰史皆有牢', 君用脩而臣有牢, 非禮也"者, 言非禮者, 君尊用脩, 臣卑用牢, 故云非禮. 云"蓋著脫字失處", 按下文, "凡介‧行人‧宰‧史", 皆在饗食燕下, 此特在上. 有人見下文脫此語, 錯差著於此, 更有人於下著訖, 此剩不去, 故云蓋著脫字失處也. 云"且誤耳"者, 下文皆云"凡介", 此云"群介", 故云且誤耳. 云"飧, 客始至, 致小禮也"者, 按聘禮賓, "大夫帥至館, 卿致館", 卽云"宰夫朝服設飧", 是其客始至之禮. 言小禮者, 對饔餼爲大禮也. 云"公侯伯子男飧皆飪一牢, 其餘牢則腥"者, 鄭言此者, 下惟言腥, 不言飪, 此有鉶及鼎, 皆爲飪一牢而言, 以是經雖不言飪, 須言飪之矣. 云"其餘牢則腥", 腥之數, 備於下也. 云"食者, 其庶羞美可食者也. 其設, 蓋陳于楹外東西, 不過四列"者, 前所陳, 皆約公食大夫致食之禮. 今按公食, "若不親食, 庶羞陳于碑內"者, 設飧之時, 堂上皆有正饌, 無容庶羞之處, 楹外旣空, 不須向碑內及堂下, 故疑在楹外陳之, 十以爲列, 故四列也. 公食陳于碑內者, 由甕陳于楹外, 故在下也. 必知爲四列, 見公食云"庶羞東西不過四列", 故知也. 云"簠, 稻粱器也"者, 見公食大夫簠盛稻粱. 云"公十簠, 堂上六, 西夾東夾各二也. 侯伯八簠, 堂上四, 西夾東夾各二. 子男六簠, 堂上二, 西夾東夾各二", 鄭知此者, 見聘禮致饔餼, 堂上二簠, 東西各二簠. 今此公十, 侯伯八, 子男六, 禮之道列, 堂上之數與東西夾之數, 堂上不多則等, 鄭遂以意裁之, 五等東西夾各二, 以外置於堂上, 故云公六‧侯伯四‧子男二也. 聘禮設飧, 鄭約致饔餼, 今亦約致饔餼也. 但聘禮設飧云西夾六, 無東夾之饌者, 蓋降於君禮故也. 云"豆, 菹醢器也"者, 見公食大夫及特牲‧少牢, 豆皆以豆盛菹醢, 故知也. 云"公四十豆, 堂上十六"至"各六", 鄭以堂上豆數, 取聘禮致饔餼, 於上大夫八豆, 下大夫六豆, 並是堂上豆數. 又取禮器"天子之豆二十有六, 諸公十有六, 諸侯十有二", 謂侯伯子男同, 則亦是堂上豆數可知. 以此文公言四十, 酌十六在堂上, 餘二十四豆分之於東西夾. 此侯伯言三十二, 亦以十二爲堂上豆數, 餘二十, 分於東西夾, 各十. 此子男云二十四, 以十二爲堂上豆數, 其餘十二分爲東西夾, 各六. 其堂上豆數, 旣約聘禮與禮器, 東西多少, 鄭以意差之可知, 故云"以聘禮差之, 則堂上豆數與此同"也. 云"鉶, 羹器也"者, 鉶, 器名, 鉶器所以盛腳臐膮三等之羹, 故爲鉶羹. 云"公鉶四十二, 侯伯二十八, 子男十八, 非衰差也"者, 衰差之餘, 上下節級似, 若九, 若七, 若五, 校一節是衰差. 今公四十二, 侯伯二十八, 子男十八, 公於侯伯子男大縣絶, 故云非衰差也. 云"二十八, 書或爲'二十四', 亦非也"者, 侯伯若二十四, 爲比公四十二, 校十八, 又以二十四比子男十八, 校六, 亦非其類, 故云亦非也. 云"其餘衰, 公又當三十, 於言又爲無施"者, 爲三十, 亦非衰法, 以其無所倚就, 故云無所施也. 云"禮之大數, 鉶少於豆"者, 按侯伯豆三十二, 鉶二十八, 子男豆二十四, 鉶十八, 是鉶少豆多. 公食大夫豆六鉶四, 是其鉶少於豆也. 云"推其衰, 公鉶四十二, 宜爲三十八, 蓋近之矣"者, 子男十八, 侯伯二十八, 公三十八, 以十爲降殺, 是其衰也. 言"蓋"者, 無正文, 故疑而云蓋也. 云"公鉶堂上十八, 西夾東夾各十, 侯伯堂上十二, 西夾東夾各八, 子男堂上十, 西夾東夾各四", 知如此差者, 亦約聘禮致饗餼, 兼以意準量而言. 云"壺, 酒器也"者, 司尊彝有兩壺尊, 春秋傳云"尊以魯壺", 皆以壺爲酒尊也, 此所設亦約聘禮, 但彼堂上八壺, 東西夾各六壺, 此壺與豆數同四十, 故云"其設於堂夾如豆之數"也. 云"鼎, 牲器"者, 謂享牲體之器. 云"簋, 黍稷器也"者, "鼎十有二者, 飪一牢, 正鼎九與陪鼎三, 皆設于西階前"者, 其陪鼎三, 設于內廉. 云"簋十二者, 堂上八, 西夾東夾各二" 知設如此者, 約聘禮而知之也. 牢鼎九者, 謂牛·羊·豕·魚·腊·膚與腸胃·鮮魚·鮮腊, 陪鼎三者, 腳·臐·膮也. 云"合言鼎簋者, 牲與黍稷俱食之主也"者, 黍稷與衆饌爲主, 牲與羞物爲主, 是俱得爲食之主也. 此五等諸侯同簋十二. 按聘禮致饔餼, 堂上八簋, 東西夾各六簋, 總二十簋. 彼臣多此君少者, 禮有損之而益故也. 云"牲當爲腥, 聲之誤也. 腥謂腥鼎也. 於侯伯云'腥二十有七', 其故腥字也"者, 子男亦云牲十八, 是亦當爲腥, 聲之誤也. 云"諸侯禮盛, 腥鼎有鮮魚·鮮腊, 每牢皆九爲列, 設於阼階前"者, 此皆約聘禮設飧而言. 按彼"飪一牢在西, 鼎九, 羞鼎三, 腥一牢在東, 鼎七". 致饔餼云"腥二牢, 鼎二七, 無鮮魚·鮮腊, 設於阼階前, 西面陳, 如飪鼎, 二列". 此云三十六, 故知有鮮魚·鮮腊也. 云"飧門內之實, 備於是矣"者, 鄭言此者, 欲見門內旣備, 乃有車米之等也, 是以云"亦有車米禾芻薪"也. 云"公飧五牢, 米二十車, 禾三十車"已下, 皆約饔餼死牢而言, 以其饔餼云死牢如飧之陳, 上公五牢死, 侯伯四牢死, 子男三牢死, 皆如飧之陳, 明此米禾數如此. 云"芻薪皆倍其禾"者, 亦約饔餼禮也. 若然, 按聘禮, 米禾皆二十車者, 彼大夫禮, 豐小禮, 大夫飧二牢, 故米禾皆視之, 米禾各二十車也. 云"饔餼, 旣相見致大禮也"者, 知旣相見所致者, 按聘禮記云"聘日致饔", 鄭云"急歸大禮", 是旣相見致大禮也. 云"大者, 旣兼飧積, 有生, 有腥, 有孰, 餘又多也"者, 假令上公饔餼九牢, 五牢死, 四牢牽. 上公五積, 皆視飧牽, 則是一積五牢. 言兼飧, 死五牢與飧同. 言兼積者, 則兼不盡, 止兼四耳, 言兼積者, 以其牽與積同, 故云兼之也. 侯伯子男皆兼積不盡. 言餘又多者, 謂米禾芻薪醯醢芻米之屬. 云"死牢如飧之陳. 亦飪一牢在西, 餘腥在東也"者, 約聘禮知之也. 云"牽, 生牢也. 陳于門西, 如積"者, 亦橫陳于門西而東上. 云"米橫陳于中庭, 十爲列, 每筥半斛", 知然者, 前飧之陳及積之陳, 皆約聘禮致饔餼法. 今於此文積在前已說, 故以此饔餼向前知之, 故云"如積"也. 云如積, 則亦如聘禮饔餼也. 今此自米已下, 還約聘禮致饔餼法. 云"公侯伯子男黍粱稻皆二行, 公稷六行, 侯伯稷四行, 子男稷二行"者, 彼云"米百筥, 筥半斛, 設于中庭, 十以爲列, 北上, 黍粱稻皆二行, 稷四行". 此以增稷, 餘不增, 故知公稷六行. 子男

米八筥, 黍粱稻各二行, 更得二卽足, 故知稷二行. 云"醯醢夾碑從陳,
亦十爲列, 醢在碑東, 醯在碑西"者, 彼注云: "夾碑, 在鼎之中央也.
醢在東, 醯穀, 陽也. 醯肉, 陰也." 言夾碑, 故知從陳. 然侯伯醯醢百
甕, 米百筥, 上介筥及甕如上賓, 上介四人, 米百筥, 此數多于子男,
與侯伯等者, 上公醯醢百二十甕, 與王擧百二十甕同, 故鄭志云此公
乃二王後, 如是王之上公, 與侯伯俱用百甕, 子男八十甕, 其筥米皆
同甕數. 此是尊卑之差. 至於聘禮, 乃是臣法, 自爲一禮, 不相與, 亦
是損之而益. 云"於公門內之陳也. 言車, 衍字耳"者, 言車, 載米之車,
不合在醯醢下言之. 又按"侯伯子男醯醢"下皆無"車"字, 故知衍字也.
云"車米, 載米之車也. 聘禮曰: 十斗曰斛, 十六斗曰籔, 十籔曰車, 每
車秉有五籔, 則二十四斛也. 禾稿實幷刈者也"者, 聘禮記文. 云"筥
讀爲棟梠之梠, 謂一稯也"者, 世有棟梠之言, 故讀從之, 亦曰一稯.
稯, 卽詩云"此有不斂穧", 穧卽鋪也. 云"皆橫陳門外者也. 米在門東,
禾在門西"者, 皆約聘禮致饔餼法. 云"芻薪雖取數於禾"已下, 鄭以義
言也. 云"乘禽, 乘行群處之禽, 謂雉鴈之屬"者, 此禽謂兩足而羽者,
不兼四足而毛, 故云雉鴈. 以其兼有鵝鶩之等, 故云之屬. 是以大宗
伯"以禽作六摯", 有雉‧鴈‧雞‧鶩之等也. 云"於禮以雙爲數"者, 卽
此九十‧五十, 及士中日則二雙, 皆以雙爲數是也. 云"殷, 中也, 中
又致膳, 示念賓也"者, 此爲牢禮之外, 見賓中間未至, 恐賓慮主人有
倦, 更致此爵, 所以示念賓之意無倦也. 云"若弗酌, 謂君有故, 不親
饗食燕也, 不饗則以酬幣致之, 不食則以侑幣致之"者, 此皆約聘禮
文, 不言致燕者, 饗食在廟在寢, 禮惟言致饗食者, 以合在廟嚴凝之
事, 不親, 卽須致之. 燕禮褻, 不親酌蓋不致也. 云"凡介‧行人", 鄭
云"行人主禮, 宰主具, 史主書"者, 按王制云"大史典禮, 執簡記", 大
史職亦云"執其禮事", 與此史主書行人主禮違者, 大史在國, 則專主
書. 故曲禮云"史載筆, 士載言". 此云史, 止謂大史之屬官, 以其有爵
等, 故知也. 云行人主禮者, 主賓客之禮, 大行人之類, 是掌賓禮也.

按聘禮云: "史讀書, 宰執書, 告備具于君." 又掌饌具, 故公食大夫云
"宰夫具饌于房", 是掌具也. 云"爵卿也, 則飧二牢, 饔餼五牢"已下,
皆約聘禮賓之卿・上介之大夫・士介四人, 歸饔餼降殺而言也. 云
"此降小禮, 豊大禮也"者, 小禮謂飧, 飧則去君遠矣, 幷乘禽之等, 皆
是小禮也. 大禮謂饔餼, 卿五牢, 子男卿與君等, 是豊大禮也. 云"以
命數則參差難等, 略於臣, 用爵而已"者, 依命, 公侯伯卿三命, 大夫
再命, 士一命, 子男卿再命, 大夫一命, 士不命, 幷有大國孤一人四
命. 是從孤已下, 通一命不命有五等. 若以此命數五等爲之, 則參差
難可等級, 略於臣用爵而已, 爵則有三等, 易爲等級也. 言略於臣用
爵, 則若不依爵而用命, 即諸侯爵五等, 命惟三等, 大行人・掌客皆
依命是也. 云"夫人致禮, 助君養賓也. 籩豆陳于戶東, 壺陳于東序"
至"下大夫致之", 知義然者, 見聘禮致饔餼下大夫韋弁, 歸禮, 堂上籩
豆設於戶東, 西上二以並, 東陳. 注"設於戶東, 辟饌位", "壺設于東
序, 北上, 南陳, 醴黍清皆兩壺", 約此故知之也. 若然, 不使卿者, 按
內宰云"致后之賓客之禮", 注: "謂之諸侯朝覲及女賓之賓客." 亦內
宰, 是下大夫. 王后尚使下大夫, 況諸侯夫人乎? 故知使下大夫也.
云"於子男云膳視致饗, 言夫人致膳於小國君, 以致饗之禮, 則是不
復饗也. 饗有壺酒"者, 公侯伯夫人致禮, 則云八壺・八豆・八籩, 與
膳大牢・致饗大牢三者各別. 于子男夫人, 則云"視膳致饗", 鄭云"饗
有壺酒", 則致膳無酒矣, 故云饗有酒. 若然, 子男夫人於諸侯惟有二
禮矣. 聘禮夫人於聘大夫, 直有籩豆壺, 又不致饗, 是其差也. 云"卿
皆見者, 見于賓也. 既見之, 又膳之, 亦所以助君養賓也"者, 言"亦"
者, 亦大夫也. 云"卿既見又膳, 此聘禮大夫勞賓餼賓之類與"者, 按
聘禮: "賓即館, 卿大夫勞賓, 賓不見, 大夫奠鴈再拜, 上介受", 注云:
"不言卿, 卿爲大夫同執鴈, 下見於國君. 周禮凡諸侯之卿見朝君, 皆
執羔." "勞上介亦如之." 又云: "餼賓大牢, 米八筐, 上介亦如之." 此
朝君有膳無勞餼, 聘客有勞餼無膳, 明此事相當, 故云勞賓餼賓之類

與. 約同之, 故云"與"以疑之. 云"於子男云'親見卿皆膳特牛', 見讀如
'卿皆見'之見"者, 上公侯伯直云"卿皆見以羔", 於子男卽云"親見卿",
作文有異. 此言親見卿, 似朝君親自夾見卿, 有此嫌, 故讀從上文"卿
皆見"以兼之, 明此見亦是見朝君. 三卿之內, 有見者不見者, 若故造
館見, 則致膳. 若不故造館見, 則不致膳. 是以鄭云"言卿於小國之
君, 有不故造館見者, 故造館見者乃致膳"也. 先鄭說牽云: "牲可牽
行者也, 故春秋傳曰'餼牽竭矣'"者, 按僖三十二年左氏傳云: "杞子自
鄭告于秦曰: '鄭人使我掌其北門之管, 若潛師以來, 國可得也.' 秦師
將至鄭, 鄭人知之, 使皇武子辭焉, 曰: '吾子淹久於弊邑, 惟是脯資
餼牽竭矣.'" 注"餼, 死牢. 牽, 生牢", 引之, 證牽亦生牢未殺者也. 云
"秅讀爲'秅秭麻荅'之秅"者, 時有秅秭麻荅之言, 故讀從之. 秅是束之
總名, 如詩云"萬億及秭", 秭亦數之總號. 荅是鋪名. 刈麻者, 數把共
爲一鋪. 言此者, 見秅爲束之總號之意也.

◎ 鄭注: "積皆"~"之秅". ○ '범제후지례(凡諸侯之禮)'라고 했는데, 이 구
문은 아래 문장들에 대한 총괄적인 항목이 된다. 이곳 경문은 제후들이
상호 조(朝)를 할 때 방문을 받은 제후국이 빈객을 접대하는 예법도 포함
하고 있다. 만약 그렇다면 천자에게 소속된 장객(掌客)의 직무기록에는
천자가 제후를 대접하는 예법은 나타나지 않고, 제후들이 상호 접대하는
사안만 나타나게 되는데, 천자에게 소속된 장객 자체는 천자에 대한 예법
을 담당하게 되므로, 제후들이 상호 접대하는 예법은 드러날 길이 없게
된다. 현재 천자에게 소속된 관리의 직무기록을 통해 갑자스럽게 제후들
이 상호 접대하는 사안을 드러내어, 외적인 사안을 통해 내적인 사안까지
도 포괄한 것이니, 천자가 제후를 대접하는 것 또한 제후들이 상호 접대
하는 것과 동일하게 했음을 알 수 있다. 이러한 까닭으로 제후들이 상호
접대하는 법도를 드러낸 것이다. "상공(上公)에 대해서는 5개의 적(積)
을 마련하니, 모두 손견(飧牽)에 견준다."라고 했는데, 공작의 제후국들
이 상호 조(朝)를 하는 것은 상공이 상공을 접대하는 예법에 해당하며,

5개의 적(積)을 마련하며 모두 손(飱)에 견주는 것으로, 1개의 적(積)을 마련하며 1번의 손(飱)을 보내줄 때에 견주어서 준비하니, 손(飱)에 5뢰(牢)가 사용된다면, 5개의 적(積)은 25뢰를 사용하게 된다. '견(牽)'이라고 말한 것은 그 수량은 비록 손(飱)에 견주어서 하지만, 손(飱)이라는 것은 희생물을 도축한 것을 뜻하며, 적(積)은 모두 도축하지 않으니 살아 있는 것도 보내게 된다. 그렇기 때문에 '견(牽)'을 언급했다. "후작과 백작에 대해서는 4개의 적(積)을 마련하니, 모두 손견(飱牽)에 견준다."라고 했는데, 손(飱)에 4뢰를 사용하고, 1개의 적(積)을 마련하며 1번의 손(飱)을 보내줄 때에 견주어서 준비하니, 1개의 적(積)은 4뢰가 되어 총 16뢰가 되고, 또한 이끌고 가며 도축하지 않는다. "자작과 남작에 대해서는 3개의 적(積)을 마련한다."라고 했는데, 이때의 적(積) 또한 손(飱)에 견주어서 하고, 손(飱)에는 3뢰가 사용되니, 1개의 적(積)은 3뢰가 되어, 3개의 적(積)은 9뢰가 되며, 여기에도 또한 이끌고 가며 도축하지 않는다. 반드시 이끌고 가며 도축하지 않는 것은 도로에 나눠서 배치시키며 미리 보내는 것이기 때문에 도축하지 않는 것이니, 그 자체로 숨을 다하는 것까지도 포용하기 위해서이다. 이미 "손(飱)에 견준다."라고 했는데, 손(飱)에는 추(芻)·신(薪)·미(米)·화(禾) 등이 포함된다. 그렇기 때문에 정현이 적(積)을 풀이하며 모두 손(飱)에 따라 해석한 것이다. 정현이 "도축하지 않았다면 형정(鉶鼎)은 사용하지 않게 된다."라고 했는데, '형정(鉶鼎)'은 곧 배정(陪鼎)에 해당한다. 다만 도축을 하게 되면 형정을 사용하게 되니, 도축하지 않았다면 형정을 사용하지 않는다는 사실을 알 수 있고, 후작·백작·자작·남작의 경우 또한 모두 이러하다. 정현이 '보궤지실(簠簋之實)'이라고 한 말로부터 그 이하의 기록은 모두『의례』「공사대부례(公食大夫禮)」편에서 "직접 사례를 베풀면 보궤에 채우는 음식이 있다."라고 한 기록으로부터 그 이하의 말을 요약한 것으로, 모두 익힌 고기는 도마에 올리게 된다. 만약 직접 사례를 베풀지 못한다면 빈객과 대등한 작위를 가진 대부를 시켜서 조복을 입고 유폐(侑幣)를 보내준다고 했으니, 살아있는 상태로 가지고 가는 것이다. 현재 적(積)이라는 것은 이미 도축하지 않은 것이니, 「공사대부례」편에서 살아있는 상태로 보내는 것과 동일하다. 그렇기 때문에 정현이 모두 「공사대부례」편의 기록을 요약하여 풀이한 것이다. 정현이 "진설할 때에는 광(筐)은 기둥 안쪽에 진설한다."라고 했는데, 「공사대부례」편에서는 "궤(簋)에 담은 것은 광(筐)에 담아서 기둥 안쪽 양쪽 기둥 사이에 진설하며, 2개씩 나란하게 두며 남쪽으로 진설한다."[3]라고 했다. 정현이 "옹(罋)은 기둥 바깥쪽에 진설한다."라고 했는데, 「공사대부례」편에서는 "두(豆)에 담은 것은 옹(罋)에 담아서 기둥 바깥쪽에 진설하며, 2개씩 나란하게 두며 북쪽으로 진설한다."[4]라고 했다. 정현이 "희생물은 문의 서쪽에 진설한다."라고 했는데, 「공사대부례」편에서는 "소·양·돼지는 문의 안쪽에서도 서쪽에 진설하는데, 동쪽 끝에서부터 차례대로 진설한다."[5]라고 했다. 이것은 정현이 모두 「공사대부례」편의 기록에 따른 것임을 나타낸다. 정현이 "미(米)·화(禾)·추(芻)·신(薪)을 실은 수레는 문밖에 진설한다."라고 했는데, 이것은 『의례』「빙례(聘禮)」편에서 옹희(饔餼)를 보내줄 때의 기록을 요약한 것이다. 「빙례」편에서 "미(米)를 실은 수레 30대는 문의 동쪽에 두는데 3열을 만들어 동쪽으로 진열한다. 화(禾)를 실은 수레 30대는 문의 서쪽에 두는데 서쪽으로 진열한다. 신(薪)과 추(芻)를 실은 수레는 화(禾)를 실은 수레의 배로 한다."라고 했고, 정현의 주에서는 "신(薪)을 실은 수레는 미(米)를 실은 수레를 따르게 되고, 추(芻)를 실은 수레는 화(禾)를 실은 수레를 따르게 된다."라고 했다. 이것이 바로 그 사안을 가리킨다. 후작·백작·자작·남작에게 적(積)을 보낼 때의 보(簠)·두(豆)·미(米)·화(禾)·신(薪)·추(芻) 등에 있어서, 그것들을 진열하는

---

3) 『의례』「공사대부례(公食大夫禮)」: 簋實, 實于筐, 陳于楹內·兩楹間, 二以並, 南陳.
4) 『의례』「공사대부례(公食大夫禮)」: 豆實, 實于罋, 陳于楹外, 二以並, 北陳.
5) 『의례』「공사대부례(公食大夫禮)」: 牛·羊·豕陳于門內西方, 東上.

것은 또한 이것과 동일하다. 정현이 "호(壺)가 포함되느냐 그렇지 않느냐에 대해서는 들어보지 못했다."라고 했는데, 술은 살아있는 상태로 보낼 수 있는 것이 아니다. 그렇기 때문에 들어보지 못했다고 했다. "3차례 문(問)을 할 때에는 모두 포(脯)를 갖추고, 뭇 개(介)와 행인(行人)·재(宰)·사(史)에 대해서도 모두 뇌례(牢禮)를 갖춘다."라고 했고, 정현은 "3차례 문(問)을 할 때 모두 수(脩)를 한다고 했는데, '수(脩)'는 육포를 뜻한다."라고 했는데, 이것은 문장을 대비해서 기록한 것으로, '수(脩)'라는 것은 조미육포[腶脩]를 뜻하는 것으로, 생강과 계피를 가미하고 부드럽게 찧은 것이다. '포(脯)'라는 것은 고기를 얇게 저며서 말린 것이다. 범범하게 기록한다면 수(脩)와 포(脯)는 동일하게 사용한다. 정현이 "상공에 대해 3차례 문(問)을 하며 모두 육포를 사용한다고 했는데, 아래 구문에서는 '뭇 개(介)와 행인(行人)·재(宰)·사(史)에 대해서도 모두 뇌례(牢禮)를 갖춘다.'라고 했으니, 군주에 대해서는 육포를 사용하고, 신하에 대해서는 희생물을 사용하여 비례가 된다."라고 했는데, '비례(非禮)'라고 말한 것은 군주는 존귀한 자임에도 육포를 사용하고 신하는 미천한 자임에도 뇌례를 사용하기 때문에 비례라고 말한 것이다. 정현이 "아마도 누락된 글자가 있거나 잘못하여 이곳에 기록되었을 것이다."라고 했는데, 아래문장을 살펴보면 '뭇 개(介)와 행인(行人)·재(宰)·사(史)'라고 했고, 이 모두는 향례·사례·연례를 기록한 구문 뒤에 있지만, 이곳에서만 특별히 그 앞에 기록되어 있다. 따라서 어떤 사람이 아래문장에 이 말이 누락된 것을 보고 잘못하여 이곳에 기록했거나, 아니면 아래문장에 기록을 했음에도 이곳에 남아있는 구문을 삭제하지 않았던 것이다. 그렇기 때문에 "아마도 누락된 글자가 있거나 잘못하여 이곳에 기록되었을 것이다."라고 했다. 정현이 "또는 아예 잘못 기록되었을 것이다."라고 했는데, 아래문장에서는 모두 '범개(凡介)'라고 말했는데, 이곳에서는 '군개(群介)'라고 했다. 그렇기 때문에 "또는 아예 잘못 기록되었을 것이다."라고 했다. 정현이 "'손(飧)'은 빈객이 처음 도착했을 때, 비교적 규모가 작은 예물을 보내주는 것이다."라고 했는데, 「빙례」편을 살펴보면 "대부가 빈객을 인도하여 숙소에 도착하고, 경이 숙소를 제공하도록 한다."[6]라고 했고, 곧 이어서 "재부가 조복을 착용하고 손(飧)을 진설한다."[7]라고 했으니, 이것은 빈객이 처음 도착했을 때의 예법을 가리킨다. '소례(小禮)'라고 했는데, 옹희(饔餼)가 성대한 예식이 됨과 대비시켰기 때문이다. 정현이 "공작·후작·백작·자작·남작에 대해 손(飧)을 할 때에는 모두 익힌 고기 1뢰(牢)를 사용하고, 나머지 뇌는 생고기로 보내준다."라고 했는데, 정현이 이러한 말을 했던 것은 아래문장에서 성(腥)만 언급하고 임(飪)을 언급하지 않았지만, 이곳에서 형(鉶)과 정(鼎)이 포함된다고 했으니, 이 모두는 임(飪) 1뢰로 인해 말한 것이다. 따라서 이곳 경문에서 비록 임(飪)을 언급하지 않았지만 그것을 익힌 것임을 언급할 필요가 있었기 때문이다. 정현이 "나머지 뇌는 생고기로 보내준다."라고 했는데, 성(腥)에 해당하는 수치는 아래문장에 자세히 기록되어 있다. 정현이 "'사(食)'는 서수(庶羞) 중 맛이 좋아 먹을 수 있는 것을 뜻한다. 그것을 진설할 때에는 기둥 바깥쪽의 동서방향으로 진설했을 것인데, 4열을 넘지 않았을 것이다."라고 했는데, 앞에서 진술한 것 모두 「공사대부례」에서 사례를 베풀 때의 예법을 요약한 것이다. 「공사대부례」편을 살펴보면 "직접 사례를 베풀지 못하면 서수는 비(碑)의 안쪽에 진설한다."[8]라고 했는데, 손(飧)을 진설할 때 당상에는 모두 정찬(正饌)이 차려지게 되어 서수를 둘 장소가 없게 되며, 기둥 바깥쪽은 이미 빈 공간이 되어, 비(碑)의 안쪽 및 당하를 향하는 방향으로 둘 필요가 없다. 그렇기 때문에 기둥 바깥쪽으로 진설했다고 추측을 한 것이며, 10을 1열로 삼았기 때문에 4열이 된다. 「공사대부례」편에서 비(碑)의 안쪽에 진설한다고 했던 것은 옹(甕)이 기둥 바깥쪽에 진설된다는 것에 따른 것이다. 그렇기 때문에 그

---

6) 『의례』「빙례(聘禮)」: 大夫帥至于館, 卿致館.
7) 『의례』「빙례(聘禮)」: 宰夫朝服設飧.
8) 『의례』「공사대부례(公食大夫禮)」: 若不親食, …… 庶羞陳于碑內.

아래에 놓이게 된다. 4열이 된다는 사실을 확실히 알 수 있는 이유는 「공사대부례」편에서 "서수는 동서 방향으로 진설하는데 4열을 넘지 않는다."9)라고 했기 때문에 이러한 사실을 알 수 있다. 정현이 "'보(簠)'는 쌀밥이나 조밥 등을 담는 그릇이다."라고 했는데, 「공사대부례」편에 보(簠)에는 쌀밥과 조밥을 담는다는 사실이 나타나기 때문이다. 정현이 "공작에 대해서 10개의 보(簠)를 진설한다고 했는데, 당상에 6개를 진설하고, 서쪽 협실과 동쪽 협실에 각각 2개씩 놓아두게 된다. 후작과 백작에 대해서 8개의 보(簠)를 진설한다고 했는데, 당상에 4개를 진설하고, 서쪽 협실과 동쪽 협실에 각각 2개씩 놓아두게 된다. 자작과 남작에 대해서 6개의 보(簠)를 진설한다고 했는데, 당상에 2개를 진설하고, 서쪽 협실과 동쪽 협실에 각각 2개씩 놓아두게 된다."라고 했는데, 정현이 이러한 사실을 알 수 있었던 것은 「빙례」편에 옹희(饔餼)를 보내며, 당상에 2개의 보(簠)를 두고, 동쪽과 서쪽에 각각 2개의 보(簠)를 둔다는 사실이 나타나기 때문이다. 현재 이곳에서는 공작에 대해서는 10개, 후작과 백작에 대해서는 8개, 자작과 남작에 대해서는 6개라고 했는데, 예의 법도에 따라 나열을 해보면, 당상에 차려지는 수치와 동서의 협실에 차려지는 수치에 있어서, 당상에 차려지는 것이 많지 않다면 동일해야 하니, 정현은 결국 이러한 의미에 따라 판단을 하여 다섯 등급의 제후가 동서 협실에 두는 것이 각각 2개이고, 그 나머지 것들은 당상에 차려진다고 했던 것이다. 그래서 공작에 대한 것은 6개, 후작과 백작에 대한 것은 4개, 자작과 남작에 대한 것은 2개라고 했다. 「빙례」편의 내용은 손(飧)을 진설하는 것이고, 정현은 옹희를 보내주는 것을 요약했던 것이며, 이곳에서도 또한 옹희를 보내주는 것을 요약해서 풀이한 것이다. 다만 「빙례」편에서는 손(飧)을 진설하며 서쪽 협실에는 6개가 놓인다고 했고, 동쪽 협실에 차려내는 음식은 없으니, 아마도 군주의 예법보다 낮췄기 때문일 것이다. 정

---

9) 『의례』「공사대부례(公食大夫禮)」 : 庶羞, 西東毋過四列.

현이 "'두(豆)'는 절임이나 육장 등을 담는 그릇이다."라고 했는데,「공사대부례」편 및「특생궤식례(特牲饋食禮)」·「소뢰궤식례(少牢饋食禮)」편을 살펴보면, 두(豆)에 대해서 모두 두(豆)를 이용해 절임과 육장을 담는다고 했다. 그렇기 때문에 이러한 사실을 알 수 있다. 정현이 "공작에 대해서 40개의 두(豆)를 진설한다고 했는데, 당상에 16개를 진설한다."라고 한 말로부터 "각각 6개이다."라고 한 말까지, 정현은 당상에 차려진 두(豆)의 수치를「빙례」편에서 옹희를 보내줄 때의 기록을 통해 가져왔는데, 상대부에게 차려내는 8개의 두(豆)와 하대부에게 차려내는 6개의 두(豆)도 모두 당상에 차려내는 두(豆)의 수치에 해당한다. 또한『예기』「예기(禮器)」편에서 "천자가 음식을 먹을 때 사용하는 두(豆)의 개수는 26개이고, 제공(諸公)이 서로에게 음식을 대접할 때 사용하는 두(豆)의 개수는 16개이며, 제후(諸侯)가 서로에게 음식을 대접할 때 사용하는 두(豆)의 개수는 12개이다."라는 기록을 인용했는데, 후작·백작·자작·남작의 경우가 동일함을 뜻하니, 이 또한 당상에 차려내는 두(豆)의 수치임을 알 수 있다. 이곳 문장에서 공작에 대해 40이라고 했는데, 당상에 차려지는 16개에 짝하게 되면 나머지 24개의 두(豆)는 동서 협실에 나눠서 진설하게 된다. 이곳에서 후작과 백작에 대해 32라고 했는데, 이 또한 12개를 당상에 차려지는 두(豆)의 수로 여긴다면, 나머지 20개는 동서 협실에 나눠서 진설하게 되니, 각각 10개가 된다. 이곳에서 자작과 남작에 대해 24라고 했는데, 12개를 당상에 차려지는 두(豆)의 수로 여긴다면, 나머지 12개는 동서 협실에 나눠서 진설하게 되니, 각각 6개가 된다. 당상에 차려지는 두(豆)의 수치는「빙례」편과「예기」편을 요약해본 것이며, 동서 협실에 차려지는 두(豆)의 수량 차이는 정현이 의미를 추론하여 차등적으로 정한 것임을 알 수 있다. 그렇기 때문에 "「빙례」편의 기록에 따라 차등을 두면, 당상에 차려내는 수는 이곳의 내용과 동일하다."라고 말한 것이다. 정현이 "'형(鉶)'은 국을 담는 그릇이다."라고 했는데, '형(鉶)'은 기물의 명칭이며, 형(鉶)이라는 기물은 쇠고깃국·양고깃국·

돼지고깃국 등 3가지 국을 담는 것이다. 그렇기 때문에 국을 담는 그릇으로 여긴 것이다. 정현이 "공작에게 차려내는 형(鉶)은 42개라고 했고, 후작과 백작에게 차려내는 형(鉶)은 28개라고 했으며, 자작과 남작에게 차려내는 형(鉶)은 18개라고 했는데, 순차적인 차등은 아니다."라고 했는데, 순차적인 차등이라면 상하의 차등 수치가 유사해야 하니, 9·7·5 순으로 정해졌다면 이것은 한 마디를 따져서 차등으로 삼은 것이다. 그런데 이곳에서는 공작에 대한 것은 42개이고, 후작과 백작에 대한 것은 28개이며, 자작과 남작에 대한 것은 18개라고 했으니, 공작은 후작·백작·자작·남작에 비해 현격한 차이가 난다. 그렇기 때문에 "순차적인 차등은 아니다."라고 했다. 정현이 "'이십팔(二十八)'이라는 기록은 간혹 '이십사(二十四)'라고도 기록하는데, 이 또한 잘못된 것이다."라고 했는데, 후작과 백작에 대한 것이 만약 24개라면 이것은 공작에 대한 것이 42개인 것과 비교해보면 18개의 차이가 나고, 또 24라는 숫자를 자작과 남작에 대한 18개와 비교를 해보면 6개가 차이를 보이니, 이 또한 순차적인 차등의 부류가 아니다. 그렇기 때문에 "이 또한 잘못된 것이다."라고 했다. 정현이 "나머지 순차적인 차등에 따르면 공작에 대해서는 마땅히 30개라고 해야 하는데, 근거할 만한 기록은 없다."라고 했는데, 30이 된다는 것 또한 순차적 차등에 따른 법도가 아니니, 근거할 만한 기록이 없기 때문이다. 그래서 '무소시(無所施)'라고 했다. 정현이 "예법의 큰 수치에 따르면 형(鉶)의 수량은 두(豆)보다 적다."라고 했는데, 살펴보면 후작과 백작에게 차려지는 두(豆)의 수는 32개이고 형(鉶)은 28개이다. 또 자작과 남작에게 차려지는 두(豆)의 수는 24개이고 형(鉶)은 18개이다. 이것은 형(鉶)의 수가 적고 두(豆)의 수가 많음을 나타낸다. 「공사대부례」편에서는 두(豆)의 수가 6개이고 형(鉶)의 수가 4개라고 했는데, 이것은 형(鉶)의 수가 두(豆)의 수보다 적음을 나타낸다. 정현이 "순차적인 차등에 따르면 공작에게 차려내는 형(鉶)의 42개라는 수치는 마땅히 38이 되어야 정답에 가깝게 될 것이다."라고 했는데, 자작과 남작에 대한 것은 18개이고, 후작과 백작에 대한 것은 28개이니, 공작에 대한 것이 38개라면 10이라는 수치로 차등으로 삼은 것이 되므로, 순차적 차등이 된다. 정현이 '개(蓋)'자를 덧붙인 것은 경문에 관련 기록이 없기 때문에 확정하지 않고 '개(蓋)'라고 말한 것이다. 정현이 "공작에게 차려내는 형(鉶)은 당상에 18개를 진설하고, 서쪽 협실과 동쪽 협실에 각각 10개씩 놓아두게 된다. 후작과 백작에 대해서는 당상에 12개를 진설하고, 서쪽 협실과 동쪽 협실에 각각 8개씩 놓아두게 된다. 자작과 남작에 대해서는 당상에 10개를 진설하고, 서쪽 협실과 동쪽 협실에 각각 4개씩 놓아두게 된다."라고 했는데, 이와 같은 차등을 알 수 있는 것은 이 또한 「빙례」편에서 옹희를 보내주는 것을 요약한 것이며, 아울러 의미에 따른 추측을 통해 말한 것이다. 정현이 "'호(壺)'는 술을 담는 그릇이다."라고 했는데, 『주례』 「사준이(司尊彝)」편에는 한 쌍의 호준(壺尊)이라는 기록이 있고,10) 『춘추전』에는 "술동이는 노나라에서 바친 호(壺)를 사용한다."11)라는 기록이 있는데, 이 모두는 호(壺)를 술을 담는 술동이로 여긴 것이며, 이곳에서 진설하는 것 또한 「빙례」편을 요약한 것이다. 다만 「빙례」편에서는 당상에 8개의 호(壺)를 진설하고, 동서 협실에 각각 6개의 호(壺)를 둔다고 했으며, 이곳에 나온 호(壺)는 두(豆)의 수와 동일하게 40개라고 했다. 그렇기 때문에 "당상과 협실에 진설하는데, 그 수량은 두(豆)를 진설하는 수치와 같다."라고 했다. 정현이 "'정(鼎)'은 희생물을 담는 기물이다."라고 했는데, 희생물의 몸체를 삶을 때 사용하는 기물을 뜻한다. 정현이 "'궤(簋)'는 메기장과 차기장을 담는 그릇이다."라고 했고, "정(鼎)이 12개라고 했는데, 익힌 고기는 1뢰(牢)를 본래 차려내는 정(鼎) 9개와 배정(陪鼎) 3개에 담아 모두 서쪽 계단 앞에 진설한다."라고 했는데, 배

----

10) 『주례』「춘관(春官)·사준이(司尊彝)」: 其朝獻用兩著尊, 其饋獻用兩壺尊, 皆有罍, 諸臣之所昨也.

11) 『춘추좌씨전』「소공(昭公) 15년」: 十二月, 晉荀躒如周, 葬穆后, 籍談爲介. 既葬, 除喪, 以文伯宴, 樽以魯壺.

정 3개는 안쪽 당 모서리에 해당하는 곳에 둔다. 정현이 "궤(簋)는 12개라고 했는데, 당상에 8개를 진설하고, 서쪽 협실과 동쪽 협실에 각각 2개씩 놓아두게 된다."라고 했는데, 이처럼 진설한다는 사실을 알 수 있는 것은 「빙례」편을 요약해보면 알 수 있다. 희생물을 담는 정(鼎)이 9개라는 것은 소·양·돼지·물고기·포·껍질·창자와 위장·신선한 물고기·신선한 포를 담는 것을 뜻하며, 배정이 3개라는 것은 쇠고깃국·양고깃국·돼지고깃국을 담은 것을 뜻한다. 정현이 "정(鼎)과 궤(簋)를 함께 언급한 것은 희생물과 메기장·차기장은 음식을 갖춤에 있어서 주된 것이 되기 때문이다."라고 했는데, 메기장과 차기장은 여러 음식들 중에서도 주된 것이고, 희생물은 여러 사물들 중에서도 주된 것이니, 이 모두는 음식을 먹는 것에 있어 주된 것이 될 수 있다. 여기에 나온 다섯 등급의 제후는 동일하게 궤(簋)는 12개를 사용하게 되는데, 「빙례」편을 살펴보면 옹희를 보낼 때 당상에 차려내는 궤(簋)는 8개이고, 동서 협실에는 각각 6개의 궤(簋)를 놓아두게 되니, 총 20개가 된다. 「빙례」편의 경우 신하가 많은 경우이고 이곳에서 언급한 군주는 그 수가 적으니, 예법에 따르면 줄여서 늘려주는 경우도 있기 때문이다. 정현이 "'생(牲)'자는 마땅히 성(腥)자가 되어야 하니, 소리가 비슷해서 생긴 오류이다. '성(腥)'은 생고기를 담은 정(鼎)을 뜻한다. 후작과 백작에 대해서 '성(腥)은 27개이다.'라고 했는데, 옛 성(腥)자에 해당한다."라고 했는데, 자작과 남작에 대해서도 '생십팔(牲十八)'이라고 했는데, 이 때의 '생(牲)'자 또한 마땅히 성(腥)자가 되어야 하는 것으로, 소리가 비슷해서 생긴 오류이다. 정현이 "제후에 대한 예법은 융성하여 생고기를 담은 정(鼎)에는 신선한 물고기와 신선한 포가 포함되며 매 뇌마다 모두 9개를 1열로 삼아 동쪽 계단 앞에 진설한다."라고 했는데, 이것들은 모두 「빙례」편에서 손(飧)을 진설한다고 했던 내용을 요약해서 말한 것이다. 「빙례」편을 살펴보면 "익힌 고기는 1뢰로 서쪽에 진설하며, 정(鼎)은 9개이고 수정(羞鼎)은 3개이며, 생고기는 1뢰로 동쪽에 진설하며, 정(鼎)은 7개이다."[12]라고 했다. 그리고 옹희를 보낼 때에는 "생고기는 2뢰로 정(鼎)은 14개이고, 신선한 물기기와 신선한 육포가 없고, 동쪽 계단 앞에 진설하며 서쪽을 향하도록 진설하며, 익힌 고기를 담은 정(鼎)과 같이 2열로 정렬한다."[13]라고 했다. 이곳에서는 36개라고 했다. 그렇기 때문에 신선한 물고기와 신선한 육포가 포함된다는 사실을 알 수 있다. 정현이 "손(飧)은 문 안쪽에 진설하는 것으로, 여기에서 모두 갖춰진다."라고 했는데, 정현이 이러한 말을 언급한 것은 문 안쪽에 진설하는 것들이 모두 갖춰진 뒤에야 미(米)를 실은 수레 등이 있게 된다는 사실을 드러내고자 한 것이다. 이러한 까닭으로 "또한 미(米)·화(禾)·추(芻)·신(薪)을 실은 수레도 포함된다."라고 했다. 정현이 "공작에 대한 손(飧)은 5뢰로 하며, 미(米)를 실은 수레는 20대이고, 화(禾)를 실은 수레는 30대이다."라고 한 말로부터 그 이하의 기록은 모두 옹희에서 죽은 희생물에 대한 기록을 요약해서 말한 것이니, 옹희에 대해 죽은 희생물에 대해서는 손(飧)을 진설하는 것과 같다고 했으니, 상공에게 차려내는 5뢰의 죽은 희생물, 후작과 백작에게 차려내는 4뢰의 죽은 희생물, 자작과 남작에게 차려내는 3뢰의 죽은 희생물에 대해서는 모두 손(飧)을 진설하는 것처럼 하며, 이것은 미(米)나 화(禾) 등의 수치도 이와 같다는 사실을 나타낸다. 정현이 "추(芻)와 신(薪)을 실은 수레는 모두 화(禾)를 실은 수레의 2배로 한다."라고 했는데, 이 또한 옹희를 보내는 예법을 요약한 것이다. 만약 그렇다면 「빙례」편을 살펴보면 미(米)와 화(禾)에 대해서 모두 20대의 수레라고 했다. 그 이유는 「빙례」편의 내용은 대부의 예법에 해당하며, 규모가 작은 예법을 풍성하게 치러서 대부의 손(飧)은 2뢰로 한다. 그렇기 때문에 미(米)와 화(禾)는 모두 그에 견주게 되어, 미(米)와 화(禾)는 각각 20대의 수레가 된다. 정현이 "'옹희(饔餼)'는 서로 만나보는 절차를 끝내고 성대한 예물

---

12) 『의례』「빙례(聘禮)」: 飪一牢, 在西, 鼎九, 羞鼎三; 腥一牢, 在東, 鼎七.

13) 『의례』「빙례(聘禮)」: 腥二牢, 鼎二七, 無鮮魚·鮮腊, 設于阼階前, 西面, 南陳如飪鼎, 二列.

을 보내주는 것이다."라고 했는데, 서로 만나보는 절차를 끝내고 보내주
는 것임을 알 수 있는 이유는 「빙례」편의 기문을 살펴보면 "빙(聘)을 한
날 옹희를 보낸다."[14]라고 했고, 정현은 "급히 성대한 예물을 보내주는
것이다."라고 했으니, 이것은 서로 만나보는 절차가 끝내고 성대한 예물
을 보내주는 것임을 나타낸다. 정현이 "성대한 경우에는 이미 그 안에
손(飧)과 적(積)에 대한 것이 포함되어 있고, 살아있는 희생물, 날고기,
익힌 고기가 포함되고 그 나머지 것들도 많이 차려내게 된다."라고 했는
데, 가령 상공의 옹희에 9뢰를 사용하면 5뢰는 도축한 희생물이고, 4뢰는
살아있는 상태로 이끌고 가는 것이다. 상공에게 5개의 적(積)을 마련할
때에는 모두 손견(飧牽)에 견준다고 했으니, 1적(積)은 5뢰가 된다. 손
(飧)을 함께 언급한 것은 도축한 희생물이 5뢰인 것은 손(飧)을 하는 경
우와 같기 때문이다. 적(積)을 함께 언급했다면, 함께 겸하되 모두 다하
지는 않는 것으로 단지 4만큼만 겸하는 것일 뿐이다. 따라서 적(積)을
함께 말한 것은 견(牽)과 적(積)이 동일하기 때문에 함께 말한 것이다.
후작・백작・자작・남작의 경우에도 모두 적(積)을 겸하지만 다하지는
않는다. "그 나머지 것들도 많이 차려내게 된다."라고 했는데, 미(米)・화
(禾)・추(芻)・신(薪)・혜(醯)・해(醢) 등의 부류를 뜻한다. 정현이 "죽
은 희생물의 경우 손(飧)을 진설하는 것처럼 하니, 익힌 고기 1뢰는 서쪽
에 진설하고, 나머지 생고기는 동쪽에 진설한다."라고 했는데, 「빙례」편
의 내용을 요약해보면 이러한 사실을 알 수 있다. 정현이 "'견(牽)'은 살아
있는 희생물을 뜻한다. 문의 서쪽에 놓아두는 것은 적(積)과 같이 하는
것이다."라고 했는데, 이 또한 문의 서쪽에 가로로 진열하며 동쪽 끝에서
부터 차례대로 늘어놓는 것이다. 정현이 "미(米)는 마당에 가로로 진열하
는데, 10개가 1열이 되며, 매 거(筥)마다 0.5곡(斛)씩 채운다."라고 했는
데, 이러한 사실을 알 수 있는 이유는 앞에서 손(飧)을 진설하고 적(積)

---

14) 『의례』「빙례(聘禮)」: 聘日致饔.

을 진설한다는 내용은 모두 「빙례」편에서 옹희를 보내줄 때의 예법을 요약한 것이다. 이곳 문장에는 적(積)을 앞에 수록하여 이미 기술했기 때문에, 이러한 옹희는 이전의 것을 통해서 알 수 있다. 그렇기 때문에 "적(積)과 같다."라고 했다. 적(積)과 같다고 했다면, 이것은 또한 「빙례」편에서 설명한 옹희와 같다는 뜻이다. 이곳에서 미(米)라고 한 말로부터 그 이하의 내용은 다시금 「빙례」편에서 옹희를 보내주는 예법을 요약한 것이다. 정현이 "공작·후작·백작·자작·남작에 대해 차려내는 메기장·조·쌀은 모두 2행이 되는데, 공작에게 차려내는 차기장은 6행이 되고, 후작과 백작에게 차려내는 차기장은 4행이 되며, 자작과 남작에게 차려내는 차기장은 2행이 된다."라고 했는데, 「빙례」편에서는 "미(米)를 담은 것은 100개의 거(筥)이고, 거(筥)에는 0.5곡(斛)을 담아 마당에 진설하며 10개를 1열로 삼고 북쪽 끝에서부터 진열하고, 메기장·조·쌀은 모두 2행이 되며 차기장은 4행이 된다."[15)라고 했다. 이것은 차기장에 대해서만 늘리고 나머지 것들에 대해서는 늘리지 않았다. 그렇기 때문에 공작에게 차려내는 차기장이 6행이라는 사실을 알 수 있다. 자작과 남작에게 차려내는 미(米)는 8개의 거(筥)에 담고, 메기장·조·살은 각각 2행이 되니, 2행이면 족하기 때문에 차기장이 2행이라는 사실을 알 수 있다. 정현이 "식초와 육장은 비(碑)를 끼고서 세로로 진열하는데, 또한 10개가 1열이 되며, 식초는 비(碑)의 동쪽에 놓이고, 육장은 비(碑)의 서쪽에 놓인다."라고 했고, 「빙례」편에 대한 주에서는 "비(碑)를 낀다는 것은 솥의 중앙에 있게 된다는 뜻이다. 식초를 담은 항아리는 동쪽 방면에 둔다고 했는데, 식초는 곡물로 만드니 양에 해당하기 때문이다. 반면 육장은 고기로 만드니 음에 해당한다."라고 했다. "비(碑)를 낀다."라고 했기 때문에 뒤따라 진설한다는 사실을 알 수 있다. 그런데 후작과 백작에

---

15) 『의례』「빙례(聘禮)」 : 米百筥, 筥半斛, 設于中庭, 十以爲列, 北上. 黍·粱·稻皆二行, 稷四行.

게 차려내는 식초와 육장에 대해서는 100개의 옹(甕)이라고 했고 미(米)는 100개의 거(筥)라고 했는데, 상개(上介)에 대한 거(筥)와 옹(甕)은 신분이 존귀한 빈객의 경우와 동일하게 되며, 상개는 4명이며 미(米)는 100개의 거(筥)인데, 이 수치는 자작이나 남작보다 많고, 후작이나 백작과 동일한 것이다. 또 상공에 대해서 식초와 육장은 120개의 옹(甕)이라고 했는데, 이것은 천자가 음식을 먹을 때 사용하는 120개의 옹(甕)과 같아진다. 그렇기 때문에『정지』에서는 여기에서 말한 공(公)은 두 왕조의 후손국을 뜻하니, 천자에게 소속된 상공의 경우라면 후작·백작과 동일하게 모두 100개의 옹(甕)을 차려주고, 자작과 남작에게는 80개의 옹(甕)을 차려주며, 미(米)를 담는 거(筥)도 모두 옹(甕)의 수와 동일하게 맞춘다고 했다. 이것이 바로 신분에 따른 차등이다. 그런데「빙례」편의 경우에는 신하에게 적용되는 법도이며, 그 자체로 하나의 예법이 되니, 이것과 상호 간여되지 않으며, 이 또한 줄이는 것을 통해 늘려주는 경우에 해당한다. 정현이 "공문의 안쪽에 진설한다는 뜻이다. '거(車)'자를 언급했는데, 연문으로 들어간 글자일 뿐이다."라고 했는데, '거(車)'라고 말한 것은 미(米)를 실은 수레를 뜻하므로, 식초와 육장 뒤에 기록하기에는 적합하지 않다. 또 후작·백작·자작·남작에 대한 기록에서 식초와 육장에 대한 기록 뒤에는 모두 거(車)자가 없다. 그렇기 때문에 연문으로 들어간 글자임을 알 수 있다. 정현이 "'거미(車米)'는 미(米)를 실은 수레를 뜻한다.「빙례」편에서는 '10두(斗)를 1곡(斛)이라 부르고, 16두를 1수(籔)라 부르며, 10수를 1병(秉)이라 부른다.'라고 했다. 수레마다 1병(秉) 5수(籔)를 싣는다고 했다면, 24곡(斛)이 된다. '화(禾)'는 볏단과 알곡을 함께 자른 것이다."라고 했는데, 이것은「빙례」편의 기문에 해당한다. 정현이 "거(筥)는 동려(棟梠)라고 할 때의 '여(梠)'라고 풀이하니, 하나의 볏단을 뜻한다."라고 했는데, 당시에는 동려(棟梠)라는 말이 있었기 때문에 그 풀이를 함에 있어 이 말을 따른 것이고, 또 "하나의 볏단을 뜻한다."고 했다. '제(穧)'는 곧『시』에서 말한 "여기에는 거두지 않은 벼 묶음이 있다."16)라고 한 것에 해당하니, 제(穧)는 포(鋪)에 해당한다. 정현이 "모두 문밖에 가로로 진설하는 것이다. 미(米)는 문의 동쪽에 놓이고, 화(禾)는 문의 서쪽에 놓인다."라고 했는데, 이 모두는 「빙례」편에서 옹희를 보내는 예법을 요약한 것이다. 정현이 "추(芻)와 신(薪)에 있어서는 비록 그 수치를 화(禾)를 기준으로 정한다."라고 한 말로부터 그 이하의 기록은 정현이 주장을 말한 것이다. 정현이 "'승금(乘禽)'은 대열을 맞춰 이동하고 무리를 지어 사는 조류를 뜻하니, 꿩이나 기러기를 의미한다."라고 했는데, 여기에서 말한 '금(禽)'은 2개의 발이 있고 날개를 가진 것을 뜻하니, 4개의 발과 털이 있는 것을 포함하지 않는다. 그렇기 때문에 꿩이나 기러기라고 했다. 실제로 그 안에는 거위나 집오리 등도 포함되기 때문에 '지속(之屬)'이라고 덧붙였다. 이러한 까닭으로 『주례』 「대종백(大宗伯)」편에서는 "짐승으로 여섯 가지 예물을 만든다."17)라고 말했고, 그 안에 꿩·기러기·닭·집오리 등도 포함된 것이다. 정현이 "예법에 따르면 쌍을 맞춘 것을 수치로 삼는다."라고 했는데, 여기에서 90이나 50이라고 한 숫자 및 사에 대해서 격일로 2쌍을 보낸다고 했던 것들은 모두 쌍으로 수치를 삼았다. 정현이 "'은(殷)'은 간격을 벌린다는 뜻이다. 간격을 벌리고서 다시 음식을 보내주는 것은 빈객을 생각하고 있다는 뜻을 내보이기 위해서이다."라고 했는데, 이것은 뇌례 이외에 빈객을 만나보고 나서 중간에 찾아가지 않는다면, 빈객은 주인이 본인에 대해 소홀하게 여긴다는 염려를 하게 되므로, 이러한 우려로 인해 다시 이러한 음식들을 보내주는 것이니, 빈객을 생각하는 뜻에 소홀함이 없다는 뜻을 내보이기 위해서이다. 정현이 "술을 따라주지 못했다는 것은 군주에게 특별한 사정이 생겨서 직접 향례(饗禮)·사례(食禮)·연례(燕禮)를 시행하지 못했

---

16) 『시』 「소아(小雅)·대전(大田)」: 有渰萋萋, 興雨祈祈. 雨我公田, 遂及我私. 彼有不穫稚, 此有不斂穧, 彼有遺秉, 此有滯穗, 伊寡婦之利.

17) 『주례』 「춘관(春官)·대종백(大宗伯)」: 以禽作六摯, 以等諸臣. 孤執皮帛, 卿執羔, 大夫執鴈, 士執雉, 庶人執鶩, 工商執雞.

다는 뜻이다. 직접 향례를 베풀지 못한다면 수폐(酬幣)를 보내고, 직접 사례를 베풀지 못한다면 유폐(侑幣)를 보낸다."라고 했는데, 이 모두는 「빙례」편의 기록을 요약한 것으로, 연례를 베풀어준다고 말하지 않은 것은 향례와 사례는 묘와 침에서 시행하며, 예의 경문에서는 오직 향례와 사례를 베푼다고 했으니, 묘에서 치르는 엄준하고 차가운 기운에 따른 사안에 부합되므로, 직접 시행하지 않는다면 예물을 보내주어야만 한다. 반면 연례라는 것은 상대적으로 가깝게 여기는 것이니, 직접 술을 따라주지 않더라도 아마 예물을 보내지는 않았을 것이다. 범개(凡介)와 행인(行人) 등을 언급했는데, 정현은 "행인은 의례를 주관하고, 재는 기물 갖추는 것을 주관하며, 사는 기록을 주관한다."라고 했다. 『예기』「왕제(王制)」편을 살펴보면 "대사는 예에 대한 전적을 담당하니, 간책에 기록된 것을 가지고 온다."[18]라고 했고, 『주례』「대사(大史)」편의 직무기록에서도 "예와 관련된 사안을 담당한다."[19]라고 하여, 이곳에서 사(史)가 기록을 주관하고 행인(行人)이 의례를 주관한다고 한 것과 차이를 보인다. 대사는 제후국에 있어서 문서의 기록을 전적으로 담당한다. 그렇기 때문에 『예기』「곡례(曲禮)」편에서는 "사(史)는 필기구를 수레에 싣고서 가고, 사(士)는 옛 관련 문서들을 수레에 싣고서 간다."[20]라고 했다. 여기에서 말한 '사(史)'는 단지 대사(大史)에 속한 휘하의 관리를 뜻하며, 작위에 따른 등급의 차등이 있기 때문에 이러한 사실을 알 수 있다. "행인은 의례를 주관한다."라고 했는데, 빈객을 대하는 예법을 주관하는 것으로, 대행인(大行人)의 부류가 되며, 빈객에 대한 예법을 주관하는 것이다. 「빙례」편을 살펴보면 "사(史)가 예물을 기록한 목록을 읽고, 재(宰)가 예물 목록을 기록한 문서를 들고서 군주에게 모두 갖춰졌음을 아뢴다."[21]

---

18) 『예기』「왕제(王制)」: <u>大史典禮, 執簡記</u>, 奉諱惡, 天子齊戒, 受諫.

19) 『주례』「춘관(春官)·대사(大史)」: 凡射事, 飾中, 舍筭, <u>執其禮事</u>.

20) 『예기』「곡례상(曲禮上)」: 史載筆, 士載言.

21) 『의례』「빙례(聘禮)」: <u>史讀書展幣, 宰執書, 告備具于君</u>, 授使者. 使者受書,

라고 했다. 또한 음식 갖추는 것도 담당하기 때문에 「공사대부례」편에서
는 "재부(宰夫)는 방에 음식을 갖춰놓는다."[22]라고 했으니, 이것은 음식
갖추는 것을 담당한다는 사실을 나타낸다. 정현이 "작위가 경의 신분이라
면 손(飧)은 2뢰이고 옹희(饔餼)는 5뢰이다."라고 한 말로부터 그 이하의
기록은 모두 「빙례」편에서 빈객인 경, 상개(上介)인 대부, 사의 신분으로
개(介)가 된 4명에 대해 옹희를 보내주며 등급에 따라 낮춘다는 기록을
요약해서 말한 것이다. 정현이 "이것은 규모가 작은 예식은 낮추고 성대
한 예식은 풍부하게 갖추는 것이다."라고 했는데, 규모가 작은 예식은
손(飧)을 뜻하는데, 손(飧)의 경우 군주와의 차이가 크며, 아울러 승금
(乘禽) 등을 보내주는 것 모두 규모가 작은 예식을 뜻한다. 성대한 예식
은 옹희(饔餼)를 뜻하는데, 경에게는 5뢰를 사용하여 자작과 남작에게
소속된 경은 그들의 군주와 동일하게 받으니, 이것은 성대한 예식을 풍부
하게 하는 것이다. 정현이 "명(命)의 등급에 따른다면 번잡해져서 순차적
으로 차등을 주기가 어려우니, 신하에 대해서는 간략히 적용하여 작위에
따르는 것일 뿐이다."라고 했는데, 명(命)의 등급에 따르면, 공작·후
작·백작에게 소속된 경은 3명(命)의 등급이고 대부는 2명(命)의 등급이
며 사는 1명(命)의 등급이다. 자작과 남작에게 소속된 경은 2명(命)의
등급이고 대부는 1명(命)의 등급이며 사는 명(命)의 등급이 없다. 아울러
대국에 소속된 고(孤) 1명은 4명(命)인 경우도 있다. 따라서 고(孤)로
부터 그 이하로 1명(命)과 명(命)의 등급이 없는 경우까지 따져보면 5등
급이 된다. 만약 이러한 명(命)의 등급에 따라 차등을 삼는다면, 번잡해
져서 등급에 따라 구분하기가 어렵게 된다. 따라서 신하에 대해서는 간략
히 적용하여 작위에 따르는 것일 뿐이니, 작위의 경우 3가지 등급이 있게
되어 등급에 따른 구별을 짓기가 쉽다. 신하에 대해서 간략히 적용하여

授上介.

22) 『의례』「공사대부례(公食大夫禮)」 : 凡宰夫之具, 饌于東房.

작위에 따른다고 했다면, 만약 작위의 등급에 따르지 않을 경우에는 명(命)의 등급에 따르는 것이니, 제후의 작위에는 5등급이 있지만, 명(命)에는 3가지 등급만 있는 것에 해당하며, 「대행인」편과 「장객」편의 내용은 모두 이러한 명(命)의 등급에 따른 것이다. 정현이 "'부인치례(夫人致禮)'라는 것은 군주를 도와 빈객을 봉양한다는 뜻이다. 변(邊)과 두(豆)는 방문의 동쪽에 진설하고, 호(壺)는 동쪽 서(序)에 진설한다."라고 한 말로부터 "하대부를 시켜서 예물을 전달하게 한다."라는 말까지. 의미상 이러하다는 사실을 알 수 있는 것은 「빙례」편에서 옹희를 보내며 하대부는 위변(韋弁)을 착용한다고 했고, 예물을 보내줄 때 당상에는 변(邊)과 두(豆)를 방문의 동쪽에 진설하고, 서쪽 끝에서부터 2개씩 나란히 놓으며 동쪽으로 진설한다고 했다. 그리고 주에서는 "방문의 동쪽에 진설하는 것은 음식을 놓는 자리를 피하기 위해서이다."라고 했고, "호(壺)는 동쪽 서(序)에 진설하는데, 북쪽 끝에서부터 놓으며 남쪽으로 진열하고, 쌀로 빚은 백주·메기장으로 빚은 술·조로 빚은 청주를 모두 2개의 호(壺)에 담는다."[23]라고 했는데, 이러한 기록들을 요약했기 때문에 그 사실을 알수 있다. 만약 그렇다면 경을 시키지 않는 경우에 있어서, 『주례』「내재(內宰)」편을 살펴보면 "왕후의 빈객에 대한 예물을 보낸다."[24]라고 했고, 정현의 주에서는 "제후들 중 조(朝)나 근(覲)을 했거나 여자 빈객을 뜻한다."라고 했다. 여기에서 말한 내재 또한 하대부의 신분이다. 왕후가 오히려 하대부를 시킨다면 제후의 부인인 경우라면 어떠하겠는가? 그러므로 하대부를 시킨다는 사실을 알 수 있다. 정현이 "자작과 남작에 대한 기록에서 '선(膳)은 향례를 치르는 것에 견주어서 한다.'라고 했는데, 부인이 소국의 군주에게 음식을 보내며 향례를 치를 때의 예법에 따른다면, 이것은 재차 향례를 치른 것이 아니다. 향례에는 술을 담은 호(壺)가 포

---

23) 『의례』「빙례(聘禮)」: 壺設于東序, 北上, 二以並, 南陳. 醴·黍·淸, 皆兩壺.
24) 『주례』「천관(天官)·내재(內宰)」: 致后之賓客之禮.

함된다."라고 했는데, 공작·후작·백작의 부인이 예물을 보내는 경우에는 8개의 호(壺), 8개의 두(豆), 8개의 변(籩)을 언급했으니, 이것과 음식을 태뢰로 만들고 향례를 베풀며 태뢰를 쓰는 세 가지 경우는 각각 구별된다. 자작과 남작의 부인에 대해서 "선(膳)은 향례를 치르는 것에 견주어서 한다."라고 했고, 정현은 "향례에는 술을 담은 호(壺)가 포함된다."라고 했으니, 선(膳)을 보낼 때에는 술이 포함되지 않는다. 그렇기 때문에 향례에는 술이 포함된다고 말했다. 만약 그렇다면 자작과 남작의 부인은 제후에 대해서 오직 2가지 예법만 있게 된다. 「빙례」편에서 부인은 빙문으로 찾아온 대부에 대해 단지 변(籩)·두(豆)·호(壺)만 보내주고, 또한 향례를 베풀지 않으니, 이것이 그 차이이다. 정현이 "경이 모두 찾아뵙는다는 것은 빈객을 찾아뵙는다는 뜻이다. 만나보는 것을 끝내고 재차 음식을 베푸는 것은 또한 군주를 도와 빈객을 봉양하는 것이다."라고 했는데, '역(亦)'이라고 말한 것은 이 또한 대부를 시킨다는 뜻이다. 정현이 "경이 만나보고 또 음식을 베푸는 것은 「빙례」편에서 경과 대부가 빈객의 노고를 위로하고 빈객에게 옹희(饔餼)를 보내는 부류를 뜻할 것이다."라고 했는데, 「빙례」편을 살펴보면 "빈객이 숙소로 가면, 경과 대부는 숙소로 찾아가 빈객의 노고를 위로하고자 하는데, 빈객은 사양하며 만나보지 않고, 대부는 기러기를 내려놓고 재배를 하며 상개(上介)가 받는다."[25]라고 했고, 정현의 주에서는 "경을 언급하지 않은 것은 경과 대부는 동일하게 기러기를 드니 군주에 대한 경우보다 낮추는 것이다. 『주례』에서는 제후에게 소속된 경이 군주를 찾아뵙고 조(朝)를 할 때에는 모두 새끼양을 든다고 했다."라고 했다. 또 "상개(上介)의 노고를 위로할 때에도 이처럼 한다."[26]라고 했으며, "빈객에게 태뢰와 미(米)를 담은 8개의 광(筐)를 보내주며, 상개에 대해서도 이처럼 한다."[27]라고 했다. 이

---

25) 『의례』「빙례(聘禮)」: 賓卽館. 卿大夫勞賓, 賓不見. 大夫奠鴈再拜, 上介受.

26) 『의례』「빙례(聘禮)」: 勞上介, 亦如之.

27) 『의례』「빙례(聘禮)」: 大夫餼賓大牢, 米八筐. …… 上介亦如之.

것은 군주에게 조(朝)를 할 때에는 선(膳)은 있지만 노고를 위로하며 음식을 보내는 일은 없고, 빈객을 방문할 때에는 노고를 위로하며 음식을 보내는 일은 있지만 선(膳)은 없다는 사실을 나타내며, 이 사안이 서로 부합됨을 의미한다. 그렇기 때문에 "빈객의 노고를 위로하고 빈객에게 옹희(饔餼)를 보내는 부류를 뜻할 것이다."라고 했는데, 대략적으로 동일하기 때문에 '여(與)'자를 덧붙여 확정하지 않은 것이다. 정현이 "자작과 남작에 대해서는 '직접 찾아가 만나보는 경에 있어서는 모두 선(膳)에 한 마리의 소를 사용한다.'라고 했는데, '현(見)'자는 '경이 모두 찾아뵙는다.'라고 할 때의 '현(見)'자처럼 풀이한다."라고 했는데, 앞에서는 공작·후작·백작에 대해 단지 "경이 모두 찾아뵈며 새끼양을 사용한다."라고 했고, 자작과 남작에 대해서는 '친현경(親見卿)'이라고 하여 문장을 기록한 것에 차이가 난다. 이곳에서 '친현경(親見卿)'이라고 한 말은 조(朝)를 받은 군주가 직접 찾아와서 경을 만나보는 것처럼 풀이되니, 이러한 오해를 할 수 있기 때문에 앞에서 '경개현(卿皆見)'이라고 한 말에 따라 풀이한 것이니, 여기에서 말한 '현(見)'자 또한 조(朝)를 받은 군주를 찾아뵙는다는 뜻이다. 삼경(三卿) 중에는 찾아가 만나보는 자도 있고 만나보지 않는 자도 있는데, 만약 일부러 숙소로 찾아가 만나보게 된다면 음식을 전달하게 된다. 만약 일부러 숙소로 찾아가 만나보지 않는다면 음식을 전달하지 않는다. 이러한 까닭으로 정현은 "경은 소국의 군주에 대해서 일부러 숙소로 찾아가 만나보지 않는 자도 있지만, 일부러 숙소로 찾아가 만나보는 자는 곧 음식을 전달하게 된다는 의미이다."라고 했다. 정사농은 "견(牽)을 설명하며 희생물 중 끌고 갈 수 있는 것이다. 그렇기 때문에 『춘추전』에서는 '가축·희생물 등이 모두 고갈되었다.'"라고 했다. 희공 32년에 대한 『좌전』의 기록을 살펴보면 "기자가 정나라에서 사람을 보내 진나라에 아뢰길, '정나라에서 우리에게 북쪽 관문의 열쇠를 담당토록 했으니, 만약 군대를 은밀히 이끌고 온다면 정나라를 취할 수 있습니다.'라고 했다. 진나라 군대가 정나라에 도달하게 되자 정나라에서이 사실을 알아차리고 황무자를 보내 말을 전달하였으니, '그대가 우리나라에 오랜 기간 머물러 있어서 육포·양식·가축·희생물 등이 모두 고갈되었다.'"라고 했고, 주에서는 "희(餼)는 도축한 희생물이다. 견(牽)는 살아있는 희생물이다."라고 했는데, 이 기록을 인용한 것은 견(牽) 또한 살아있는 희생물로 아직 도축하지 않은 상태임을 증명하기 위한 것이다. 정현이 "'타(秅)'자는 '타자마답(秅秭麻荅)'이라고 할 때의 '타(秅)'자로 풀이한다."라고 했는데, 당시에는 '타자마답(秅秭麻荅)'이라는 말이 있었기 때문에 그에 따라 풀이한 것이다. '타(秅)'라는 것은 묶음을 총칭하는 명칭이니, 마치 『시』에서 "만과 억과 자(秭)이다."[28]라고 한 말과 같은데, 이때의 '자(秭)' 또한 수를 총칭해서 쓴 호칭이다. '답(荅)'자는 포(鋪)의 명칭이다. 마(麻)를 벨 때에는 여러 차례 손으로 움켜쥐어서 이것들을 모두 1포(鋪)로 삼는다. 이처럼 말한 것은 타(秅)가 묶음을 총칭하는 뜻이 됨을 드러내기 위해서이다.

---

28) 『시』「주송(周頌)·풍년(豐年)」: 豐年多黍多稌. 亦有高廩, <u>萬億及秭</u>. 爲酒爲醴, 烝畀祖妣, 以洽百禮. 降福孔皆.

제 12 절
현군례(見君禮) - 연현(燕見)

凡燕見于君, 必辯君之南面. 若不得, 則正方, 不疑君.

직역 凡히 君을 燕見함에는 必히 君의 南面을 辯한다. 若히 不得이라면 方을 正하고 君을 不疑한다.

의역 무릇 군주를 사적으로 찾아뵐 때에는 반드시 군주가 바라보는 남쪽에 맞춰서 방위를 바르게 하여 정북쪽을 바라본다. 만약 북쪽을 바라볼 수 없는 경우라면 방위를 바르게 하여 정방향을 바라보며 군주가 있는 장소를 헤아려 비스듬하게 바라보지 않는다.

鄭注 辯猶正也. 君南面, 則臣見正北面. 君或時不然, 當正東面, 若正西面, 不得疑君所處邪鄉之. 此謂時[1]見圖事, 非立賓主之燕也. 疑, 度之.

'변(辯)'자는 바르게 한다는 뜻이다. 군주가 남쪽을 바라보고 있다면 신하가 알현할 때에는 정북 방향으로 바라본다. 군주가 간혹 그렇게 하지 않아 정동쪽을 바라보거나 정서쪽을 바라보고 있다면 군주가 있는 장소를 헤아려서 비스듬하게 바라볼 수 없다. 이것은 때때로 찾아뵈어 일을 도모하기 위한 것을 뜻하지 빈객과 주인을 세우는 연회가 아니다. '의(疑)'자는 헤아린다는 뜻이다.

---

1) 시(時) : 『십삼경주소』 북경대 출판본에서는 "시(時)자를 『의례정의』에서는 '특(特)'자로 기록했다."라고 했다.

賈疏 ○ 釋曰: 按上文注以此爲博記反見之燕義, 則此與燕義·燕禮立賓主之燕, 別以其此經君之面位正南, 臣北面向之. 若不得南面, 或君東·西面, 則臣亦正方向之, 不可預度君之面位, 邪立向之, 皆與燕禮君在阼階西面爲正異, 故知此經是時見, 皆圖事, 幷與賓反見之燕義也. 知有"圖事"者, 論語·鄕黨云孔子與君圖事于庭·圖事于堂, 燕禮亦云君與卿圖事之時, 有此面位無常之法也.

○ 앞 문장의 주를 살펴보면, 이곳의 내용을 되돌아와 만나볼 때 연회를 하는 뜻을 두루 기록한 것이라고 여겼으니, 이것은 『예기』 「연의(燕義)」 나 『의례』 「연례(燕禮)」 편과 함께 빈객과 주인을 세우는 연회에 해당하는데, 별도로 이곳 경문에서는 군주가 바라보는 위치가 정남쪽일 경우 신하는 정북 방향을 바라본다고 했다. 그리고 만약 정남쪽을 바라볼 수 없는 경우 간혹 군주가 동쪽이나 서쪽을 바라보는 경우라면 신하 또한 방향을 바르게 해서 바라보아야 하며 미리 군주가 바라보는 자리를 예측해서 비스듬하게 서서 바라볼 수 없다고 했는데, 이 모두는 「연례」 편에서 군주가 동쪽 계단 위에서 서쪽을 바라보는 것을 바른 위치로 삼는 것과 차이난다. 그렇기 때문에 이곳의 경문 내용이 때때로 찾아뵙는 경우에 해당함을 알 수 있고, 모두 일을 도모하는 것으로, 이 또한 빈객이 되돌아와 만나볼 때 연회를 하는 뜻이 된다. "일을 도모한다."라고 했는데, 이러한 절차가 포함됨을 알 수 있는 것은 『논어』 「향당(鄕黨)」 편에서 공자는 군주와 함께 마당에서 일을 도모하고 당상에서 일을 도모한다고 했고, 「연례」 편에서도 군주는 경과 일을 도모할 때 이와 같이 바라보는 자리에 있어 고정됨이 없는 예법이 포함되었기 때문이다.

현군례(見君禮)-승현(升見)

136下

> 君在堂, 升見無方階, 辯君所在.

직역 君이 堂에 在하면 升見에 方階가 無하고 君의 所在를 辯한다.

의역 군주가 당상에 있으면 올라가 찾아뵐 때 고정된 방향의 계단이 없고, 군주가 있는 곳을 변별해서 올라간다.

鄭注 升見, 升堂見於君也. 君近東, 則升東階. 君近西, 則升西階.

'승현(升見)'은 당상에 올라가 군주를 알현한다는 뜻이다. 군주가 동쪽 가까이 있다면 동쪽 계단으로 올라간다. 군주가 서쪽 가까이 있다면 서쪽 계단으로 올라간다.

賈疏 ◎注"升見"至(元缺止此)"西階". ○釋曰: 此文據君所在, 隨便 升階, 無常之事, 亦謂反燕及圖事之法. 若立賓主, 君升自阼階, 賓及 主人升自西階, 燕禮所云是也.

◎鄭注: "升見"~(본래 누락된 것이 여기에서 끝난다.)"西階". ○이 문장은 군주가 있는 곳에 기준을 두어 편리에 따라 계단에 오르며 일정한 방위가 없는 사안에 해당하니, 또한 되돌아와 연회를 하고 일을 도모하는 예법을 가리킨다. 만약 빈객과 주인을 세우는 연회의 경우라면 군주는 당상에 올라갈 때 동쪽 계단을 이용하고, 빈객과 주인은 당상에 올라갈 때 서쪽 계단을 이용하니, 『의례』「연례(燕禮)」편에서 말한 것이 여기에 해당한다.

제 **14** 절

현군례(見君禮) - 여언(與言)

137上

凡言, 非對也, 妥而後傳言.

직역 凡히 言함에 對가 非라면 妥한 後에 言을 傳한다.

의역 무릇 군주에게 말을 할 때에는 대답하는 경우가 아니라면, 군주가 편안히 앉을 때까지 기다린 이후에 말을 꺼낸다.

鄭注 凡言, 謂己爲君言事也. 妥, 安坐也. 傳言, 猶出言也. 若君問, 可對則對, 不待安坐也. 古文妥爲綏.

'범언(凡言)'은 본인이 군주를 위해 어떤 사안에 대해 말하는 것을 뜻한다. '타(妥)'자는 편안히 앉는다는 뜻이다. '전언(傳言)'은 말을 꺼낸다는 뜻이다. 만약 군주가 질문을 하는 경우라면, 대답할 수 있다면 대답하고 편안히 앉을 때까지 기다리지 않는다. 고문에는 '타(妥)'자가 수(綏)자로 되어 있다.

賈疏 ●"凡言"至"傳言". ◎注"凡言"至"爲綏". ○釋曰: 此據臣與君言之法也. 云"凡言, 謂己爲君言事也"者, 謂臣有圖, 爲君言也. 禮記·少儀云: "量而後入, 不入而後量." 是臣有事將入見君, 須量己所言, 亦當量君安坐, 乃可得入, 而後傳出己言, 向君道之. 云"妥, 安坐也"者, 爾雅·釋詁文.

● 經文: "凡言"~"傳言". ◎鄭注: "凡言"~"爲綏". ○ 이것은 신하가 군주

와 함께 말하는 예법을 기준으로 한 것이다. 정현이 "범언(凡言)은 본인이 군주를 위해 어떤 사안에 대해 말하는 것을 뜻한다."라고 했는데, 신하가 어떤 것을 도모하여 군주를 위해 말한다는 뜻이다. 『예기』「소의(少儀)」편에서는 "먼저 헤아린 이후에야 들어가니, 들어간 이후에 헤아리는 것이 아니다."[1]라 했는데, 이것은 신하가 어떤 일이 있어 장차 들어가 군주를 알현할 때 자신이 하게 될 말을 헤아려야 한다는 것으로, 이 또한 군주가 편안히 앉을 것을 헤아린 뒤에야 들어갈 수 있고, 그 이후에 자신의 말을 꺼내어 군주를 향해 말하는 것이다. 정현이 "'타(妥)'자는 편안히 앉는다는 뜻이다."라고 했는데, 『이아』「석고(釋詁)」편의 기록이다.[2]

참고 14-1 『예기』「소의(少儀)」 기록

경문 事君者, 量而后入, 不入而后量. 凡乞假於人, 爲人從事者亦然. 然故上無怨而下遠罪也.

군주를 섬길 때에는 먼저 헤아린 이후에야 들어가니 들어간 이후에 헤아리는 것이 아니다. 무릇 남에게 무언가를 요구하거나 빌리고, 또 남을 위해 어떤 일에 종사할 때에도 이처럼 한다. 이처럼 하기 때문에 윗사람은 노여워하는 일이 없고 아랫사람도 죄를 멀리하게 된다.

鄭注 量, 量其事意合成否.

'양(量)'자는 그 사안과 의미에 대해 협력하여 이룰 수 있는 것인지의 여부를 헤아린다는 뜻이다.

---

1) 『예기』「소의(少儀)」: 事君者, <u>量而后入, 不入而后量</u>. 凡乞假於人, 爲人從事者亦然. 然故上無怨而下遠罪也.
2) 『이아』「석고(釋詁)」: 妥·安, 坐也.

孔疏 ●“事君者量而后入”者, 凡臣之事君者, 欲請爲其事, 先商量
事意堪合以否, 然後入而請之.

● 經文: “事君者量而后入”. ○ 무릇 신하가 군주를 섬길 때 그 사안을
시행하고자 청원한다면, 우선 그 사안과 의미를 감당하거나 협력할 수
있는지의 여부를 따진 뒤에야 들어가서 청원한다.

孔疏 ●“不入而后量”者, 不得先入請見君, 然後始商量成否.

● 經文: “不入而后量”. ○ 우선 들어가서 군주를 만나뵙기를 청원하고
그런 뒤에야 비로소 성패의 여부를 헤아려서는 안 된다.

참고 14-2 『이아』「석고(釋詁)」 기록

경문 妥・安, 坐也.
‘타(妥)’자와 ‘안(安)’자는 좌(坐)자의 뜻이다.

郭注 禮記曰: “妥而後傳命.”
『예기』에서는 “편안히 앉을 때까지 기다린 이후에 말을 꺼낸다.”라 했다.

邢疏 ●“妥・安, 坐也”. ○ 釋曰: 妥定之坐也.

● 經文: “妥・安, 坐也”. ○ 편안하게 자리를 정해 앉는다는 뜻이다.

邢疏 ◎注“禮記”至“傳命”. ○ 釋曰: 云“禮記曰: 妥而後傳命”者, 按
士相見禮云: “凡言非對也, 妥而後傳言.” 鄭注云: “凡言, 謂己爲君言
事也. 妥, 安坐也. 傳言, 猶出言也.” 此言“禮記曰: 妥而後傳命”者,

傳寫誤也. 或所見本異.

◎ 郭注: "禮記"~"傳命". ○ 곽박은 "『예기』에서는 편안히 앉을 때까지 기다린 이후에 말을 꺼낸다고 했다."라고 했는데, 「사상견례」편을 살펴보니, "무릇 군주에게 말을 할 때에는 대답하는 경우가 아니라면, 군주가 편안히 앉을 때까지 기다린 이후에 말을 꺼낸다."라 했고, 정현의 주에서는 "'범언(凡言)'은 본인이 군주를 위해 어떤 사안에 대해 말하는 것을 뜻한다. '타(妥)'자는 편안히 앉는다는 뜻이다. '전언(傳言)'은 말을 꺼낸다는 뜻이다."라 했다. 이곳에서 "『예기』에서는 편안히 앉을 때까지 기다린 이후에 말을 꺼낸다고 했다."라 하여, '예기(禮記)'라 말한 것은 전사하며 잘못된 것이다. 혹은 곽박이 본 판본이 다른 것일 수도 있다.

제 15 절
여언례(與言禮) - 대상과 주제

> 與君言, 言使臣. 與大人言, 言事君. 與老者言, 言使弟子. 與幼者言, 言孝弟於父兄. 與衆言, 言忠信慈祥. 與居官者言, 言忠信.

직역 君과 與하여 言함에는 臣을 使함을 言한다. 大人과 與하여 言함에는 君을 事함을 言한다. 老者와 與하여 言함에는 弟子를 使함을 言한다. 幼者와 與하여 言함에는 父兄에게 孝弟함을 言한다. 衆과 與하여 言함에는 忠信과 慈祥을 言한다. 居官者와 與하여 言함에는 忠信을 言한다.

의역 군주와 함께 말을 할 때에는 주로 신하를 부리는 예에 대해 말한다. 경이나 대부와 함께 말을 할 때에는 주로 군주를 섬기는 충에 대해 말한다. 노인과 함께 말을 할 때에는 주로 제자를 부리는 예에 대해 말한다. 어린 자와 함께 말을 할 때에는 주로 부형에게 효제하는 도리를 말한다. 대중들과 함께 말을 할 때에는 주로 충심·신의·자애·선함에 대해 말한다. 관직에 몸담고 있는 자와 함께 말을 할 때에는 주로 충심과 신의에 대해 말한다.

鄭注 博陳燕見言語之儀也. 言使臣者, 使臣之禮也. 大人, 卿大夫也. 言事君者, 臣事君以忠也. 祥, 善也. 居官, 謂士以下.

사적으로 만나볼 때 말하는 예의를 폭넓게 기술한 것이다. '언사신(言使臣)'은 신하를 부리는 예를 뜻한다. '대인(大人)'은 경과 대부를 뜻한다. '언사군(言事君)'은 신하가 군주를 충으로 섬기는 것을 말한다. '상(祥)'자는 선함을 뜻한다. '거관(居官)'은 사로부터 그 이하의 계층을 뜻한다.

賈疏 ● "與君"至"忠信". ○ 釋曰: 上文據與君言, 此文則總說尊卑言語之別. 云"與君言, 言使臣. 與大人言, 言事君"者, 但君臣相對, 有事卽言, 不必與君言恒言使臣, 與臣言恒言事君. 今唯言使臣 · 事君者, 下供上命, 禮法當然, 故君以使臣爲主, 臣以事君爲正, 無妨更言. 餘事已下, 皆隨事爲主可也. 云"與老者言, 言使弟子"者, 謂七十致仕之人, 依書傳: 大夫致仕爲父師, 士致仕爲少師, 敎鄕閭子弟. 雷次宗云: 學生事師, 雖無服, 有父兄之恩, 故稱弟子也. 云"與幼者言, 言孝弟於父兄"者, 幼旣與老者相對, 此幼卽弟子之類, 孝弟事父兄之名, 是人行之本, 故云言孝弟于父兄. "與衆言, 言忠信慈祥"者, 此文承老幼之下, 亦非朝廷之臣, 但是鄕閭長幼共聚之處, 使之行忠信慈善之事也. 云"與居官者言, 言忠信"者, 此與在朝之士, 言以忠信爲主也.

● 經文: "與君"~"忠信". ○ 앞 문장[1]은 군주와 함께 말하는 경우에 기준을 둔 것이고, 이곳 문장은 신분의 존비에 따라 말할 때의 차이를 총괄적으로 설명한 것이다. "군주와 함께 말을 할 때에는 주로 신하를 부리는 예에 대해 말한다. 경이나 대부와 함께 말을 할 때에는 주로 군주를 섬기는 충에 대해 말한다."라고 했는데, 다만 군주와 신하가 서로 대화를 할 때에는 일이 있으면 곧바로 해당 사안에 대해 말하는 것이며, 군주와 말을 하며 항상 신하를 부리는 것에 대해서만 말하거나 신하와 말을 하며 항상 군주를 섬기는 것에 대해서만 말할 필요는 없다. 지금은 단지 신하를 부리는 것과 군주를 섬기는 것에 대해 말한다고 했는데, 아랫사람이 윗사람의 명령을 받드는 것은 예법상 당연한 것이다. 그렇기 때문에 군주는 신하를 부리는 것을 위주로 하고, 신하는 군주를 섬기는 것을 올바름으로 삼으니, 다른 말을 하더라도 무방하다. 나머지 중요하지 않은 사안으로부터 그 이하의 것들에 대해서는 모두 그 사안에 따름을 위주로 삼는

---

1) 『의례』「사상견례」 : 凡言, 非對也, 妥而後傳言.

것이 옳다. "노인과 함께 말을 할 때에는 주로 제자를 부리는 예에 대해 말한다."라고 했는데, 나이가 70세가 되어 관직에서 물러난 사람을 말하는 것으로, 『서전』에 따르면 대부 중 관직에서 물러난 자는 부사(父師)가 되고, 사 중 관직에서 물러난 자는 소사(少師)가 되어, 향리에 있는 자제들을 가르친다고 했다. 뇌차종[2]은 학생이 스승을 섬김에 비록 해당하는 상복은 없지만 부형의 은혜가 있기 때문에 '제자(弟子)'라 칭하는 것이라고 했다. "어린 자와 함께 말을 할 때에는 주로 부형에게 효제하는 도리를 말한다."라고 했는데, 어린 자는 이미 노인과 서로 대화를 하는 것이니, 이때의 어린 자는 곧 제자의 부류에 해당하고, 효제(孝弟)는 부형을 섬기는 것의 명칭이니, 이것은 사람의 행실 중 근본에 해당한다. 그렇기 때문에 "부형에게 효제하는 도리를 말한다."고 했다. "대중들과 함께 말을 할 때에는 주로 충심·신의·자애·선함에 대해 말한다."라고 했는데, 이 문장은 노인과 어린 자에 대한 내용 뒤에 나오니, 이 또한 조정에 속한 신하가 아니다. 다만 향리에서 연장자나 어린 자가 함께 모여 있는 장소에서 그들로 하여금 충심·신의·자애·선함을 실천하게 하는 사안에 해당한다. "관직에 몸담고 있는 자와 함께 말을 할 때에는 주로 충심과 신의에 대해 말한다."라고 했는데, 이것은 조정에 속한 사와 대화를 할 때에는 충심과 신의를 위주로 말하게 된다는 뜻이다.

賈疏 ◎注"博陳"至"以下". ○釋曰: 云"博陳燕見言語之儀也"者, 據已上博陳與君燕見擧動言語, 知此博陳也. 云"言使臣者, 使臣之禮也"者, 幷事君以忠, 並是論語孔子對定公之文. 云"大人, 卿大夫也"者, 此云"言事君", 明非天子諸侯, 又非士, 是卿大夫可知. 又按下文云"凡與大人言, 始視面, 中視抱, 卒視面", 並是臣視君之法, 則大人

---

2) 뇌차종(雷次宗, A.D.386~A.D.448) : 남북조(南北朝) 때의 승려이다. 자(字)는 중륜(仲倫)이고, 혜원대사(慧遠大師)라고 호칭되었다. 승려이지만, 삼례(三禮) 및 『모시(毛詩)』에도 능통하였다.

據君也. 又禮運云: "大人世及以爲禮." 鄭解爲諸侯者, 以彼上文云 "天下爲家", 以據天子, 明下云大人是諸侯可知. 易・革卦云"君子豹 變", 據諸侯, 則大人虎變是天子可知. 又按論語云"狎大人", 注爲天 子諸侯爲政敎者, 彼據小人不在朝廷, 故以大人爲天子諸侯政敎解 之. 鄭皆望文爲義, 故解大人不同. 云"居官, 謂士以下"者, 以上大夫 云事君, 已據居官, 卿大夫其居官之內, 唯有二十七士幷府史胥徒, 故云士以下也.

◎鄭注: "博陳"~"以下". ○ 정현이 "사적으로 만나볼 때 말하는 예의를 폭넓게 기술한 것이다."라고 했는데, 앞에서 군주와 사적으로 만나볼 때의 거동과 언어에 대해 폭넓게 기술한 것에 근거해보면, 이곳에서도 폭넓게 기술하고 있음을 알 수 있다. 정현이 "'언사신(言使臣)'은 신하를 부리는 예를 뜻한다."라고 했는데, 군주를 충으로 섬긴다는 것과 아울러 모두 『논어』에서 공자가 정공에게 대답한 문장에 해당한다.[3] 정현이 "'대인 (大人)'은 경과 대부를 뜻한다."라고 했는데, 이곳에서 "군주를 섬기는 것에 대해 말한다."라고 했으니, 천자나 제후에 대한 것도 아니고 또 사에 대한 것도 아님을 나타내니, 경과 대부에 해당함을 알 수 있다. 또 아래문장을 살펴보면 "무릇 대인과 함께 말을 할 때에는 처음에는 얼굴을 바라보고 중간에는 가슴을 바라보며 끝으로는 얼굴을 바라본다."[4]라 했는데, 이 모두는 신하가 군주를 바라보는 예법에 해당하므로, 이때의 '대인(大人)'은 군주에 기준을 둔 말이다. 또 『예기』「예운(禮運)」편에서는 "대인 (大人)은 대대로 전수해주는 것을 예법으로 삼았다."라 했고, 정현이 제후가 된 자로 풀이했던 것은 「예운」편의 앞 문장에서 "천하를 집으로 삼았다."라 했고,[5] 이것은 천자에 기준을 둔 것이므로, 아래문장에서 '대

---

3) 『논어』「팔일(八佾)」: 定公問, "君使臣, 臣事君, 如之何?" 孔子對曰, "君使臣 以禮, 臣事君以忠."

4) 『의례』「사상견례」: 凡與大人言, 始視面, 中視抱, 卒視面, 毋改. 衆皆若是.

인(大人)'이라 한 것이 제후에 해당함을 알 수 있다. 『역』「혁괘(革卦)」
에서 "군자는 표범이 변하듯 변한다."[6]라 했는데, 이것이 제후를 기준으
로 한 것이라면, "대인이 호랑이가 변하듯 변한다."[7]는 것은 천자에 해당
함을 알 수 있다. 또 『논어』를 살펴보면 "대인을 함부로 대한다."[8]라 했
고, 주에서 천자와 제후를 위해 정교를 시행하는 것이라 했으니, 『논어』
는 소인 중 조정에 속하지 않은 자를 기준으로 둔 것이다. 그렇기 때문에
대인(大人)을 천자와 제후를 위해 정교를 시행하는 자로 풀이한 것이다.
정현은 모두 문장을 살펴서 의미를 풀이했다. 그렇기 때문에 대인(大人)
을 풀이한 것이 동일하지 않다. 정현이 "'거관(居官)'은 사로부터 그 이하
의 계층을 뜻한다."라고 했는데, 앞에서 대부에 대해 군주를 섬긴다고
말했으니, 이것은 이미 관직에 몸담고 있는 자를 기준으로 둔 것이며,
경과 대부는 관직에 몸담고 있는 자에 포함되고, 그 외에는 오직 27명의
사와 아울러 부(府)·사(史)·서(胥)·도(徒)의 부류가 있다. 그렇기 때
문에 "사로부터 그 이하의 계층이다."라 했다.

---

5) 『예기』「예운(禮運)」: 今大道旣隱, <u>天下爲家</u>, 各親其親, 各子其子, 貨力爲
己. <u>大人世及以爲禮</u>, 城郭溝池以爲固, 禮義以爲紀, 以正君臣, 以篤父子, 以
睦兄弟, 以和夫婦, 以設制度, 以立田里, 以賢勇知, 以功爲己. 故謀用是作,
而兵由此起. 禹·湯·文·武·成王·周公, 由此其選也. 此六君子者, 未有
不謹於禮者也, 以著其義, 以考其信, 著有過, 刑仁講讓, 示民有常. 如有不由
此者, 在執者去, 衆以爲殃, 是謂小康.

6) 『역』「혁괘(革卦)」: 上六, <u>君子豹變</u>, 小人革面, 征凶, 居貞吉.

7) 『역』「혁괘(革卦)」: 九五, <u>大人虎變</u>, 未占, 有孚.

8) 『논어』「계씨(季氏)」: 孔子曰, "君子有三畏, 畏天命, 畏大人, 畏聖人之言. 小
人不知天命而不畏也, <u>狎大人</u>, 侮聖人之言."

경문　定公問: "君使臣, 臣事君, 如之何①?" 孔子對曰: "君使臣以禮, 臣事君以忠."

정공이 묻기를 "군주가 신하를 부리고 신하가 군주를 섬김에는 어찌해야 합니까?"라 하자 공자가 대답하길 "군주는 예로써 신하를 부리고, 신하는 충으로써 군주를 섬깁니다."라 했다.

何注①　孔曰: 定公, 魯君謚. 時臣失禮, 定公患之, 故問之.

공씨가 말하길, '정공(定公)'은 노나라 군주의 시호이다. 당시 신하들은 실례를 범하였기에 정공이 그것을 걱정해서 물어본 것이다.

邢疏　●"定公問"至"以忠". ○ 正義曰: 此章明君臣之禮也. "定公問: 君使臣, 臣事君, 如之何"者, 定公, 魯君也. 時臣失禮, 君不能使, 定公患之, 故問於孔子曰: "君之使臣, 及臣之事君, 當如之何也?" "孔子對曰: 君使臣以禮, 臣事君以忠"者, 言禮可以安國家, 定社稷, 止由君不用禮, 則臣不竭忠, 故對曰: "君之使臣以禮, 則臣必事君以忠也."

● 經文: "定公問"~"以忠". ○ 이 장은 군주와 신하의 예를 나타내고 있다. "정공이 묻기를, '군주가 신하를 부리고 신하가 군주를 섬김에는 어찌해야 합니까?'라 했다."라고 했는데, '정공(定公)'은 노나라의 군주이다. 당시 신하들은 실례를 범하여 군주가 부릴 수 없어서 정공이 이를 걱정한 것이다. 그래서 공자에게 질문하여 "군주가 신하를 부리는 것과 신하가 군주를 섬기는 것은 어찌해야 합니까?"라고 물어본 것이다. "공자가 대답하길 '군주는 예로써 신하를 부리고, 신하는 충으로써 군주를 섬깁니다.'라 했다."라고 했는데, 예는 국가와 사직을 안정시킬 수 있다. 다만 군주

가 예를 따르지 않음으로 인해 신하가 충을 다하지 않게 된다. 그렇기 때문에 "군주가 신하를 예로써 부리게 된다면 신하는 반드시 군주를 충으로써 섬기게 된다."라고 대답한 것이다.

邢疏 ◎注"孔曰"至"問之". ○ 正義曰: 云"定公, 魯君謚"者, 魯世家云: "定公名宋, 襄公之子, 昭公之弟. 以敬王十一年卽位." 謚法: "安民大慮曰定."

◎何注: "孔曰"~"問之". ○ "'정공(定公)'은 노나라 군주의 시호이다."라고 했는데, 「노세가」에서는 "정공의 이름은 송(宋)이고, 양공(襄公)의 아들이자 소공(昭公)의 동생이다. 경왕(敬王) 11년에 즉위하였다."라 했다. 「시법」에서는 "백성을 안정시키는데 크게 염려했던 것을 정(定)이라한다."고 했다.

集註 定公, 魯君, 名宋. 二者, 皆理之當然, 各欲自盡而已.

'정공(定公)'은 노나라의 군주로 이름은 송(宋)이다. 두 가지는 모두 이치상 당연한 것으로, 각자 스스로 다하고자 할 따름이다.

集註 呂氏曰: 使臣, 不患其不忠, 患禮之不至. 事君, 不患其無禮, 患忠之不足.

여씨가 말하길, 신하를 부림에는 신하가 충을 다하지 않을까를 염려하지 말고 본인이 예를 지극히 하지 못할까를 염려해야 한다. 또 군주를 섬김에는 군주에게 예가 없음을 염려하지 말고 본인의 충이 부족하지나 않을까를 염려해야 한다.

경문 今大道旣隱, 天下爲家, 各親其親, 各子其子, 貨力爲己. 大人世及以爲禮, 城郭溝池以爲固, 禮義以爲紀, 以正君臣, 以篤父子, 以睦兄弟, 以和夫婦, 以設制度, 以立田里, 以賢勇知, 以功爲己. 故謀用是作, 而兵由此起. 禹·湯·文·武·成王·周公, 由此其選也. 此六君子者, 未有不謹於禮者也, 以著其義, 以考其信, 著有過, 刑仁講讓, 示民有常. 如有不由此者, 在埶者去, 衆以爲殃, 是謂小康.

대도(大道)가 숨어버리게 되자 천하는 더 이상 공동의 소유물이 아니었으므로, 천자의 지위도 자신의 자손들에게 전수하게 되었고, 백성들도 모두 각자 자신의 부모에게만 친애하게 대했고, 자신의 자식들에게만 자애롭게 대했으며, 재화와 힘은 자신만을 위해서 사용하게 되었다. 천자나 제후 등의 군주들은 자신의 자손들 및 형제들에게 지위를 전수해주는 것을 예법으로 정하였고, 성곽이나 도랑 등을 설치하여 자신의 나라를 단단하게 방비하였으며, 예(禮)와 의(義)를 범할 수 없는 기강으로 정하여, 이로써 군신관계를 바로잡았고, 부자관계를 돈독하게 하였으며, 형제관계를 화목하게 만들었고, 부부관계를 조화롭게 하였으며, 제도를 설정하고, 농경지와 주택지의 경계를 세웠으며, 용맹하고 박식한 자를 현명한 자로 여기게 되었고, 자신만을 위해서 공적을 세우게 되었다. 이러한 까닭으로 모략이 이러한 틈을 타서 생겨나게 되었고, 전쟁이 이러한 상황으로 인해 발생하게 되었다. 우·탕·문왕·무왕·성왕·주공은 이러한 예의(禮義)를 통하여 선발된 자들이다. 이 여섯 명의 군자들은 예(禮)에 삼가지 않은 경우가 없어서, 이것을 통해 의(義)를 드러내고, 신(信)을 완성하였으며, 백성들 중에서 잘못이 있는 자에 대해서는 그 죄를 온 천하에 드러내어 일벌백계를 하였고, 인애(仁愛)의 도리를 법칙으로 삼고 겸양의 도리를 설명해주어, 백성들에게 상도(常道)와 상법(常法)이 있음을 보여주었다. 만약 이러한 예의(禮義)를 통해 일을 시행하지 않는 자가 있다면, 그가 비록 군주의 자리에 오른 자라고 할지라도 제거가 되었고, 백성들은 그를 재앙을 가져오는 나쁜 군주라고 여기게 되었으니, 이러한 세상을 '소강(小康)'이라고 부른다.

鄭注 隱, 猶去也. 傳位於子. 俗狹嗇. 亂賊繁多, 爲此以服之也. 大人, 諸侯也. 以其違大道敦朴之本也. 教令之稱, 其弊則然. 老子曰: "法令滋章, 盜賊多有." 由, 用也, 能用禮義以成治. 考, 成也. 刑, 猶則也. 埶, 執位也. 去, 罪退之也. 殃, 猶禍惡也. 康, 安也. 大道之人以禮, 於忠信爲薄, 言小安者失之, 則賊亂將作矣.

'은(隱)'자는 사라졌다는 뜻이다. '천하위가(天下爲家)'는 천자의 지위를 아들에게 물려주었다는 뜻이다. 자신의 부친에게만 친애하게 대하고, 자신의 자식만을 자애롭게 대하며, 재화 등을 자기만을 위해서 썼다는 말은 속되고, 협소해지고, 인색해졌다는 뜻이다. 폭도들이 많아지게 되었는데, 이러한 이유 때문에 그들을 굴복시키기 위해 성곽 등을 견고하게 만든 것이다. '대인(大人)'은 제후를 뜻한다. 예의(禮義)를 세운 이유는 그들이 대도(大道)의 후덕하고 소박한 근본을 위배했기 때문이다. 교화와 정령이 점차 많아지게 되자 그 폐단이 이러한 현상들을 초래한 것이다. 노자는 "법령이 갖춰질수록 도적 무리가 많이 발생한다."[9]라고 하였다. '유(由)'자는 용(用)자의 뜻이니, 예의(禮義)를 사용하여 정치를 이룰 수 있다는 뜻이다. '고(考)'자는 완성한다는 뜻이다. '형(刑)'자는 법칙으로 삼는다는 뜻이다. '예(埶)'자는 세력과 지위를 뜻한다. '거(去)'자는 죄를 지어 쫓아낸다는 뜻이다. '앙(殃)'자는 재앙과 악덕을 뜻한다. '강(康)'자는 편안하다는 뜻이다. 대도(大道)를 따르는 사람들은 예(禮)를 충신(忠信)에 대한 껍데기로 여기는데, 이 말은 곧 작은 평안이 유지되는 시대에는

---

9) 『노자(老子)』「57장」: 天下多忌諱, 而民彌貧, 民多利器, 國家滋昏, 人多伎巧, 奇物滋起, <u>法令滋彰, 盜賊多有</u>.

대도(大道)를 잃어버리면 도적 무리와 혼란이 발생하게 된다는 뜻이다.

孔疏 ●"天下爲家"者, 父傳天位與子, 是用天下爲家也, 禹爲其始也.

● 經文: "天下爲家". ○ 부친이 천자의 지위를 자신의 아들에게 물려주었다는 뜻이니, 이것은 천하를 개인의 소유물로 여긴 것으로, 우임금 때부터 이러한 일들이 시작되었다.

孔疏 ●"大人世及以爲禮"者, 大人, 謂諸侯也. 世及, 諸侯傳位自與家也. 父子曰世, 兄弟曰及, 謂父傳與子, 無子則兄傳與弟也, 以此爲禮也. 然五帝猶行德不以爲禮, 三王行爲禮之禮, 故五帝不言禮, 而三王云"以爲禮"也.

● 經文: "大人世及以爲禮". ○ '대인(大人)'은 제후를 뜻한다. '세급(世及)'은 제후가 자신의 지위를 물려줄 때, 자기 가족들에게만 준다는 뜻이다. 부자관계에서 전수되는 것을 '세(世)'라고 부르며, 형제관계에서 전수되는 것을 '급(及)'이라고 부르니, 이 말은 곧 부친이 자신의 아들에게 지위를 물려주고, 자식이 없는 경우에는 형이 자신의 동생에게 지위를 물려주었는데, 이러한 방식을 예(禮)로 삼았다는 뜻이다. 그러나 오제(五帝)시대에는 오히려 덕을 시행하였으므로, 이러한 방식을 예(禮)라고 여기지 않았고, 삼왕(三王)시대에는 예(禮)로 제정했던 이러한 예법들을 시행하였다. 그렇기 때문에 오제시대를 언급하면서 예(禮)를 말하지 않은 것이며, 삼왕시대에 와서야 "예(禮)로 제정했다."라고 말한 것이다.

참고 15-3 『역』「혁괘(革卦)」 기록

경문 九五: 大人虎變, 未占有孚.

오효는 대인이 호랑이가 변하듯 변하니 점치지 않고도 믿음이 있다.

王注 "未占而孚", 合時心也.

"점치지 않고도 믿음이 있다."는 것은 때의 마음에 부합하는 것이다.

孔疏 ○ 正義曰: 九五居中處尊, 以大人之德爲革之主, 損益前王, 創制立法, 有文章之美, 煥然可觀, 有似"虎變", 其文彪炳. 則是湯·武革命, 廣大應人, 不勞占決, 信德自著, 故曰"大人虎變, 未占有孚"也.

○ 구오는 가운데 자리에 있으면서도 높은 자리에 처했으니, 대인의 덕을 변혁의 주체로 삼았다. 선왕의 것을 덜고 더하여 창제해 법을 세우니, 문장의 아름다움이 있어 빛나 볼만하니, "호랑이가 변하듯 변함"과 유사한 점이 있어, 그 문채가 화려하고 아름답다. 이것은 탕임금과 무왕의 혁명이 광대하게 사람의 마음에 호응하여, 수고롭게 점을 쳐서 결단하지 않고도 믿음과 덕이 저절로 드러난 것이다. 그렇기 때문에 "대인이 호랑이가 변하듯 변하니 점치지 않고도 믿음이 있다."라 했다.

경문 象曰: "大人虎變", 其文炳也.

「상전」에서 말하길, "대인이 호랑이가 변하듯 변한다."는 것은 그 문장이 빛나는 것이다.

孔疏 ○ 正義曰: "其文炳"者, 義取文章炳著也.

○ "그 문장이 빛난다."는 것은 문장이 밝게 드러나는 것에서 의미를 취한

것이다.

경문 上六: 君子豹變, 小人革面.

상육은 군자는 표범이 변하듯 변하고, 소인은 얼굴을 바꾼다.

王注 居變之終, 變道已成, 君子處之, 能成其文. 小人樂成, 則變面
以順上也.

변함의 끝에 있어 변함의 도가 이미 이루어졌으니, 군자가 여기에 처하면
그 문장을 이룰 수 있다. 소인은 이룸을 즐거워하니 얼굴을 바꿔서 윗사
람에게 순종한다.

孔疏 ○ 正義曰: 上六居革之終, 變道已成, 君子處之, 雖不能同九
五革命創制, 如虎文之彪炳, 然亦潤色鴻業, 如豹文之蔚縟, 故曰“君
子豹變”也. “小人革面”者, 小人處之, 但能變其顔面, 容色順上而已,
故曰“小人革面”也.

○ 상육은 혁괘의 끝에 있고 변함의 도가 이미 이루어졌으니, 군자가 여기
에 처하면 비록 구오가 혁명하고 창제하여 마치 호랑이의 무늬처럼 화려
하고 아름다운 것과는 같지 못하지만 또한 큰 사업을 윤이 나고 곱게
하여 표범의 무늬가 아름다운 것과 같다. 그렇기 때문에 “군자는 표범이
변하듯 변한다.”고 했다. “소인은 얼굴을 바꾼다.”는 것은 소인이 여기에
처하면 단지 안면만을 바꾸어서, 그러한 용모로 윗사람에게 순종할 따름
이다. 그렇기 때문에 “소인은 얼굴을 바꾼다.”라고 했다.

경문 征凶, 居貞吉.

정벌하면 흉하고 거하면 곧고 길하다.

改命創制, 變道已成, 功成則事損, 事損則無爲. 故居則得正 而吉, 征則躁擾而凶也.

명을 고치고 제도를 만들어서 변함의 도가 이미 이루어졌으니, 공이 이루 어졌다면 일이 줄어들고, 일이 줄어들었다면 함이 없게 된다. 그렇기 때 문에 거하면 바름을 얻어 길하고, 정벌하면 조급하고 동요되어 흉하다.

孔疏 ○ 正義曰: 革道已成, 宜安靜守正, 更有所征則凶, 居而守正 則吉, 故曰"征凶, 居貞吉"也.

○ 변혁의 도가 이미 이루어졌다면 마땅히 고요함을 편안히 여기고 바름 을 지켜야 하니, 다시 정벌함이 있게 되면 흉하고, 거하며 바름을 지키면 길하다. 그렇기 때문에 "정벌하면 흉하고 거하면 곧고 길하다."고 했다.

경문 象曰: "君子豹變", 其文蔚也. "小人革面", 順以從君也.

「상전」에서 말하길, "군자는 표범이 변하듯 변한다."는 것은 그 문장이 아름다운 것이다. "소인은 얼굴을 바꾼다."는 것은 순종하여 군주를 따르 는 것이다.

孔疏 ○ 正義曰: "其文蔚"者, 明其不能大變, 故文炳而相映蔚也. "順以從君"者, 明其不能潤色立制, 但順而從君也.

○ "그 문장이 아름다운 것이다."는 것은 크게 변할 수 없기 때문에 그 문장이 빛나고 서로 비추어 아름다운 것을 나타낸다. "순종하여 군주를 따르는 것이다."는 것은 윤이 나고 곱게 하며 제도를 세울 수 없고 단지 순종하며 군주를 따를 수밖에 없음을 나타낸다.

경문   孔子曰: "君子有三畏: 畏天命①, 畏大人②, 畏聖人之言③. 小人不知天命而不畏也④, 狎大人⑤, 侮聖人之言⑥."

공자가 말하길, "군자에게는 세 가지 두려움이 있으니, 천명을 두려워하고, 대인을 두려워하며, 성인의 말씀을 두려워한다. 소인은 천명을 알지도 못하고 두려워하지도 않으며, 대인을 함부로 대하고, 성인의 말씀을 업신여긴다."라 했다.

何注①   順吉逆凶, 天之命也.

순종하면 길하고 거스르면 흉한 것이 하늘의 명이다.

何注②   大人, 卽聖人, 與天地合其德.

'대인(大人)'은 성인이니, 천지와 그 덕을 합한다.

何注③   深遠不可易知測, 聖人之言也.

깊고 원대하여 쉽게 알고 예측할 수 없는 것이 성인의 말씀이다.

何注④   恢疏, 故不知畏.

천명은 너무 광활하고 요원하기 때문에 두려워할 줄 모른다.

何注⑤   直而不肆, 故狎之.

대인은 곧고 방자하지 않기 때문에 함부로 대한다.

何注⑥   不可小知, 故侮之.

성인의 말씀을 조금도 알 수 없기 때문에 업신여긴다.

●"孔子"至"之言". ○正義曰: 此章言君子小人敬慢不同也.
"君子有三畏"者, 心服曰畏. 言君子心所畏服, 有三種之事也. "畏天
命"者, 謂作善, 降之百祥; 作不善, 降之百殃. 順吉逆凶, 天之命也,
故君子畏之. "畏大人"者, 大人卽聖人也, 與天地合其德, 故君子畏
之. "畏聖人之言"者, 聖人之言, 深遠不可易知測, 故君子畏之也. "小
人不知天命而不畏也"者, 言小人與君子相反, 天道恢疏, 故小人不
知畏也. "狎大人"者, 狎, 謂慣忽. 聖人直而不肆, 故小人忽之. "侮聖
人之言"者, 侮, 謂輕慢. 聖人之言, 不可小知, 故小人輕慢之而不行
也.

● 經文: "孔子"~"之言". ○ 이 장은 군자와 소인의 공경함과 태만함이
같지 않음을 말하고 있다. "군자에게는 세 가지 두려움이 있다."라고 했
는데, 마음으로 복종하는 것을 '외(畏)'라고 부른다. 군자는 마음으로 경
외하여 복종하게 되는 것에 3종류의 사안이 있다는 뜻이다. "천명을 두려
워한다."라고 했는데, 선한 일을 하면 온갖 복을 내려주고, 선하지 않은
일을 하면 온갖 재앙을 내려줌을 말한다. 순종하면 길하고 거스르면 흉한
것이 하늘의 명이다. 그렇기 때문에 군자가 두려워하는 것이다. "대인을
두려워한다."라고 했는데, '대인(大人)'은 곧 성인이니, 천지와 그 덕을
합한다. 그렇기 때문에 군자가 두려워하는 것이다. "성인의 말씀을 두려
워한다."라고 했는데, 성인의 말씀은 심원하여 쉽게 알고 예측할 수 없다.
그렇기 때문에 군자가 두려워하는 것이다. "소인은 천명을 알지도 못하고
두려워하지도 않는다."라고 했는데, 소인은 군자와 상반되니, 천도가 너
무 광활하고 요원하기 때문에 소인은 두려워할줄 모른다. "대인을 함부로
대한다."라고 했는데, '압(狎)'자는 익숙하게 여겨 소홀하다는 뜻이다. 성
인은 곧고 방자하지 않기 때문에 소인이 소홀하게 대한다. "성인의 말씀
을 업신여긴다."라고 했는데, '모(侮)'자는 가벼이 여기고 태만하게 군다
는 뜻이다. 서인의 말씀을 조금도 알아차릴 수 없기 때문에, 소인은 가벼
이 여기고 태만하게 굴어 시행하지 않는 것이다.

邢疏 ◎注"順吉逆凶, 天之命也". ○正義曰: 虞書・大禹謨云: "惠迪吉, 從逆凶, 惟影響." 孔安國云: "順道吉, 從逆凶, 吉凶之報, 若影之隨形, 響之應聲, 言不虛." 道卽天命也, 天命無不報, 故可畏之.

◎何注: "順吉逆凶, 天之命也". ○『서』「우서(虞書)・대우모(大禹謨)」편에서는 "도를 따르면 길하고 악을 따르면 흉한 것이 그림자나 메아리와 같다."[10]라 했고, 공안국은 "도를 따르면 길하고 악을 따르면 흉하니, 길흉의 응보가 마치 그림자가 형체를 따르고 메아리가 소리에 응하는 것과 같아 틀림이 없다는 뜻이다."라 했다. 도(道)는 곧 천명에 해당하니, 천명은 응보하지 않는 경우가 없기 때문에 두려워할만하다.

邢疏 ◎注"大人卽聖人, 與天地合其德". ○正義曰: 易云"利見大人", 卽聖人也. 乾卦・文言云"夫大人者, 與天地合其德", 莊氏云: "謂覆載也. 與日月合其明, 謂照臨也. 與四時合其序, 若賞以春夏, 刑以秋冬之類也. 與鬼神合其吉凶, 若福善禍淫也." 此獨擧天地合其德者, 擧一隅也.

◎何注: "大人卽聖人, 與天地合其德". ○『역』에서는 "대인(大人)을 만나보는 것이 이롭다."[11]라 했는데, 여기에서의 '대인(大人)'은 성인에 해당한다. 「건괘・문언전」에서는 "무릇 대인이란 자는 천지와 그 덕을 합한다."[12]라 했고, 장씨는 "하늘이 덮어주고 땅이 실어주는 것을 말한다. 일월과 그 밝음을 합한다는 것은 빛을 내려 비춰주는 것을 말한다. 사시와 그 질서를 합한다는 것은 상을 줄 때에는 봄과 여름에 하고 형벌

---

10) 『서』「우서(虞書)・대우모(大禹謨)」: 禹曰, <u>惠迪吉, 從逆凶, 惟影響</u>.
11) 『역』「건괘(乾卦)」: 九二, 見龍在田, <u>利見大人</u>. / 『역』「건괘」: 九五, 飛龍在天, <u>利見大人</u>.
12) 『역』「건괘(乾卦)・문언전(文言傳)」: 夫<u>"大人"者, 與天地合其德</u>, 與日月合其明, 與四時合其序, 與鬼神合其吉凶.

을 줄 때에는 가을과 겨울에 하는 부류[13]와 같은 것들이다. 귀신과 그 길흉을 합한다는 것은 선한 자에게 복을 내려주고 음란한 자에게 화를 내려주는 것[14]과 같은 것이다."라 했다. 여기에서는 유독 천지와 그 덕을 합한다는 것만 제시했는데, 한 모퉁이만을 들었기 때문이다.

邢疏 ◎注"恢疏, 故不知畏". ○正義曰: 按老子 · 德經云: "天網恢恢, 疏而不失." 言天之網羅, 恢恢疏遠, 刑淫賞善, 不失毫分也.

◎何注: "恢疏, 故不知畏". ○『노자』「덕경(德經)」을 살펴보면, "하늘의 그물은 광활하고 요원하지만 놓치지 않는다."[15]라 했다. 하늘의 그물이 광활하고 요원하지만 음란한 자에게 형벌을 내리고 선한 자에게 상을 내려줌에 있어서 조금의 실수도 범하지 않는다는 뜻이다.

邢疏 ◎注"直而不肆, 故狎之". ○正義曰: 肆, 謂放肆. 言大人質直而不放肆, 故小人輕狎之也.

◎何注: "直而不肆, 故狎之". ○'사(肆)'자는 방자하다는 뜻이다. 대인은 소박하고 정직하여 방자하게 굴지 않기 때문에 소인들이 경시하고 업신여긴다는 뜻이다.

集註 畏者, 嚴憚之意也. 天命者, 天所賦之正理也. 知其可畏, 則其戒謹恐懼, 自有不能已者, 而付畀之重, 可以不失矣. 大人聖言, 皆天命所當畏, 知畏天命, 則不得不畏之矣.

---

13) 『춘추좌씨전』「양공(襄公) 26년」: 古之治民者, 勸賞而畏刑, 恤民不倦. 賞以春夏, 刑以秋冬.

14) 『서』「상서(商書) · 탕고(湯誥)」: 天道福善禍淫, 降災于夏, 以彰厥罪.

15) 『노자』「73장」: 勇於敢則殺, 勇於不敢則活. 此兩者或利或害. 天之所惡, 孰知其故. 是以聖人猶難之. 天之道, 不爭而善勝, 不言而善應, 不召而自來, 坦然而善謀. 天網恢恢, 疏而不失.

'외(畏)'는 엄하게 여기고 두려워하는 뜻이다. '천명(天命)'은 하늘이 부여한 바른 이치이다. 두려워할만한 것임을 안다면 경계하고 삼가며 두려워하는 것을 스스로 그만둘 수 없어서 부여받은 중요한 것을 잃지 않는다. 대인과 성인의 말씀은 모두 천명에 마땅히 두려워해야 할 것이니, 천명을 두려워할 줄 안다면 그것들을 두려워하지 않을 수 없다.

集註 侮, 戲玩也. 不知天命, 故不識義理而無所忌憚如此.

'모(侮)'는 희롱한다는 뜻이다. 천명을 알지 못하기 때문에 의리를 알지 못하여 이와 같이 꺼리는 바가 없는 것이다.

集註 尹氏曰: 三畏者, 修己之誠當然也. 小人不務修身誠己, 則何畏之有?

윤씨가 말하길, 세 가지 두려워함은 자신을 수양하는 성실함에는 당연한 것이다. 소인은 몸을 닦고 자신을 성실히 하는데 힘쓰지 않으니 어찌 두려워함이 있겠는가?

제 **16**절

여언례(與言禮) -시선

凡與大人言, 始視面, 中視抱, 卒視面, 毋改. 衆皆若是.

직역 凡히 大人과 與하여 言함에는 始에는 面을 視하고 中에는 抱를 視하며 卒에는 面을 視하고 改를 毋한다. 衆도 皆히 是와 若한다.

의역 무릇 군주와 함께 말을 할 때에는 처음에는 얼굴을 바라보고 중간에는 가슴을 바라보며 끝으로는 얼굴을 바라보고 행동거지를 마음대로 바꾸지 않는다. 같은 자리에 있는 자들도 모두 이처럼 따른다.

鄭注 始視面, 謂觀其顏色可傳言未也. 中視抱, 容其思之, 且爲敬也. 卒視面, 察其納己言否也. 毋改, 謂傳言見答應之間, 當正容體以待之, 毋自變動, 爲嫌解惰不虛心也. 衆, 謂諸卿大夫同在此者. 皆若是, 其視之儀無異也. 古文毋作無, 今文衆爲終.

'시시면(始視面)'은 그 안색을 보고 말을 전할 수 있는지 아닌지를 살핀다는 뜻이다. '중시포(中視抱)'는 그가 생각하는 시간을 용납하고 또 공경스러운 태도를 취하는 것이다. '졸시면(卒視面)'은 자신의 말을 받아들일지 아닐지를 살핀다는 뜻이다. '무개(毋改)'는 말을 전하고 응답을 기다리는 사이에는 마땅히 몸가짐을 바르게 하여 기다려야 하며 제멋대로 바꾸고 움직이지 말아야 한다는 뜻이니, 풀어져 마음을 비우지 않을까 혐의를 두었기 때문이다. '중(衆)'은 여러 경과 대부들로 여기에 함께 있는 자들을 뜻한다. '개약시(皆若是)'는 바라보는 행동거지에 차이가 없다는 뜻이다. 고문에는 '무(毋)'자가 무(無)자로 되어 있고, 금문에는 '중

(衆)'자가 종(終)자로 되어 있다.

賈疏 ●"凡與"至"若是". ◎注"始視"至"爲終". ○釋曰: 云"中視抱, 容其思之, 且爲敬"者, 按曲禮: "天子視不上於袷." 袷, 交領也. "不下 於帶", 上於袷則敖, 下於帶則憂. 視大夫得視面. 此視君得視面者, 彼據尋常視君法, 此據與君言時, 故不同也. 云"且爲敬"者, 此言抱 卽面相袷, 不視袷是敬君之常禮, 故云且爲敬也. 云"爲嫌解惰不虛 心也"者, 禮記云"虛中以治之", 鄭注云: "虛中, 言不兼念餘事." 是虛 心之意也. 云"衆, 謂諸卿大夫同在此"者, 言於君視之高下如此, 其 卿大夫視君之儀與言者無異也. 云"古文毋作無", 不從者, 說文云毋 蓋亦禁辭, 故不從有無之無也. 云"今文衆爲終", 不從者, 以上已有 卒, 卒爲終, 故從古爲衆也.

● 經文: "凡與"~"若是". ◎鄭注: "始視"~"爲終". ○ 정현이 "'중시포(中 視抱)'는 그가 생각하는 시간을 용납하고 또 공경스러운 태도를 취하는 것이다."라 했는데, 『예기』「곡례(曲禮)」편을 살펴보면, "천자를 바라볼 때에는 시선이 옷깃 위로 올라가지 않는다."라 했는데, '겁(袷)'은 옷깃이 교차하는 지점이다. "허리띠 아래로 내려가지 않는다."라 했는데,[1] 시선 을 옷깃 위로 올리게 되면 오만한 것이고, 허리띠 아래로 내리게 되면 근심하는 것이 된다.[2] 대부를 바라볼 때에는 얼굴을 볼 수 있다. 이곳에 서는 군주를 바라보는 것인데도 얼굴을 바라볼 수 있는 것은 「곡례」편의 내용은 일반적으로 주군을 바라보는 예법에 근거한 것이고, 이곳의 내용 은 군주와 더불어 말을 할 때에 근거한 것이다. 그렇기 때문에 차이가 난다. 정현이 "또 공경스러운 태도를 취하는 것이다."라고 했는데, 이곳에

---

1) 『예기』「곡례하(曲禮下)」: <u>天子視, 不上於袷, 不下於帶</u>. 國君綏視, 大夫衡視, 士視五步.

2) 『예기』「곡례하(曲禮下)」: 凡視, <u>上於面則敖, 下於帶則憂</u>, 傾則姦.

서 포(抱)라고 했으니, 얼굴이 옷깃을 바라보는 것인데, 옷깃을 바라보지 않는 것이 군주를 공경하는 일반적인 예법이다. 그렇기 때문에 "또 공경스러운 태도를 취하는 것이다."라 했다. 정현이 "풀어져 마음을 비우지 않을까 혐의를 두었기 때문이다."라고 했는데, 『예기』에서는 "마음을 비워서 처리해야 한다."[3]라 했고, 정현의 주에서는 "'허중(虛中)'은 다른 일들에 대해서 생각하지 않는다는 뜻이다."라 했으니, 이것이 마음을 비운다는 뜻이다. 정현이 "'중(衆)'은 여러 경과 대부들로 여기에 함께 있는 자들을 뜻한다."라고 했는데, 군주를 바라보는 시선의 높낮이가 이와 같고, 경과 대부들이 군주를 바라보는 행동거지가 말을 하는 자와 차이가 없다는 뜻이다. 정현이 "고문에는 '무(毋)'자가 무(無)자로 되어 있다."라고 했는데, 고문의 기록에 따르지 않은 것은 『설문』에서는 무(毋)자를 또한 금지사에 해당한다고 했다. 그렇기 때문에 유무(有無)를 뜻하는 무(無)자에 따르지 않은 것이다. 정현이 "금문에는 '중(衆)'자가 종(終)자로 되어 있다."라고 했는데, 금문의 기록에 따르지 않은 것은 앞에서 이미 졸(卒)이라 했고, 졸(卒)자는 종(終)자의 뜻이 된다. 그렇기 때문에 고문에 따라 중(衆)이라고 한 것이다.

참고 16-1 『예기』「곡례하(曲禮下)」 기록

* 참고: 8-1 참조

참고 16-2 『예기』「곡례하(曲禮下)」 기록

경문 凡視, 上於面則敖, 下於帶則憂, 傾則姦.

----

3) 『예기』「제의(祭義)」: 孝子將祭, 慮事不可以不豫; 比時具物, 不可以不備; 虛中以治之.

무릇 상대방을 바라볼 때에는 시선을 얼굴보다 위로 두면 거만하게 보이고, 허리띠보다 아래로 두면 근심이 있는 것처럼 보이며, 옆으로 비껴보면 간사하게 보인다.

鄭注 敖則仰. 憂則低. 辟頭旁視, 心不正也. 傾或爲側.

오만하게 되면 눈을 치켜뜨게 된다. 근심이 있다면 시선을 내려트리게 된다. 머리를 바르지 못하게 하여 옆으로 비껴본다면 마음이 바르지 못한 것이다. '경(傾)'자를 다른 판본에서는 측(側)자로도 기록한다.

孔疏 ●"凡視上於面則敖"者, 此解所以觀視有界限之義也. 視人過高則是敖慢, 定十五年"邾子執玉高, 其容仰", "高仰, 驕也".

● 經文: "凡視上於面則敖". ○ 이 문장은 상대방을 바라볼 때 시선을 두는 위치에 제한이 있는 이유를 풀이하고 있다. 상대방을 바라볼 때 시선을 높이 두면 오만하고 태만한 태도가 되는데, 정공(定公) 15년의 기록에서는 "주나라 자작이 옥을 들 때 너무 높게 들어서, 그 모습이 위로 치올린 형태가 되었다."[4]라 했고, "높게 들고 몸을 위로 치올리는 것은 교만한 태도이다."[5]라 했다.

孔疏 ●"下於帶則憂"者, 若視過下則似有憂, 有憂頭低垂, 定十五年, "魯公受玉卑, 其容俯", "卑俯, 替也". 又昭十一年秋, 會於厥憖, 單子視不登帶, 是也.

● 經文: "下於帶則憂". ○ 만약 시선을 밑으로 두게 된다면 근심이 있는 것처럼 보이게 되는데, 마음에 근심이 가득차면 머리를 아래로 떨어뜨리

---

4) 『춘추좌씨전』「정공(定公) 15년」: 十五年春, 邾隱公來朝. 子貢觀焉. <u>邾子執玉高, 其容仰</u>; 公受玉卑, 其容俯.

5) 『춘추좌씨전』「정공(定公) 15년」: <u>高·仰, 驕也</u>; 卑·俯, 替也.

게 된다. 정공(定公) 15년의 기록에서 "노나라 군주가 옥을 받을 때 시선을 밑으로 두어서 그 모습이 구부정하게 되었다."6)라 했고, "시선을 밑으로 두고 몸을 구부정하게 하는 것은 기운이 빠져 있는 것이다."7)라 했다. 또 소공(昭公) 11년 가을에는 궐은(厥憖)에서 회합을 가졌는데, 단나라 자작이 시선을 아래로 두어 허리띠 위로 들지 않았다고 한 말8)이 바로 이러한 경우를 가리킨다.

참고 16-3 『예기』「제의(祭義)」 기록

경문 孝子將祭, 慮事不可以不豫; 比時具物, 不可以不備; 虛中以治之.

자식이 부모의 제사를 지내려고 할 때, 일에 대해 생각할 때에는 미리 고려하지 않아서는 안 된다. 또 해당 시기보다 앞서서 기물과 음식들을 갖출 때에는 예법에 맞게 갖추지 않아서는 안 된다. 몸을 정갈하게 하고 마음을 비워서 처리해야 한다.

鄭注 比時, 猶先時也. 虛中, 言不兼念餘事.

'비시(比時)'는 해당 시기보다 앞선다는 뜻이다. '허중(虛中)'은 다른 일들에 대해서 생각하지 않는다는 뜻이다.

孔疏 ● "虛中以治之"者, 言不可兼念餘事, 心中實虛, 唯思此祭而

---

6) 『춘추좌씨전』「정공(定公) 15년」: 十五年春, 邾隱公來朝. 子貢觀焉. 邾子執玉高, 其容仰; <u>公受玉卑, 其容俯</u>.

7) 『춘추좌씨전』「정공(定公) 15년」: 高·仰, 驕也; <u>卑·俯, 替也</u>.

8) 『춘추좌씨전』「소공(昭公) 11년」: 秋, 會于厥憖, 謀救蔡也. …… 單子會韓宣子于戚, 視下, 言徐.

已, 故云"虛中以治之"也.

● 經文: "虛中以治之". ○ 다른 일들을 함께 생각해서는 안 되니, 마음을 비우고 오직 제사에 대해서만 생각해야 한다는 뜻이다. 그렇기 때문에 "마음을 비우고서 처리한다."라고 했다.

若父, 則遊目, 毋上於面, 毋下於帶.

직역 若히 父라면 目을 遊나 面에서 上을 毋하며 帶에서 下를 毋한다.

의역 만약 부친과 함께 함께 말을 할 때라면 눈동자를 움직일 수는 있지만 시선을 얼굴 위로 올리지 말아야 하며 허리띠 밑으로 내리지 말아야 한다.

鄭注 子於父, 主孝不主敬, 所視廣也, 因觀安否何如也. 今文父爲甫, 古文毋作無.

자식이 부친을 대할 때에는 효를 위주로 하며 공경을 위주로 하지 않으니 시선을 둠이 넓은 것으로, 이를 통해 안부가 어떠한가를 살피는 것이다. 금문에는 '부(父)'자가 보(甫)자로 되어 있고, 고문에는 '무(毋)'자가 무(無)자로 되어 있다.

賈疏 ●"若父"至"於帶". ◎注"子於"至"作無". ○釋曰: 按曲禮大夫之臣視大夫得視面不得遊目, 士之臣視士得旁遊目. 今子視父, 應與視君同, 不上於袷. 與士大夫同者, 以子於父主孝不主敬, 所視廣者, 因視安否何如也.

●經文: "若父"~"於帶". ◎鄭注: "子於"~"作無". ○『예기』「곡례(曲禮)」편을 살펴보면, 대부의 신하는 대부를 바라보며 얼굴을 바라볼 수 있지만 눈동자를 움직일 수 없고, 사의 신하는 사를 바라보며 옆으로 눈동자를 돌릴 수 있다.[1] 현재 자식이 부친을 바라볼 때 마땅히 군주를 바라보는 것과 동일하게 하여 옷깃 위로 올리지 않아야 한다. 그런데 사나 대부에 대한 경우와 동일하게 하는 것은 자식은 부친에 대해 효를 위주로 하며

---

1) 『예기』「곡례하(曲禮下)」: 天子視, 不上於袷, 不下於帶. 國君綏視, <u>大夫衡視, 士視五步</u>.

공경을 위주로 하지 않으니, 시선을 둠이 넓은 것으로, 이를 통해 안부가 어떠한가를 살피기 때문이다.

참고 16-4 『예기』「곡례하(曲禮下)」 기록

* 참고: 8-1 참조

138下

若不言, 立則視足, 坐則視膝.

직역 若히 不言이라면 立하면 足을 視하고 坐하면 膝을 視한다.

의역 만약 말을 하지 않는 상황이라면, 서 계시면 발을 바라보고 앉아 계시면 무릎을 바라본다.

鄭注 不言則伺其行起而已.

말을 하지 않는다면 이동하거나 일어나는 것을 엿볼 따름이다.

賈疏 ●"若不"至"視膝". ◎注"不言"至"而已". ○釋曰: 已上皆據臣 子與君父言語之時, 此據不言之時, 鄭言"伺其行起"者, 行解經立, 行 由立始, 故以行解立. 是以論語云"立不中門", 鄭云"立行不當棖闑之 中央", 是亦以行解立, 一也. 又以起解坐, 以其起由坐始故也.

●經文: "若不"~"視膝". ◎鄭注: "不言"~"而已". ○앞의 내용들은 모두 신하나 자식이 군주나 부친과 말을 할 때에 기준을 둔 것이고, 이곳에서는 말을 하지 않을 때를 기준으로 한 것인데, 정현이 "이동하거나 일어나는 것을 엿본다."라 말한 것은 이동한다는 것은 경문에서 '입(立)'이라 한 말을 풀이한 것으로, 이동하는 것은 서 있는 것으로부터 시작한다. 그렇기 때문에 행(行)자로 입(立)자를 풀이한 것이다. 이러한 까닭으로『논어』에서는 "서 있을 때에는 문 가운데에 서지 않았다."[1]라 했고, 정현은 "서거나 이동할 때에는 문설주와 문 중앙 말뚝으로 하지 않는다."라 했으니, 이 또한 행(行)자로 입(立)자를 풀이했다는 점에서 동일하다. 또 기(起)자로

---

1) 『논어』「향당(鄕黨)」: 入公門, 鞠躬如也, 如不容. <u>立不中門</u>, 行不履閾. 過位, 色勃如也, 足躩如也, 其言似不足者. 攝齊升堂, 鞠躬如也, 屏氣似不息者. 出, 降一等, 逞顔色, 怡怡如也. 沒階, 趨進, 翼如也. 復其位, 踧踖如也.

좌(坐)자를 풀이했는데, 일어나는 것은 앉아 있는 것으로부터 시작하기 때문이다.

경문　入公門, 鞠躬如也, 如不容①. 立不中門, 行不履閾②. 過位, 色勃如也, 足躩如也③. 其言似不足者. 攝齊升堂, 鞠躬如也, 屏氣似不息者④. 出, 降一等, 逞顔色, 怡怡如也⑤. 沒階, 趨進, 翼如也⑥. 復其位, 踧踖如也⑦.

공문2)에 들어가실 때에는 몸을 굽히시어 마치 몸을 용납하지 못하는 것처럼 하셨다. 서 계실 때에는 문 가운데에 서지 않으셨고, 다니실 때에는 문지방을 밟지 않으셨다. 군주의 빈자리를 지나가실 때에는 낯빛을 바꾸시고 발을 격식에 맞춰 하셨다. 말씀은 기운이 부족한 사람 같으셨다. 옷자락을 걷어 올리고 당상에 오르실 때에는 몸을 굽히셨고 숨을 죽이셔서 마치 숨을 쉬지 않는 것처럼 하셨다. 나오셔서 한 계단을 내려오셔서는 안색을 펴서서 즐거운 듯하셨다. 계단을 다 내려와서 빨리 나가실 때에는 날개를 편 듯 하셨다. 다시 군주의 자리에 이르셔서는 삼가고 공손하셨다.

何注①　孔曰: 斂身.

공씨가 말하길, 몸을 움츠린다는 뜻이다.

何注②　孔曰: 閾, 門限.

---

2) 공문(公門)은 군주가 사는 궁(宮)의 대문(大門)을 뜻한다. '공(公)'자는 군주를 뜻하는 글자이다.

공씨가 말하길, '역(閾)'은 문지방을 뜻한다.

何注 ③ 包曰: 過君之空位.

포씨가 말하길, 군주의 빈자리를 지나친다는 뜻이다.

何注 ④ 孔曰: 皆重愼也. 衣下曰齊. 攝齊者, 摳衣也.

공씨가 말하길, 이 모두는 신중히 하는 것이다. 옷의 아랫단을 '자(齊)'라 부른다. '섭자(攝齊)'는 옷을 걷어 올린다는 뜻이다.

何注 ⑤ 孔曰: 先屛氣, 下階舒氣, 故怡怡如也.

공씨가 말하길, 먼저 숨을 죽였다가 계단을 내려와서 숨을 조금 편히 쉬게 되었기 때문에 즐거워하는 것 같았다는 뜻이다.

何注 ⑥ 孔曰: 沒, 盡也. 下盡階.

공씨가 말하길, '몰(沒)'자는 모두라는 뜻이다. 내려와 계단을 다 내려온 것이다.

何注 ⑦ 孔曰: 來時所過位.

공씨가 말하길, 찾아왔을 때 지나쳤던 군주의 빈자리를 뜻한다.

邢疏 ●"入公門"至"踧踖如也". ○正義曰: 此一節記孔子趨朝之禮容也. "入公門, 鞠躬如也, 如不容"者, 公, 君也. 鞠, 曲斂也. 躬, 身也. 君門雖大, 斂身如狹小不容受其身也. "立不中門"者, 中門謂棖闃之中央. 君門中央有闃, 兩旁有棖. 棖謂之門楔. 棖闃之中, 是尊者所立處, 故人臣不得當之而立也. "行不履閾"者, 履, 踐也. 閾, 門限也. 出入不得踐履門限, 所以爾者, 一則自高, 二則不淨, 並爲不敬. "過位, 色勃如也, 足躩如也"者, 過位, 過君之空位也, 謂門屛之間, 人君寧立之處. 君雖不在此位, 人臣過之宜敬, 故勃然變色, 足盤辟而爲敬也. "其言似不足"者, 下氣怡聲如似不足者也. "攝齊升堂, 鞠躬如也, 屛氣似不息"者, 皆重愼也. 衣下曰齊. 攝齊者, 摳衣也. 將升堂時, 以兩手當裳前, 提挈裳使起, 恐衣長轉足躡履之. 仍復曲斂其身, 以至君所, 則屛藏其氣, 似無氣息者也. "出, 降一等, 逞顏色, 怡怡如也"者, 以先時屛氣, 出下階一級則舒氣, 故解其顏色, 怡怡然和說也. "沒階, 趨進, 翼如也", 沒, 盡也. 下盡階, 則疾趨而出, 張拱端好, 如鳥之舒翼也. "復其位, 踧踖如也"者, 復至其來時所過之位, 則又踧踖恭敬也.

● 經文: "入公門"~"踧踖如也". ○ 이 한 문단은 공자가 조정에 나아가셨을 때의 예법에 맞는 행동거지를 기록한 것이다. "공문에 들어가실 때에는 몸을 굽히시어 마치 몸을 용납하지 못하는 것처럼 하셨다."라고 했는데, '공(公)'자는 군주를 뜻한다. '국(鞠)'자는 굽히고 움츠렸다는 뜻이다. '궁(躬)'자는 몸을 뜻한다. 군주의 대문이 비록 크더라도 몸을 움츠려서 마치 그 문이 협소해 자신의 몸을 수용할 수 없는 것처럼 했다는 뜻이다. "서 계실 때에는 문 가운데에 서지 않으셨다."라고 했는데, '중문(中門)'은 문설주와 문 중앙 말뚝의 중앙을 뜻한다. 군주의 대문 중앙에는 얼(闑)이 있고, 양쪽 측면에는 정(棖)이 있는데, 정(棖)을 문설주라 부른다. 정(棖)과 얼(闑)의 중앙은 존귀한 자가 서 있게 되는 곳이다. 그렇기 때문에 신하는 그곳에 설 수 없다. "다니실 때에는 문지방을 밟지 않으셨다."라고 했는데, '이(履)'자는 밟는다는 뜻이다. '역(閾)'자는 문지방을 뜻한다. 출입함에 문지방을 밟을 수 없는데, 그렇게 한 이유는 첫 번째는 그것을 밟는 것은 스스로를 높이는 것이기 때문이고, 두 번째는 그것을 밟게 되면 지저분해지기 때문인데, 이 모두는 불경한 태도가 된다. "군주의 빈자리를 지나가실 때에는 낯빛을 바꾸시고 발을 격식에 맞춰 하셨다."라고 했는데, '과위(過位)'는 군주의 빈자리를 지나친다는 뜻이니, 문

과 병(屛) 사이의 군주가 서게 되는 장소를 가리킨다. 군주가 비록 그 자리에 있지 않더라도 신하가 그곳을 지나가게 되면 마땅히 공경을 나타내야 한다. 그렇기 때문에 갑작스럽게 낯빛을 바꾸고 발은 반벽(盤辟)을 하여 공경을 표한 것이다. "말씀은 기운이 부족한 사람 같으셨다."라고 했는데, 숨소리를 낮추고 목소리를 부드럽게 한 것이 마치 기운이 부족한 사람과 같았다는 뜻이다. "옷자락을 걷어 올리고 당상에 오르실 때에는 몸을 굽히셨고 숨을 죽이셔서 마치 숨을 쉬지 않는 것처럼 하셨다."라고 했는데, 이 모두는 신중히 하는 것이다. 옷의 아랫단을 '자(齊)'라 부른다. '섭자(攝齊)'는 옷을 걷어 올린다는 뜻이다. 장차 당상으로 올라가려 할 때 양손으로 하의의 앞자락을 잡고서 하의를 끌어올려 위로 올라가게 한 것이니, 옷이 길어서 발을 옮기다가 밟게 될까 염려해서이다. 그런 뒤에 다시 몸을 굽혀 움츠리고 군주가 계신 곳에 이르게 되면 숨을 죽여서 마치 숨을 쉬지 않는 것처럼 하였다. "나오셔서 한 계단을 내려오셔서는 안색을 펴셔서 즐거운 듯하셨다."라고 했는데, 먼저 숨을 죽였다가 나와서 계단 한 칸을 내려가게 되면 숨을 조금 편히 쉬게 된다. 그렇기 때문에 그 안색을 펴서 즐거운 듯 화락하였다. "계단을 다 내려와서 빨리 나가실 때에는 날개를 편 듯 하셨다."라고 했는데, '몰(沒)'자는 모두라는 뜻이다. 내려와 계단을 다 내려오게 되면 빠르게 종종걸음을 걸으며 밖으로 나오는데 팔을 벌리고 손을 모아서 단정하고 아름다운 자세를 취하여 마치 새가 날개를 편 것처럼 한다는 뜻이다. "다시 군주의 빈자리에 이르셔서는 삼가고 공손하셨다."라고 했는데, 찾아왔을 때 지나쳤던 자리에 다시 이르게 되면 또한 삼가고 공손하였다는 뜻이다.

邢疏 ◎注"閾, 門限". ○正義曰: 釋宮云: "柣謂之閾." 孫炎云"閾, 門限也." 經傳諸注, 皆以閾爲門限, 爲內外之限約也.

◎ 何注: "閾, 門限". ○『이아』「석궁(釋宮)」편에서는 "질(柣)을 역(閾)이라 한다."[3]라 했고, 손염은 "역(閾)은 문지방이다."라 했다. 경문과 전

문 및 여러 주들에서는 모두 역(閾)을 문지방으로 여겼으니, 문의 안과 밖을 구분짓는 경계로 삼았다.

◎注"衣下曰齊. 攝齊者, 摳衣也". ○ 正義曰: 曲禮云: "兩手摳衣, 去齊尺." 鄭注云: "齊謂裳下緝也." 然則衣謂裳也. 對文則上曰衣, 下曰裳. 散則可通. 故此云摳衣. 摳, 提挈也, 謂提挈裳前, 使去地一尺也.

◎何注: "衣下曰齊. 攝齊者, 摳衣也". ○『예기』「곡례(曲禮)」편에서는 "양쪽 손으로는 치마를 걷어 올려서, 치마의 밑단이 지면과 1척 정도 떨어지도록 한다."4)라 했고, 정현의 주에서는 "'자(齊)'자는 치마의 밑단을 뜻한다."라 했다. 그렇다면 '의(衣)'는 하의를 뜻한다. 문장을 대비하게 되면 상의를 '의(衣)'라 부르고 하의를 '상(裳)'이라 부르지만, 범범하게 말하면 둘은 통용된다. 그렇기 때문에 이곳에서 '구의(摳衣)'라고 한 것이다. '구(摳)'자는 끌어 올린다는 뜻이니, 하의의 앞자락을 끌어 올려서 지면과 1척 정도 떨어지게 하는 것이다.

鞠躬, 曲身也. 公門高大, 而若不容, 敬之至也.

'국궁(鞠躬)'은 몸을 굽히는 것이다. 공문이 높고 거대하지만 용납하지 못하는 것처럼 한 것은 공경함이 지극한 것이다.

中門, 中於門也, 謂當棖闑之間, 君出入處也. 闑, 門限也. 禮, 士大夫出入公門, 由闑右, 不踐閾. 謝氏曰: "立中門則當尊, 行履閾

---

3) 『이아』「석궁(釋宮)」 : 柣謂之閾. 棖謂之楔. 楣謂之梁. 樞謂之棞. 樞達北方謂之落時, 落時謂之戹.
4) 『예기』「곡례상(曲禮上)」 : 將卽席, 容毋怍, 兩手摳衣去齊尺. 衣毋撥, 足毋蹶.

則不恪."

'중문(中門)'은 문의 중앙이니, 정(棖)과 얼(闑) 사이로 군주가 출입하는 곳을 말한다. '역(閾)'은 문지방이다. 예법에 사와 대부는 공문을 출입하며 얼의 우측을 경유하며 문지방을 밟지 않는다고 하였다. 사씨는 "설 때 문 중앙에 서게 되면 존귀한 자리에 있게 되며, 다닐 때 문지방을 밟게 되면 조심스럽지 않게 된다."라 했다.

集註 位, 君之虛位, 謂門屛之間, 人君佇立之處, 所謂佇也. 君雖不 在, 過之必敬, 不敢以虛位而慢之也. 言似不足, 不敢肆也.

'위(位)'는 군주의 빈자리이니, 문과 병(屛) 사이로 군주가 서게 되는 장소를 뜻하며 이른바 저(佇)라는 곳이다. 군주가 비록 그 자리에 있지 않지만, 그곳을 지나갈 때 반드시 공경을 표하게 되니, 감히 빈자리라 하여 태만하게 굴지 않는 것이다. 말이 부족한 것 같다는 것은 감히 제멋대로 말하지 않는다는 뜻이다.

集註 攝, 摳也. 齊, 衣下縫也. 禮, 將升堂, 兩手摳衣, 使去地尺, 恐 躡之而傾跌失容也. 屛, 藏也. 息, 鼻出入者也. 近至尊, 氣容肅也.

'섭(攝)'은 위로 올린다는 뜻이다. '자(齊)'는 옷의 아랫단이다. 예법에 당상으로 올라가려고 할 때에는 양손으로 옷을 끌어 당겨서 지면과 1척 정도를 떨어지게 한다고 하니, 옷자락을 밟아 넘어져 용모를 잃게 됨을 염려해서이다. '병(屛)'은 감춘다는 뜻이다. '식(息)'은 코로 숨이 나가고 들어가는 것이다. 지극히 존귀한 자를 가까이 하게 되어 숨쉬는 모양을 엄숙하게 하는 것이다.

集註 陸氏曰: 趨下本無進字, 俗本有之, 誤也.

육씨가 말하길, '추(趨)'자 뒤에는 본래 진(進)자가 없는데, 속본에 진(進)

자가 있는 것은 잘못된 기록이다.

集註 等, 階之級也. 逞, 放也. 漸遠所尊, 舒氣解顔. 怡怡, 和悅也. 沒階, 下盡階也. 趨, 走就位也. 復位踧踖, 敬之餘也.

'등(等)'은 계단의 칸이다. '영(逞)'은 편다는 뜻이다. 높이는 대상으로부터 점차 멀어지게 되어 기운을 펴고 안색을 펴는 것이다. '이이(怡怡)'는 화락하다는 뜻이다. '몰계(沒階)'는 계단을 모두 내려왔다는 뜻이다. '추(趨)'는 빨리 자리로 나아가는 것이다. 자리로 되돌아와 공손하다는 것은 공경함이 남아 있는 것이다.

集註 此一節記孔子在朝之容.

이 한 문단은 공자가 조정에 있을 때의 용모를 기록한 것이다.

제 17 절

시좌례(侍坐禮) - 군자(君子)

139上

> 凡侍坐於君子, 君子欠伸, 問日之早晏, 以食具告, 改居,
> 則請退可也.

직역 凡히 君子를 侍坐함에 君子가 欠伸하거나 日의 早晏을 問하거나 食具로 告하게
하거나 居를 改하면 退를 請해도 可하다.

의역 무릇 군자를 모시고 앉아 있을 때 군자가 하품이나 기지개를 펴거나 날이 아직
이른지 저물었는지를 묻거나 음식이 준비되었는지 아뢰게 하거나 직접 몸가짐
을 고쳐 움직이게 되면 물러가길 청해도 괜찮다.

鄭注 君子, 謂卿大夫及國中賢者也. 志倦則欠, 體倦則伸, 問日晏,
近於久也. 具猶辨也. 改居, 謂自變動也. 古文伸作信, 早作蚤.

'군자(君子)'는 경과 대부 및 나라 안에 있는 현자를 뜻한다. 마음이 피곤
해지면 하품을 하고 몸이 피곤해지면 기지개를 편다. 해가 저물었는가를
묻는 것은 오래됨에 가깝기 때문이다. '구(具)'자는 준비한다는 뜻이다.
'개거(改居)'는 스스로 몸가짐을 바꾸고 움직인다는 뜻이다. 고문에는 '신
(伸)'자가 신(信)자로 되어 있고, '조(早)'자가 조(蚤)자로 되어 있다.

賈疏 ●"凡侍"至"可也". ◎注"君子"至"作蚤". ○釋曰: 此陳侍坐於
君子之法. 鄭云君子卿大夫者, 禮之通例, 大夫得稱君子, 亦得稱貴
人, 而士賤, 不得也. 知"及國中賢者"者, 鄉射禮云: "徵唯所欲, 以告
於鄉先生君子, 可也." 鄭云: "鄉先生, 鄉大夫致仕者. 君子, 有大德

行不仕者." 則曲禮云"博聞强識而讓, 敦善行而不怠, 謂之君子", 是也. 云"志倦則欠, 體倦則伸", 鄭注曲禮亦然. 云"古文伸作信, 早作蚤"者, 此二字古通用, 故大宗伯云"侯執身[1]圭", 爲信字. 詩云: "四之日其蚤, 獻羔祭韭." 爲蚤字旣通用, 疊古文者, 據字體非直, 從今爲正, 亦得通用之義也.

● 經文: "凡侍"~"可也". ◎ 鄭注: "君子"~"作蚤". ○ 이것은 군자를 모시고 앉아 있을 때의 예법을 진술한 것이다. 정현은 "군자(君子)는 경과 대부이다."라고 했는데, 이것은 예의 일반적인 용례로, 대부에 대해서는 군자라 칭할 수 있고 또 귀인이라 칭할 수도 있지만, 사는 미천하기 때문에 할 수 없다. 정현이 "나라 안에 있는 현자이다."라고 했는데, 이 말이 사실임을 알 수 있는 것은 『의례』「향사례(鄕射禮)」편에서 "초빙하는 것은 주인이 부르고 싶은 자이며, 향의 선생 및 군자에게 청해도 괜찮다.[2]라 했고, 정현은 "향선생(鄕先生)은 향의 대부 중 관직에서 물러난 자이다. 군자(君子)는 큰 덕행을 갖추고도 출사하지 않은 자이다."라 했으니, 『예기』「곡례(曲禮)」편에서 "널리 배우고 익히는 일에도 뛰어나면서 또한 겸손하며, 선행을 돈독하게 실천하면서도 그 일에 게으름이 없으면, 그를 군자라고 부른다.[3]라고 한 자들에 해당한다. 정현이 "마음이 피곤해지면 하품을 하고 몸이 피곤해지면 기지개를 편다."라고 했는데, 「곡례」

---

1) 신(身) : 『십삼경주소』 북경대 출판본에서는 "신(身)자를 『민본』과 『요의』에서는 동일하게 기록했는데, 『모본』에서는 신(伸)자로 기록했다. 손이양의 『교기』에서는 '신(身)'자로 기록하는 것은 「대종백」편에 대한 정현의 주 뜻에 따른 것이다. 그러나 이곳의 소는 신(伸)자와 신(信)자가 통용되었다는 것을 증명하기 위한 것이니, 신(伸)자로 기록하는 것을 옳은 기록으로 보아야 한다. 「곡례」편의 공영달소에서는 강남유자가 신규(信圭)의 뜻을 풀이한 것을 인용하며 이와 같이 설명했으니, 아마도 가공언의 소에 근본을 둔 것 같다. 『송본』에서 신(身)자로 기록한 것은 후인들이 정현의 뜻에 의해 글자를 고친 것이다."라고 했다.

2) 『의례』「향사례(鄕射禮)」: 徵唯所欲, 以告于鄕先生·君子可也.

3) 『예기』「곡례상(曲禮上)」: 博聞强識而讓, 敦善行而不怠, 謂之君子.

편에 대한 정현의 주 또한 이러하다.[4] 정현이 "고문에는 '신(伸)'자가 신(信)자로 되어 있고, '조(早)'자가 조(蚤)자로 되어 있다."라고 했는데, 이 두 글자는 고문에서는 통용해서 사용했다. 그렇기 때문에 『주례』「대종백(大宗伯)」편에서 "후작은 신규[5]를 잡는다."[6]라 했는데, 이때의 신(身)자는 신(信)자가 된다. 『시』에서는 "사양(四陽)의 날 아침에는 새끼 양을 바치고 부추를 곁들여 제사지낸다."[7]라 했는데, 조(蚤)자로 기록하는 것이 이미 통용되고 있다. 따라서 고문과 겹치지만 자형에 근거하면 바르지 않아 금문에 따르는 것을 바름으로 삼았던 것이고, 이 또한 통용의 뜻이 될 수 있다.

---

4) 『예기』「곡례상(曲禮上)」편의 "侍坐於君子, 君子欠伸, 撰杖屨, 視日蚤莫, 侍坐者請出矣."라는 문장에 대해, 정현은 "군자에게 피곤해하는 기색이 있기 때문이다.[以君子有倦意也.]"라 했고, 공영달은 "군자가 정신적으로 피로하면 하품을 하게 되고, 신체적으로 피로하면 기지개를 펴게 된다.[君子志疲則欠, 體疲則伸.]"라 했다.

5) 신규(信圭)는 신규(身圭)이다. '신(信)'자와 '신(身)'자의 소리가 비슷하기 때문에 잘못 전이된 것이다. '신규'는 후작이 들게 되는 규(圭)이다. 사람의 형상을 새겨 넣었기 때문에 '신규'라고 부르는 것이며, 그 무늬는 궁규(躬圭)에 비해 세밀하다. 신중하게 행동하여 자신의 몸을 잘 보호하고자 이러한 형상을 새겨 넣은 것이다. 그리고 '신규'의 길이는 7촌(寸)이 된다. 『주례』「춘관(春官)·대종백(大宗伯)」편에는 "侯執信圭. 伯執躬圭."라는 기록이 있고, 이에 대한 정현의 주에서는 "信當爲身, 聲之誤也. 身圭·躬圭, 蓋皆象以人形爲琢飾, 文有麤縟耳. 欲其愼行以保身. 圭皆長七寸."이라고 풀이했다.

6) 『주례』「춘관(春官)·대종백(大宗伯)」: 王執鎭圭, 公執桓圭, 侯執信圭, 伯執躬圭, 子執穀璧, 男執蒲璧.

7) 『시』「빈풍(豳風)·칠월(七月)」: 二之日鑿冰沖沖, 三之日納于凌陰. 四之日其蚤, 獻羔祭韭. 九月肅霜, 十月滌場. 朋酒斯饗, 曰殺羔羊. 躋彼公堂, 稱彼兕觥, 萬壽無疆.

『예기』「곡례상(曲禮上)」 기록

경문 博聞强識而讓, 敦善行而不怠, 謂之君子.

널리 배우고 익히는 일에도 뛰어나면서 또한 겸손하며, 선행을 돈독하게
실천하면서도 그 일에 게으름이 없으면, 그를 '군자(君子)'라고 부른다.

鄭注 敦, 厚.

'돈(敦)'자는 돈독하게 한다는 뜻이다.

참고 17-2 『예기』「곡례상(曲禮上)」 기록

경문 侍坐於君子, 君子欠伸, 撰杖屨, 視日蚤莫, 侍坐者請出矣.

군자를 모시고 앉아 있을 때, 시간이 오래되어 군자가 하품을 하거나 기
지개를 펴거나 또는 지팡이나 신발을 잡거나 해가 아직 떠 있는지 아니면
저물었는지를 살핀다면 군자가 피로해하는 것이므로, 모시고 앉아 있던
자들은 본인들은 이제 그만 물러나도 되겠는지를 여쭙는다.

鄭注 以君子有倦意也. 撰猶持也.

군자에게 피곤해하는 기색이 있기 때문이다. '찬(撰)'자는 잡는다는 뜻이
다.

孔疏 ●"君子欠伸"者, 君子志疲則欠, 體疲則伸.

● 經文: "君子欠伸". ○ 군자가 정신적으로 피로하면 하품을 하게 되고,
신체적으로 피로하면 기지개를 펴게 된다.

『주례』「춘관(春官)‧대종백(大宗伯)」기록

경문 侯執信圭, 伯執躬圭.

후작은 신규(身圭)를 잡고, 백작은 궁규8)를 잡는다.

鄭注 “信”當爲“身”, 聲之誤也. 身圭‧躬圭, 蓋皆象以人形爲琢飾, 文有麤縟耳. 欲其愼行以保身. 圭皆長七寸.

‘신(信)’자는 마땅히 ‘신(身)’자가 되어야 하니, 소리가 비슷한 데에서 비롯된 잘못이다. 신규(身圭)와 궁규(躬圭)는 아마도 모두 사람의 형상을 새겨서 장식을 한 것인데, 무늬에 거칠거나 세밀한 차이만 있을 따름이다. 행동을 신중히 하여 자신을 보호하고자 한 것이다. 규(圭)는 모두 그 길이가 7촌이다.

賈疏 ◎注“信當”至“七寸”. ○釋曰: 鄭必破“信”爲“身”者, 古者舒‧申字皆爲信, 故此人身字亦誤爲信, 故鄭云“聲之誤也”. 云“身圭‧躬圭, 蓋皆象以人形象致飾”者, 以其字爲身躬, 故鄭還以人形解之. 云“文有麤縟耳”者, 縟, 細也, 以其皆以人形爲飾, 若不麤縟爲異, 則身‧躬何殊而別之? 故知文有麤縟爲別也. 云“欲其愼行以保身”者, 此則約上下圭爲義, 旣以人身爲飾, 義當愼行保身也. 云“圭皆七寸”者, 按玉人云“信圭‧躬圭七寸, 侯伯守之”, 是也.

◎鄭注: “信當”~“七寸”. ○정현이 기어코 글자를 고쳐 신(信)자를 신(身)자로 한 것은 고대에 서(舒)자와 신(申)자는 모두 신(信)자가 된다.

---

8) 궁규(躬圭)는 백작이 들게 되는 규(圭)이다. 사람의 형상을 새겨 넣었기 때문에 ‘궁규’라고 부르는 것이며, 그 무늬는 신규(信圭)에 비해 거칠다. 신중하게 행동하여 자신의 몸을 잘 보호하고자 이러한 형상을 새겨 넣은 것이다. 그리고 ‘궁규’의 길이는 7촌(寸)이 된다.

그렇기 때문에 사람의 몸을 뜻하는 글자 또한 잘못하여 신(信)이라 한 것이다. 그래서 정현이 "소리가 비슷한 데에서 비롯된 잘못이다."라고 했다. 정현이 "신규(身圭)와 궁규(躬圭)는 아마도 모두 사람의 형상을 새겨서 장식을 한 것이다."라고 했는데, 글자가 신(身)자와 궁(躬)자로 되어 있기 때문에 정현은 다시금 사람의 형상으로 풀이한 것이다. 정현이 "무늬에 거칠거나 세밀한 차이만 있을 따름이다."라고 했는데, '욕(縟)'자는 세밀하다는 뜻이니, 모두 사람의 형상으로 장식을 삼은 것으로, 만약 거칠거나 세밀한 것으로 차이를 두지 않는다면 신규(身圭)와 궁규(躬圭)를 무엇으로 구별하겠는가? 그렇기 때문에 그 무늬에 있어 거칠거나 세밀한 것을 두어 구별했음을 알 수 있다. 정현이 "행동을 신중히 하여 자신을 보호하고자 한 것이다."라고 했는데, 이것은 위아래의 규(圭)에 대한 내용을 요약해서 뜻으로 삼은 것이니, 이미 사람의 신체를 장식으로 하였으므로, 그 의미는 마땅히 행동을 신중히 하여 자신을 보호하는 것이 된다. 정현이 "규(圭)는 모두 그 길이가 7촌이다."라고 했는데, 『주례』「옥인(玉人)」편을 살펴보면 "신규와 궁규는 7촌이며 후작과 백작이 이것을 지킨다."⁹⁾고 했다.

참고 17-4 『시』「빈풍(豳風)·칠월(七月)」 기록

경문 二之日鑿冰沖沖, 三之日納于凌陰. 四之日其蚤, 獻羔祭韭.

이양(二陽)의 날에 얼음을 쿵쿵 깨어, 삼양(三陽)의 날에 빙고에 넣는다. 사양(四陽)의 날 아침에는 새끼 양을 바치고 부추를 곁들여 제사지낸다.

---

9) 『주례』「동관고공기(冬官考工記)·옥인(玉人)」: 玉人之事, 鎭圭尺有二寸, 天子守之. 命圭九寸, 謂之桓圭, 公守之. 命圭七寸, 謂之信圭, 侯守之, 命圭七寸, 謂之躬圭, 伯守之.

毛傳 冰盛水腹, 則命取冰於山林. 沖沖, 鑿冰之意. 凌陰, 冰室也.

얼음이 많아져 물이 얼어 단단해지면 산림에서 얼음을 채취하라 명한다. '충충(沖沖)'은 얼음을 깬다는 뜻이다. '능음(凌陰)'은 얼음 저장고이다.

鄭箋 古者, 日在北陸而藏冰, 西陸朝覿而出之. 祭司寒而藏之, 獻羔而啓之. 其出之也, 朝之祿位, 賓・食・喪・祭, 於是乎用之. 月令 "仲春, 天子乃獻羔開冰, 先薦寢廟." 周禮凌人之職, "夏, 頒冰掌事. 秋, 刷". 上章備寒, 故此章備暑. 后稷先公禮敎備也.

고대에는 해가 북륙10)에 있게 되면 얼음을 저장했고, 해가 서륙11)에 있고 묘수(昴宿)가 새벽에 동쪽 하늘에 나타나면 얼음을 꺼냈다. 사한12)에게 제사를 지내고서 얼음을 보관하고, 새끼 양을 바치고서 저장고를 열었다. 그것을 꺼낼 때에는 조정에서 녹봉을 받고 작위를 가진 자가 빈례・사례・상례・제례를 할 때 이곳에서 꺼내 사용한다. 『예기』「월령(月令)」편에서는 "중춘의 달에 천자는 곧 새끼 양을 희생물로 바치고 석빙고를 열어 얼음을 꺼내는데, 무엇보다도 침묘13)에 먼저 바친다."14)라 했고, 『주

---

10) 북륙(北陸)은 북방현무(北方玄武)에 소속된 7수(宿)의 영역을 가리키며, 정확하게는 7수 중 하나인 허수(虛宿)를 지칭한다. 허수가 북방(北方)에 속하므로, '북륙'이라고 부른 것이다. 『이아』「석천(釋天)」편에는 "玄枵, 虛也. 顓頊之虛, 虛也. 北陸, 虛也."라는 기록이 있다.

11) 서륙(西陸)은 천문학 용어이다. 태양이 서방백호(西方白虎)의 7수(宿) 구역에서 운행하는 것을 뜻한다. 『춘추좌씨전』「소공(昭公) 4년」편에는 "古者日在北陸而藏冰, 西陸朝覿而出之."라는 기록이 있다.

12) 사한(司寒)은 겨울을 주관한다는 뜻이며, 겨울을 주관하는 동신(冬神)을 가리킨다. 또한 현명(玄冥)을 가리키기도 하며, 방위로 따져서 북방(北方)을 담당하는 신(神)를 뜻하기도 한다. 『춘추좌씨전』「소공(昭公) 4년」편에 대한 두예(杜預)의 주에서는 "司寒, 玄冥, 北方之神."이라고 풀이했다.

13) 침묘(寢廟)는 '묘(廟)'와 '침(寢)'을 합쳐 부르는 말이다. 종묘(宗廟)에 있어서, 앞에 있는 정전(正殿)을 '묘'라고 부르며, 뒤에 있는 후전(後殿)을 '침'이라고 부른다.

례』「능인(凌人)」편의 직무기록에서는 "여름에 얼음을 나눠주면 그 일을 담당한다. 가을이 되면 얼음 저장고를 청소한다."[15]라 했다. 앞 장의 내용은 추위에 대비하는 것이기 때문에 이 장의 내용은 더위에 대비하는 것이다. 후직[16]과 선공[17]의 예교가 갖춰진 것이다.

이때 '묘'는 접신(接神)하는 장소이기 때문에 앞쪽에 있는 것이다. '침'은 의관(衣冠) 등을 보관하는 장소이다. '묘'에 비해 상대적으로 낮기 때문에 뒤에 위치하게 된다. 그리고 '묘'에는 동서쪽에 상(廂)이 있고, 서장(序牆)이 있는데, '침'에는 단지 실(室)만이 있게 된다. 『시』「소아(小雅)·교언(巧言)」편에는 "奕奕寢廟, 君子作之."라는 용례가 있다. 또한 『예기』「월령(月令)」편에는 "寢廟畢備."이라는 기록이 있는데, 이에 대한 정현의 주에서는 "凡廟, 前曰廟, 後曰寢."이라고 풀이하였으며, 공영달(孔穎達)의 소(疏)에서는 "廟是接神之處, 其處尊, 故在前, 寢, 衣冠所藏之處, 對廟爲卑, 故在後. 但廟制有東西廂, 有序牆, 寢制唯室而已. 故釋宮云, 室有東西廂曰廟, 無東西廂有室曰寢, 是也."라고 풀이하였다. 또한 '침묘'는 사람이 거주하는 집과 종묘를 지칭하는 용어로 사용되기도 한다. 『시』「대아(大雅)·숭고(崧高)」편에는 "有俶其城, 寢廟旣成."이라는 기록이 있는데, 이에 대한 공영달의 소에서는 "寢, 人所處, 廟神亦有寢, 但此宜, 處人神, 不應獨言廟事, 故以爲人寢也."라고 풀이하였다. 또한 종묘(宗廟) 및 태묘(太廟)를 지칭하는 말로도 사용된다.

14) 『예기』「월령(月令)」 : 天子乃鮮羔開冰, 先薦寢廟.

15) 『주례』「천관(天官)·능인(凌人)」 : 夏頒冰掌事. 秋刷.

16) 후직(后稷)은 전설상의 인물이다. 주(周)나라의 선조(先祖) 중 한 사람이다. 강원(姜嫄)이 천제(天帝)의 발자국을 밟고 회임을 하여 '후직'을 낳았는데, 불길하다고 생각하여 버렸기 때문에, 이름을 기(棄)로 지어졌다 한다. 이후 순(舜)이 '기'를 등용하여 농사를 담당하는 신하로 임명해서, 백성들에게 농사짓는 법을 가르쳤기 때문에, '후직'으로 일컬어지게 되었다. 『시』「대아(大雅)·생민(生民)」편에는 "厥初生民, 時維姜嫄. …… 載生載育, 時維后稷."이라는 기록이 있다. 한편 농사를 주관하는 관리를 '후직'으로 부르기도 한다.

17) 선공(先公)은 본래 천자 및 제후의 선조들을 존귀하게 높여 부르는 말이다. 따라서 '선왕(先王)'이라는 말과 동일하게 사용된다. 그러나 주(周)나라에 대해 선왕과 대비해서 사용하게 되면, 후직(后稷)의 후손 중 태왕(太王) 이전의 선조를 지칭한다. 주나라는 건립 이후 자신의 선조에 대해 추왕(追王)을 하여 왕(王)자를 붙였는데, 태왕인 고공단보(古公亶父)까지 왕(王)자를 붙였기 때문이다.

釋文 鑿, 在洛反. 沖, 直弓反, 聲也. 凌, 力證反, 又音陵, 說文作"▼(月+夌)", 音凌. 蚤音早. 韭音九, 字或加"艸", 非. 複音福. 覿, 徒歷反. "祭司寒", 本或作"祭寒". 朝之, 直遙反. 刷, 所劣反. 爾雅云: "淸也." 三蒼云: "埽也."

'鑿'자는 '在(재)'자와 '洛(낙)'자의 반절음이다. '沖'자는 '直(직)'자와 '弓(궁)'자의 반절음이며, 소리에 해당한다. '凌'자는 '力(력)'자와 '證(증)'자의 반절음이며, 또 그 음은 '陵(릉)'도 되며,『설문』에서는 '▼(月+夌)'자로 기록했는데 그 음은 '凌(능)'이다. '蚤'자의 음은 '부(조)'이다. '韭'자의 음은 '九(구)'이며, 그 글자를 간혹 '艸'자를 더해서 쓰기도 하는데, 잘못된 것이다. '複'자의 음은 '福(복)'이다. '覿'자는 '徒(도)'자와 '歷(력)'자의 반절음이다. '祭司寒'을 판본에 따라서 '祭寒'으로 기록하기도 한다. '朝之'에서의 '朝'자는 '直(직)'자와 '遙(요)'자의 반절음이다. '刷'자는 '所(소)'자와 '劣(렬)'자의 반절음이다. 『이아』에서는 "맑다는 뜻이다."[18]라 했고, 『삼창』[19]에서는 "쓸다는 뜻이다."라 했다.

孔疏 ◎ 傳"冰盛"至"冰室". ○ 正義曰: 月令"季冬, 冰方盛, 水澤腹堅, 命取而藏之". 注云: "腹堅, 厚也. 此月日在北陸, 冰堅厚之時." 昭四年左傳說藏冰之事云: "深山窮谷, 於是乎取之." 是於冰厚之時命取冰也. 左傳言取冰於山耳, 此兼言林者, 以山木曰林, 故連言之.

---

18) 『이아』「석고(釋詁)」: 拒・拭・刷, 淸也.
19) 삼창(三蒼)은 '삼창(三倉)'이라고도 부른다. 고대의 자서(字書)를 뜻하는 명칭이다. 한(漢)나라 초기에는 이사(李斯)가 지은 『창힐편(倉頡篇)』과 조고(趙高)의 『원력편(爰曆篇)』과 호모경(胡母敬)의 『박학편(博學篇)』을 합쳐서 한 권의 책으로 만들었는데, 이것을 '삼창'이라고 부른다. 또한 『창힐편』을 총칭해서 부르기도 하는데, 총 3,300자로 구성되어 있다. 위진(魏晉) 시대에는 또한 이사의 『창힐편』을 상권으로 분류하고, 양웅(揚雄)의 『훈찬편(訓纂篇)』을 중권으로 분류하며, 가방(賈魴)의 방희편(滂喜篇)을 하권으로 분류해서, 이것을 하나의 책으로 여기기도 했다.

沖沖, 非貌非聲, 故云"鑿冰之意". 納於凌陰, 是藏冰之處, 故知爲冰室也. 按天官·凌人云: "正歲十有二月, 令斬冰, 三其凌." 注云: "凌, 冰室也. 三之者, 爲消釋度也. 杜子春云: '三其凌者, 三倍其冰.'" 此言凌陰, 始得爲凌室. 彼直言凌, 而亦得爲凌室者, 凌冰一物, 旣云斬冰, 而又云三其凌, 則是斬冰三倍, 多於凌室之所容, 故知三其凌者謂凌室. 不然, 單言凌者, 止得爲冰體, 不得爲冰室也. 凌人十二月斬冰, 卽以其月納之. 此言三之日納于凌陰, 四之日卽出之, 藏之旣晚, 出之又早者, 鄭答孫皓云: "闞土晚寒, 故可夏正月納冰. 夏二月仲春, 大蔟用事, 陽氣出, 始溫, 故禮應開冰, 先薦寢廟." 言由寒晚, 得晚納冰. 依禮, 須早開故也. 月令"孟春, 律中大蔟. 二月, 律中夾鍾." 言二月大蔟用事者, 以大蔟爲律, 夾鍾爲呂. 呂者助律宣氣, 律統其功, 故雖至二月, 猶云大蔟用事.

◎ 毛傳: "冰盛"~"冰室". ○『예기』「월령(月令)」에서는 "계동의 달에는 얼음이 두껍고 단단해지니 하천의 물이 단단하게 얼면 얼음을 채취하라 명하고 보관한다."[20]라 했고, 주에서는 "복견(腹堅)은 두껍다는 뜻이다. 이달에는 해가 북륙(北陸)에 있고 얼음이 단단해지고 두꺼워지는 시기이다."라 했다. 소공(昭公) 4년에 대한 『좌전』에서는 얼음을 보관하는 일을 설명하며, "깊은 산 깊은 골짜기에서 얼음을 채취한다."[21]라 했으니, 이것은 얼음이 두꺼워지는 시기에 얼음을 채취하라는 명령을 내린다는 것에 해당한다. 『좌전』에서는 산에서 얼음을 채취한다고 말했을 따름인데, 이곳에서 숲까지도 함께 언급한 것은 산에 있는 나무들을 '임(林)'이라 부른다. 그렇기 때문에 연이어 언급한 것이다. '충충(沖沖)'은 모양을 나타내는 말도 아니고 소리를 나타내는 말도 아니다. 그렇기 때문에 "얼음을 깬다는 뜻이다."라 했다. 능음(凌陰)에 넣는다고 했으니, 이것은 얼음을

---

20) 『예기』「월령(月令)」: 冰方盛, 水澤腹堅, 命取冰, 冰以入.
21) 『춘추좌씨전』「소공(昭公) 4년」: 其藏冰也, 深山窮谷, 固陰冱寒, 於是乎取之.

저장하는 장소가 된다. 그렇기 때문에 능음(凌陰)이 얼음 저장고가 됨을 알 수 있다. 『주례』「천관(天官)·능인(凌人)」편을 살펴보면 "정세[22]로 12월에는 얼음을 캐도록 시키고, 얼음 저장고를 3배로 늘린다."[23]라 했고, 주에서는 "능(凌)은 얼음 저장고이다. 3으로 한다는 것은 녹아 없어지는 것을 대비하기 위해서이다. 두자춘은 '삼기능(三其凌)은 얼음을 3배로 늘린다는 뜻이다.'"라고 했다. 이것은 능음(凌陰)이 애초부터 능실(凌室)이 될 수 있음을 말한 것이다. 『주례』에서는 단지 능(凌)이라고만 말했는데, 이 또한 능실(凌室)이 될 수 있는 것은 능(凌)과 빙(冰)은 동일한 사물이고, 이미 "얼음을 캔다."라 말했고, 또 "능(凌)을 3배로 한다."라 했으니, 얼음을 캐서 3배로 늘리게 되면 능실(凌室)에서 수용할 수 있는 용량보다 많아지게 된다. 그렇기 때문에 '삼기능(三其凌)'에서의 능(凌)이 능실(凌室)을 뜻한다는 사실을 알 수 있다. 그렇지 않고 단지 능(凌)이라고만 말한 경우에는 얼음 그 자체만 뜻할 수 있고 얼음을 저장하는 곳은 될 수 없다. 「능인」편에서는 12월에 얼음을 캔다고 했으니, 곧 그 달에 보관하는 것이다. 이곳에서 삼양(三陽)의 날에 얼음 저장고에 얼음을 넣는다고 했고, 사양(四陽)의 날에 꺼낸다고 했는데, 보관하는 것이

---

22) 정세(正歲)는 본래 하(夏)나라 때의 정월(正月)을 가리킨다. 또한 하나라 역법 자체를 가리키기도 한다. 고대 중국에서는 농업이 중심이 되었던 사회였다. 따라서 농력(農曆)의 제정은 매우 중대한 사안이었고, 농사와 관련해서는 하나라 때의 역법이 가장 잘 맞았으므로, 하나라의 역법(曆法)을 그대로 따르게 되었다. 그래서 농력에서의 정월 또한 '정세'라고 부르기도 한다. 정(正)자가 붙은 이유에 대해서, 정현은 사시(四時)의 바름을 얻는다는 뜻에서 붙여진 것이라고 풀이했고, 세(歲)자에 대해서는 하나라 때 한 해를 부르던 말이라고 『이아』에서 설명하고 있다. 『주례』「천관(天官)·소재(小宰)」편에는 <u>正歲, 帥治官之屬而觀治象之法.</u>"이라는 기록이 있는데, 이에 대한 정현의 주에서는 "正歲, 謂夏之正月, 得四時之正"이라고 풀이했고, 손이양(孫詒讓)의 정의(正義)에서는 "全經凡言正歲者, 并爲夏正建寅之月, 別于凡言正月者爲周正建子之月也."라고 풀이했다. 또한 『이아』「석천(釋天)」편에는 "夏曰歲, 商曰祀, 周曰年."이라는 기록이 있다.

23) 『주례』「천관(天官)·능인(凌人)」: 凌人掌冰, <u>正歲十有二月, 令斬冰, 三其凌</u>.

이미 늦었고 꺼내는 것은 더욱 빠른 이유에 대해, 정씨는 손호에게 답변하며, "빈(豳)이라는 지역은 늦게 추워진다. 그렇기 때문에 하력으로 정월에 얼음을 보관할 수 있다. 하력으로 2월 중춘에 태주가 주관하고 양기가 나오며 따뜻해지기 시작한다. 그렇기 때문에 예법에서는 마땅히 얼음 저장고를 열어서 먼저 침묘에 바쳐야 한다."라 했다. 이것은 추위가 늦기 때문에 늦게 얼음을 보관할 수 있음을 말한 것이다. 예법에 따르면 일찍 저장고를 열어야 하기 때문이다. 「월령」편에서는 "맹춘에 십이율[24] 중 맹춘의 기후에 반응하는 율관은 태주이다.[25] 2월에 십이율 중 중춘의 기후에 반응하는 율관은 협종이다."[26]라 했다. 그런데 2월에 태주가 주관한다고 말한 것은 태주는 육률 중 하나이고 협종은 육려 중 하나이다. 육려는 육률을 도와서 기를 펼치고, 육률은 그 공을 통괄한다. 그렇기 때문에 비록 2월이 되었더라도 여전히 "태주가 주관한다."라고 말한 것이다.

孔疏 ◎箋"古者"至"教備". ○正義曰: 自"於是乎用之"以上, 皆昭四年左傳文. 彼說藏冰之事, 其末云: "七月之卒章, 藏冰之道." 與此同,

---

24) 십이율(十二律)은 여섯 개의 양률(陽律)과 여섯 개의 음률(陰律)을 합하여 부르는 말이다. 양성(陽聲: =陽律)은 황종(黃鐘), 대주(大簇), 고선(姑洗), 유빈(蕤賓), 이칙(夷則), 무역(無射)이며, 이것을 육률(六律)이라고도 부른다. 음성(陰聲: =陰律)은 대려(大呂), 응종(應鍾), 남려(南呂), 함종(函鍾), 소려(小呂), 협종(夾鍾)이며, 이것을 육동(六同)이라고도 부른다. '십이율'은 12개의 높낮이가 다른 표준음으로, 서양음악의 악조(樂調)에 해당한다. 고대에는 12개의 길이가 다른 죽관(竹管)으로 음의 높낮이를 보정했다. 관(管)의 높이에는 각각 일정한 길이가 있었다. 긴 관은 저음의 소리를 냈고, 짧은 관은 고음의 소리를 냈다. 관 중에는 대나무가 아닌 동으로 제작한 것도 있다. 그리고 '육동'은 또한 육려(六呂), 율려(律呂), 육간(六間), 육종(六鍾)이라고도 부른다.

25) 『예기』「월령(月令)」: 其蟲鱗, 其音角, <u>律中太蔟</u>, 其數八, 其味酸, 其臭羶, 其祀戶, 祭先脾.

26) 『예기』「월령(月令)」: 其日甲乙, 其帝太皥, 其神句芒, 其蟲鱗, 其音角, <u>律中夾鍾</u>, 其數八, 其味酸, 其臭羶, 其祀戶, 祭先脾.

故其引之. 釋天云: "北陸, 虛也. 西陸, 昴也." 孫炎曰: "陸, 中也. 北
方之宿, 虛爲中也. 西方之宿, 昴爲中也." 然則日在北陸, 謂日體在北
方之中宿, 是建丑之月, 夏之十二月也. 劉歆三統曆術"十二月小寒
節, 日在女八度; 大寒中, 日在危一度", 是大寒前一日, 日猶在虛, 於
此之時, 可藏冰也. 西陸朝覿而出之, 謂日行已過於昴, 星在日之後
早朝出現也. 三統術"四月立夏節, 日在畢十二度, 星去日半次然後
見". 是立夏之日, 日去昴星之界已十二度, 昴星得朝見也. 於此之
時, 可出冰也. 祭司寒而藏之, 還謂建丑之月, 祭主寒之神而藏此冰
也. 獻羔而啓之, 謂建卯之月, 獻羔以祭主寒之神, 開此冰也. 二月
開冰, 公始用之, 未賜臣也. 至於夏初, 其出之也, 朝之祿位, 賓·
食·喪·祭於是乎普用之, 乃是頒賜臣下也. 服虔云: "祿位, 謂大夫
以上. 賓客·食享·喪浴·祭祀, 是其普用之事也." 服虔以西陸朝覿
而出之, 謂二月日在婁四度, 春分之中, 奎始晨見東方, 蟄蟲出矣, 故
以是時出之, 給賓·食·喪·祭之用. 服說如此, 知鄭不與同者, 以
鄭答孫皓云: "西陸朝覿, 謂四月立夏之時, 周禮曰'夏班冰', 是也." 是
鄭以西陸朝覿謂四月, 與服異也. 鄭意所以然者, 以西陸爲昴, 爾雅
正文. 西陸朝覿, 當爲昴星朝見, 不得爲奎星見也, 故知出之爲四月
賜, 非二月初開也. 傳下句別言祭司寒而藏之, 獻羔而啓之, 乃謂十
二月始藏之, 二月初開之耳. 傳言祭寒而藏之, 不言司寒. 箋引彼文
加司字者, 彼文上句云"以享司寒", 下句重述其事, 略其司字. 箋以
經有藏冰·獻羔二事, 故略引下句以當之, 不引上句, 故取上句之意,
加司字以足之. 服虔云: "司寒, 司陰之神玄冥也. 將藏冰, 致寒氣, 故
祀其神." 鄭意或亦然也. 箋又引其"出之"以下者, 解此藏冰之意, 言
爲此頒冰, 故藏之也. 傳文"其出之也"在司寒之上, 此引之倒者, 以
其不證經文, 故退令在下. 月令"仲春, 天子乃獻羔開冰, 先薦寢廟",
月令文也. 彼作"鮮羔", 注云: "鮮當爲獻." 此已破引之證. 經獻羔之
事在二月也. 祭韭者, 蓋以時韭新出, 故用之. 王制云: "庶人春薦韭."

亦以新物, 故薦之也. 周禮凌人之職, "夏, 班冰掌事. 秋, 刷", 天官·
凌人文. 彼注云: "暑氣盛, 王以冰頒賜, 則主爲之. 刷, 淸也. 秋涼,
冰不用, 可以淸除其室也." 按傳以啓之下云"火出而畢賦", 又云"火
出於夏爲三月", 則是三月頒冰. 周禮言"夏頒冰"者, 凡言時事, 總擧
天象, 不可必以其月也. 以三月火始見, 四月則立夏, 時相接連, 冰以
暑乃賜之, 故當在於四月, 是火出之後, 故傳以火出言之. 上章蠶績
裳裘, 是備寒之事, 故此章又說藏冰, 是備暑之事, 言后稷先公禮敎
備也. 以序言后稷, 故兼言也.

◎ 鄭箋: "古者"~"敎備". ○ "이곳에서 꺼내 사용한다."라고 한 말로부터
그 앞의 내용은 모두 소공(昭公) 4년에 대한 『좌전』의 문장이다.[27] 『좌
전』에서는 얼음을 보관하는 일을 설명하였고, 그 말미에서는 "「칠월」편
의 마지막 장은 얼음을 보관하는 방법을 말한 것이다."[28]라 하여, 이곳의
내용과 동일하다. 그렇기 때문에 이 모두를 인용한 것이다. 『이아』「석천
(釋天)」편에서는 "북륙(北陸)은 허수(虛宿)이다.[29] 서륙(西陸)은 묘수
(昴宿)이다.[30]"라 했고, 손염은 "육(陸)은 가운데라는 뜻이다. 북방에 속
한 별자리들 중 허수는 중앙이 된다. 서방에 속한 별자리들 중 묘수는
중앙이 된다."라 했다. 그렇다면 해가 북륙에 있다는 것은 해의 몸체가
북방의 별자리들 중 가운데에 위치한다는 뜻으로, 이것은 북두칠성의 자

---

27) 『춘추좌씨전』「소공(昭公) 4년」: 聖人在上, 無雹. 雖有, 不爲災. <u>古者日在北
陸而藏冰, 西陸朝覿而出之</u>. 其藏冰也, 深山窮谷, 固陰沍寒, 於是乎取之. <u>其
出之也, 朝之祿位, 賓·食·喪·祭, 於是乎用之</u>. 其藏之也, 黑牡·秬黍以享
司寒. 其出之也, 桃弧·棘矢以除其災. 其出入也時. 食肉之祿, 冰皆與焉. 大
夫命婦喪浴用冰. <u>祭寒而藏之, 獻羔而啓之</u>, 公始用之, 火出而畢賦, 自命夫
命婦至於老疾, 無不受冰.

28) 『춘추좌씨전』「소공(昭公) 4년」: 今藏川池之冰棄而不用, 風不越而殺, 雷不發
而震. 雹之爲菑, 誰能禦之? <u>七月之卒章, 藏冰之道也</u>.

29) 『이아』「석천(釋天)」: 玄枵, 虛也. 顓頊之虛, 虛也. <u>北陸, 虛也</u>.

30) 『이아』「석천(釋天)」: 大梁, 昴也. <u>西陸, 昴也</u>.

루가 축(丑) 방위를 가리키는 달이 되며, 하력으로는 12월이 된다. 유
흠31)의 『삼통력술』에서는 "12월 소한의 절기에 해는 여수(女宿)의 8도
에 있고, 대한 중에는 해가 위수(危宿)의 1도에 있다."라 했다. 이것은
대한 하루 전에 해는 여전히 허수에 있고, 이 시기에 얼음을 보관할 수
있음을 나타낸다. "해가 서륙에 있고 묘수(昴宿)가 새벽에 동쪽 하늘에
나타난다."라고 했는데, 해가 운행하여 이미 묘수를 지나치게 되면 그
별자리는 해의 뒤에 있게 되어 아침 일찍 나타나게 됨을 말한다. 『삼통력
술』에서는 "4월 입하 절기에 해는 필수(畢宿)의 12도에 있고, 별자리는
해와의 거리가 반차(半次)가 된 이후에 나타난다."라 했다. 이것은 입하
당일에 해는 묘수의 경계에서 이미 12도 벌어진 것으로, 묘수가 아침 일
찍 나타날 수 있음을 나타낸다. 그리고 이 시기에 얼음을 꺼낼 수 있다.
사한(司寒)에 제사를 지내고 보관한다고 했는데, 다시금 북두칠성의 자
루가 축(丑) 방위를 가리키는 달에 추위를 주관하는 신에게 제사를 지내
고 이 얼음을 보관한다고 말한 것이다. 새끼 양을 바치고서 저장고를 연
다고 했는데, 북두칠성의 자루가 묘(卯) 방위를 가리키는 달에 새끼 양을
바치고 추위를 주관하는 신에게 제사를 지내고서 이 얼음을 꺼낸다는 뜻
이다. 2월에 얼음을 꺼내게 되면 공이 처음 이것을 사용하고 아직까지
신하에게 하사하지 않는다. 여름 초입이 되면 그것을 꺼내게 되며 조정에
서 녹봉을 받고 작위를 가진 자가 빈례 · 사례 · 상례 · 제례를 할 때 두루
사용하니, 이것은 신하들에게 두루 나누어 하사한 것을 나타낸다. 복건32)

---

31) 유흠(劉歆, B.C.53~A.D.23) : 전한(前漢) 때의 경학자이다. 자(字)는 자준(子駿)
   이다. 후에 이름을 수(秀), 자(字)를 영숙(穎叔)으로 고쳤다. 유향(劉向)의 아들이
   다. 저서에는 『삼통력보(三統曆譜)』 등이 있다.
32) 복건(服虔, ?~?) : 후한대(後漢代)의 유학자이다. 자(字)는 자신(子愼)이다. 초명
   은 중(重)이었으며, 기(祇)라고도 불렀다. 후에 이름을 건(虔)으로 고쳤다. 『춘추
   좌씨전(春秋左氏傳)』에 주석을 남겼지만, 산일되어 전해지지 않는다. 현재는 『
   좌전가복주집술(左傳賈服注輯述)』로 일집본이 편찬되었다.

은 "녹위(祿位)는 대부 이상을 뜻한다. 빈객을 접대하고, 사례를 통해 향연을 베풀고, 상례에서 시신을 목욕시키고, 제사를 지내는 것이 두루 사용하게 되는 일이다."라 했다. 복건은 '서륙조적이출지(西陸朝覿而出 之)'라는 것을 2월에 해가 누수(婁宿)의 4도에 있어, 춘분 중에 규수(奎 宿)가 새벽에 동쪽 하늘에서 나타나고, 칩거했던 곤충들이 나타나기 때문에, 이 시기에 꺼내어 빈례·사례·상례·제례의 용처에 공급한다고 설명했다. 복건의 설명이 이와 같은데 정현의 설명이 그와 동일하지 않다는 사실을 알 수 있는 것은 정현이 손호에게 답변한 말에서 "서륙조적(西 陸朝覿)은 4월 입하의 시기를 뜻하며, 『주례』에서는 '여름에 얼음을 나눠준다.'라 했다."고 했기 때문이다. 이것은 정현이 서륙조적(西陸朝覿)을 4월로 여긴 것으로, 복건의 주장과 차이가 난다. 정현의 생각이 그러했던 것은 서륙을 묘수로 여겼고, 이것은 『이아』의 기록에 해당하기 때문이다. 따라서 서륙조적(西陸朝覿)은 마땅히 묘수가 새벽에 나타난다는 뜻이 되며, 규수가 나타난 것이 될 수 없다. 그래서 꺼내는 것이 4월에 하사하는 뜻에 해당하고, 2월에 처음 열었을 때가 아님을 알 수 있다. 『좌전』의 아래 구문에서는 별도로 "사한에게 제사를 지내고서 얼음을 보관하고, 새끼 양을 바치고서 저장고를 연다."라고 했으니, 곧 12월에 처음으로 보관하고 2월에 처음으로 열었을 때를 뜻할 따름이다. 『좌전』에서는 한(寒)에게 제사를 지내고 보관한다고 하여, 사한(司寒)이라고 말하지 않았다. 정전(鄭箋)에서 『좌전』의 문장을 인용하며 사(司)자를 덧붙인 것은 『좌전』의 문장은 앞 구문에서 "사한(司寒)에게 제사를 지낸다."라 했고, 그 뒤의 구문에서 그 사안을 거듭 기술하여 사(司)자를 생략했기 때문이다. 정전에서는 경문에 장빙(藏冰)과 헌고(獻羔)라는 두 사안이 있기 때문에 간략히 뒤의 구문을 인용하여 설명을 해당시켰고, 앞의 구문을 인용하지 않았다. 그렇기 때문에 앞 구문의 뜻을 취해서 사(司)자를 덧붙여 보충한 것이다. 복건은 "사한(司寒)은 음을 주관하는 신인 현명[33]이다. 얼음을 보관하려고 할 때 추운 기운을 이르게 하기 때문에 해당 신에게 제사를 지낸다."라 했다. 정현의 생각도 아마 그러했을 것이다. 정전에서는 또 『좌전』에 나온 '출지(出之)'로부터 그 이하의 문장을 인용했는데, 이곳에서 얼음을 보관한다고 했던 뜻을 풀이하기 위한 것으로, 이것은 얼음을 나눠주기 위한 것이기 때문에 보관한다고 말한 것이다. 『좌전』에서는 '기출지야(其出之也)'라는 말이 사한(司寒)에 대한 내용 앞에 나오는데, 이곳에서 그 문장을 인용하며 순서를 거꾸로 했던 것은 경문을 증명하는 것이 아니기 때문에 물려서 뒤에 둔 것이다. 「월령(月令)」편에서는 "중춘의 달에 천자는 곧 새끼 양을 희생물로 바치고 석빙고를 열어 얼음을 꺼내는데, 무엇보다도 침묘에 먼저 바친다."라고 했는데, 이것은 『예기』「월령」편의 문장이다. 「월령」편에서는 '선고(鮮羔)'라고 기록했지만, 그 주에서는 "선(鮮)자는 마땅히 헌(獻)자가 되어야 한다." 라 했다. 그래서 글자를 미리 바꿔서 인용해 증명한 것이다. 경문에는 새끼 양을 바치는 사안이 2월에 있다. 부추를 곁들여 제사를 지낸다는 것은 아마도 당시에 부추가 새로 나왔기 때문에 그것을 사용했을 것이다.

---

33) 현명(玄冥)은 오행(五行) 중 수(水)의 기운을 주관하는 천상의 신(神)이다. 수(水)의 기운을 담당했기 때문에, 그 관부의 이름을 따서 수관(水官)이라고도 부르고, 관부의 수장이라는 뜻에서 수정(水正)이라고도 부른다. '오행' 중 수(水)의 기운은 각 계절 및 방위와 관련되어, '현명'은 겨울과 북쪽에 해당하는 신이라고도 부른다. 다만 수덕(水德)을 주관했던 상위의 신은 전욱(顓頊)이었고, '현명'은 '전욱'을 보좌했던 신이다. 한편 다른 오관(五官)의 신들과 달리, '현명'에 해당하는 인물에 대해서는 이견(異見)이 있다. 『예기』「월령(月令)」편에는 "其日壬癸, 其帝顓頊, 其神玄冥."이라는 기록이 있는데, 이에 대한 정현의 주에서는 "玄冥, 少皞氏之子曰脩, 曰熙, 爲水官."이라고 풀이한다. 즉 소호씨(少皞氏)의 아들 중 수(脩)와 희(熙)라는 인물이 있었는데, 이들은 생전에 수관(水官)이 되어 공덕(功德)을 쌓았고, 죽어서는 '현명'에 배향되었다고 설명한다. 『여씨춘추(呂氏春秋)』「맹동기(孟冬紀)」편에는 "其日壬癸, 其帝顓頊, 其神玄冥."이라는 기록이 있는데, 이에 대한 고유(高誘)의 주에서는 "玄冥, 官也. 少皞氏之子曰循, 爲玄冥師, 死祀爲水神."이라고 풀이한다. 즉 '현명'은 관직에 해당하는데, '소호씨'의 아들이었던 순(循)이 생전에 '현명'이라는 관부의 수장을 지냈기 때문에, 그가 죽었을 때에는 수신(水神)으로 배향을 했다는 뜻이다.

『예기』「왕제(王制)」편에서 "서인들은 봄에 부추를 천[34]한다."[35]라 했는데, 이 또한 새로 나온 사물이기 때문에 바치는 것이다. 「능인」편의 직무 기록에서는 "여름에 얼음을 나눠주면 그 일을 담당한다. 가을이 되면 얼음 저장고를 청소한다."라고 했는데, 『주례』「천관(天官)·능인(凌人)」편의 문장이다. 『주례』의 주에서는 "더운 기운이 왕성하여 천자가 얼음을 나누어 하사하게 되면 그 일을 주관해서 시행한다. 쇄(刷)자는 깨끗하게 한다는 뜻이다. 가을이 되어 서늘해지면 얼음을 사용하지 않기 때문에 그것을 보관하는 곳을 청소할 수 있다."라 했다. 『좌전』을 살펴보면 저장고를 연다고 한 문장 뒤에 "화성(火星)이 출현하면 얼음 나눠주는 일을 마쳤다."라 했고, 또 "화성이 출현하는 것은 하력으로는 3월이다."[36]라 했으니, 이것은 3월에 얼음을 나눠준다는 사실을 나타낸다. 『주례』에서 "여름에 얼음을 나눠준다."라 한 것은 무릇 해당 계절에 시행할 일들을 언급하며 하늘의 운행에 전반적인 기준을 두니, 반드시 해당 월로만은 할 수 없다. 3월에 화성이 처음 나타나고 4월이 되면 입하가 되는데, 그 시기가 서로 연접해 있고, 얼음은 더워지면 하사한다. 그렇기 때문에 4월에 해당하게 되는데, 이것은 화성이 출현한 이후가 된다. 그렇기 때문에 『좌전』에서는 화출(火出)로 설명한 것이다. 앞 장에서 누에치고 길쌈하며 갖옷을 갖춘다고 한 것들은 추위를 대비하기 위한 일이다. 그렇기 때문에 이 장에서는 또 얼음을 보관하는 것을 설명했으니, 이것은 더위를

---

34) 천(薦)은 제사의 일종이다. 정식 제사에 비해서 각종 형식과 제수들이 생략되어 간소하게만 지내니, 각 계절별로 생산되는 음식들을 바친다는 뜻에서 '천'이라고 부르는 것이다.

35) 『예기』「왕제(王制)」: 天子社稷, 皆太牢, 諸侯社稷, 皆少牢, 大夫士宗廟之祭, 有田則祭, 無田則薦. 庶人, 春薦韭, 夏薦麥, 秋薦黍, 冬薦稻. 韭以卵, 麥以魚, 黍以豚, 稻以鴈.

36) 『춘추좌씨전』「소공(昭公) 17년」: 往年吾見之, 是其徵也. 火出而見, 今兹火而章, 必火入而伏, 其居火也久矣, 其與不然乎? 火出, 於夏爲三月, 於商爲四月, 於周爲五月.

대비하기 위한 일로, 후직과 선공의 예교가 갖춰졌음을 말한다. 「모서」
에서 후직(后稷)을 언급했기 때문에[37] 함께 말한 것이다.

---

37) 『시』「빈풍(豳風)·칠월(七月)」의 「모서(毛序)」 : 七月, 陳王業也. 周公遭變,
   故陳后稷先公風化之所由, 致王業之艱難也.

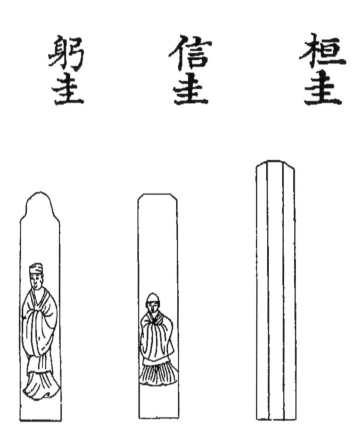

◎ 공작의 환규, 후작의 신규, 백작의 궁규
※ 출처:『삼례도집주(三禮圖集注)』10권

※ 출처: 『삼재도회(三才圖會)』「천문(天文)」 2권

그림 17-3 묘수(昴宿)

※ 출처: 『삼재도회(三才圖會)』「천문(天文)」 2권

像　　稷　　后

※ 출처: 『삼재도회(三才圖會)』 「인물(人物)」 4권

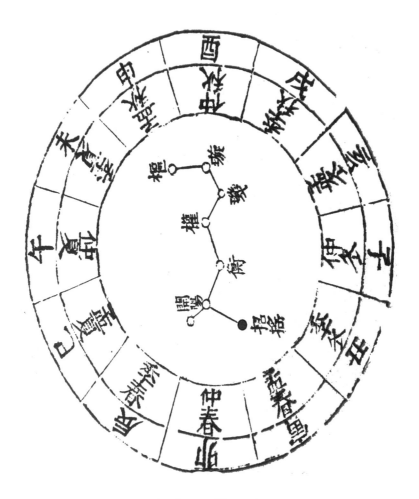

※ 출처: 『삼재도회(三才圖會)』「천문(天門)」 3권

그림 17-6 여수(女宿)

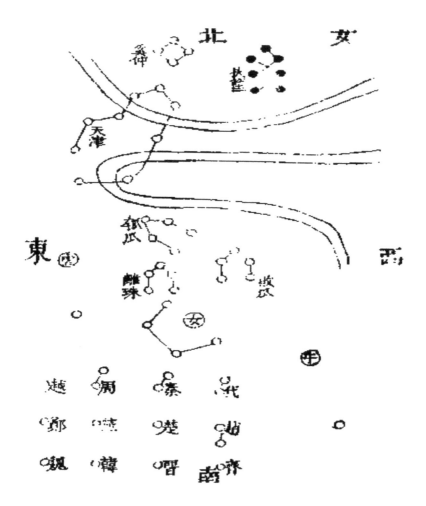

※ 출처: 『삼재도회(三才圖會)』「천문(天文)」 2권

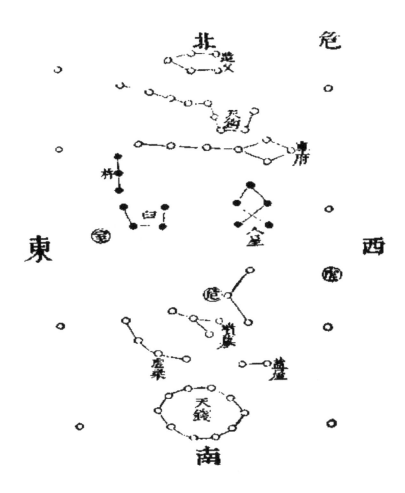

※ 출처: 『삼재도회(三才圖會)』「천문(天文)」2권

※ 출처:『삼재도회(三才圖會)』「천문(天文)」2권

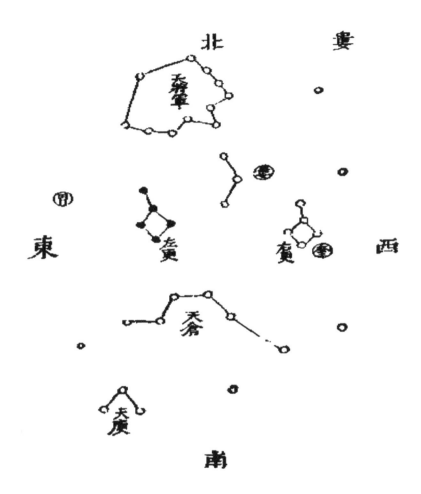

※ 출처: 『삼재도회(三才圖會)』「천문(天文)」 2권

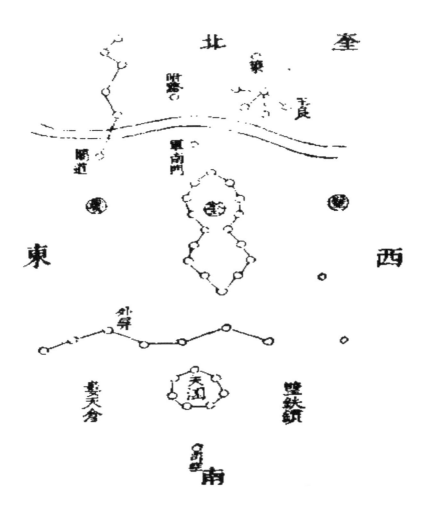

그림 17-10 규수(奎宿)

※ 출처: 『삼재도회(三才圖會)』「천문(天文)」 2권

夜侍坐, 問夜, 膳葷, 請退可也.

직역 夜에 侍坐함에 夜를 問하거나 葷을 膳하면 退를 請해도 可하다.

의역 밤에 군자를 모시고 앉아 있을 때 밤 몇시가 되었는지 묻거나 매운 음식을 맛보게 되면 물러가길 청해도 괜찮다.

鄭注 問夜, 問其時數也. 膳葷, 謂食之, 葷, 辛物, 蔥薤之屬, 食之以止臥. 古文葷作薰.

'문야(問夜)'는 그 시간의 수치를 물어본 것이다. '선훈(膳葷)'이라고 했는데, '선(膳)'자는 먹는다는 뜻이고, '훈(葷)'자는 매운 음식을 뜻하니, 파나 염교 등속으로, 이것을 먹어서 졸음을 막는 것이다. 고문에는 '훈(葷)'자가 훈(薰)자로 되어 있다.

賈疏 ●"夜侍"至"可也". ◎注"問夜"至"作薰". ○釋曰: 云"問夜, 問其時數也"者, 謂若鍾鼓漏刻之數也. 云"古文葷作薰"者, 玉藻云"膳於君, 有葷桃茢", 作此葷. 鄭注論語作焄, 義亦通. 若作薰, 則春秋"一薰一蕕", 薰, 香草也, 非葷辛之字, 故疊古文不從也.

●經文: "夜侍"~"可也". ◎鄭注: "問夜"~"作薰". ○정현이 "문야(問夜)'는 그 시간의 수치를 물어본 것이다."라고 했는데, 종이나 북으로 알린 시간 또는 물시계에 나타난 수치와 같은 것들이다. 정현이 "고문에는 '훈(葷)'자가 훈(薰)자로 되어 있다."라고 했는데, 『예기』「옥조(玉藻)」편에서는 "군주에게 맛있는 음식을 바치게 된다면, 훈(葷)·도(桃)·열(茢)이라는 사물을 이용해서 상서롭지 못한 것들을 방지한다."[1]라 하여, 이와

---

1) 『예기』「옥조(玉藻)」: 凡獻於君, 大夫使宰, 士親, 皆再拜稽首送之. 膳於君有葷桃茢, 於大夫去茢, 於士去葷, 皆造於膳宰.

같은 훈(葷)자로 기록했다. 『논어』에 대한 정현의 주에서는 '훈(焄)'자로 기록했는데, 그 의미가 또한 통한다. 만약 훈(薰)자로 기록하게 된다면, 『춘추』에서 "하나의 향기나는 풀과 하나의 악취나는 풀"2)이라고 한 것처럼 '훈(薰)'자는 향기로운 풀이 되니, 훈(葷)자와 같이 매운 맛을 내는 것을 뜻하는 글자가 아니다. 그렇기 때문에 고문과 겹치지만 따르지 않은 것이다.

참고 17-5 『예기』「옥조(玉藻)」기록

경문 凡獻於君, 大夫使宰, 士親, 皆再拜稽首送之. 膳於君有葷桃茢, 於大夫去茢, 於士去葷, 皆造於膳宰.

무릇 군주에게 헌상품을 바치게 된다면, 대부의 경우에는 본인이 직접 전달하지 않고 가신의 우두머리인 재(宰)를 시키고, 사는 신분이 미천하므로 자신이 직접 바치게 되는데, 모든 경우에 있어서 재배를 하고 머리를 조아린 뒤에 하급관리에게 전달하게 된다. 군주에게 맛있는 음식을 바치게 된다면, 훈(葷)·도(桃)·열(茢)이라는 사물을 이용해서 상서롭지 못한 것들을 방지하는데, 신분에 따른 차등도 존재하니, 대부에게 음식을 바칠 경우에는 열(茢)을 제거하고, 사에게 음식을 바칠 경우에는 훈(葷)까지도 제거하며, 모든 경우에 있어서 주군에게 직접 전달하는 것이 아니라 음식을 담당하는 선재(膳宰)에게 전달한다.

鄭注 敬也. 膳, 美食也. 葷·桃·茢, 辟凶邪也. 大夫用葷·桃, 士桃而已. 葷, 薑及辛菜也. 茢, 菼帚也. "造於膳宰", 旣致命而授之.

----

2) 『춘추좌씨전』「희공(僖公) 4년」: 卜人曰, "筮短龜長, 不如從長. 且其繇曰, '專之渝, 攘公之羭. 一薰一蕕, 十年尙猶有臭.' 必不可."

葷, 或作"焄".

재배를 하고 물건을 건네는 것은 공경하기 때문이다. '선(膳)'자는 맛있는 음식을 뜻한다. 훈(葷)·도(桃)·열(苅)은 흉악하고 사악한 기운을 막는 것이다. 대부에게는 훈(葷)과 도(桃)를 사용하고, 사에게는 도(桃)만을 사용할 따름이다. '훈(葷)'자는 강(薑: 생강) 및 신채(辛菜: 매운맛의 채소)를 뜻한다. '열(苅)'자는 담(炎)으로 만든 빗자루를 뜻한다. "선재(膳宰)에게 건넨다."는 말은 음식을 바친다는 말을 전달한 뒤에 건네는 것이다. '훈(葷)'자를 다른 판본에서는 '훈(焄)'자로 기록하기도 한다.

孔疏 ●"膳於君有葷桃苅"者, 美食曰膳. 謂天子·諸侯之臣, 獻孰食於君法也. 恐邪氣干犯, 故用辟凶邪之物覆之. 葷, 謂薑之屬也. 桃, 桃枝也. 苅, 炎帚也.

● 經文: "膳於君有葷桃苅". ○ 맛있는 음식을 '선(膳)'이라고 부른다. 즉 천자와 제후에게 소속된 신하가 자신의 군주에게 익힌 음식을 바치는 경우를 뜻한다. 사악한 기운이 침범할 것을 염려했기 때문에, 흉악하고 사벽함을 방지하는 물건을 이용해서 그 위를 덮는 것이다. '훈(葷)'자는 생강 부류를 뜻한다. '도(桃)'자는 복숭아 가지를 뜻한다. '열(苅)'자는 담(炎)으로 만든 빗자루를 뜻한다.

참고 17-6 『춘추좌씨전』 희공(僖公) 4년 기록

전문 初, 晉獻公欲以驪姬爲夫人, 卜之, 不吉; 筮之, 吉.

애초에 진나라 헌공이 여희를 부인으로 삼고자 해서 거북점을 쳤는데 불길하다고 나왔고 시초점을 쳤는데 길하다고 나왔다.

孔疏 ●“卜之不吉筮之吉”. ○正義曰: 曲禮云: “卜筮不相襲.”鄭玄云: “卜不吉, 則又筮, 筮不吉, 則又卜, 是瀆龜筮也. 晉獻公卜娶驪姬, 不吉, 公曰‘筮之’, 是也.” 如彼記文, 卜之不吉, 不合更筮. 但獻公旣愛驪姬, 欲必尊其位, 故卜旣不吉, 更令筮之, 冀乎筮而得吉, 所以遂己心也. 詩云: “我龜旣厭, 不我告猶.” 鄭玄云: “卜筮數而瀆龜, 龜靈厭之, 不復告其所圖之吉凶.” 由是貫瀆龜筮, 不復告之以實, 故終實不吉, 而筮稱其吉, 是筮非不知, 而不以實告也. 周禮·筮人云: “凡國之大事, 先筮而後卜.” 鄭玄云: “當用卜者先筮之, 卽事漸也; 於筮之凶, 則止不卜.” 而傳稱桓公卜季友·晉獻公卜驪姬·晉文公卜納王·趙鞅卜救鄭, 皆先卜而後筮者, 周禮言其正法耳. 春秋之世, 臨時請問者, 或卜或筮, 出自當時之心, 不必皆先筮後卜. 崔靈恩以爲國之大事, 先筮而後卜, 筮凶則止不卜者, 筮必以三代之法, 若三法皆凶, 則止不卜, 若兩法是凶, 一法爲吉, 名爲筮逆, 猶是疑限, 故更卜以決之, 則洪範“筮逆龜從”, 是也. 故大卜掌三兆·三易, 儀禮特牲·少牢筮皆旅占, 是筮有衆占之法, 則靈恩之說, 義亦可通.

● 傳文: “卜之不吉筮之吉”. ○『예기』「곡례(曲禮)」편에서는 “거북점과 시초점은 서로 연달아서 치지 않는다.”[3]라 했고, 정현은 “거북점을 친 결과가 불길하다고 나와서 재차 시초점을 치고, 시초점을 친 결과가 불길하다고 나와서 재차 거북점을 치는 행위는 거북껍질과 시초를 욕되게 하는 것이다. 진나라 헌공이 여희를 부인으로 맞이하려고 거북점을 쳤는데 불길하다고 나와서 헌공이 ‘시초점으로 다시 쳐라.’라고 말한 것이 이러한 경우이다.”라 했다. 이러한 『예기』의 기록에 따르면 거북점을 쳤는데 불길하다는 점괘가 나오면 다시 시초점을 쳐서는 안 된다. 다만 헌공은 이미 여희를 사랑하여 그 지위를 반드시 높여주려고 했기 때문에 거북점

---

3) 『예기』「곡례상(曲禮上)」: 曰, “爲日, 假爾泰龜有常”, “假爾泰筮有常”. 卜筮不過三, <u>卜筮不相襲</u>.

을 친 결과가 이미 불길한데도 다시 시초점을 치게 한 것으로, 시초점에
바라여 길한 점괘를 얻었는데 이것은 자신의 마음에 따르고자 했기 때문
이다. 『시』에서는 "내 거북이 이미 염증을 내는지라, 나에게 계책을 알려
주지 않는구나."[4]라 했고, 정현은 "거북점과 시초점을 자주 쳐서 거북껍
질을 욕되게 하니 거북껍질의 신령함이 이를 염증내어 다시금 도모하고
자 한 것의 길흉을 일러주지 않았다."라 했다. 이러한 이유로 거북껍질과
시초를 번거롭게 해 욕보이게 한다면 다시는 사실대로 일러주지 않는다.
그렇기 때문에 끝내 불길하다고 나온 것인데, 시초점에서 길하다고 칭한
것은 시초가 알지 못해서가 아니라 사실대로 일러주지 않은 것이다. 『주
례』「서인(筮人)」편에서는 "무릇 나라의 중대사에 대해서는 먼저 시초점
을 치고 이후에 거북점을 친다."[5]라 했고, 정현은 "마땅히 거북점을 쳐야
하는 것에는 먼저 시초점을 치니, 일에 나아감에 점진적인 것이며, 시초
점에서 흉한 점괘가 나온 것에 대해서는 그치고 다시 거북점을 치지 않는
다."라 했다. 그런데 전문에서는 환공(桓公)이 계우에 대해 거북점을 쳤
고, 진나라 헌공이 여희에 대해 거북점을 쳤으며, 진나라 문공이 왕을
들이는 것에 대해 거북점을 쳤고, 조앙이 정나라를 구원하는 것에 대해
거북점을 쳤다고 하여, 모두 먼저 거북점을 치고 이후에 시초점을 쳤다고
한 것은 『주례』는 정규 예법을 말했을 따름이며, 춘추시대에는 그 시기
에 임해 청해 물을 때 어떤 경우에는 거북점을 치고 또 어떤 경우에는
시초점을 쳐서 당시의 마음대로 따랐으니, 반드시 모두가 먼저 시초점을
치고 이후에 거북점을 쳤던 것은 아니다. 최영은[6]은 나라의 중대사에는

---

4) 『시』「소아(小雅)・소민(小旻)」 : <u>我龜旣厭, 不我告猶</u>. 謀夫孔多, 是用不集.
   發言盈庭, 誰敢執其咎. 如匪行邁謀, 是用不得于道.

5) 『주례』「춘관(春官)・서인(筮人)」 : 凡國之大事, 先筮而後卜.

6) 최영은(崔靈恩, ?~?) : =최씨(崔氏). 남북조(南北朝) 때의 학자이다. 오경(五經)
   에 능통하였고, 다른 경전에도 두루 해박하였다고 전해진다. 『모시(毛詩)』, 『주례
   (周禮)』 등에 주석을 달았고, 『삼례의종(三禮義宗)』, 『좌씨경전의(左氏經傳義)』

먼저 시초점을 치고 이후에 거북점을 치며, 시초점에서 흉한 점괘가 나온 것에 대해서는 그치고 다시 거북점을 치지 않는다는 것에 대해, 시초점을 칠 때에는 반드시 삼대(三代)의 예법대로 하였으니, 만약 삼대의 예법에 따른 것이 모두 흉하다고 나오면 그치고 다시 거북점을 치지 않았다. 만약 2대의 예법에 따른 것이 흉하다고 나오고 1대의 예법에 따른 것이 길하다고 나오면 서역(筮逆)이라 하고, 의심이 제한된 것과 같기 때문에 다시 거북점을 쳐서 판결하게 되니, 『서』「홍범(洪範)」에서 "시초점이 거스르고 거북점이 따른다."[7]라고 한 경우가 여기에 해당한다고 여겼다. 그래서 대복은 삼조(三兆)와 삼역(三易)을 담당했던 것이고,[8] 『의례』「특생궤식례(特牲饋食禮)」와 「소뢰궤식례(少牢饋食禮)」에서는 모두 휘하의 자들과 함께 점괘를 파악했던 것이니, 이것은 시초점을 침에 있어서 여럿이 점괘를 파악하는 방법이 있음을 뜻한다. 따라서 최영은의 주장은 그 의미가 또한 통할 수 있다.

전문 公曰: "從筮." 卜人曰: "筮短龜長, 不如從長.

헌공이 말하길, "시초점에 따르겠다."라 했다. 복인이 말하길, "시초점은 맞을 확률이 낮고 거북점은 확률이 높으니, 확률이 높은 것을 따르니만 못합니다.

杜注 物生而後有象, 象而後有滋, 滋而後有數. 龜象筮數, 故象長數短.

등을 지었다.

7) 『서』「주서(周書)·홍범(洪範)」: 汝則從, <u>龜從, 筮逆</u>, 卿士逆, 庶民逆, 作內吉, 作外凶.

8) 『주례』「춘관(春官)·대복(大卜)」: 大卜, 掌三兆之法, 一曰玉兆, 二曰瓦兆, 三曰原兆. 其經兆之體, 皆百有二十, 其頌皆千有二百. 掌三易之法, 一曰連山, 二曰歸藏, 三曰周易. 其經卦皆八, 其別皆六十有四.

사물이 생겨난 이후에 형상이 생기고, 형상이 생긴 이후에 불어나며, 불어난 이후에 수가 생긴다. 거북점은 형상을 통해 점치고 시초점은 수를 통해 점친다. 그렇기 때문에 형상으로 치는 점이 확률이 높고 수로 치는 점이 확률이 낮다.

孔疏 ◎注“物生”至“數短”. ○正義曰: “有數”以上, 皆十五年傳文. 象者, 物初生之形; 數者, 物滋見之狀. 凡物皆先有形象, 乃有滋息, 是數從象生也. 龜以本象金·木·水·火·土之兆以示人, 故爲長; 筮以末數七·八·九·六之策以示人, 故爲短. 周禮: “占人掌占龜.” 鄭玄云: “占人亦占筮, 言‘掌占龜’者, 筮短龜長, 主於長者.” 亦用此傳爲說. 按易·繫辭云: “蓍之德, 圓而神; 卦之德, 方以知. 神以知來, 知以藏往.” 然則知來藏往, 是爲極妙, 雖龜之長, 無以加此. 聖人演筮以爲易, 所知豈短於卜? 卜人欲令公舍筮從卜, 故云“筮短龜長”, 非是龜能實長. 杜欲成“筮短龜長”之意, 故引傳文以證之. 若至理而言, 卜·筮實無長短.

◎杜注: “物生”~“數短”. ○‘유수(有數)’로부터 그 이상의 말들은 모두 희공(僖公) 15년에 나온 전문의 기록이다.[9] ‘상(象)’은 사물이 처음 생겨났을 때의 형상을 뜻하며, ‘수(數)’는 사물이 번식해서 나타난 상황이다. 무릇 사물들은 모두 먼저 형상이 있고 그런 뒤에 번식하게 되니, 이것은 수가 상을 통해 생겨남을 나타낸다. 거북점은 근본의 형상으로 금·목·수·화·토의 조짐을 사람들에게 보여준다. 그렇기 때문에 확률이 높다. 시초점은 말단의 수로 7·8·9·6의 책수를 사람들에게 보여준다. 그렇기 때문에 확률이 낮다. 『주례』에서는 “점인(占人)은 거북점 점괘내는 것을 담당한다.”[10]라 했고, 정현은 “점인은 또한 시초점에 대해서도 점괘

---

9) 『춘추좌씨전』「희공(僖公) 15년」: 龜, 象也; 筮, 數也. <u>物生而後有象, 象而後有滋, 滋而後有數.</u> 先君之敗德, 及可數乎? 史蘇是占, 勿從何益?

를 내는데, '거북점 점괘내는 일을 담당한다.'라 말한 것은 시초점은 확률이 낮고 거북점은 확률이 높으니, 높은 것을 위주로 한 것이다."라 했다. 여기에서도 이곳의 전문을 통해 설명하였다. 『역』「계사전(繫辭傳)」을 살펴보면, "시초의 덕은 둥글고 신묘하며, 괘의 덕은 모나서 지혜롭다. 신묘함으로 올 것을 알고 지혜로움으로 간 것을 간직한다."[11]라 했다. 그렇다면 올 것을 알고 간 것을 간직하는 것은 지극히 오묘한 것이니, 비록 거북껍질처럼 확률이 높은 것이라 하더라도 이보다 더할 수 없다. 성인이 시초점을 연역해서 『역』을 만들었으니, 아는 것이 어찌 거북점보다 확률이 낮겠는가? 복인은 헌공으로 하여금 시초점의 결과를 버리고 거북점의 결과에 따르게끔 하고자 했기 때문에 "시초점은 맞을 확률이 낮고 거북점을 확률이 높다."라 말한 것으로, 거북점이 실제로 확률이 높을 수 있다는 말이 아니다. 두예는 "시초점은 맞을 확률이 낮고 거북점을 확률이 높다."는 뜻을 완성하고자 했기 때문에 전문을 인용해서 증명한 것이다. 지극한 이치로 말을 한다면 거북점과 시초점 사이에는 실제로 확률의 높낮음이 없다.

전문 且其繇曰: '專之渝, 攘公之羭①. 一薰一蕕, 十年尙猶有臭②.'
또 그 요(繇)에서는 '총애하는 마음을 오로지 하면 마음이 변하여 공의 숫양을 제거할 것이다. 하나의 향기나는 풀과 하나의 악취나는 풀을 한 그릇에 담아두면 10년이 지나더라도 여전히 악취가 난다.'라 하였으니,

---

10) 『주례』「춘관(春官)・점인(占人)」: 占人; 掌占龜, 以八簭占八頌, 以八卦占簭之八故, 以眡吉凶.
11) 『역』「계사상(繫辭上)」: 是故, 蓍之德, 圓而神, 卦之德, 方以知, 六爻之義, 易以貢, 聖人, 以此洗心, 退藏於密, 吉凶, 與民同患, 神以知來, 知以藏往, 其孰能與於此哉. 古之聰明叡知神武而不殺者夫.

杜注 ① 繇, 卜兆辭. 渝, 變也. 攘, 除也. 羭, 美也. 言變乃除公之美.

'요(繇)'은 거북점의 조짐을 해석하는 말이다. '투(渝)'자는 변한다는 뜻이다. '양(攘)'자는 제거한다는 뜻이다. '유(羭)'는 아름다운 것을 뜻한다. 변하게 되면 공이 아름답게 여기는 것을 제거한다는 뜻이다.

杜注 ② 薰, 香草. 蕕, 臭草. 十年有臭, 言善易消, 惡難除.

'훈(薰)'은 향기나는 풀이다. '유(蕕)'는 악취나는 풀이다. 10년이 지나도록 악취가 난다는 것은 선은 사라지기 쉽고 악은 제거하기 어렵다는 뜻이다.

孔疏 ●"專之"至"有臭". ○正義曰: 言公若專心愛之, 公心必將改變, 變乃除公之美. 公先有美, 此人將除去之. 薰是香草, 蕕是臭草, 一薰一蕕, 言分數正等, 使之相和, 雖積十年, 尙猶有臭氣. 香氣盡而臭氣存, 言善惡聚而多少敵, 善不能止惡, 而惡能消善.

● 傳文: "專之"~"有臭". ○ 헌공이 마음을 오로지 하여 그녀만을 총애한다면 공의 마음은 반드시 바뀌고 변하게 되며, 변하게 되면 공이 아름답게 여기는 것을 제거하게 된다는 뜻이다. 공에게 먼저 아름답게 여기는 것이 있는데, 이 사람이 장차 그것을 제거하게 된다. '훈(薰)'은 향기나는 풀이다. '유(蕕)'는 악취나는 풀이다. 하나의 향기나는 풀과 하나의 악취나는 풀이라는 것은 나눈 수를 동등하게 하여 서로 조화를 이루게 하였는데, 비록 10년이 흘러도 여전히 악취가 난다는 뜻이다. 향기가 다하더라도 악취는 남게 되니, 선과 악이 모여 그 수가 균등하더라도 선은 악을 저지할 수 없고 악은 선을 소멸시킬 수 있다는 뜻이다.

孔疏 ◎注"繇卜"至"之美". ○正義曰: 筮卦之辭, 亦名爲繇, 但此是卜人之言, 知是卜兆辭也. 卜人舉此辭以止公, 則兆頌舊有此辭, 非卜人始爲之也. 卜人言其辭而不言其意, 不知得何兆此義何所出也. "渝, 變"·"攘, 除", 皆釋言文也. 釋畜云: "夏羊: 牡, 羒; 牝, 羖." 則羭是羊之名, 美善之字皆從羊, 故羭爲美也. "變乃除公之美", 言公心必變, 而除公美也.

◎ 杜注: "繇卜~"之美". ○ 시초점을 쳐서 나온 괘사 또한 요(繇)라고 한다. 다만 이것은 복인이 하는 말이다. 따라서 이것이 거북점의 조짐을 해석하는 말이 됨을 알 수 있다. 복인이 이 말을 제시해서 공을 저지하려고 했다면, 조송(兆頌)에는 예전부터 이러한 말이 있었던 것이니, 복인이 처음으로 만들어낸 말이 아니다. 복인이 그 말을 언급했으나 그 뜻을 풀이하지 않아서, 어떤 조짐을 얻었고 그 뜻이 어디로부터 나왔는지 알 수 없다. "'투(渝)'자는 변한다는 뜻이다."라 했고,[12] "'양(攘)'자는 제거한다는 뜻이다."라고 했는데,[13] 이 모두는 『이아』「석언(釋言)」편의 기록이다. 『이아』「석축(釋畜)」편에서는 "하양[14]은 수컷은 유(羭)이고 암컷은 고(羖)이다."[15]라 했으니, 유(羭)는 양을 뜻하는 명칭이며, 아름답고 좋은 것을 뜻하는 글자들은 모두 양(羊)자를 부수로 따른다. 그렇기 때문에 유(羭)자가 아름다운 것이 된다. "변하게 되면 공이 아름답게 여기는 것을 제거한다."는 것은 공의 마음은 반드시 변하게 되어 있고, 그렇게 되면 공이 아름답게 여기는 것을 제거한다는 뜻이다.

孔疏 ◎ 注"薰香"至"難除". ○ 正義曰: 此傳之意言善惡相雜, 二字皆從草, 知是香草·臭草也. 月令五時各言其臭, 中央土云"其臭香",

---

12) 『이아』「석언(釋言)」 : 渝, 變也.
13) 『이아』「석언(釋言)」 : 攘, 除也.
14) 하양(夏羊)은 검은색의 양(羊)을 뜻한다. 하후씨(夏后氏) 때 흑색을 숭상했기 때문에 검은 양을 '하양'이라고 부른 것이다.
15) 『이아』「석축(釋畜)」 : 夏羊, 牡, 羭. 牝, 羖.

易・繫辭云"其臭如蘭", 傳稱"在君之臭味", 則臭是氣之總名, 元非善惡之稱. 但既謂善氣爲香, 故專以惡氣爲臭耳. 十是數之小成, 故擧以爲言焉. 十年香氣盡矣, 惡氣尙存, 言善易消, 而惡難滅也. 杜知蕕是臭者, 內則云: "牛夜鳴則庮." 彼"庮", 亦是臭義, 其字雖異, 其意亦同. "尙猶有臭", "猶"則"尙"之義, 重言之耳, 猶尙書云"弗遑暇食", "遑"則"暇"也.

◎ 杜注: "薰香"~"難除". ○ 이곳 전문의 뜻은 선악이 서로 뒤섞인다는 것으로, 두 글자는 모두 초(草)자를 부수로 따르고 있으니, 이것이 향기 나는 풀과 악취나는 풀에 해당함을 알 수 있다. 『예기』「월령(月令)」편에서는 다섯 계절에 대해 각각 해당하는 냄새를 언급하였는데, 중앙 계절인 토에 대해서는 "해당하는 냄새는 향내이다."[16]라 했고, 『역』「계사전(繫辭傳)」에서는 "그 향기로움이 난초와 같다."[17]라 했으며, 전문에서는 "진 군에게 있어 군의 냄새와 맛이다."[18]라 했으니, '취(臭)'는 기운을 총괄하는 명칭이며, 본래 선악을 지칭하는 말이 아니다. 다만 이미 선한 기운을 향(香)이라고 했기 때문에 단독으로 악한 기운을 취(臭)라고 한 것일 뿐이다. 10은 수의 소성(小成)이다. 그렇기 때문에 이것을 제시해 말한 것이다. 10년이 지나면 향기는 모두 사라지지만 악한 기운은 여전히 남아 있으니, 선은 쉽게 사라지지만 악은 소멸시키기 어렵다는 뜻이다. 두예가 유(蕕)가 악취나는 풀에 해당함을 알 수 있었던 것은 『예기』「내칙(內則)」편에서 "소가 밤에 운다면, 그 고기에서는 썩은 나무 냄새가 난다."[19]라

---

16) 『예기』「월령(月令)」: 其味甘, 其臭香.

17) 『역』「계사상(繫辭上)」: 同人, 先號咷而後笑, 子曰, 君子之道, 或出或處或黙或語, 二人同心, 其利斷金. 同心之言, 其臭如蘭.

18) 『춘추좌씨전』「양공(襄公) 8년」: 季武子曰, "誰敢哉? 今譬於草木, 寡君在君, 君之臭味也. 歡以承命, 何時之有?"

19) 『예기』「내칙(內則)」: 牛夜鳴, 則庮; 羊泠毛而毳, 羶; 狗赤股而躁, 臊; 鳥皫色而沙鳴, 鬱; 豕望視而交睫, 腥; 馬黑脊而般臂, 漏.

했다. 『예기』에서 '유(庮)'라고 한 것 또한 냄새를 뜻하니, 그 자형은 비
록 차이나지만 그 의미는 또한 동일하다. "여전히 악취가 난다."고 했는
데, '유(猶)'는 상(尙)자의 뜻이며, 중복해서 말한 것일 뿐으로, 『상서』에
서 "한가하게 밥먹을 겨를이 없다."[20]라 하여 '황(遑)'자가 가(暇)자의 뜻
이 됨과 같다.

전문 必不可!" 弗聽, 立之. 生奚齊, 其娣生卓子.

절대로 안 됩니다."라 했다. 헌공은 그 말을 듣지 않고 여희를 부인으로
삼았다. 뒤에 해제를 낳았고, 그 동생은 탁자를 낳았다.

---

20) 『서』「주서(周書)·무일(無逸)」: 自朝至于日中昃, <u>不遑暇食</u>, 用咸和萬民.

제 18 절

시좌례(侍坐禮) - 시식(侍食)

若君賜之食, 則君祭先飯, 徧嘗膳, 飮而俟. 君命之食, 然後食.

직역 若히 君이 그에게 食를 賜하면 君이 祭함에 先히 飯하고 徧히 膳을 嘗하며 飮하고 俟한다. 君이 그에게 食을 命하면 然後에야 食한다.

의역 만약 군주가 예사(禮食)를 하사하게 되면, 군주가 음식에 대해 제사를 지낼 때 신하는 먼저 밥을 뜨고 두루 음식들을 맛보고서 음료를 마시고서 군주가 음식을 두루 맛보길 기다린다. 군주가 음식을 먹으라고 명령을 내린 이후에야 먹는다.

鄭注 君祭先飯, 食其1)祭食, 臣先飯, 示爲君嘗食也. 此謂君與之禮食. 膳, 謂進庶羞, 旣嘗庶羞, 則飮, 俟君之徧嘗也. 今云呫嘗膳2).

----

1) 식기(食其) :『십삼경주소』 북경대 출판본에서는 "식기(食其)를 오씨는 위군(謂君)이라 기록했다. 노문초는 '『송본』에는 어기(於其)로 기록되어 있다.'라 했다. 살펴보니 『의례정의』도 『송본』과 동일하게 기록되어 있다."라고 했다.

2) 첩상선(呫嘗膳) :『십삼경주소』 북경대 출판본에서는 "장림은 '『석문』에서는 첩상(呫嘗)에서의 첩(呫)자는 그 음이 첩(貼)이라 했다.『곡량전』에서 미상유첩혈지맹(未嘗有呫血之盟)이라고 했는데 이때의 첩(呫)자는 맛본다는 상(嘗)자의 뜻이다.'라 했다. 완원의 『교감기』에서는 '살펴보니 첩(呫)자가 이미 상(嘗)자의 뜻이 된다면 첩(呫)자는 상(嘗)자의 박문(駁文)이 되므로, 첩(呫)자 뒤에 다시금 상(嘗)자를 덧붙일 수 없다. 아마도 고문에서는 편상선(徧嘗膳)이라 기록했고 금문에서는 편첩선(徧呫膳)으로 기록했던 것이니, 주에서는 마땅히 금문운첩선(今文云呫膳)이라 기록해야 하는데 문장이 누락된 것이다. 그리고 상(嘗)자는 연문

'군제선반(君祭先飯)'은 군주가 음식에 대해 제사를 지낼 때 신하가 먼저 밥을 떠서 군주를 위해 음식을 맛보는 뜻을 보이는 것이다. 이것은 군주가 그에게 예사3)를 준 것을 뜻한다. '선(膳)'은 진설한 여러 음식들이니, 이미 여러 음식들을 맛보았다면 음료를 마셔서 군주가 두루 맛보는 것을 기다린다. 금문에는 첩선(呫膳)으로 되어 있다.

賈疏 ●"若君"至"後食". ◎注"君祭"至"嘗膳". ○釋曰: 此經及下經論臣侍君坐得賜食之法. 鄭云"先飯, 示爲君嘗食也"者, 凡君將食, 必有膳宰進食, 則膳宰嘗君前之食, 備火齊不得, 下文是也. 今此文謂膳宰不在, 則侍食者自嘗自己前食, 旣不嘗君前食, 則不正嘗食, 故云示爲君嘗食也. 云"此謂君與之禮食"者, 謂君與臣小小禮食法, 仍非正禮食, 正禮食則公食大夫, 是也. 彼君前無食, 此君臣俱有食, 故知小小禮食. 此卽玉藻云: "若賜之食, 而君客之, 則命之祭, 然後祭." 彼云客之, 則此注禮食亦不得祭, 故一也. 但此文不云客之命之祭然後祭, 文不具也. 若臣嘗食, 不得云禮食, 亦不得祭, 故鄭注玉藻云"侍食則正不祭", 是也.

● 經文: "若君"~"後食". ◎ 鄭注: "君祭"~"嘗膳". ○ 이곳 경문과 아래 경문은 신하가 군주를 시중들며 앉아 있을 때 하사받은 음식을 얻는 예법을 논의하고 있다. 정현이 "신하가 먼저 밥을 떠서 군주를 위해 음식을 맛보는 뜻을 보이는 것이다."라고 했는데, 무릇 군자가 식사를 하려고 할 때에

이다. 『설문』 구부(口部)에는 첩(呫)자가 없고, 식부(食部)에는 념(飪)자가 있는데, 서로 만나 보리밥을 먹는 것이라고 했다. 『광아』 「석고」편에서는 념(飪)자와 상(嘗)자를 모두 먹는다는 뜻으로 풀이했으니, 념(飪)자가 첩(呫)자의 본자가 됨에 의심할 것이 없다."라고 했다.

3) 예사(禮食)는 본래 군주가 신하들에게 음식을 베풀며 예(禮)로 대접을 해주는 것으로, 일종의 연회이다. 『의례』 「공사대부례(公食大夫禮)」에 기록된 의례 절차들이 '예사'에 해당한다.

는 반드시 선재⁴⁾를 두어서 음식을 올리게 하는데, 그렇게 되면 선재는 군주 앞에 차려진 음식들을 맛보고 불 조절이 알맞지 않을 것을 대비하게 되니, 아래문장의 내용이 여기에 해당한다. 지금 이곳 문장은 선재가 있지 않은 상황이니, 식사를 시중드는 자가 직접 자기 앞에 차려진 음식을 맛보는데, 이미 군주 앞에 차려진 음식을 맛보는 것이 아니라면 정식으로 음식을 맛보는 것이 아니다. 그렇기 때문에 "군주를 위해 음식을 맛보는 뜻을 보이는 것이다."라 했다. 정현이 "이것은 군주가 그에게 예사를 준 것을 뜻한다."라고 했는데, 군주가 신하에게 소소하게 예사를 준 예법을 뜻하니 정식 예사가 아니다. 정식 예사라고 한다면 『의례』「공사대부례(公食大夫禮)」의 내용이 여기에 해당한다. 「공사대부례」편에는 군주 앞에 차려진 음식이 없게 되는데, 이곳에서 군주와 신하는 모두 음식을 받게 된다. 그렇기 때문에 소소한 예사임을 알 수 있다. 이곳의 내용은 곧 『예기』「옥조(玉藻)」편에서 "만약 군주가 음식을 하사하여 군주가 빈객에 대한 예법으로 예우한다면, 군주가 음식에 대한 제사를 지내라고 명령을 내린 뒤에야 제사를 지낸다."⁵⁾라고 한 경우에 해당하는데, 「옥조」편에서 빈객으로 예우한다고 했다면 이곳 주에서 말한 예사에서도 음식에 대한 제사를 지낼 수 없다. 그렇기 때문에 동일한 경우이다. 다만 이곳 문장에서 "빈객에 대한 예법으로 예우한다면, 군주가 음식에 대한 제사를 지내라고 명령을 내린 뒤에야 제사를 지낸다."라고 말하지 않은 것은 문장을 자세히 기록하지 않았기 때문이다. 만약 신하가 음식을 맛보게 된다

---

4) 선재(膳宰)는 선부(膳夫)와 같은 말이다. 군주가 먹는 음식 등을 담당했던 관리이다. 천자에게 소속된 '선재'를 '선부'라고 불렀으며, 상사(上士)가 담당했다. 『의례』「연례(燕禮)」편에는 "膳宰具官饌于寢東."라는 기록이 있는데, 이에 대한 정현의 주에서는 "膳宰, 天子曰膳夫, 掌君飮食膳羞者也."라고 풀이했다. 그리고 『주례』「천관(天官)·선부(膳夫)」편에는 "膳夫掌王之食飮膳羞."라는 기록이 있다.

5) 『예기』「옥조(玉藻)」 : <u>若賜之食而君客之, 則命之祭然後祭</u>, 先飯辯嘗羞, 飮而俟.

면 예사(禮食)라 부를 수 없고 또한 제사도 지낼 수 없다. 그렇기 때문에 「옥조」편에 대한 정현의 주에서는 "모시고 식사를 하는 경우라면, 정식 으로 음식에 대한 제사를 지낼 수 없다."라 했다.

참고 18-1 『예기』「옥조(玉藻)」 기록

경문 若賜之食而君客之, 則命之祭然後祭, 先飯辯嘗羞, 飲而俟.

만약 군주가 식사를 함께 하도록 은혜를 베풀고, 군주가 빈객에 대한 예 법으로 대우한다면, 군주가 음식에 대한 제사를 지내라고 명령을 내린 뒤에야 제사를 지내며 먼저 음식을 맛보니, 음식들에 대해서 두루 맛을 보며, 음료를 마셔서 입을 헹구고 난 뒤에 군주가 식사를 시작할 때까지 기다린다.

鄭注 雖見賓客, 猶不敢備禮也. 侍食則正不祭. 俟君食而後食也. 君將食, 臣先嘗之, 忠孝也.

비록 빈객으로 대접을 받더라도 여전히 빈객을 대우하는 예법대로 모두 갖출 수는 없다. 모시고 식사를 하는 경우라면, 정식으로 음식에 대한 제사를 지낼 수 없다. 군주가 식사를 시작할 때까지 기다린 뒤에야 식사 를 하는 것이다. 군주가 식사를 하게 되면, 신하가 먼저 그 음식들을 맛보 니, 충효(忠孝)에 해당한다.

孔疏 ●"若賜"至"從者". ○ 正義曰: 此一節論人君賜食之禮.

● 經文: "若賜"~"從者". ○ 이곳 문단은 군주가 음식을 하사하는 예를 논의하고 있다.

●“而君客之, 則命之祭然後祭”者, 此廣明侍坐法也. 祭, 祭先也. 禮: 敵者共食則先祭; 若降等之客, 則後祭; 若臣侍君而賜之食, 則不祭, 若賜食而君以客禮待之, 則得祭. 雖得祭, 又先須君命之祭, 後乃敢祭也.

● 經文: “而君客之, 則命之祭然後祭”. ○ 이 문장은 모시고 앉는 법도에 대해서 폭넓게 설명한 내용이다. ‘제(祭)’는 음식을 처음 만든 자에게 제사를 지낸다는 뜻이다. 예법에 따르면, 신분이 대등한 자들이 함께 식사를 하는 경우라면 빈객이 먼저 음식에 대한 제사를 지낸다. 만약 신분이 낮은 빈객이라면 주인보다 뒤에 제사를 지낸다. 만약 신하가 군주를 시중들 때 음식을 하사하게 된다면 제사를 지내지 않는다. 만약 음식을 하사하고 군주가 빈객에 대한 예법으로 대우한다면 제사를 지낼 수 있다. 그러나 비록 제사를 지낼 수 있더라도, 또한 먼저 군주가 제사를 지내라는 명령이 있어야만, 그 이후에야 제사를 지낼 수 있다.

若有將食者, 則俟君之食, 然後食.

직역 若히 食를 將하는 者가 有라면 君이 食하기를 俟한 然後에야 食한다.

의역 만약 음식을 올리는 자가 별도로 있는 경우라면 군주가 식사하기를 기다린 이후에야 먹는다.

鄭注 將食猶進食, 謂膳宰也. 膳宰進食, 則臣不嘗食. 周禮·膳夫: "品嘗食, 王乃食."

'장사(將食)'는 음식을 올린다는 뜻이니, 선재(膳宰)를 가리킨다. 선재가 음식을 올리게 되면 신하는 음식을 맛보지 않는다. 『주례』「선부(膳夫)」 편에서는 "음식에 대해 두루 맛을 보면 천자는 그런 뒤에 식사를 한다."[1]라 했다.

賈疏 ●"若有"至"後食". ◎注"將食"至"乃食". ○釋曰: 云"膳宰進食, 則臣不嘗食"者, 臣爲君嘗食, 本爲膳宰不在, 今膳宰旣在, 明臣不嘗食也. 是以玉藻云: "若有嘗羞者, 則俟君之食, 然後食, 飯飲而俟." 注云"不祭, 侍食不敢備禮也. 不嘗羞, 膳宰存也", 是也. 云"膳夫"者, 天子膳夫, 則諸侯之膳宰. 引之者, 證經將食之人是膳宰, 因將膳與君品嘗食. 凡君食, 臣有侍食之時, 唯子不侍食. 是以文王世子云: "命膳宰曰, 末有原. 應曰諾, 然後退." 是大子不侍食. 若卿大夫已下, 則有侍食法, 故內則云"父沒母存, 冢子御食, 群子婦佐餕", 是也.

● 經文: "若有"~"後食". ◎ 鄭注: "將食"~"乃食". ○ 정현이 "선재가 음식을 올리게 되면 신하는 음식을 맛보지 않는다."라고 했는데, 신하가 군주를 위해서 음식을 맛본다는 것은 본래 선재가 있지 않은 경우에 해당

---

1) 『주례』「천관(天官)·선부(膳夫)」 : 以樂侑食, 膳夫授祭, <u>品嘗食, 王乃食</u>.

하며, 지금은 선재가 존재하니, 신하가 음식을 맛보지 않는다는 사실을 나타낸다. 이러한 까닭으로 『예기』「옥조(玉藻)」편에서는 "만약 음식을 맛보는 자가 따로 있다면, 군주가 식사를 시작할 때까지 기다린 뒤에 식사를 하니, 먼저 음료를 마신 뒤에 기다린다."[2]라 했고, 주에서는 "제사를 지내지 않으니, 모시고 식사를 하는 경우에는 감히 예법대로 갖출 수가 없기 때문이다. 음식을 맛보지 않는 것은 선재가 있기 때문이다."라 했다. '선부(膳夫)'라 말한 것은 천자에게 속한 선부가 되니, 제후에게 속한 선재(膳宰)에 해당한다. 『주례』를 인용한 것은 경문에서 음식을 올린다고 한 사람이 선재에 해당하며, 이를 통해 음식을 올려 군주에게 주고 두루 음식들을 맛보게 됨을 증명하기 위한 것이다. 무릇 군주가 식사를 할 때 신하가 시중을 들며 식사를 하는 경우가 있는데, 오직 자식만은 시중들며 식사를 하지 않는다. 이러한 까닭으로 『예기』「문왕세자(文王世子)」편에서 "선재에게 명령하여, '남은 음식들을 다시 올리는 일이 없도록 하라.'라 하고, 선재가 응답하길, '알겠습니다.'라 말하면, 그 대답을 듣고서야 물러갔다."[3]라고 한 것이니, 이것은 태자가 시중들며 식사를 하지 않는다는 사실을 나타낸다. 만약 경과 대부로부터 그 이하의 계층이라면 시중을 들며 식사를 하는 예법이 있게 된다. 그러므로 『예기』「내칙(內則)」편에서는 "부친이 돌아가시고 모친만 생존해 계신다면, 총자[4]는 모친이 식사하시는 것을 시중들고, 나머지 아들들과 며느리들은 권유를 하여 더 드시게 하며, 남은 음식을 먹는다."[5]라 한 것이다.

---

2) 『예기』「옥조(玉藻)」: <u>若有嘗羞者, 則俟君之食然後食, 飯飮而俟</u>. 君命之羞, 羞近者, 命之品嘗之, 然後唯所欲. 凡嘗遠食, 必順近食.

3) 『예기』「문왕세자(文王世子)」: 其有不安節, 則內豎以告文王, 文王色憂, 行不能正履. 王季復膳然後, 亦復初. 食上, 必在視寒暖之節, 食下, 問所膳, <u>命膳宰曰, 末有原. 應曰, 諾. 然後退</u>.

4) 총자(冢子)는 적장자를 뜻한다.

5) 『예기』「내칙(內則)」: 父母在, 朝夕恒食, 子婦佐餕, 旣食恒餕. <u>父沒母存, 冢子御食, 群子婦佐餕</u>如初. 旨甘柔滑, 孺子餕.

경문 以樂侑食, 膳夫授祭, 品嘗食, 王乃食.

음악을 연주하여 식사를 권유하고, 선부가 제사지낼 음식을 건네고 음식에 대해 두루 맛을 보면 천자는 그런 뒤에 식사를 한다.

정주 侑猶勸也. 祭謂刌肺 · 脊也. 禮, 飮食必祭, 示有所先. 品者, 每物皆嘗之, 道尊者也.

'유(侑)'자는 권한다는 뜻이다. '제(祭)'는 희생물의 폐를 썬 것과 등뼈를 뜻한다. 예법에 따르면 음식을 먹을 때에는 반드시 음식에 대한 제사를 지내니, 그 음식을 처음으로 만든 자가 있음을 보이기 위해서이다. '품(品)'은 매 음식들을 모두 맛보는 것으로, 존귀한 자를 인도하기 위한 것이다.

가소 ●"以樂"至"乃食". ○釋曰: 上言王日一擧, 此云以樂侑食, 卽是王制云"天子食, 日擧以樂". 按論語 · 微子云亞飯 · 三飰 · 四飯, 鄭云皆擧食之樂. 彼諸侯禮, 尙有擧食之樂. 明天子日食有擧食之樂可知. 按大司樂云: "王大食皆令奏鍾鼓." 彼大食自是朔食. 日擧之樂, 大司樂或不令奏, 故不言之矣, 無妨日食自有擧食之樂. 云"膳夫授祭"者, 謂王將食, 必祭先, 膳夫授之. 云"品嘗食"者, 玉藻云: "火孰者先君子." 鄭注云: "備火齊不得也." 故膳夫品物皆嘗之, 王乃食也.

● 經文: "以樂"~"乃食". ○ 앞에서는 "천자는 하루에 한 차례 성찬을 든다."[6]라 했고, 이곳에서는 "음악을 연주하여 식사를 권유한다."라 했으니, 『예기』「왕제(王制)」편에서 "천자는 음식을 먹음에 날마다 성찬을 들며 음악을 곁들인다."[7]라고 한 말에 해당한다. 『논어』「미자(微子)」편을 살

---

6) 『주례』「천관(天官) · 선부(膳夫)」: <u>王日一擧</u>, 鼎十有二物, 皆有俎.

펴보니, 아반(亞飯)·삼반(三飯)·사반(四飯)이라 했고,8) 정현은 모두 음식을 들 때 연주하는 음악이라고 했다. 「미자」편의 기록은 제후의 예법에 해당하는데, 오히려 식사를 들 때 음악이 포함되어 있다. 따라서 천자가 날마다 식사를 할 때에도 식사를 들 때 연주되는 음악이 포함되어 있었음을 알 수 있다. 『주례』「대사악(大司樂)」편을 살펴보면, "천자가 성대하게 식사를 할 때에는 모두 종과 북을 연주하도록 한다."9)라 했다. 「대사악」편에서 말한 '대식(大食)'은 그 자체가 삭식10)에 해당한다. 날마다 성찬을 들 때 연주하는 음악에 있어서 대사악은 아마도 연주를 시키지 않았을 것이다. 그렇기 때문에 언급하지 않은 것이다. 그러나 날마다 음식을 먹을 때 그 자체에 성찬을 들며 연주되는 음악이 포함되어 있었다는 사실에는 저애가 되지 않는다. "선부가 제사지낼 음식을 건넨다."라고 했는데, 천자가 장차 식사를 하려고 할 때에는 반드시 처음 음식을 만든 자에게 제사를 지내야 하므로, 선부가 그것들을 건네는 것이다. "음식에 대해 두루 맛을 본다."라고 했는데, 『예기』「옥조(玉藻)」편에서는 "불로 익힌 음식을 먹을 때에는 군자보다 먼저 맛을 본다."11)라 했고, 정현의 주에서는 "불로 익힌 것이 제대로 익지 않았을 때를 대비하기 위함이다."

---

7) 『예기』「왕제(王制)」: 國無九年之蓄曰不足, 無六年之蓄曰急, 無三年之蓄曰 國非其國也. 三年耕, 必有一年之食, 九年耕, 必有三年之食, 以三十年之通, 雖有凶旱水溢, 民無菜色, 然後, 天子食, 日擧以樂.

8) 『논어』「미자(微子)」: 大師摯適齊, 亞飯干適楚, 三飯繚適蔡, 四飯缺適秦, 鼓 方叔入於河, 播鼗武入於漢, 少師陽, ·擊磬襄, 入於海.

9) 『주례』「춘관(春官)·대사악(大司樂)」: 王大食, 三宥, 皆令奏鍾鼓.

10) 삭식(朔食)은 고대의 예법 중 하나이다. 제왕 및 신분이 높은 자들은 매월 초하루에 평상시보다 음식을 풍성하게 차려내서, 먹게 된다. 천자의 경우에는 '삭식' 때 태뢰(太牢)를 사용하고, 제후는 소뢰(少牢)를 사용하며, 대부(大夫)는 한 마리의 돼지를 바치고, 사(士)는 한 마리의 새끼 돼지를 바치기도 한다. 『예기』「내칙(內則)」편에는 "男女夙興, 沐浴衣服, 具視朔食."이라는 기록이 있고, 이에 대한 정현의 주에서는 "朔食, 天子大牢, 諸侯少牢, 大夫特豕, 士特豚也."라고 풀이했다.

11) 『예기』「옥조(玉藻)」: 火孰者, 先君子.

라 했다. 그러므로 선부가 모든 음식들에 대해 모두 맛보고, 그런 뒤에
천자가 식사를 하게 된다.

賈疏 ◎注"侑猶"至"者也". ○釋曰: 殷祭肝, 周祭肺. 但祭肺有二種:
一者名爲擧肺, 亦名離肺, 此爲食而有也. 二者名爲祭肺, 亦名刌肺,
此爲祭而有也. 但擧肺離而不絶, 祭肺則絶之. 今此膳夫授祭, 爲食
而授, 卽擧肺也. 鄭云"祭謂刌肺脅也"者, 以經直云祭, 不言擧, 又不
言離, 直云祭, 故鄭云祭謂刌肺也. 以優至尊, 故與祭祀同刌肺也.
若然, 鄕飮酒‧鄕射無連言脊, 今兼言脊者, 依士虞‧特牲皆言授肺
脊, 故鄭依之而言. 云"禮飮食必祭示有所先"者, 凡祭, 皆祭先造食
者, 曲禮云"殽之序, 徧祭之", 今徒言祭肺者, 略擧其首者也.

◎鄭注: "侑猶"~"者也". ○은나라 때에는 희생물의 간으로 제사를 지냈
고, 주나라 때에는 희생물의 폐로 제사를 지냈다. 다만 폐로 제사를 지낼
때 폐에는 2종류가 있으니, 첫 번째는 거폐(擧肺)라 하는 것으로, 이는
또한 이폐(離肺)라고도 부르는데, 이것은 먹기 위해서 갖추는 것이다.
두 번째는 제폐(祭肺)라 하는 것으로, 이는 또한 촌폐(刌肺)라고도 부르
는데, 이것은 제사를 지내기 위해서 갖추는 것이다. 다만 거폐와 이폐는
자르지 않고, 제폐의 경우에는 자른다. 지금 이곳에서 선부가 제(祭)를
건넨다고 했는데, 이것은 먹기 위해서 건네는 것이니 거폐에 해당한다.
정현이 "'제(祭)'는 희생물의 폐를 썬 것과 등뼈를 뜻한다."라고 했는데,
경문에서는 단지 제(祭)라고만 말하고 거(擧)를 말하지 않았고 또 이(離)
를 말하지 않았다. 단지 제(祭)라고만 말했기 때문에 정현이 "제(祭)는
희생물의 폐를 썬 것이다."라 말한 것이다. 지극히 존귀한 자에 대해서는
넉넉하게 갖추기 때문에 제사와 동일하게 촌폐를 갖추는 것이다. 만약
그렇다면 『의례』「향음주례(鄕飮酒禮)」나 「향사례(鄕射禮)」편에서는
연이어 척(脊)을 언급한 것이 없는데, 지금 이곳에서는 척(脊)까지도 함
께 언급하였다. 그 이유는 『의례』「사우례(士虞禮)」나 「특생궤식례(特

牲饋食禮)」편에 따르면 모두 폐와 등뼈를 건넨다고 말했다. 그렇기 때문에 정현이 그 기록에 따라 말한 것이다. 정현이 "예법에 따르면 음식을 먹을 때에는 반드시 음식에 대한 제사를 지내니, 그 음식을 처음으로 만든 자가 있음을 보이기 위해서이다."라고 했는데, 무릇 음식을 먹을 때의 제사라는 것은 모두 처음으로 음식을 만든 자에게 제사를 지내는 것이다. 그런데 『예기』「곡례(曲禮)」편에서는 "음식이 차려지는 순서에 따라 골고루 제사를 지낸다."[12]라 했고, 이곳에서는 단지 폐로 제사를 지낸다고만 말했는데, 간략히 기록하여 그 중 대표가 되는 것을 제시했기 때문이다.

참고 18-3 『예기』「옥조(玉藻)」 기록

경문 若有嘗羞者, 則俟君之食然後食, 飯飲而俟. 君命之羞, 羞近者, 命之品嘗之, 然後唯所欲. 凡嘗遠食, 必順近食.

만약 음식을 맛보는 자가 따로 있다면 군주가 식사를 시작할 때까지 기다린 뒤에야 식사를 하니, 먼저 음료를 마신 뒤에 기다린다. 군주가 음식에 대해서 맛을 보라고 명령을 내리면 가까이에 있는 음식 한 종류만을 맛보고, 군주가 음식들에 대해서 두루 맛을 보라고 명령을 한 이후에는 자신이 먹고 싶은 것을 맛보게 된다. 그러나 모든 경우에 있어서 멀리 있는 음식을 맛보기 위해서는 반드시 가까이에 있는 음식부터 맛보기 시작한다.

정주 不祭, 侍食不敢備禮也. 不嘗羞, 膳宰存也. 飯飲, 利將食也. 辟貪味也. 必先徧嘗之. 從近始也.

제사를 지내지 않으니, 모시고 식사를 하는 경우에는 감히 예법대로 갖출 수가 없기 때문이다. 음식을 맛보지 않는 것은 선재(膳宰)가 있기 때문이

---

12) 『예기』「곡례상(曲禮上)」 : 主人延客祭, 祭食, 祭所先進. <u>殽之序, 徧祭之</u>.

다. 음료를 마시는 것은 음식을 먹을 때 수월하게 하기 위해서이다. 가까이 있는 음식을 맛보는 것은 맛좋은 음식을 탐한다는 오해를 피하기 위해서이다. 두루 먹으라는 명령이 내려지면, 반드시 먼저 음식들을 두루 맛보아야 한다. 가까운 곳에 있는 음식부터 먹기 시작한다.

孔疏 ● "若有嘗羞"者, 此謂臣侍食得賜食, 而非君所客者也. 旣不得爲客, 故不得祭, 亦不得嘗羞. 則君使膳宰自嘗羞, 故云"有嘗羞者"也.

● 經文: "若有嘗羞". ○ 이 내용은 신하가 식사의 시중을 들게 되어 음식을 하사받은 경우이지만, 군주가 빈객으로 대우하는 것은 아니다. 이미 빈객으로 대우를 받지 못했기 때문에 음식에 대한 제사를 지낼 수 없는 것이며, 또한 음식들에 대해서 맛을 볼 수 없는 것이다. 따라서 군주는 선재(膳宰)를 시켜서 직접 음식들을 맛보게 한다. 그렇기 때문에 "음식을 맛보는 자가 있다."라고 말한 것이다.

孔疏 ● "則俟君之食然後食"者, 旣不祭‧不嘗, 則俟君食後, 己乃食也.

● 經文: "則俟君之食然後食". ○ 이미 음식에 대한 제사를 지내지 않고 맛을 보지 않는다면, 군주가 식사를 시작할 때까지 기다린 뒤에야 본인도 식사를 하게 된다.

孔疏 ● "飯飲而俟"者, 飯飲者, 飲之也. 雖不嘗羞, 亦先飲, 飲則利喉以俟君也.

● 經文: "飯飲而俟". ○ '반음(飯飲)'이라는 말은 음료를 마신다는 뜻이다. 비록 음식들을 맛보지는 않지만, 또한 먼저 음료를 마시니, 음료를 마시는 것은 입을 헹구어서 군주가 식사하기를 기다리는 것이다.

경문 其有不安節, 則內豎以告文王, 文王色憂, 行不能正履. 王季復膳然後, 亦復初. 食上, 必在視寒暖之節, 食下, 問所膳, 命膳宰曰, 末有原. 應曰, 諾. 然後退.

만약 왕계(王季)에게 병이 생겨서 평상시와 다른 점이 발생하면, 내수(內豎)는 이러한 사실들을 문왕에게 아뢴다. 그러면 문왕은 부친을 근심하는 마음 때문에 얼굴빛에 근심스러움이 나타났고, 노심초사하는 마음 때문에 걷는 것도 제대로 걸을 수가 없었다. 왕계가 다시 기력을 회복하여 평상시처럼 음식을 먹게 된 이후에야 문왕 또한 문안인사 드리는 것을 평상시처럼 시행하였다. 그리고 문왕은 왕계에게 밥상을 들일 때, 반드시 음식의 차갑고 따뜻한 정도를 살펴봤고, 밥상을 내올 때에는 어느 음식을 많이 드시고 어느 음식을 적게 드시는지를 물어보았다. 그리고 음식을 만드는 선재(膳宰)에게 명령하여, "남은 음식들을 다시 올리는 일이 없도록 하라."라 하고, 선재가 응답하길, "알겠습니다."라 말하면, 그 대답을 듣고서야 물러갔다.

鄭注 節謂居處故事. 履, 蹈地也. 飮食安也. 憂解. 在, 察也. 問所食者. 末猶勿也. 原, 再也. 勿有所再進, 爲其失飪, 臭味惡也. 退, 反其寢.

'불안절(不安節)'에서의 '절(節)'자는 거처할 때의 법도를 뜻한다. '이(履)'자는 지면을 밟는다는 뜻이다. '복선(復膳)'은 음식을 평상시처럼 편안하게 먹는다는 뜻이다. 문왕이 다시 평상시처럼 행동했던 이유는 근심이 해소되었기 때문이다. '재(在)'자는 찰(察)자의 뜻이다. '문소선(問所膳)'은 드신 음식을 물어본다는 뜻이다. '말(末)'자는 물(勿)자와 같다. '원(原)'자는 재(再)자의 뜻이다. 따라서 '말유원(末有原)'이라는 말은 음식 중 재차 내놓는 것이 있어서는 안 된다는 뜻으로, 한번 내놓았던 음식을 다시 내놓게 되, 그것을 익힌 정도가 적정 수위를 벗어나게 되어 냄새와 맛이 나빠지기 때문이다. '퇴(退)'는 문왕이 자신의 침소로 돌아간다는 뜻이다.

참고 18-5 『예기』「내칙(內則)」기록

경문 父母在, 朝夕恒食, 子婦佐餕, 旣食恒餕. 父沒母存, 冢子御食, 群子婦佐餕如初. 旨甘柔滑, 孺子餕.

부모가 모두 생존해 계신다면, 아침식사와 저녁식사 때 항상 드시게 되는 음식에 대해서, 자식과 며느리는 권유를 하여 더 드시게 하고, 남은 음식들을 먹으며, 부모가 먹고 남긴 음식들을 모두 먹어치운다. 부친이 돌아가시고 모친만 생존해 계신다면, 총자(冢子)는 모친이 식사하시는 것을 시중들고, 나머지 아들들과 며느리들은 권유를 하여 더 드시게 하며, 남은 음식을 먹는데, 부친이 생존해 계실 때처럼 한다. 기름지고 달며 부드럽고 윤기가 흐르는 음식들이 남게 되면, 어린아이가 그 음식들을 먹는다.

鄭注 婦皆與夫餕也. 每食餕而盡之, 末有原也. 御, 侍也. 謂長子侍母食也. 侍食者不餕, 其婦猶皆餕也.

며느리들은 모두 자신의 남편과 함께 남은 음식을 먹게 된다. 매번 식사에서 남은 음식을 먹을 때에는 모두 먹게 되며, 재차 차리는 일은 없다. '어(御)'자는 시중을 든다는 뜻이다. 즉 장자는 모친이 식사를 할 때 시중을 든다는 뜻이다. 식사를 시중드는 자는 남은 음식을 먹지 않지만, 그의 부인은 다른 사람들과 같이 남은 음식을 먹는다.

孔疏 ●"子婦佐餕"者, 謂長子及長子之婦佐餕者, 食必須盡, 以父母食不能盡, 故子婦佐助餕食之使盡, 勿使有餘, 恐再進, 故注云:

"末有原也." 末, 無也. 原, 再也. 無使有餘而再設也.

● 經文: "子婦佐餕". ○ 장자 및 장자의 부인이 식사를 권유하고 남은 음식을 먹을 때에는 남은 음식을 모두 먹게 되는데, 부모가 음식을 모두 먹지 못하기 때문에, 자식과 며느리는 식사를 권유하여 더 드시게 하고, 남은 음식들을 먹어서 모두 먹어치워서 남긴 음식이 없도록 하니, 재차 차려내게 됨을 염려했기 때문이다. 그래서 정현의 주에서는 "재차 차리는 일은 없다."라고 말한 것으로, '말(末)'자는 무(無)자의 뜻이다. '원(原)'자는 재차라는 뜻이다. 즉 음식을 남도록 하여 재차 음식을 차려내지 않도록 하는 것이다.

孔疏 ● "群子婦佐餕如初"者, 冢子旣侍母而食, 群子婦謂冢子之弟婦及衆弟婦, 而佐餕如初者, 如上"父母在"・"子婦佐餕"之禮, 故云"如初"也.

● 經文: "群子婦佐餕如初". ○ 적장자는 이미 모친을 시중들며 식사를 하게 되는데, '군자부(群子婦)'라는 말은 적장자의 동생과 부인 및 뭇 동생들과 그들의 부인을 뜻하고, 그들이 식사 권유를 하며 남은 음식을 먹는 것을 처음처럼 한다는 말은 앞에서 "부모가 모두 생존해 계신다."라 말하고, "자식과 며느리가 식사를 권유하고 남긴 음식을 먹는다."라고 했던 예법처럼 한다는 뜻이다. 그렇기 때문에 '여초(如初)'라고 말한 것이다.

제 **19** 절
시좌례(侍坐禮) – 사작(賜爵)

若君賜之爵, 則下席, 再拜稽首, 受爵, 升席祭, 卒爵而俟,
君卒爵, 然後授虛爵.

직역 若히 君이 그에게 爵을 賜하면, 席을 下하여 再拜하며 稽首하고 爵을 受하며
席에 升하여 祭하고 爵을 卒하고 俟하며, 君이 爵을 卒한 然後에야 虛爵을 授한
다.

의역 만약 군주가 술잔을 하사하게 되면 신하는 자리에서 내려와 재배를 하며 머리
를 조아리고 그런 뒤에 술잔을 받아서 자리에 올라가 술로 제사를 지내고 술잔
을 비운 뒤에 기다리며, 군주가 술잔을 비운 뒤에야 빈 술잔을 의례의 진행을
돕는 자에게 건넨다.

鄭注 受爵者於尊所, 至於授爵, 坐授人耳. 必俟君卒爵者, 若欲其
釂然也. 今文曰"若賜之爵", 無君也.

술동이가 있는 곳에서 술잔을 받는데, 술잔을 건네게 되면 앉아서 다른
사람에게 건넬 따름이다. 반드시 군주가 술잔을 비울 때까지 기다리는
것은 군주가 술잔을 모두 비우는 것을 바라는 것처럼 하기 때문이다. 금
문에는 '약사지작(若賜之爵)'이라고 기록하여 군(君)자가 없다.

賈疏 ● "若君"至"虛爵". ◎注"受爵"至"君也". ○釋曰: 云"受爵者於
尊所"者, 曲禮亦是賜爵法, 而云"酒進則起, 拜受於尊所", 是也. 云
"至於授爵, 坐授人耳"者, 見曲禮與玉藻幷此文, 並無立授之文, 故知
坐授也. 云"必俟君卒爵者, 若欲其釂然也"者, 此經文與玉藻文同,

皆燕而君客之賜爵法. 故臣先飲以酒, 是甘味, 欲美君之味, 故先飲.
必待君卒爵而後授虛爵者, 臣意若欲君盡爵然也. 按曲禮云: "侍飲
於長者, 酒進則起, 拜受於尊所, 長者辭, 少者反席而飲. 長者舉未
釂, 少者不敢飲." 彼是大燕飲禮, 故鄭注引燕禮曰"公卒爵而後飲".
按燕禮當無箅爵, 後得君賜爵, 待君卒爵乃飲, 是也.

● 經文: "若君"~"虛爵". ◎ 鄭注: "受爵"~"君也". ○ 정현이 "술동이가
있는 곳에서 술잔을 받는다."라고 했는데, 『예기』「곡례(曲禮)」편의 내용
또한 술잔을 하사하는 예법에 해당하니, "술이 나오면 자리에서 일어나서,
술동이가 놓인 장소에서 절을 하고 받는다."[1]라고 한 말이 이러한 사실을
나타낸다. 정현이 "술잔을 건네게 되면 앉아서 다른 사람에게 건넬 따름
이다."라고 했는데, 「곡례」편과 『예기』「옥조(玉藻)」편 및 이곳 문장을
살펴보면, 모두 서서 건넨다는 기록이 없다. 그렇기 때문에 앉아서 건네
게 됨을 알 수 있다. 정현이 "반드시 군주가 술잔을 비울 때까지 기다리는
것은 군주가 술잔을 모두 비우는 것을 바라는 것처럼 하기 때문이다."라
고 했는데, 이곳 경문과 「옥조」편의 문장은 동일하게 모두 연회를 베풀어
군주가 빈객으로 예우하며 술잔을 하사하는 예법에 해당한다. 그렇기 때
문에 신하가 먼저 술을 마시게 되니, 술은 감미로운 맛에 해당하여, 군주
가 하사한 맛있는 음식을 아름답게 여기고자 하기 때문에 먼저 마시는
것이다. 반드시 군주가 술잔을 비울 때까지 기다린 이후에 빈 술잔을 건
네는 것은 신하의 의중은 마치 군주가 술잔을 모두 비우기를 바라는 것처
럼 생각하기 때문이다. 「곡례」편을 살펴보면 "연장자를 모시고서 음주를
할 때에는 술이 나오면 자리에서 일어나서, 술동이가 놓인 장소에서 절을
하고 받는다. 연장자가 그렇게 하지 않아도 된다고 사양을 하면, 젊은이
는 자신의 자리로 되돌아가서 술을 마신다. 다만 연장자가 술잔을 들었는

---

1) 『예기』「곡례상(曲禮上)」: 侍飮於長者, <u>酒進則起, 拜受於尊所</u>. 長者辭, 少者
反席而飮. 長者舉末釂, 少者不敢飮.

데 만약 그 술잔을 모두 비우지 않았다면, 젊은이는 감히 술을 마시지 않는다."라 했다. 「곡례」편의 내용은 성대한 연회에서 술을 마시는 예법에 해당한다. 그렇기 때문에 정현의 주에서는 『의례』「연례(燕禮)」편에서 "군주가 술잔을 비운 이후에야 술을 마신다."[2]라고 한 말을 인용한 것이다. 「연례」편을 살펴보면 그 내용은 무산작[3]에 해당하니, 무산작을 한 이후에 군주가 하사한 술잔을 받을 수 있으며 군주가 술잔 비우기를 기다린 이후에 술을 마시는 것이 여기에 해당한다.

참고 19-1 『예기』「곡례상(曲禮上)」기록

경문 侍飮於長者, 酒進則起, 拜受於尊所. 長者辭, 少者反席而飮. 長者擧未釂, 少者不敢飮.

연장자를 모시고서 음주를 할 때에는 술이 나오면 자리에서 일어나서 술동이가 놓인 장소에서 절을 하고 받는다. 연장자가 그렇게 하지 않아도 된다고 사양을 하면 젊은이는 자신의 자리로 되돌아가서 술을 마신다. 다만 연장자가 술잔을 들었는데 만약 그 술잔을 모두 비우지 않았다면 젊은이는 감히 술을 마시지 않는다.

鄭注 降席拜受, 敬也. 燕飮之禮鄕尊. 不敢先尊者. 盡爵曰釂. 燕禮曰: "公卒爵而後飮也."

---

2) 『의례』「연례(燕禮)」 : 公答拜. 受賜爵者以爵就席坐, <u>公卒爵然後飮</u>.

3) 무산작(無筭爵)은 술잔의 수를 헤아리지 않는다는 뜻이다. 여수(旅酬)를 한 이후에, 빈객들의 제자들과 형제들의 자제들은 각각 그들의 수장에게 술을 따르고, 잔을 들어 올리는 것도 각각 그들의 수장에게 한다. 그리고 빈객들이 잔을 가져다가, 형제들 집단에 술을 권하고, 장형제(長兄弟)들은 잔을 가져다가 빈객의 무리들에게 술을 권하게 된다. 이처럼 여러 차례 술을 따르고 권하기 때문에, 이러한 절차를 '무산작'이라고 부르는 것이다.

자리에서 내려와 절을 하고 술잔을 받는 것은 공경스러운 태도이다. 연회 때 음주하는 예법에서는 술동이가 놓인 방향으로 향하게 된다. 감히 존귀한 자보다 먼저 술을 마시지 않는 것이다. 술잔을 모두 비우는 것을 '조(醮)'라고 부른다. 『의례』「연례(燕禮)」편에서는 "군주가 술잔을 비운 이후에야 술을 마신다."라고 하였다.

孔疏 ●"侍飲於長者". ○正義曰: 明侍尊長飲酒法也. 食竟宜飲酒, 故次之.

●經文: "侍飲於長者". ○이 문장은 존귀한 자나 연장자를 모시고 음주를 할 때의 예법에 대해서 밝히고 있다. 식사를 모두 끝낸 이후에는 마땅히 음주를 하게 되므로, 식사에 대한 규범 뒤에 기술한 것이다.

孔疏 ●"酒進則起"者, 謂長者賜侍者酒, 進至侍者前則起. 侍者見酒至, 不敢卽飲, 故起也.

●經文: "酒進則起". ○이 문장은 연장자가 시중을 드는 젊은이에게 술을 하사해주는 경우를 뜻하니, 술이 시중을 드는 자의 앞으로 다가오면 젊은이가 일어난다는 의미이다. 시중을 드는 자는 술이 오는 것을 보게 되면, 감히 곧바로 마시지 않기 때문에 자리에서 일어나는 것이다.

孔疏 ●"拜受於尊所"者, "尊所"者以陳尊之處也. 侍者起而往尊處拜受之也. 陳尊之所, 貴賤不同, 若諸侯燕禮·大射, 設尊在東楹之西, 自北嚮南陳之. 酌者在尊東西嚮, 以酌者之左爲上尊. 尊面有鼻, 鼻向君, 示君專有此惠也. 若鄕飲酒及卿大夫燕, 則設尊陳於房戶之間, 賓主共之, 尊面嚮南, 酌者嚮北, 以西爲上尊. 時主人在阼, 西嚮, 賓在戶西牖前, 南嚮, 使賓主得夾尊, 示不敢專惠也. 今云"拜受於尊所"者, 當是燕禮. 而燕禮不云拜受於尊所, 鄕飲酒亦無此語, 正是文不具耳. 近尊嚮長者, 故往於尊所嚮長者而拜.

● 經文: "拜受於尊所". ○ '준소(尊所)'는 술동이가 놓인 장소를 뜻한다. 시중을 드는 젊은이는 자리에서 일어나서 술동이가 있는 곳으로 가서 절을 하며 술잔을 받는다. 술동이를 놓아두는 장소는 신분의 귀천에 따라 위치가 다른데, 만약 제후가 연례(燕禮)를 하거나 대사례(大射禮)를 시행하는 경우라면, 동쪽 기둥의 서쪽 편에 술동이를 설치하며, 북쪽으로부터 남쪽 방향으로 놓아두게 된다. 술을 따라주는 자는 술동이의 동쪽에서 서쪽을 향하게 되며, 술 따라주는 자의 좌측에 있는 술동이를 상준[4]으로 삼는다.[5] 그리고 술동이 표면에는 손잡이인 코가 튀어 나와 있는데,[6] 이 코는 군주 쪽을 향하게 하여, 군주가 주관하게 되어 이러한 은혜로운 행사가 열리게 되었음을 나타낸다. 만약 향음주례(鄕飮酒禮)나 경·대부들의 연례인 경우라면, 방문 사이에 술동이를 진설해두며, 빈객과 주인이 함께 그 술잔을 사용하게 되고, 술동이의 손잡이는 남쪽을 향하도록 설치하며, 술을 따라주는 자는 북쪽을 향해서 서 있으며, 그의 서쪽에 있는 것을 상준으로 삼게 된다. 때에 따라 주인이 동쪽 계단 위에 위치하여 서쪽을 향하게 되고, 빈객은 문의 서쪽 들창 앞에 위치하여 남쪽을 향하게 되어, 빈객과 주인이 술동이가 있는 장소를 양쪽에서 끼고 있게 되는데, 그 이유는 이러한 자리배치를 통해서 감히 어느 한쪽이 주관하여 이러한 은혜를 베풀지 못한다는 사실을 나타낸다. 이곳 문장에서는 "술동이가 있는 장소에서 절을 하고 받는다."라고 하였으니, 이 상황은 연례에

---

4) 상준(上尊)은 제사나 연회 때 진설해두는 술잔 중에서도 가장 위쪽에 있는 술동이를 뜻한다. 여러 술동이들 중에서도 가장 위에 있기 때문에 '상(上)'자를 붙여서 부른 것이다. 『예기』「교특생(郊特牲)」편에는 "黃目, 鬱氣之上尊也."라는 기록이 있는데, 이에 대한 공영달(孔穎達)의 소(疏)에서는 "祭祀時列之最在諸尊之上, 故云上也."라고 풀이했다.

5) 『예기』「소의(少儀)」: 尊者以酌者之左爲上尊.

6) 『예기』「소의(少儀)」: 尊壺者面其鼻.

해당한다. 그런데 『의례』「연례(燕禮)」편에는 술동이가 있는 장소에서 절을 하며 술잔을 받는다는 기록이 없고, 『의례』「향음주례(鄕飮酒禮)」 편에도 또한 이러한 기록들이 없는데, 이것은 단지 문장을 생략해서 기술 했기 때문이다. 술동이와 가까운 장소에서 연장자를 바라보는 것이기 때문에, 술동이가 있는 장소에 가서 연장자를 향하여 절을 하는 것이다.

孔疏 ●"長者辭, 少者反席而飮"者, 長者辭止少者之起. 長者旣止, 故少者復反還其席而飮賜也.

● 經文: "長者辭, 少者反席而飮". ○ 연장자는 괜찮다고 말리며, 젊은이 가 자리에서 일어나는 것을 제지한다. 연장자가 이미 괜찮다고 말렸기 때문에, 젊은이는 다시 자신의 자리로 돌아와서 건네준 술을 마시게 된다.

孔疏 ●"長者擧未釂, 少者不敢飮"者, 擧猶飮也. 釂, 盡也. 飮酒尊 卑異爵, 故燕禮公執膳爵, 受賜爵者執散爵. 今少者雖反席而飮, 要 須待長者盡爵後, 少者乃得飮也. 若長者飮未盡, 則少者不敢飮也.

● 經文: "長者擧未釂, 少者不敢飮". ○ '거(擧)'자는 술을 마신다는 뜻 이다. '조(釂)'자는 술을 모두 비운다는 뜻이다. 음주를 할 때에는 신분의 존비에 따라서 잔을 달리 쓴다. 그렇기 때문에 『의례』「연례(燕禮)」편에 서는 군주가 선작(膳爵)을 잡고, 술잔을 하사받는 자들은 산작(散爵)을 잡는다고 한 것이다.[7] 이곳 문장에서는 비록 젊은이가 자신의 자리로 돌아와서 술을 마신다고 하였지만, 실제로는 연장자가 술잔을 모두 비운 이후까지 기다려야만 하며, 연장자가 술잔을 다 비운 이후에야 젊은이도 술을 마실 수 있다. 만약 연장자가 술을 마시면서 아직 잔을 다 비우지

---

7) 『의례』「연례(燕禮)」: 執膳爵者, 酌以進公, 公不拜受. 執散爵者酌以之公命 所賜. 所賜者興受爵, 降席下奠爵, 再拜稽首. 公答拜. 受賜爵者以爵就席坐, 公卒爵然後飮. 執膳爵者受公爵, 酌, 反奠之. 受賜爵者興, 授執散爵.

않았다면, 젊은이는 감히 제 스스로 술을 마실 수 없다.

그림 19-1 준(尊)

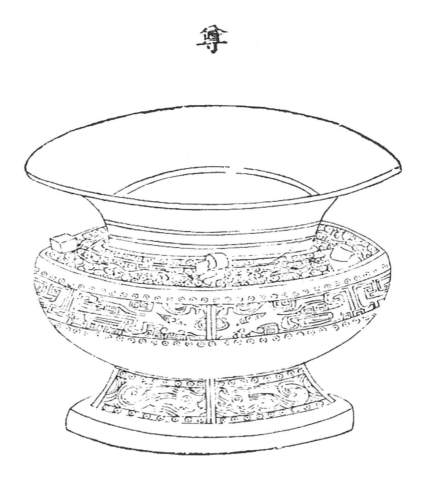

※ 출처: 『삼재도회(三才圖會)』 「기용(器用)」 1권

그림 19-2 작(爵)

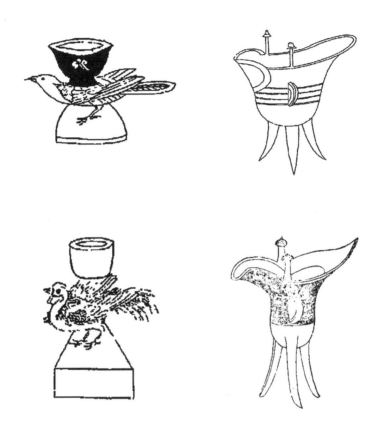

※ 출처:

　상좌-『삼례도집주(三禮圖集注)』 12권 ; 상우-『삼례도(三禮圖)』 3권

　하좌-『육경도(六經圖)』 6권 ; 하우-『삼재도회(三才圖會)』「기용(器用)」 1권

제 **20** 절

시좌례(侍坐禮) - 퇴(退)

141下

> 退, 坐取屨, 隱辟而后屨. 君爲之興, 則曰: "君無爲興, 臣不
> 敢辭." 君若降送之, 則不敢顧辭, 遂出.

직역 退하면 坐하여 屨를 取하고 隱辟한 后에 屨한다. 君이 之를 爲하여 興하면, 曰 "君께서는 興을 無爲하소서 臣은 辭를 不敢합니다." 君이 若히 降하여 送하면, 顧辭를 不敢하고 遂히 出한다.

의역 신하가 물러나게 되면 앉아서 신발을 들고 몸을 숙이고 뒷걸음질로 물러난 이후에 신발을 신는다. 군주가 그를 위해 자리에서 일어나려고 하면, 신하는 사양을 하며 "군주께서는 저를 위해 일어나지 마십시오. 신하는 감히 사양하지 못하기 때문입니다."라 한다. 군주가 만약 당하로 내려와 그를 전송하게 된다면, 신하는 감히 뒤돌아보며 사양하지 않고 마침내 밖으로 나가게 된다.

鄭注 謂君若食之飮之而退也. 隱辟, 俛而逡巡. 興, 起也. 辭君興而不敢辭其降, 於己大崇, 不敢當也.

군주가 음식을 하사해 먹거나 술을 하사해 마시게 되었을 때 물러나는 경우를 뜻한다. '은벽(隱辟)'은 몸을 숙이고 뒷걸음질로 물러나는 것이다. '흥(興)'자는 일어난다는 뜻이다. 군주가 일어나는 것을 사양하지만 당하로 내려오는 것을 감히 사양하지 않는 것은 자신에게는 너무나도 숭고한 예식이 되어 감당할 수 없기 때문이다.

賈疏 ●"退坐"至"遂出". ◎注"謂君"至"當也". ○釋曰: 云"謂君若食之飮之而退也"者, 以上云"若君賜之食"·"若君賜之爵", 下而云退者,

明爲此二者而退也. 云"隱辟, 俛而逡巡"者, 按曲禮云"鄕長者而屨", 此亦當然. 云"不敢辭其降"者, 謂君降送時, 明有不降法, 故曲禮云 "就屨跪而擧之, 屛於側", 注云"謂獨退也". 云"若"者, 不定之辭也.

● 經文: "退坐"~"遂出". ◎ 鄭注: "謂君"~"當也". ○ 정현이 "군주가 음식을 하사해 먹거나 술을 하사해 마시게 되었을 때 물러나는 경우를 뜻한다."라고 했는데, 앞에서는 "만약 군주가 예사(禮食)를 하사하게 되면"이라 했고, "만약 군주가 술잔을 하사하게 되면"이라 했으며, 그 뒤에서 물러난다고 했다면, 이것은 앞의 두 경우에서 물러나는 것을 나타낸다. 정현이 "'은벽(隱辟)'은 몸을 숙이고 뒷걸음질로 물러나는 것이다."라고 했는데, 『예기』「곡례(曲禮)」편을 살펴보면 "연장자를 바라보는 방향에 서서 신발을 착용한다."[1]라 했으니, 이곳의 경우에도 마땅히 그러하다. 정현이 "당하로 내려오는 것을 감히 사양하지 않는다."라고 했는데, 군주가 당하로 내려와 전송을 할 때 본래는 내려오는 예법이 없음을 나타낸다. 그렇기 때문에 「곡례」편에서는 "신발을 신을 때에는 무릎을 꿇고서 신발을 들며, 신발을 들고서 섬돌 곁으로 물러나서 신는다."[2]라 했고, 주에서는 "혼자 물러나는 경우를 뜻한다."라 했다. '약(若)'이라 말한 것은 확정하지 않는 말이다.

<hr>

참고 20-1 『예기』「곡례상(曲禮上)」 기록

경문 鄕長者而屨, 跪而遷屨, 俯而納屨.

자리에서 물러나는데, 연장자의 전송을 받게 된다면 연장자를 바라보는 방향에 서서 신발을 착용하되, 무릎을 꿇고 자신의 신발을 찾아서 들고

---

1) 『예기』「곡례상(曲禮上)」: 鄕長者而屨, 跪而遷屨, 俯而納屨.
2) 『예기』「곡례상(曲禮上)」: 就屨, 跪而擧之, 屛於側.

조금 이동을 하여, 몸을 숙이고서 신발을 착용하게 된다.

鄭注 謂長者送之也. 不得屛, 遷之而已. 俯, 俛也. 納, 內也. 遷或
爲還.

이 문장은 연장자가 전송하는 경우에 대한 내용이다. 물러날 수 없으므
로, 신발을 들고서 조금 이동할 따름이다. '부(俯)'자는 몸을 숙인다는 뜻
이다. '납(納)'자는 안으로 들인다는 뜻이다. '천(遷)'자를 판본에 따라서
또한 '환(還)'자로도 기록한다.

孔疏 ●"鄕長者而屨"者, 此明少者禮畢退去, 爲長者所送之法也.
旣爲長者所送, 則於階側跪取屨, 稍移之, 面鄕長者而著之, 故云"鄕
長者而屨".

● 經文: "鄕長者而屨". ○이 문장의 내용은 나이가 어린 자가 의례에
참가했다가 그 의례가 모두 끝나서 물러나게 되었는데, 연장자로부터 전
송을 받는 경우의 예법에 대한 것이다. 연장자로부터 전송을 받게 된 상
황이라면, 계단 곁에서 무릎을 꿇고서 신발을 들며, 조금 이동하여, 연장
자를 바라보는 방향으로 서서 신발을 착용을 하게 된다. 그렇기 때문에
"연장자를 향해서 신발을 신는다."라고 말한 것이다.

참고 20-2 『예기』「곡례상(曲禮上)」기록

경문 就屨, 跪而擧之, 屛於側.

어른을 모시고 있다가 용무가 있어 자기 혼자 물러날 때가 있는데, 그런
경우 신발을 신을 때에는 무릎을 꿇고서 신발을 들며, 신발을 들고서 섬
돌 곁으로 물러나서 신는다.

鄭注 謂獨退也. 就猶著也. 屛亦不當階.

이 상황은 자기 혼자 물러나는 경우를 뜻한다. '취(就)'자는 착용한다는 뜻이다. 물러나서 또한 계단에 있지 않는 것이다.

孔疏 ●"就屨, 跪而擧之"者, 此侍者或獨暫退時取屨法也. 就猶著也. 初升時解置階側, 今下著之, 先往階側, 跪擧取之, 故云"就屨, 跪而擧之".

● 經文: "就屨, 跪而擧之". ○ 이 문장은 어른을 모시고 앉아있던 자가 간혹 혼자서 잠시 어른의 곁에서 물러나는 일이 생겼을 때, 신발을 신는 방법에 대해 언급한 내용이다. '취(就)'자는 착용한다는 뜻이다. 애초부터 당상에 오를 때 신발을 벗어서 계단의 옆에 놓아두었으니, 이러한 상황에서는 계단으로 내려와서 신발을 신게 된다. 따라서 우선 계단 옆의 신발을 벗어둔 장소로 가서, 무릎을 꿇고 신발을 들어서 가져오게 된다. 그렇기 때문에 "신발을 신을 때에는 무릎을 꿇고서 신발을 든다."라고 말한 것이다.

孔疏 ●"屛於側"者, 屛, 退也, 退不當階也.

● 經文: "屛於側". ○ '병(屛)'자는 물러난다는 뜻이다. 즉 그 자리에서 물러나서 계단에 서 있지 않는다는 뜻이다.

142上

> **大夫則辭, 退, 下, 比及門, 三辭.**

직역 大夫라면 辭하니, 退와 下와 門에 比及함에 三辭한다.

의역 물러나는 자가 대부의 경우라면 사양을 하니, 물러날 때, 당하로 내려올 때, 문에 당도했을 때, 총 세 차례 사양한다.

鄭注 下亦降也.

'하(下)'자 또한 내려간다는 뜻이다.

賈疏 ●"大夫"至"三辭". ○釋曰: 云"大夫則辭退下"者, 對上不敢辭, 是士, 士卑不敢辭降. 大夫之內兼三卿·五大夫, 臣中尊者, 故得辭降也.

● 經文: "大夫"~"三辭". ○"대부의 경우라면 사양을 하니, 물러날 때, 당하로 내려올 때"라고 했는데, 앞에서 감히 사양하지 않는다는 것과 대비를 해보면, 앞의 경우는 사에 대한 것이고, 사는 미천하여 감히 당하로 내려오는 것에 대해 사양하지 않는다. '대부(大夫)'라는 말 안에는 3명의 경과 5명의 대부가 포함되니, 신하 중에서도 존귀한 자들이기 때문에 군주가 내려올 때 사양할 수 있다.

제 21 절

존자견사례(尊者見士禮)

142上

若先生・異爵者請見之, 則辭. 辭不得命, 則曰: "某無以
見, 辭不得命, 將走見." 先見之.

직역 若히 先生이나 異爵者가 見을 請하면 辭한다. 辭나 命을 不得하면 曰 "某는
見이 無하여 辭나 命을 不得하니 將히 走하여 見하겠습니다." 先히 見한다.

의역 만약 관직에서 물러난 선생이나 작위가 남다른 경과 대부가 사를 만나보기를
청한다면 사는 사양한다. 사양을 했으나 허락을 받지 못하면 "아무개[사]는 다
시 찾아뵐 길이 없어서 사양을 했으나 허락을 받지 못했으니 문밖으로 나가
만나뵙도록 하겠습니다."라 한다. 사는 문밖으로 나가 만나보며 먼저 절을 한
다.

鄭注 先生, 致仕者也. 異爵, 謂卿大夫也. 辭, 辭其自降而來. 走,
猶出也. 先見之者, 出先拜也. 曲禮曰: "主人敬賓, 則先拜賓."

'선생(先生)'은 관직에서 물러난 자를 뜻한다. '이작(異爵)'은 경과 대부
를 뜻한다. '사(辭)'는 스스로 낮춰서 찾아온 것에 대해 사양하는 것이다.
'주(走)'자는 나간다는 뜻이다. 먼저 만나본다는 것은 문밖으로 나가 먼저
절을 한다는 뜻이다. 『예기』「곡례(曲禮)」편에서는 "주인이 빈객을 공경
하면 먼저 빈객에게 절을 한다."[1]라 했다.

---

1) 『예기』「곡례하(曲禮下)」: 大夫士相見, 雖貴賤不敵, <u>主人敬客, 則先拜客</u>, 客
敬主人, 則先拜主人.

賈疏 ●“若先”至“見之”. ◎注“先生”至“拜賓”. ○釋曰: 此先生卽鄕
飮酒云“就先生而謀賓介”, 亦一也. 故彼注與此注皆云“致仕者”也.
云“異爵, 謂卿大夫也”者, 此士相見本文是士, 故以卿大夫爲異爵也.
訓走爲出者, 亦謂士見異爵, 取急意而言走, 其實非走, 直出也. 引曲
禮者, 欲見言敬客先拜也. 彼云客, 此云賓者, 對文, 賓客異; 散文,
賓客通; 故變文云賓也.

● 經文: “若先”~“見之”. ◎鄭注: “先生”~“拜賓”. ○이곳에서 ‘선생(先
生)’이라 한 자는 『의례』「향음주례(鄕飮酒禮)」편에서 “선생에게 나아가
서 누구를 빈(賓)과 개(介)로 삼을지 의논한다.”2)라고 한 자와 동일하다.
그래서 「향음주례」편의 주와 이곳의 주에서는 모두 “관직에서 물러난 자
이다.”라 했다. 정현이 “‘이작(異爵)’은 경과 대부를 뜻한다.”라고 했는데,
이곳 「사상견례」편의 본문은 사에 대한 내용이다. 그렇기 때문에 경과
대부를 이작(異爵)으로 여긴 것이다. ‘주(走)’자를 출(出)자로 풀이한 것
또한 사가 작위가 남다른 자를 만나볼 때 급히 한다는 뜻에 따라 주(走)
라고 말했다는 뜻으로, 실제로는 달려가는 것이 아니라 단지 문밖으로
나가는 것이다. 정현이 「곡례」편을 인용했는데, 빈객을 공경한다면 주인
이 먼저 절을 한다는 것을 드러내고자 한 것이다. 「곡례」편에서는 ‘객
(客)’이라 말했고 이곳에서는 빈(賓)이라 말했는데, 문장을 대비하면 빈
(賓)과 객(客)은 다르지만 범범하게 보면 빈(賓)과 객(客)은 통용된다.
그렇기 때문에 글자를 바꿔서 ‘빈(賓)’이라 말한 것이다.

참고 21-1 『예기』「곡례하(曲禮下)」 기록

* 참고: 1-7 참조

2) 『의례』「향음주례(鄕飮酒禮)」: 鄕飮酒之禮. 主人就先生而謀賓・介.

142下

非以君命使, 則不稱寡. 大夫士, 則曰"寡君之老".

직역 君命으로 使함이 非라면 寡를 不稱한다. 大夫나 士라면 "寡君의 老"라 曰한다.

의역 군주의 명에 따라 사신으로 찾아간 경우가 아니라면, 빈(擯)이나 찬(贊)은 과(寡)라는 말을 칭하지 않는다. 대부나 사가 사신으로 간 경우라면 자신을 지칭하며 '저희 군주의 노신'이라 말한다.

鄭注 謂擯贊者辭也. 不稱寡者, 不言寡君之某, 言姓名而已. 大夫・卿・士, 其使則皆曰寡君之某. 檀弓曰: "士而未有祿者, 君有饋焉曰獻. 使焉曰寡君之老."

빈이나 의례의 진행을 돕는 자가 하는 말을 뜻한다. '불칭과(不稱寡)'는 '저희 군주의 아무개'라 말하지 않고 성명을 말할 따름이라는 뜻이다. 경・대부・사는 사신으로 가게 되면 모두 '저희 군주의 아무개'라 말하게 된다. 『예기』「단궁(檀弓)」편에서는 "사가 되었지만 아직 녹봉을 받지 못한 자는 군주에게 음식이 바치게 되면 그 음식을 헌(獻)이라 한다. 사신으로 갔을 때에는 '저희 군주의 노신'이라 말한다."[1]라 했다.

---

1) 『예기』「단궁하(檀弓下)」: <u>仕而未有祿者, 君有饋焉曰"獻", 使焉曰"寡君"</u>. 違而君薨, 弗爲服也. / 『예기』「곡례하(曲禮下)」: 諸侯使人使於諸侯, <u>使者自稱曰寡君之老</u>.

●“非以”至“之老”. ◎注“謂擯”至“之老”. ○釋曰: 云“非以君命使, 則不稱寡”者, 此則玉藻云“大夫私事使, 私人擯, 則稱名”. 以其非聘問之禮, 則爲私事使, 私人擯也. 聘禮云: “若有言, 則以束帛, 如享禮.” 引春秋晉侯使韓穿來言汶陽之田歸於齊, 玉藻注亦引之, 是也. 鄭云“謂擯贊者辭也”者, 以玉藻自諸侯之於天子以下至大夫, 皆云“擯者曰”, 故知不自稱, 是擯贊之辭也. 云“其使則皆曰寡君之某”者, 釋經“大夫士則曰寡君之老”, 爲公事使者也. 此則玉藻云“公士擯, 則曰寡大夫·寡君之老. 大夫有所往, 必與公士爲賓”, 亦一也. 彼注云: “謂聘也. 大聘使上大夫, 小聘使下大夫.” 則曰寡君之某, 故鄭總云“某”也. 若然, 經直云大夫, 鄭兼云士者, 經本文是士, 則云非以君命使, 可以兼士也. 但士無特聘問, 或作介, 往他國亦有稱謂, 而云寡君之士某也. 云“檀弓曰仕而未有祿”者, 謂試爲大夫, 士直有試功之祿, 未有正祿. 云“君有饋焉曰獻”者, 謂有饋物于君, 亦與正祿者同稱獻. 云“使焉曰寡君之老”者, 於他國君邊自稱寡君之某, 此文亦兼士大夫. 引之者, 證公事使稱寡君之某也.

● 經文: “非以”~“之老”. ◎鄭注: “謂擯”~“之老”. ○“군주의 명에 따라 사신으로 찾아간 경우가 아니라면 과(寡)라는 말을 칭하지 않는다.”라고 했는데, 이것은 『예기』「옥조(玉藻)」편에서 “대부가 사적인 일로 사신으로 가게 되어 자신에게 소속된 신하가 부관의 역할을 하여 말을 전달하면 대부의 이름을 지칭한다.”[2]라고 한 것에 해당한다. 정식 빙문(聘問)의 예가 아니라면 사적인 일로 사신으로 가게 되어 자신의 부하가 부관을 하게 된 것이다. 『의례』「빙례(聘禮)」편에서는 “만약 할 말이 있다면 속백(束帛)[3]을 사용하여 향례(享禮)와 같이 한다.”[4]라 했고, 그 주에서는

---

2) 『예기』「옥조(玉藻)」: 大夫私事使, 私人擯, 則稱名.

3) 속백(束帛)은 한 묶음의 비단으로, 그 수량은 다섯 필(匹)이 된다. 빙문(聘問)을 하거나 증여를 할 때 가져가는 예물(禮物) 등으로 사용되었다. '속(束)'은 10단(端)을 뜻하는데, 1단의 길이는 1장(丈) 8척(尺)이 되며, 2단이 합쳐서 1권(卷)이

『춘추』에서 진나라 후작이 한천을 보내와서 문양의 땅을 제나라에 돌려주라고 말했다는 기록5)을 인용했고, 「옥조」편의 주에서도 이 기록을 인용한 것이 이러한 사실을 나타낸다. 정현이 "빈이나 의례의 진행을 돕는 자가 하는 말을 뜻한다."라고 했는데, 「옥조」편에서 제후가 천자를 대하는 경우로부터 그 이하로 대부에 이르기까지 모두 '빈자왈(擯者曰)'이라 했다. 그렇기 때문에 스스로 지칭하는 것이 아니라, 빈이나 찬이 하는 말에 해당함을 알 수 있다. 정현이 "사신으로 가게 되면 모두 '저희 군주의 아무개'라 말하게 된다."라고 했는데, 경문에서 "대부나 사가 사신으로 간 경우라면 자신을 지칭하며 '저희 군주의 노신'이라 말한다."라고 한 것이 공적인 일로 인해 사신으로 간 경우를 뜻함을 풀이한 것이다. 이것은 「옥조」편에서 "공사6)가 빈(擯)을 맡게 되면, 빈이 말을 전달할 때 하대부(下大夫)의 경우에는 '저희 대부'라 지칭하고, 상대부(上大夫)의 경우에는 '저희 군주의 노신'이라 지칭한다. 대부가 빙문으로 찾아갈 일이 있다면, 반드시 공사를 부관으로 삼는다."7)라고 한 경우와 동일하다. 「옥조」편의 주에서는 "빙례8)를 시행하는 경우를 뜻한다. 대빙9)에는 상대부

되므로, 10단은 총 5필이 된다. 『주례』「춘관(春官)·대종백(大宗伯)」편에는 "孤執皮帛."이라는 기록이 있고, 이에 대한 가공언(賈公彦)의 소(疏)에서는 "束者十端, 每端丈八尺, 皆兩端合卷, 總爲五匹, 故云束帛也."라고 풀이했다.

4) 『의례』「빙례(聘禮)」 : 若有言, 則以束帛, 如享禮.

5) 『춘추』「성공(成公) 8년」 : 八年春, 晉侯使韓穿來言汶陽之田.

6) 공사(公士)는 제후의 조정에 속한 사이다. 제후의 조정 및 관부를 '공가(公家)'라고 부르기 때문에, '공사'라고 부른다.

7) 『예기』「옥조(玉藻)」 : 公士擯, 則曰"寡大夫"·"寡君之老". 大夫有所往, 必與公士爲賓也.

8) 빙례(聘禮)는 제후들이 서로 찾아가서 만나보는 예법을 뜻한다. 또한 제후 이외에도 각 계층에서 상대방에게 찾아가서 안부를 여쭙는 예법을 빙문(聘問)이라고 부르는데, '빙례'는 이러한 '빙문' 등의 예법을 총칭하는 용어이다.

9) 대빙(大聘)은 본래 제후가 경(卿)을 시켜서 매해 천자를 찾아뵙는 것을 뜻한다. 제후는 천자에 대해서, 매년 소빙(小聘)을 하고, 3년에 1번 '대빙(大聘)'을 하며,

를 사신으로 보내고, 소빙[10]에는 하대부를 사신으로 보낸다."라 했으니, '저희 군주의 아무개'라 말한 것은 정현이 총괄하여 '모(某)'라 한 것이다. 만약 그렇다면 경문에서는 단지 '대부(大夫)'라 했는데, 정현이 사(士)까지도 겸해 말한 것은 경문 본문은 사 계층에 대한 것이니, "군주의 명에 따라 사신으로 찾아간 경우가 아니다."라 했다면 사까지도 포함시킬 수 있다. 다만 사는 단독으로 빙문을 하는 일이 없고 간혹 개(介)의 역할을 맡아 다른 나라에 가게 되는데 이러한 경우에도 칭해 말할 때가 있어 '저희 군주의 사 아무개'라 말한다. 정현이 "「단궁」편에서는 벼슬살이를 시작하였지만 아직 녹봉을 받지 못했다."라 했는데, 이제 막 시험을 보아 대부가 된 경우인데, 이때 사는 단지 일을 시험한 녹만 있게 되고 아직 정식 녹을 받지 못한 상태를 뜻한다. 정현이 "군주에게 음식이 바치게 되면 그 음식을 헌(獻)이라 한다."라고 했는데, 군주에게 음식을 바치는 경우에는 또한 정식 녹봉을 받는 자와 동일하게 헌(獻)이라 칭한다는 뜻 이다. 정현이 "사신으로 갔을 때에는 '저희 군주의 노신'이라 말한다."라고 했는데, 다른 나라의 군주 곁에서 스스로를 칭하며 '저희 군주의 아무개'라 하는데, 이 문장은 또한 사와 대부의 경우를 겸하고 있다. 이 말을 인용한 것은 공적인 일로 인해 사신으로 갔을 때에는 '저희 군주의 아무

5년에 1번 조(朝)를 한다. 소빙을 할 때에는 대부(大夫)를 시키고, 조를 할 때에는 제후가 직접 찾아간다. 『예기』「왕제(王制)」편에는 "諸侯之於天子也, 比年一小聘, 三年一大聘, 五年一朝."라는 기록이 있고, 이에 대한 정현의 주에서는 "比年, 每歲也. 小聘使大夫, 大聘使卿, 朝則君自行."이라고 했다.

10) 소빙(小聘)은 본래 제후가 대부(大夫)를 시켜서 매해 천자를 찾아뵙는 것을 뜻한 다. 제후들끼리 상호 대부를 보내 안부를 묻는 것을 '소빙'이라고도 한다. 제후는 천자에 대해서, 매년 '소빙'을 하고, 3년에 1번 대빙(大聘)을 하며, 5년에 1번 조 (朝)를 한다. 대빙을 할 때에는 경(卿)을 시키고, 조를 할 때에는 제후가 직접 찾아간다. 『예기』「왕제(王制)」편에는 "諸侯之於天子也, 比年一小聘, 三年一 大聘, 五年一朝."라는 기록이 있고, 이에 대한 정현의 주에서는 "比年, 每歲也. 小聘使大夫, 大聘使卿, 朝則君自行."이라고 했다.

개'라 칭하게 됨을 증명한 것이다.

참고 22-1 『예기』「단궁하(檀弓下)」 기록

경문 仕而未有祿者, 君有饋焉曰"獻", 使焉曰"寡君". 違而君薨, 弗爲服也.

벼슬살이를 시작했지만 아직 녹봉을 하사받지 못한 자는 군주에게 음식이 바치게 되면 그 음식을 '헌(獻)'이라고 부르고, 사신으로 갔을 때에는 자신의 임금을 가리켜서 '과군(寡君)'이라 지칭한다. 도의가 어긋나서 떠나가게 되면, 군주가 죽었을 때 군주를 위해서 상복을 착용하지 않는다.

鄭注 見在臣位, 與有祿同也. 君有饋, 有饋於君. 以其恩輕也. 違, 去也.

신하의 위치에 있을 때에는 녹봉을 받는 자들과 동일하게 따른다는 사실을 나타낸다. '군유궤(君有饋)'라는 말은 군주에게 음식을 바친다는 뜻이다. 상복을 입지 않은 이유는 그에 대한 은정이 상대적으로 낮기 때문이다. '위(違)'자는 떠난다는 뜻이다.

孔疏 ●"仕而"至"服也". ○正義曰: 此一節論臣之仕未得祿者與得祿之臣有同·有不同之事也. 故王制云: "位定然後祿之." 是先位定而後祿也.

● 經文: "仕而"~"服也". ○ 이곳 문단은 신하들 중 벼슬살이를 했으나 아직 녹봉을 받지 못한 자와 녹봉을 받는 신하들 사이에서 따르게 되는 공통된 사안 및 차이나는 사안에 대해서 논의하고 있다. 그래서 『예기』「왕제(王制)」편에서는 "작위가 확정된 이후에야 녹봉을 준다."[11]라고 한

것이니, 먼저 작위가 확정되어야만 그 이후에 녹봉을 주는 것이다.

孔疏 ●"君有饋焉曰獻"者, 饋, 餉也. "君有饋", 謂臣有物饋獻於君.
既奉餉君上, 故曰"獻".

● 經文: "君有饋焉曰獻". ○ '궤(饋)'자는 음식을 뜻한다. '군유궤(君有
饋)'라는 말은 신하에게 음식이 생겨서 그것을 군주에게 바친다는 뜻이
다. 이미 군주와 같이 지위가 높은 자에게 바치는 것이기 때문에 '헌(獻)'
이라고 부른다.

孔疏 ●"使焉曰寡君"者, "使焉", 謂爲君使往他國. 此臣若出使, 則
自稱己君爲"寡君"也. 言臣雖仕未得祿, 而有物饋君, 及出使他國,
所稱則並與得祿者同也. 嫌其或異, 故明之也.

● 經文: "使焉曰寡君". ○ '사언(使焉)'이라는 말은 군주를 위해 사신의
임무를 맡아서 다른 나라에 가게 된다는 뜻이다. 이러한 신하가 만약 국
경을 벗어나 사신의 임무를 수행하게 되면, 제 스스로 자신의 군주를 가
리켜서, '과군(寡君)'이라 지칭하게 된다. 즉 신하가 비록 벼슬살이를 시
작했지만 아직 녹봉을 받지 못한 자라 하더라도, 음식이 생기면 군주에게
바쳐야 하고, 국경을 벗어나 다른 나라에 사신으로 가게 되면, 자신의
군주를 지칭하는 말에 있어서도, 녹봉을 받고 있는 신하와 모두 동일하게
따른다는 뜻이다. 간혹 녹봉을 받지 않고 있기 때문에 다르게 행동할 수
있다고 의심할 수 있으므로 그 사실을 명시한 것이다.

---

11) 『예기』「왕제(王制)」: 凡官民材, 必先論之, 論辨然後, 使之, 任事然後, 爵之,
位定然後, 祿之. 爵人於朝, 與士共之, 刑人於市, 與衆棄之.

『예기』「곡례하(曲禮下)」 기록

경문 諸侯使人使於諸侯, 使者自稱曰寡君之老.

제후가 신하를 시켜서 상대방 제후에게 사신으로 보낼 때, 사신으로 간 자는 자신을 지칭하며, '저희 군주의 노신'이라고 말한다.

鄭注 繫於君以爲尊也. 此謂諸侯之卿上大夫.

군주의 명령을 받들고 가므로 군주와 연계시켜서 존귀한 자로 여기게 된 다. 이곳 문장의 내용은 제후에게 소속된 경인 상대부들에 대한 내용이다.

孔疏 ●"諸侯"至"之老". 按玉藻云: "上大夫曰下臣, 擯者曰寡君之 老, 下大夫自名, 擯者曰寡大夫." 此云"自稱曰寡君之老", 則上大夫 擯者傳辭. 及自稱於他國, 亦曰寡君之老. 若於己君, 則玉藻云"下臣 某".

● 經文: "諸侯"~"之老". ○『예기』「옥조(玉藻)」편을 살펴보면, "상대부 는 제후에 대해 자신을 지칭할 때, '하신(下臣)'이라 말하고, 부관이 말을 전달할 때에는 '저희 군주의 노신'이라 말한다. 하대부는 자기 이름을 대 고, 부관이 말을 전달할 때에는 '저희 대부'라 말한다."[12]라고 했다. 따라 서 이곳 문장에서 "자신을 지칭하며, '저희 군주의 노신'이라고 말한다." 라고 한 말은 곧 상대부의 부관이 명령을 전달할 때 그를 가리키며 하는 말이다. 그리고 다른 나라에 가서 자신을 지칭할 때에도 또한 '저희 군주 의 노신'이라고 부르게 된다. 만약 자신의 군주에게 말을 하게 된다면, 『예기』「옥조」편에서 말한 것처럼, '하신인 아무개'라고 말하게 된다.

참고 22-3 『예기』「옥조(玉藻)」 기록

---

12) 『예기』「옥조(玉藻)」: <u>上大夫曰下臣, 擯者曰寡君之老. 下大夫自名, 擯者曰</u>
   <u>寡大夫</u>. 世子自名, 擯者曰寡君之適.

大夫私事使, 私人擯, 則稱名.

대부가 사적인 일로 사신으로 가게 되어, 자신에게 소속된 신하가 부관의
역할을 하여 말을 전달하면, 대부의 이름을 지칭한다.

鄭注 私事使, 謂以君命私行, 非聘也. 若魯成公時, 晉侯使韓穿來
言汶陽之田, 歸之于齊之類.

'사사시(私事使)'는 군주의 명령을 받아서 사적인 일로 찾아가는 것이며,
빙문을 뜻하는 것이 아니다. 마치 노나라 성공(成公)시기에 진나라 후작
이 한천을 시켜서 찾아와서 문양의 땅을 언급하여, 제나라로 돌려보내라
고 했던 일화가 이러한 경우에 해당한다.

孔疏 ●"大夫私事使"者, 謂非正聘之禮, 謂以君之私事而出使.
●經文: "大夫私事使". ○ 정식 빙례를 뜻하는 것이 아니며, 군주의 개인
적인 일 때문에 국경을 벗어나 사신으로 찾아간 경우를 뜻한다.

孔疏 ●"私人擯則稱名"者, 謂以己之屬臣爲擯相, 雖是上大夫及下
大夫擯者, 則皆稱大夫之名. 以其非公事正聘, 故降而稱名也.
●經文: "私人擯則稱名". ○ 자신에게 소속된 신하를 부관으로 삼는데,
비록 상대부 및 하대부의 부관인 경우라 하더라도, 그들은 모두 말을 전달
하며 대부의 이름을 지칭하게 된다. 그 이유는 공적인 일에 따라 정식
빙문을 하는 경우가 아니기 때문에, 예법을 낮춰서 이름을 부르는 것이다.

참고 22-4 『춘추』 성공(成公) 8년 기록

경문 八年, 春, 晉侯使韓穿來言汶陽之田, 歸之于齊.

8년 봄에 진나라 후작이 한천을 보내와서 문양의 땅을 언급하며 제나라에 돌려주라고 했다.

杜注 齊服事晉, 故晉來語魯, 使還二年所取田.

제나라가 진나라를 복종해 섬겼기 때문에 진나라의 사신이 찾아와 노나라에 말하여, 성공(成公) 2년에 취했던 땅[13]을 돌려주게 한 것이다.

참고 22-5 『예기』「옥조(玉藻)」 기록

경문 公士擯, 則曰"寡大夫"·"寡君之老".

대부가 정식적인 빙례를 시행하여 공사(公士)가 빈(擯)을 맡게 되면, 빈이 말을 전달할 때 하대부의 경우에는 '저희 대부'라 지칭하고, 상대부의 경우에는 '저희 군주의 노신'이라 지칭한다.

鄭注 謂聘也. 大聘使上大夫, 小聘使下大夫.

빙례(聘禮)를 시행하는 경우를 뜻한다. 대빙(大聘)에는 상대부를 사신으로 보내고, 소빙(小聘)에는 하대부를 사신으로 보낸다.

경문 大夫有所往, 必與公士爲賓也.

대부가 빙문으로 찾아갈 일이 있다면, 반드시 공사를 부관으로 삼는다.

鄭注 公士爲賓, 謂作介也. 往, 之也.

공사를 빈(賓)으로 삼는다는 말은 개(介)로 삼는다는 뜻이다. '왕(往)'자는 가다는 뜻이다.

---

13) 『춘추』「성공(成公) 2년」 : 取汶陽田.

孔疏 ●“公士”至“賓也”. ○ 前經明大夫以君之私事出使, 此經明大夫以國之公事出聘及私問也.

● 經文: “公士”~“賓也”. ○ 앞의 경문에서는 대부가 군주의 사적인 일 때문에 국경을 벗어나 사신으로 찾아간 경우를 나타낸 것이고, 이곳 경문에서는 대부가 나라의 공적인 일 때문에 국경을 벗어나 빙문을 하거나 개인적으로 문안을 드리는 일을 나타내고 있다.

孔疏 ●“公士擯”者, 謂正聘之時, 則用公家之士爲擯, 不用私人也.

● 經文: “公士擯”. ○ 정식적인 빙례를 시행하는 경우라면, 공가(公家)의 사를 빈(擯)으로 삼으니, 사인(私人)을 빈으로 정할 수 없다.

孔疏 ●“則曰寡大夫, 寡君之老”者, 若小聘使下大夫, 擯者則稱下大夫曰“寡大夫”. 若大聘使上大夫, 擯者則稱上大夫曰“寡君之老”.

● 經文: “則曰寡大夫, 寡君之老”. ○ 만약 소빙(小聘)을 시행하여 하대부를 사신으로 보내게 되면, 빈(擯)이 된 자는 말을 전달하며 하대부에 대해서 ‘저희 대부’라 지칭한다. 만약 대빙(大聘)을 시행하여 상대부를 사신으로 보내게 되면, 빈(擯)이 된 자는 말을 전달하며 상대부에 대해서 ‘저희 군주의 노신’이라 지칭한다.

孔疏 ●“大夫有所往, 必與公士爲賓也”者, 覆明上正聘使公士爲擯之事. 往, 謂之適也. 言大夫正聘者, 有所往之·適之時, 必與公士爲賓. 賓, 介也, 言使公士作介也.

● 經文: “大夫有所往, 必與公士爲賓也”. ○ 앞에서는 정식 빙문에서 공사(公士)를 부관으로 삼는 사안을 언급했는데, 이 말을 재차 풀이한 것이다. ‘왕(往)’자는 가다는 뜻이다. 즉 대부가 정식 빙문을 시행하는 경우, 어떤 곳에 찾아가고 어떤 곳에 갈 때가 생기게 되는데, 그 때에는

반드시 공사를 빈(賓)으로 삼는다는 뜻이다. '빈(賓)'은 개(介)를 뜻하니,
공사를 개로 삼는다는 의미이다.

제 23 절

예물(禮物)과 예용(禮容)

143上

> 凡執幣者, 不趨, 容彌蹙以爲儀.

직역 凡히 幣를 執한 者는 不趨하고 容을 彌히 蹙하여 儀를 爲한다.

의역 무릇 예물을 들고 있는 자는 빨리 걷지 않으며 용모를 공손한 태도로 하여 위엄 스러운 행동거지를 보인다.

鄭注 不趨, 主愼也. 以進而益恭爲威儀耳. 今文無容.

빨리 걷지 않는 것은 신중함을 위주로 하기 때문이다. 나아가되 더욱 공 손한 태도를 취하는 것을 위엄스러운 행동거지로 삼을 따름이다. 금문에 는 '용(容)'자가 없다.

賈疏 ●"凡執"至"爲儀". ○釋曰: 按小行人合六幣: 玉·馬·皮· 圭·璧·帛, 皆稱幣. 下文別云"執玉", 則此幣謂皮馬享幣及禽摯皆 是.

● 經文: "凡執"~"爲儀". ○『주례』「소행인(小行人)」편을 살펴보면, 여 섯 가지 폐물을 조화롭게 사용하도록 하니, 규(圭)는 말과 함께 바치고 장(璋)은 가죽과 함께 바치며 벽(璧)은 비단 백(帛)과 함께 바친다고 하 여, 이 모두에 대해 '폐(幣)'라 칭했다.[1] 아래문장에서 별도로 "옥을 든

---

1) 『주례』「추관(秋官)·소행인(小行人)」: <u>合六幣: 圭以馬, 璋以皮, 璧以帛</u>, 琮以 錦, 琥以繡, 璜以黼. 此六物者, 以和諸侯之好故.

다.”라고 했으니, 이곳의 폐(幣)는 가죽과 말 등 향례에 사용되는 예물과
짐승 등의 예물이 모두 여기에 해당한다.

賈疏 ◎注“不趨”至“無容”. ○釋曰: 凡趨有二種: 有疾趨, “行而張足
曰趨”, 是也; 有徐趨, 則下文“舒武擧前曳踵”, 是也. 今此經云“不趨”
者, 不爲疾趨, 故云“主愼也”. 旣不云疾趨, 又不爲下文徐趨, 但徐疾
之間爲之, 故“以進而益恭爲威儀”也.

◎鄭注: “不趨”~“無容”. ○무릇 추(趨)에는 2종류가 있다. 첫 번째는 빨
리 걷는 추(趨)이니, “걸을 때 발을 크게 떼는 것을 ‘추(趨)’라고 부른다
.”[2]라는 것이고, 두 번째는 천천히 걷는 추(趨)이니, 아래문장에서 “발자
국을 천천히 옮겨서 발의 앞쪽을 들고 뒤꿈치를 끈다.”라는 것이다. 지금
이곳 경문에서는 “추(趨)하지 않는다.”라 했는데, 이것은 빨리 걷는 추
(趨)를 하지 않는다는 뜻이다. 그렇기 때문에 “신중함을 위주로 하기 때
문이다.”라 했다. 이미 빨리 걷는 추(趨)라 말하지 않았고, 또 아래문장에
나온 천천히 걷는 추(趨)도 될 수 없다. 따라서 단지 서(徐)와 질(疾)
중간으로 한다. 그렇기 때문에 “나아가되 더욱 공손한 태도를 취하는 것
을 위엄스러운 행동거지로 삼을 따름이다.”라 했다.

참고 23-1 『주례』「추관(秋官)·소행인(小行人)」기록

경문 合六幣: 圭以馬, 璋以皮, 璧以帛, 琮以錦, 琥以繡, 璜以黼.
此六物者, 以和諸侯之好故.

여섯 가지 폐물을 조화롭게 사용하도록 하니, 규(圭)는 말과 함께 바치

---

2) 이 문장은 『예기』「곡례상(曲禮上)」편의 “帷薄之外不趨, 堂上不趨, 執玉不趨.
   堂上接武, 堂下布武, 室中不翔.”이라는 기록에 대한 정현의 주이다.

고, 장(璋)은 가죽과 함께 바치며, 벽(璧)은 비단 백(帛)과 함께 바치고, 종(琮)은 비단 금(錦)과 함께 바치며, 호(琥)는 수놓은 비단 수(繡)와 함께 바치고, 황(璜)은 보(黼)무늬가 들어간 비단과 함께 바친다. 이러한 여섯 가지 사물로 제후들과의 우호를 조화롭게 한다.

鄭注 合, 同也. 六幣, 所以享也. 五等諸侯享天子用璧, 享后用琮, 其大各如其瑞, 皆有庭實, 以馬若皮. 皮, 虎豹皮也. 用圭璋者, 二王之後也. 二王後尊, 故享用圭璋而特之. 《禮器》曰"圭璋特", 義亦通於此. 其於諸侯, 亦用璧琮耳. 子男於諸侯, 則享用琥璜, 下其瑞也. 凡二王後·諸侯相享之玉, 大小各降其瑞一等. 及使卿大夫頻聘, 亦如之.

'합(合)'자는 동화시킨다는 뜻이다. 여섯 가지 폐물은 향(享)을 하기 위한 것이다. 다섯 등급의 제후가 천자에게 향례를 시행할 때에는 벽(璧)을 사용하고, 왕후에게 향례를 시행할 때에는 종(琮)을 사용하는데, 그 크기는 각각 그 서(瑞)와 동일하게 하며, 모두 마당에 진열하는 것들이 있으니, 말이나 가죽 등으로 한다. '피(皮)'는 호랑이와 표범의 가죽이다. 규(圭)와 장(璋)을 사용하는 것은 두 왕조의 후손이다. 두 왕조의 후손은 존귀하기 때문에 향례에 규와 장을 사용하며 그것을 단독으로 사용한다. 『예기』「예기(禮器)」편에서는 "규와 장을 한 개씩만 가져간다."[3]라 했으니, 그 의미가 또한 이곳의 내용과 통한다. 그들이 제후를 대하는 경우에는 또한 벽(璧)과 종(琮)을 사용할 따름이다. 자작과 남작이 제후를 대하는 경우라면 향례에 호(琥)와 황(璜)을 사용하는데, 그 서(瑞)보다 낮춘다. 무릇 두 왕조의 후손과 제후들이 서로에게 향례를 시행할 때 사용하는 옥은 그 크기를 각각 그 서(瑞)보다 1등급을 낮춘다. 경과 대부를 사신으로 파견하여 조(頻)나 빙(聘)을 할 때에도 이처럼 한다.

---

3) 『예기』「예기(禮器)」 : 圭璋, 特.

●“合六”至“好故”. ○釋曰: 此亦小行人至諸侯之國也. 此六者之中, 有圭以馬, 璋以皮, 二者本非幣, 云“六幣”者, 二者雖非幣帛, 以用之當幣處, 故總號爲幣也. 此六言合, 以兩兩相配, 配合之義, 故言合也.

●經文: “合六”~“好故”. ○ 이 또한 소행인이 제후국에 찾아간 경우이다. 여기에 나온 여섯 가지 폐물 중에 “규(圭)는 말과 함께 바치고, 장(璋)은 가죽과 함께 바친다.”고 했는데, 이 두 가지는 본래 폐물이 아니다. 그런데도 ‘육폐(六幣)’라고 말한 것은 이 두 가지는 비록 폐백이 아니지만 그것을 사용하는 것이 폐물을 사용하는 용도에 해당하기 때문에 총괄적으로 폐(幣)라 부르는 것이다. 이러한 여섯 가지에 대해서 ‘합(合)’이라 말했는데, 둘씩 서로 짝하여 배합한다는 뜻이 된다. 그렇기 때문에 합(合)이라고 했다.

◎注“合同”至“如之”. ○釋曰: 云“合同”者, 配合卽是和同故也. 云“六幣, 所以享也”者, 對上文六者是朝時所用也. 云“五等之諸侯享天子用璧, 享后用琮, 其大各如其瑞”, 玉人云“璧琮九寸, 諸侯以享天子”, 注云: “享, 獻也. 聘禮, 享君以璧, 享夫人以琮.” 引此者, 欲明君用琮, 故覲禮享天子云“束帛加璧”, 是其施于天子也. 不言享后, 文不具. 言九寸, 據上公而言. 明侯伯子男皆如瑞. 知子男享天子亦用璧琮者, 覲禮總稱“侯氏用璧”, 明五等同也. 云“皆有庭實, 以馬若皮”者, 按覲禮“三享皆束帛加璧, 庭實惟國所有, 奉束帛, 匹馬卓上, 九馬隨之, 中庭西上”, 是其以馬也. 聘禮“奉束帛加璧享, 庭實皮則攝之”, 是其用皮也. 聘禮記曰“皮馬相間可”, 是也. 知“皮, 虎豹皮者”者, 郊特牲云“虎豹之皮, 示服猛也”, 是享時所用, 故知也. “用圭璋者, 二王之後也, 二王後尊, 故享用圭璋而特之”者, 按玉人“璧琮九寸, 諸侯以享天子”. 言九寸, 則上公之禮, 上公用璧琮, 則圭璋是二王後明矣. 言而特之者, 惟有皮馬, 無束帛可加, 故云特. 如是, 皮馬不上堂,陳於庭, 則皮馬之外, 別有庭實可知. "其於諸侯, 亦用璧琮", 知者, 見玉人職云"璱琮八寸, 諸侯以享夫人", 明享君用璧琮八寸, 是下享天子一寸. 如是, 明二王後相享, 不可同於天子用圭璋, 則用璧琮可知. 言是兩公自相朝, 二王後稱公, 是於諸侯還同二王後可知. 引禮器者, 彼圭璋者, 據朝聘時所行, 無束帛, 可知是圭璋特之義也. 云"亦通於此"者, 彼朝聘之圭特, 亦通此享用圭璋, 故云亦通於此也. 云"子男於諸侯, 享用琥璜, 下其瑞也"者, 覲禮, 子男已入侯氏用璧琮中, 則此琥璜不知何用. 二王後自相享, 退入璧琮, 則子男自相享, 退用琥璜可知. 且子男朝時用璧, 自相享, 降一等, 故用琥璜. 云"凡二王後·諸侯相享之玉, 大小各降其瑞一等"者, 玉人云: "璱琮八寸, 諸侯以享夫人." 禮重無用八寸之法, 明是上公九寸, 降一等至八寸. 上公既降一寸, 則侯伯子男各降一等可知. 二王後相朝, 敵, 無用相尊之法, 明亦降一寸, 見子男者, 雖退入琥璜, 亦降一寸可知. 若然, 知五等諸侯自相朝, 圭璋亦如其命數, 其相享璧琮等, 則降一寸. 知者, 玉人云: "璧琮八寸, 諸侯以享夫人." 據上公會, 不云圭璋朝所執者, 明圭璋自朝天子所執. 故聘禮云"所以朝天子, 圭與繅皆九寸", 上公之玉也. "問諸侯, 朱綠繅八寸", 注云: "於天子曰朝, 於諸侯曰問, 記之於聘文互相備." 以此上公爲然, 侯伯子男可知也. 云"及使卿大夫頻聘, 亦如之", 直言頻聘亦如之, 不分別享與聘, 則聘享皆降一寸, 同, 故玉人云: "璱圭璋八寸, 璧琮八寸以頻聘." 此據上公之臣圭璋璧琮皆降一等, 其餘侯伯子男降一寸明矣. 其子男之臣享諸侯, 不得過君, 用琥璜可知.

◎ 鄭注: "合同"~"如之". ○ 정현이 "'합(合)'자는 동화시킨다는 뜻이다."라고 했는데, 배합하는 것은 곧 화동(和同)의 뜻이 되기 때문이다. 정현이 "여섯 가지 폐물은 향(享)을 하기 위한 것이다."라고 했는데, 앞 문장에 나온 여섯 가지가 조례(朝禮)를 할 때 사용되는 것4)과 대비한 것이다. 정현이 "다섯 등급의 제후가 천자에게 향례를 시행할 때에는 벽(璧)을

사용하고, 왕후에게 향례를 시행할 때에는 종(琮)을 사용하는데, 그 크기는 각각 그 서(瑞)와 동일하게 한다."라고 했는데, 『주례』「옥인(玉人)」편에서는 "벽(璧)과 종(琮)은 9촌으로 하며, 제후는 이를 통해 천자에게 향을 한다."5)라 했고, 주에서는 "향(享)자는 바친다는 뜻이다. 빙례를 시행할 때 군주에게 벽을 바치고, 부인에게 종을 바친다."라 했다. 이것을 인용한 것은 군주가 종(琮)을 사용함을 드러내고자 했기 때문이다. 그래서 『의례』「근례(覲禮)」편에서는 천자에게 향(享)을 하며 "속백(束帛)에 벽(璧)을 올린다."6)라 했는데, 이것은 천자에게 시행하는 것을 나타낸다. 왕후에게 향(享)을 하는 것을 언급하지 않은 것은 문장을 자세히 기록하지 않았기 때문이다. 9촌이라 말한 것은 상공(上公)을 기준으로 말한 것이다. 또 이것은 후작·백작·자작·남작 모두 서(瑞)와 동일하게 함을 나타낸다. 자작과 남작이 천자에게 향을 하며 또한 벽과 종을 사용한다는 사실을 알 수 있는 것은 「근례」편에서 총괄적으로 "후씨(侯氏)는 벽을 사용한다."라 칭했으니, 이것은 다섯 등급의 제후가 동일함을 나타낸다. 정현이 "모두 마당에 진열하는 것들이 있으니, 말이나 가죽 등으로 한다."라고 했는데, 「근례」편을 살펴보면, "삼향(三享)에는 모두 속백(束帛)에 벽(璧)을 추가해서 올리며, 마당에 채워 넣는 것은 그 나라에서 소유하고 있는 것으로 하고, 한 필의 말이 선두에 서고 아홉 마리의 말이 그 뒤를 따르며, 중정에서 서쪽 끝에서부터 차례대로 정렬한다."7)라 했으니, 이것은 말을 곁들임을 나타낸다. 『의례』「빙례(聘禮)」편에서는 "속백에 벽을

---

4) 『주례』「추관(秋官)·소행인(小行人)」: 成六瑞: 王用瑱圭, 公用桓圭, 侯用信圭, 伯用躬圭, 子用穀璧, 男用蒲璧.

5) 『주례』「동관고공기(冬官考工記)·옥인(玉人)」: 璧琮九寸, 諸侯以享天子.

6) 『의례』「근례(覲禮)」: 四享皆束帛加璧, 庭實唯國所有.

7) 『의례』「근례(覲禮)」: 四享皆束帛加璧, 庭實唯國所有. 奉束帛, 匹馬卓上, 九馬隨之, 中庭西上. / 정현의 주에서는 "사(四)자는 마땅히 삼(三)자가 되어야 한다.[四當爲三]"고 했다.

올린 것을 받들어 향을 하며, 마당에 진열하는 것이 가죽이라면 그것을 잡는다."[8]라 했는데, 이것은 가죽을 사용한다는 것을 나타낸다. 「빙례」 편의 기문에서는 "가죽과 말은 서로 대체해도 괜찮다."[9]라 했다. 정현이 "'피(皮)'는 호랑이와 표범의 가죽이다."라고 했는데, 이 말이 사실임을 알 수 있는 것은 『예기』「교특생(郊特牲)」편에서는 "호랑이나 표범 등의 가죽을 진열하는 것은 난폭한 자를 굴복시키는 위엄을 보이기 위해서이다."[10]라 했으니, 향을 할 때 사용하는 것 또한 이를 통해 알 수 있다. 정현이 "규(圭)와 장(璋)을 사용하는 것은 두 왕조의 후손이다. 두 왕조의 후손은 존귀하기 때문에 향례에 규와 장을 사용하며 그것을 단독으로 사용한다."라고 했는데, 「옥인」편을 살펴보면 "벽(璧)과 종(琮)은 9촌으로 하며, 제후는 이를 통해 천자에게 향을 한다."라 했다. 구촌(九寸)이라 말했다면 상공이 시행하는 예에 해당하고, 상공이 벽과 종을 사용한다면, 그보다 높은 규와 장은 두 왕조의 후손이 사용하는 것임을 나타낸다. "그것을 단독으로 사용한다."라고 했는데, 오직 가죽이나 말만 있고 속백에 올리지 않는다. 그렇기 때문에 '특(特)'이라 했다. 이와 같은 경우 가죽과 말은 당상으로 올리지 않고 미당에 진열시키니, 가죽과 밀 이외에 별도로 마당에 진열시키는 것이 있음을 알 수 있다. 정현이 "그들이 제후를 대하는 경우에는 또한 벽(璧)과 종(琮)을 사용한다."라고 했는데, 이러한 사실을 알 수 있는 것은 「옥인」편의 직무기록을 살펴보면, "무늬를 새긴 종(琮)은 8촌으로 하며, 제후는 이를 통해 부인에게 향을 한다."[11]라 했

---

8) 『의례』「빙례(聘禮)」 : 賓裼, <u>奉束帛加璧享</u>. 擯者入告, 出許. <u>庭實, 皮則攝之</u>, 毛在內, 內攝之, 入設也.

9) 『의례』「빙례(聘禮)」 : 凡庭實隨入, 左先. <u>皮馬相間可也</u>.

10) 『예기』「교특생(郊特牲)」 : 旅幣無方, 所以別土地之宜, 而節遠邇之期也. 龜爲前列, 先知也. 以鍾次之, 以和居參之也. <u>虎豹之皮, 示服猛也</u>. 束帛加璧, 往德也.

11) 『주례』「동관고공기(冬官考工記)·옥인(玉人)」 : 琢琮八寸, 諸侯以享夫人.

으니, 군주에게 향을 할 때 벽과 종은 8촌의 것을 사용하는 것을 나타내며, 이것은 천자에게 향을 하는 것보다 1촌을 낮추는 것을 나타낸다. 이와 같은 것은 두 왕조의 후손이 서로에게 향을 할 때에는 천자에게 향을 하며 규와 장을 사용하는 것과 동일하게 할 수 없음을 나타내므로, 벽과 종을 사용하게 됨을 알 수 있다. 즉 양측의 공작이 직접 서로에게 조례를 시행하는 것을 말하는데, 두 왕조의 후손에게 공이라 칭하니, 이것은 제후에 대해서 다시금 두 왕조의 후손과 동일하게 함을 알 수 있다. 정현이 『예기』「예기(禮器)」편을 인용했는데, 「예기」편의 규와 장은 조빙을 할 때 사용하는 것에 기준을 두어 속백이 없으니, 규와 장을 단독으로 사용한다는 뜻을 알 수 있다. 정현이 "그 의미가 또한 이곳의 내용과 통한다."라고 했는데, 「예기」편은 조빙을 할 때 규를 단독으로 사용하는 것으로, 이것은 또한 이곳에서 향을 하며 규와 장을 사용한다는 것과 뜻이 통한다. 그렇기 때문에 "그 의미가 또한 이곳의 내용과 통한다."라고 했다. 정현이 "자작과 남작이 제후를 대하는 경우라면 향례에 호(琥)와 황(璜)을 사용하는데, 그 서(瑞)보다 낮춘다."라고 했는데, 「근례」편에서 자작과 남작의 경우가 "후씨가 벽과 종을 사용한다."라고 한 것에 포함된다면, 여기에서 말한 호와 황은 어떤 용도로 사용하는지 알 수 없다. 두 왕조의 후손이 직접 서로에게 향을 할 때, 그 규정을 물려서 벽과 종을 사용하는 것에 포함된다면, 자작과 남작이 직접 서로에게 향을 할 때에는 규정을 물려서 호와 황을 사용하게 됨을 알 수 있다. 또 자작과 남작이 조례를 시행할 때 벽을 사용하고, 직접 서로에게 향을 하게 되면 1등급을 낮춘다. 그렇기 때문에 호와 황을 사용한다. 정현이 "무릇 두 왕조의 후손과 제후들이 서로에게 향례를 시행할 때 사용하는 옥은 그 크기가 각각 그 서(瑞)보다 1등급을 낮춘다."라고 했는데, 「옥인」편에서는 "무늬를 새긴 종(琮)은 8촌으로 하며, 제후는 이를 통해 부인에게 향을 한다."라고 했다. 예법 중 중대한 경우에는 8촌의 것을 사용하는 법도가 없으니, 이것은 상공은 본래 9촌의 것을 사용하는데, 1등급을 낮춰 8촌이 되었음을 나타낸다. 상공이 이미 1촌을 낮췄다면, 후작·백작·자작·남작도 각각 1등급을 낮추게 됨을 알 수 있다. 두 왕조의 후손이 서로에게 조례를 시행할 때, 신분이 서로 대등하여 서로를 높이는 예법을 사용하지 않으니, 이러한 경우에도 1촌을 낮추게 됨을 나타내고, 자작과 남작의 경우를 살펴보면, 비록 규정을 물려서 호와 황을 사용하게 되지만, 여기에서도 1촌을 낮추게 됨을 알 수 있다. 만약 그렇다면 다섯 등급의 제후들이 직접 서로에게 조례를 할 때, 사용하는 규와 장은 또한 그들의 명(命) 등급의 수대로 하고, 그들이 서로에게 향을 하며 벽과 종 등을 사용할 때에는 1촌을 낮추게 된다. 이러한 사실을 알 수 있는 것은 「옥인」편에서 "무늬를 새긴 종(琮)은 8촌으로 하며, 제후는 이를 통해 부인에게 향을 한다." 라 했기 때문이다. 이것은 상공이 회합하는 것에 기준을 둔 것인데, 규와 장을 조례 때 잡게 된다고 말하지 않은 것은 규와 장은 직접 천자에게 조례를 할 때 잡는 것임을 나타낸다. 그러므로 「빙례」편에서 "천자에게 조회를 할 때 사용하는 규와 받침은 모두 9촌이다."라 했는데, 이것은 상공이 사용하는 옥에 해당한다. 그리고 "제후를 빙문할 때에는 주색과 녹색으로 받침을 만드는데 그 길이는 8촌이다."라고 했는데,[12] 주에시는 "천자에 대해서는 '조(朝)'라 했고, 제후에 대해서는 '문(問)'이라 했는데, 빙(聘)에 대한 경문의 내용에 이러한 사실을 기록한 것은 문장이 상호 보완적으로 그 뜻을 드러내게끔 한 것이다."라 했다. 이처럼 상공이 그러하다면 후작·백작·자작·남작에 대해서도 알 수 있다. 정현이 "경과 대부를 사신으로 파견하여 조(覜)나 빙(聘)을 할 때에도 이처럼 한다."라고 했는데, 단지 "조(覜)나 빙(聘)을 할 때에도 이처럼 한다."라고 말하고, 향(享)과 빙(聘)을 구별하지 않았으니, 빙과 향에서도 모두 1촌을 낮추는 것이 동일하다. 그렇기 때문에 「옥인」편에서는 "무늬를 새긴 규(圭)와

---

12) 『의례』「빙례(聘禮)」: <u>所以朝天子, 圭與繅皆九寸</u>, 剡上寸半, 厚半寸, 博三寸. 繅三采六等, 朱白倉. <u>問諸侯, 朱綠繅八寸.</u> 皆玄纁繫, 長尺, 絢組.

장(璋)은 8촌으로 만들고, 벽(璧)과 종(琮)은 8촌으로 만들며, 이를 통해 조빙(朝聘)을 한다."13)라 했다. 이것은 상공의 신하가 규·장·벽·종을 사용함에 모두 1등급을 낮추는 것에 기준을 두었으니, 그 나머지 후작·백작·자작·남작의 경우에도 1촌을 낮추게 됨이 명백하다. 자작과 남작의 신하가 제후에게 향을 하게 되면 자신의 군주보다 지나치게 할 수 없으니, 호와 황을 사용하게 됨을 알 수 있다.

참고 23-2 『예기』「곡례상(曲禮上)」기록

* 참고: 9-2 참조

---

13) 『주례』「동관고공기(冬官考工記)·옥인(玉人)」: 瑑圭璋八寸, 璧琮八寸, 以覜聘.

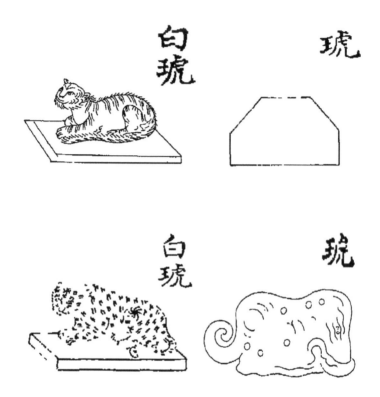

※ 출처:
    상우-『주례도설(周禮圖說)』 하권; 상좌-『삼례도집주(三禮圖集注)』 11권
    하우-『삼례도(三禮圖)』 3권; 하좌-『육경도(六經圖)』 5권

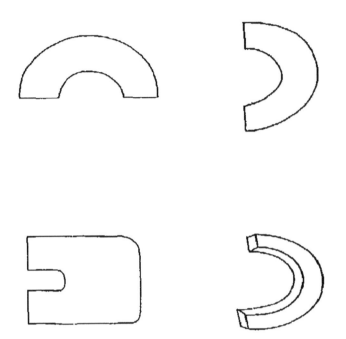

※ 출처:
　상좌-『주례도설(周禮圖說)』하권 ; 상우-『삼례도집주(三禮圖集注)』11권
　하좌-『삼례도(三禮圖)』3권 ; 하우-『육경도(六經圖)』5권

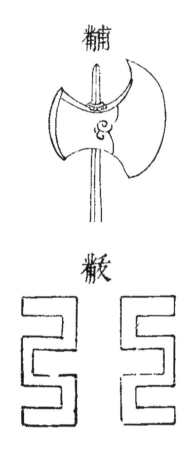

※ 출처: 『삼재도회(三才圖會)』「의복(衣服)」 1권

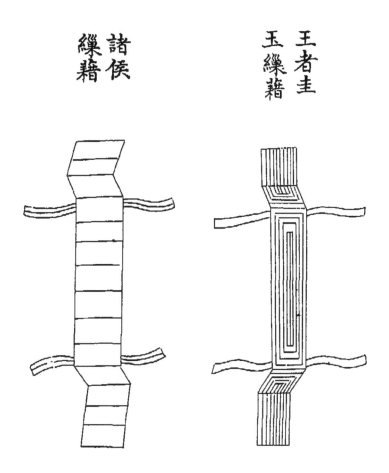

諸侯
繰藉

王者圭
玉繰藉

※ 출처: 『삼례도집주(三禮圖集注)』 10권

> 執玉者, 則唯舒武, 擧前曳踵.

직역 玉을 執한 者라면 唯히 武를 舒하여 前을 擧하고 踵을 曳한다.

의역 옥을 든 경우라면 오직 발자국을 천천히 옮겨서 발의 앞쪽을 들고 뒤꿈치를 끈다.

鄭注 唯舒者, 重玉器, 尤愼也. 武, 迹也. 擧前曳踵, 備躓跲也. 今文無者, 古文曳作拽.

'유서(唯舒)'라는 것은 옥의 기물을 중시하여 더욱 신중히 하는 것이다. '무(武)'자는 발자국을 뜻한다. "발의 앞쪽을 들고 뒤꿈치를 끈다."는 것은 넘어질 것을 대비하기 위한 것이다. 금문에는 '자(者)'자가 없고, 고문에는 '예(曳)'자가 예(拽)자로 되어 있다.

賈疏 ●"執玉"至"曳踵". ○釋曰: 此篇直見在國以禽摯相見之禮, 無執玉朝聘鄰國之事. 而云"執玉"者, 因執摯相見, 故兼見朝聘執玉之禮也. 按玉藻記徐趨之節云"圈豚行", 又與此不同者, 文有詳略, 俱是徐趨也.

● 經文: "執玉"~"曳踵". ○이 편은 단지 나라 안에서 짐승을 예물로 삼아 서로 만나보는 예를 드러내고 있으며 옥을 가지고 이웃나라에 조빙하는 사안은 없다. 그런데도 "옥을 든다."라 말한 것은 짐승을 예물로 삼아 서로 만나보는 것으로 인해 조빙에 옥을 들고 가는 예도 함께 드러낸 것이다. 『예기』「옥조(玉藻)」편을 살펴보면 천천히 걷는 추(趨)의 예절을 기록하며 '권돈행(圈豚行)'1)이라 했고, 또 이곳 문장과 차이를 보이는

---

1) 『예기』「옥조(玉藻)」: 圈豚行不擧足, 齊如流. 席上亦然.

데, 문장에 상세하거나 간략한 차이가 있기 때문으로, 모두 천천히 걷는 추(趨)에 해당한다.

賈疏 ◎注"唯舒"至"作扯". ○釋曰: 云"唯舒者, 重玉器, 尤愼也"者, 按玉藻云"執龜玉不趨", 不趨者, 不爲疾趨. 又曲禮云: "凡執主器, 執輕如不克." 故爲重玉器, 尤愼也. 云"備躓跲也"者, 躓跲, 則顚倒恐損玉, 故徐趨也.

◎鄭注: "唯舒"~"作扯". ○정현이 "'유서(唯舒)'라는 것은 옥의 기물을 중시하여 더욱 신중히 하는 것이다."라고 했는데, 『예기』「옥조(玉藻)」편을 살펴보면 "거북껍질이나 옥을 들게 된다면 추(趨)를 하지 않는다."[2]라 했는데, "추(趨)를 하지 않는다."는 것은 빨리 걷는 추(趨)를 하지 않는다는 뜻이다. 또 『예기』「곡례(曲禮)」편에서는 "무릇 주군의 기물을 받들 때에는 가벼운 물건을 받들게 되더라도 마치 이겨내지 못하는 것처럼 한다."[3]라 했다. 그렇기 때문에 옥의 기물을 중시하여 더욱 신중히 하는 뜻이 된다. 정현이 "넘어질 것을 대비하기 위한 것이다."라고 했는데, 넘어지게 된다면 엎어져서 옥을 손상시킬까 염려된다. 그렇기 때문에 천천히 걷는 추(趨)를 하는 것이다.

참고 23-3 『예기』「옥조(玉藻)」 기록

경문 圈豚行不擧足, 齊如流. 席上亦然.

천천히 걸어갈 때에는 발을 들어 올리지 않으며, 하의의 재봉선이 지면

---

2) 『예기』「옥조(玉藻)」: <u>執龜玉, 擧前曳踵</u>, 蹜蹜如也.

3) 『예기』「곡례하(曲禮下)」: <u>凡執主器, 執輕如不克</u>. 執主器, 操幣圭璧, 則尚左手, 行不擧足, 車輪曳踵.

위에 붙어서 움직이므로, 마치 물이 흐르는 것처럼 보인다. 자리 위로 나아갈 때에도 이처럼 걷는다.

鄭注 圈, 轉也. 豚之言若有所循. 不擧足曳踵, 則衣之齊如水之流矣. 孔子執圭則然, 此徐趨也. 尊處亦尙徐也.

'권(圈)'자는 구르다는 뜻이다. '돈(豚)'자는 마치 따르는 바가 있다는 뜻이다. 다리를 들어 올리지 않고 뒤꿈치를 끈다면, 옷의 재봉선은 마치 물이 흐르는 것처럼 너울거리게 된다. 공자는 규(圭)를 들고 있을 때 이처럼 했으니, 이것은 천천히 걷는다는 뜻이다. 존귀한 장소에서는 또한 천천히 걷는 것을 숭상한다.

孔疏 ●"圈豚行"者, 此釋言徐趨之形也. 圈, 轉也. 豚, 循也. 言徐趨法曳轉足循地而行也.

● 經文: "圈豚行". ○ 이것은 천천히 걸어갈 때의 모습을 풀이한 말이다. '권(圈)'자는 구르다는 뜻이다. '돈(豚)'자는 좇다는 뜻이다. 즉 천천히 걸어갈 때의 예법에서는 뒤꿈치를 끌어서 땅에 닿도록 하여 걸어간다는 의미이다.

참고 23-4 『예기』「옥조(玉藻)」 기록

경문 執龜玉, 擧前曳踵, 蹜蹜如也.

거북껍질이나 옥을 들게 된다면 걸어갈 때 천천히 걷게 되니 앞꿈치는 들어 올리지만 뒤꿈치는 끌게 되어 보폭을 작게 해서 걷는다.

鄭注 著徐趨之事.

느리게 걷는 사안을 나타낸 것이다.

孔疏 ●"執龜玉, 擧前曳踵, 踵踵如也"者, 此一經論"徐趨"之事. 言執龜 · 玉之時, 有此徐趨也.

● 經文: "執龜玉, 擧前曳踵, 踵踵如也". ○ 이곳 경문은 '서추(徐趨)'에 해당하는 사안을 논의하고 있다. 즉 거북껍질이나 옥을 들었을 때에는 이처럼 느리게 걷는다는 의미이다.

孔疏 ●"擧前曳踵"者, 踵, 謂足後跟也. 謂將行之時, 初擧足前, 後曳足跟, 行不離地.

● 經文: "擧前曳踵". ○ '종(踵)'은 발의 뒤꿈치를 뜻한다. 즉 걸어가려고 할 때, 최초 발의 앞꿈치를 들어올리고, 이후에 발의 뒤꿈치를 끌게 되니, 걸어갈 때 발이 지면에서 이격되지 않는다는 의미이다.

참고 23-5 『예기』「곡례하(曲禮下)」기록

경문 凡執主器, 執輕如不克. 執主器, 操幣圭璧, 則尙左手, 行不擧足, 車輪曳踵.

무릇 주군의 기물을 받들 때에는 가벼운 물건을 받들게 되더라도 마치 무거운 물건을 든 것처럼 조심스럽게 행동한다. 주군의 기물을 받들 때 폐백이나 규벽4)처럼 귀중한 물건을 들게 된다면, 우측 손으로는 밑 부분

---

4) 규벽(圭璧)은 천자 및 제후가 조빙(朝聘)의 예(禮)를 시행하거나 또는 제사를 시행할 때 사용했던 옥(玉)으로 만든 기물이다. 『시』「대아(大雅) · 운한(雲漢)」편에는 "靡神不擧, 靡愛斯牲. 圭璧旣卒, 寧莫我聽."이라는 기록이 있고, 이에 대한 주희의 『집전(集傳)』에서는 "圭璧, 禮神之玉也."라고 풀이했다. 그리고 그 크기가 5촌(寸)으로 된 '규벽'으로는 해[日], 달[月], 별[星辰]에 대한 제사에서 사용했다는 기록도 있다. 『주례』「동관고공기(冬官考工記) · 옥인(玉人)」편에는 "圭璧五寸, 以祀日月星辰."이라는 기록이 있다. 또한 '규벽'은 옥으로 만든 귀중한

을 받치고 좌측 손으로는 위를 덮으며, 걸을 때에는 발을 크게 떼지 않고 수레바퀴가 굴러가듯 발뒤꿈치를 끌면서 걷는다.

鄭注 重愼之也. 主, 君也. 克, 勝也. 重愼也. 尙左手, 尊左也. 車輪, 謂行不絶地也.

가벼운 기물을 들 때에도 무거운 듯이 하는 이유는 신중함을 더하기 위해서이다. '주(主)'자는 주군을 뜻한다. '극(克)'자는 이긴다는 뜻이다. 좌측 손으로 덮고 뒤꿈치를 끄는 이유는 신중함을 더하기 위해서이다. 좌측 손을 위로 하는 이유는 좌측을 높이기 때문이다. '거륜(車輪)'이라는 말은 걸을 때 지면에서 발을 떼지 않는다는 뜻이다.

孔疏 ●"凡執"至"不克". ○正義曰: 嚮明持奉高下之節, 此辨持奉之容儀也. 主亦君也. 禮, 大夫稱主, 今此言"主", 上通天子諸侯, 下含大夫爲君者, 故幷曰"主", 士則不然. 克, 勝也. 尊者之器, 不論輕重, 其臣執之, 唯宜重愼, 器雖輕小, 而執之恒如實重, 如不勝之容也. 故論語云: "孔子執圭, 鞠躬如也, 如不勝." 聘禮曰: "上介執圭如重", 是也.

● 經文: "凡執"~"不克". ○ 이전 문장에서는 물건을 받들 때, 손의 위치를 높이고 낮추는 예절에 대해서 언급하였고, 이곳 문장에서는 받드는 물건에 따른 행동거지를 구분하고 있다. '주(主)'자 또한 주군을 뜻한다. 예법에 따르면, 대부의 가신들은 대부를 '주(主)'라고 부르는데, 이곳 문장에서 '주(主)'라고 말한 것은 위로는 천자나 제후까지 통용되며 아래로는 대부까지 포함하고 있으니, 신하들의 주군이 된 자들을 뜻한다. 그렇기 때문에 이들 모두를 병칭하여 '주(主)'라고만 말한 것이다. 그러나 사의 경우에는 그렇지 않으므로, 주(主)에 포함되지 않는다. '극(克)'자는

기물을 범칭하는 용어로도 사용된다.

이긴다는 뜻이다. 존귀한 자의 기물은 그 무게에 상관없이 신하들이 그것을 들 때에는 오직 신중을 더해야 하니, 그 물건이 비록 가볍고 작은 것이라고 할지라도 그것을 들게 되면 항상 무거운 물건을 들 때처럼 하여 제대로 들지 못하는 모습처럼 하게 된다. 그러므로 『논어』에서는 "공자가 규(圭)을 잡게 되면, 몸을 굽혀서 그 무게를 이기지 못하는 듯이 하였다."[5]라 하였고, 『의례』「빙례(聘禮)」편에서는 "상개(上介)는 규(圭)를 들 때 무거운 물건을 들 듯이 한다."라고 하였는데, 이 기록들이 바로 이러한 뜻을 나타낸다.

---

5) 『논어』「향당(鄕黨)」 : <u>執圭, 鞠躬如也, 如不勝</u>. 上如揖, 下如授. 勃如戰色, 足蹜蹜如有循. 享禮, 有容色. 私覿, 愉愉如也.

제 **24** 절
현군례(見君禮)-자칭(自稱)

144上

凡自稱於君, 士大夫則曰"下臣". 宅者在邦, 則曰"市井之臣"; 在野, 則曰"草茅之臣". 庶人則曰"刺草之臣". 他國之人則曰"外臣".

직역 凡히 自히 君에 稱함에 士나 大夫라면 "下臣"이라 曰한다. 宅者 중 邦에 在라면 "市井의 臣"이라 曰하고, 野에 在라면 "草茅의 臣"이라 曰한다. 庶人이라면 "刺草의 臣"이라 曰한다. 他國의 人이라면 "外臣"이라 曰한다.

의역 무릇 스스로 군주에게 자신을 칭할 때 사나 대부라면 '하신'이라 말한다. 관직에서 물러난 자가 국성에 머문 경우라면 '시정의 신하'라 말하고, 초야에 있는 경우라면 '초모의 신하'라 말한다.[1] 서인이라면 '풀을 베는 신하'라 말한다. 다른 나라의 사람이라면 '외신'이라 말한다.

鄭注 宅者, 謂致仕者也. 致仕者, 去官而居宅, 或在國中, 或在野. 周禮·載師之職"以宅田任近郊之地". 刺猶剗除也. 今宅爲託, 古文茅作苗.

'택자(宅者)'는 관직에서 물러난 자를 뜻한다. 관직에서 물러난 자는 관부에서 떠나 집에 머물게 되는데, 국성에 있는 경우도 있고 초야에 있는 경우도 있다. 『주례』「재사(載師)」편의 직무기록에서는 "택전[2]은 근교

---

1) 『맹자』「만장하(萬章下)」: 孟子曰, "在國曰市井之臣, 在野曰草莽之臣, 皆謂庶人. 庶人不傳質爲臣, 不敢見於諸侯, 禮也."

2) 택전(宅田)은 관직에서 물러난 자의 집안에서 받게 되는 경작지를 뜻한다.

(近郊)의 땅에 둔다.”3)라 했다. ‘척(刺)’자는 베어버린다는 뜻이다. 금문
에는 ‘택(宅)’자가 탁(託)자로 되어 있고, 고문에는 ‘모(茅)’자가 묘(苗)자
로 되어 있다.

賈疏 ●“凡自”至“外臣”. ○ 釋曰: 云“凡自稱於君, 士大夫則曰下臣”
者, 此與君言之時. 按玉藻云“上大夫曰下臣”, 與此同也.

● 經文: “凡自”~“外臣”. ○“무릇 스스로 군주에게 자신을 칭할 때 사나
대부라면 ‘하신’이라 말한다.”라고 했는데, 이것은 군주와 말을 할 때에
해당한다. 『예기』「옥조(玉藻)」편을 살펴보면 “상대부(上大夫)는 제후
에 대해 자신을 지칭할 때, ‘하신(下臣)’이라고 말한다.”4)라 했으니, 이곳
의 내용과 동일하다.

賈疏 ◎注“宅者”至“作苗”. ○ 釋曰: 此亦自稱於君, 以其致仕不在,
故指宅而言, 故曰: “宅者, 謂致仕者也.” 云“或在國中, 或在野”者, 按
爾雅“郊外曰野”, 則自郊至畿五百里內皆名野. 又按鄕大夫職“國中
七尺, 野自六尺”, 此亦云在國在野, 相對其言, 國外則云野, 則云宅
在野者, 城外畿內皆是也. 云“載師之職”者, 彼鄭注云: “宅田, 致仕者
之家所受田也”. 引之, 證彼言宅田據地, 此言宅據所居, 一也. 云“刺
猶劙除也”者, 按詩有“其鎛斯趙”, 注云: “趙, 刺也”, 故以刺爲劙除草
木者也.

◎ 鄭注: “宅者”~“作苗”. ○ 이 또한 스스로 군주에게 자신을 지칭하는

---

3) 『주례』「지관(地官)·재사(載師)」 : 以廛里任國中之地, 以場圃任園地, 以宅
田·士田·賈田任近郊之地, 以官田·牛田·賞田·牧田任遠郊之地, 以公邑
之田任甸地, 以家邑之田任稍地, 以小都之田任縣地, 以大都之田任畺地.

4) 『예기』「옥조(玉藻)」 : 上大夫曰“下臣”, 擯者曰“寡君之老”. 下大夫自名, 擯者
曰“寡大夫”. 世子自名, 擯者曰“寡君之適”.

것인데, 관직에서 물러나 조정에 있지 않기 때문에 '택(宅)'이라 지칭해 말한 것이다. 그렇기 때문에 "'택자(宅者)'는 관직에서 물러난 자를 뜻한다."라 했다. 정현이 "국성에 있는 경우도 있고 초야에 있는 경우도 있다."라고 했는데, 『이아』를 살펴보면 "교(郊) 밖을 야(野)라 부른다."5)라 했으니, 교(郊)로부터 경계 500리 안쪽에 이르기까지는 모두 야(野)라 부른다. 또 『주례』「향대부(鄕大夫)」편의 직무기록을 살펴보면 "국성 안에서는 키가 7척인 자부터, 야(野)에 대해서는 키가 6척인 자부터 징집했다."6)라 했는데, 여기에서도 국(國)에 있고 야(野)에 있다고 하여 그 말을 서로 대비해서 했으니, 국성 밖을 야(野)라 부른다면, 택(宅)이 야(野)에 있다는 경우는 국성 밖으로부터 경계 안쪽에 있는 자들이 모두 여기에 해당한다. 정현이 '「재사(載師)」편의 직무기록'이라고 했는데, 「재사」편에 대한 정현의 주에서는 "택전(宅田)은 관직에서 물러난 자의 집안에서 받게 되는 경작지를 뜻한다."라 했다. 이 기록을 인용한 것은 「재사」편에서 '택전(宅田)'이라 말한 것은 땅에 기준을 둔 것이고, 이곳에서 택(宅)이라 말한 것은 거주하는 곳에 해당하는데, 둘 모두 동일함을 증명하기 위해서이다. 정현이 "'척(剌)'자는 베어버린다는 뜻이다."라 했는데, 『시』를 살펴보면 "그 호미로 이 땅을 파니."7)라 했고, 주에서는 "조(趙)자는 찌른다는 뜻이다."라 했다. 그렇기 때문에 척(剌)자를 초목을 베는 뜻으로 여긴 것이다.

---

5) 『이아』「석지(釋地)」: 邑外謂之郊, <u>郊外謂之牧, 牧外謂之野</u>, 野外謂之林, 林外謂之坰.

6) 『주례』「지관(地官) · 향대부(鄕大夫)」: 以歲時登其夫家之衆寡, 辨其可任者. <u>國中自七尺</u>以及六十, <u>野自六尺</u>以及六十有五, 皆征之. 其舍者, 國中貴者 · 賢者 · 能者 · 服公事者 · 老者 · 疾者皆舍. 以歲時入其書.

7) 『시』「주송(周頌) · 양사(良耜)」: 畟畟良耜, 俶載南畝. 播厥百穀, 實函斯活. 或來瞻女, 載筐及筥, 其饟伊黍. 其笠伊糾, <u>其鎛斯趙</u>, 以薅荼蓼. 荼蓼朽止, 黍稷茂止. 穫之挃挃, 積之栗栗. 其崇如墉, 其比如櫛. 以開百室. 百室盈止, 婦子寧止. 殺時犉牡, 有捄其角. 以似以續, 續古之人.

경문 萬章曰, "敢問不見諸侯, 何義也?"

만장은 "감히 묻겠습니다. 제후를 만나보지 않는 것은 무슨 도의에 해당합니까?"라고 물었다.

趙注 問諸侯聘請而夫子不見之, 於義何取也.

제후가 빙문을 하여 청했는데도 맹자가 만나보지 않은 것은 도의상 어떤 뜻에 따른 것이냐고 물어본 것이다.

孫疏 ●"萬章曰"至"召之也". ○正義曰: 此章指言君子之志, 志於行道, 不得其禮, 亦不苟往. 于禮之可, 伊尹三聘而後就湯. 道之未洽, 沮溺耦耕, 接輿佯狂, 豈可見也?

●經文: "萬章曰"~"召之也". ○이 문장은 군자의 뜻을 나타내고 있는데, 군자는 도를 시행하는데 뜻을 두어, 예법에 맞지 않다면 또한 구차히 찾아가지 않는다는 의미이다. 예법에 맞다고 하더라도 이윤은 세 차례 빙문을 받은 이후에야 탕임금에게 나아갔다. 도에 부합하지 않다면 장저와 걸닉처럼 밭을 경작하고 접여처럼 거짓으로 미친 척을 하게 되는데, 어찌 만나볼 수 있겠는가?

孫疏 ●"萬章曰: 敢問不見諸侯, 何義也", 萬章問孟子所以不見諸侯, 其義謂何?

●經文: "萬章曰: 敢問不見諸侯, 何義也". ○만장은 맹자가 제후를 만나보지 않은 것은 그 도의가 무엇이냐고 물어본 것이다.

경문 孟子曰, "在國曰市井之臣, 在野曰草莽之臣, 皆謂庶人. 庶人

不傳質爲臣, 不敢見於諸侯, 禮也."

맹자는 "국성에 머무는 자들은 '시정지신(市井之臣)'이라 부르고, 초야에 있는 자들은 '초망지신(草莽之臣)'이라고 부르니, 이들은 모두 서인(庶人)을 뜻한다. 서인은 예물을 가지고 가서 신하가 되지 않았다면 제후를 감히 만나보지 않는 것이 예이다."라고 대답했다.

趙注 在國謂都邑也, 民會於市, 故曰市井之臣. 在野居之, 曰草莽之臣. 莽亦草也. 庶, 衆也. 庶衆之人, 未得爲臣. 傳, 執也. 見君之質, 執雉之屬也. 未爲臣, 則不敢見之, 禮也.

국성에 있다는 것은 도읍(都邑)을 뜻하며, 백성들은 시장에 모이기 때문에 '시정지신(市井之臣)'이라고 말한 것이다. 초야에 거주하는 자들을 '초망지신(草莽之臣)'이라고 부른다. '망(莽)' 또한 풀을 뜻한다. '서(庶)'자는 무리를 뜻한다. 일반 백성들은 신하가 될 수 없다. '전(傳)'자는 잡다는 뜻이다. 군주를 알현할 때의 예물은 꿩을 들고 가는 부류를 뜻한다. 아직 신하가 되지 못했다면 감히 만나보지 않는 것이 예이다.

孫疏 ●"孟子曰: 在國曰市井之臣"至"禮也", 孟子答之, 以謂凡在都邑謂之市井之臣, 在郊野謂之草莽之臣, 然總而言之, 皆謂之衆庶之人. 如衆庶之人未得傳質爲臣者, 故不敢就見於君也, 以其無禮也. 傳質者, 所執其物以見君也. 如公執桓圭, 侯執信圭, 伯執躬圭, 子執穀璧, 男執蒲璧. 又諸侯世子執纁, 孤執玄, 附庸之君執黃, 卿執羔, 大夫執鴈, 士執雉, 是所以爲贄也.

● 經文: "孟子曰: 在國曰市井之臣"~"禮也". ○ 맹자가 답변한 것이니, 도읍에 머문 자들은 '시정지신(市井之臣)'이라 부르고, 교야(郊野)[8]에

---

8) 교야(郊野)는 도성(都城) 밖의 외곽지역을 범범하게 지칭하는 용어이다. 한편 주(周)나라 때에는 왕성(王城)의 경계로부터 사방 100리(里)까지를 '교(郊)'라고 불

있는 자들은 '초망지신(草莽之臣)'이라고 불렀는데, 이들을 총괄해서 말한다면 모두 '중서지인(衆庶之人)'이라고 할 수 있다. 이러한 백성들이 아직 예물을 들고 찾아가서 신하가 되지 않았기 때문에 감히 군주에게 나아가 알현할 수 없는 것이니, 만나보는 것은 무례가 되기 때문이다. '전질(傳質)'이라고 했는데, 예물을 들고 찾아가서 군주를 알현한다는 뜻이다. 예를 들어 공작은 환규(桓圭)를 들고 가고 후작은 신규(信圭)를 들고 가며 백작은 궁규(躬圭)를 들고 가고 자작은 곡벽(穀璧)을 들고 가며 남작은 포벽(蒲璧)을 들고 간다. 또 제후의 세자는 분홍색 비단을 들고 가고 고(孤)는 검은색 비단을 들고 가며 부용국의 군주는 황색 비단을 들고 가고, 경은 새끼 양을 들고 가며 대부는 기러기를 들고 가고 사는 꿩을 들고 가니, 이러한 것들을 예물로 삼게 된다.

孫疏 ◎注"質, 執雉之屬". ○正義曰: 已說於前矣.

◎趙注: "質, 執雉之屬". ○이미 앞에서 설명했다.

集註 傳, 通也. 質者, 士執雉, 庶人執鶩, 相見以自通者也. 國內莫非君臣, 但未仕者與執贄在位之臣不同, 故不敢見也.

'전(傳)'자는 통한다는 뜻이다. '질(質)'은 사는 꿩을 들고 가고 서인은 집오리를 들고 가서 서로 만나보며 이를 통해 정감을 통하는 것이다. 한 나라 안에서는 군주와 신하의 관계에서 벗어나는 자가 없다. 다만 아직 벼슬에 오르지 않은 자는 이미 예물을 들고 찾아가 신하의 자리에 오른 자와는 동일하게 할 수 없다. 그렇기 때문에 감히 만나보지 않은 것이다.

렀으며, 300리 떨어진 지점까지를 '야(野)'라고 불렀다. 따라서 이 공간 안에 포함된 땅을 통칭하여 '교야'라고 불렀다.

경문 以廛里任國中之地, 以場圃任園地, 以宅田 · 士田 · 賈田任近郊之地, 以官田 · 牛田 · 賞田 · 牧田任遠郊之地, 以公邑之田任甸地, 以家邑之田任稍地, 以小都之田任縣地, 以大都之田任畺地.

전리(廛里)는 국성 안의 땅에 두고, 장포(場圃)는 원지(園地)에 두며, 택전(宅田) · 사전(士田) · 고전(賈田)은 근교(近郊)의 땅에 두고, 관전(官田) · 우전(牛田) · 상전(賞田) · 목전(牧田)은 원교(遠郊)의 땅에 두며, 공읍(公邑)의 전은 전지(甸地)에 두고, 가읍(家邑)의 전은 초지(稍地)에 두며, 소도(小都)의 전은 현지(縣地)에 두고, 대도(大都)의 전은 강지(畺地)에 둔다.

정주 故書廛或作壇, 郊或爲薵, 稍或作削. 鄭司農云: "壇讀爲廛. 廛, 市中空地未有肆, 城中空地未有宅者. 民宅曰宅. 宅田者, 以備益多也. 士田者, 士大夫之子得而耕之田也. 賈田者, 吏爲縣官賣財與之田. 官田者, 公家之所耕田. 牛田者, 以養公家之牛. 賞田者, 賞賜之田. 牧田者, 牧六畜之田." 司馬法曰: "王國百里爲郊, 二百里爲州, 三百里爲野, 四百里爲縣, 五百里爲都." 杜子春云: "薵讀爲郊. 五十里爲近郊, 百里爲遠郊." 玄謂廛里者, 若今云邑里居矣. 廛, 民居之區域也. 里, 居也. 圃, 樹果蓏之屬, 季秋於中爲場. 樊圃謂之園. 宅田, 致仕者之家所受田也. 士相見禮曰: "宅者在邦則曰市井之臣, 在野則曰草茅之臣." 士讀爲仕. 仕者亦受田, 所謂圭田也. 孟子曰: "自卿以下必有圭田, 圭田五十畝." 賈田, 在市賈人其家所受田也. 官田, 庶人在官者其家所受田也. 牛田 · 牧田, 畜牧者之家所受田也. 公邑, 謂六遂餘地, 天子使大夫治之, 自此以外皆然. 二百里 · 三百里, 其大夫如州長; 四百里 · 五百里, 其大夫如縣正. 是以或謂二百里爲州, 四百里爲縣云. 遂人亦監焉. 家邑, 大夫之采地. 小都, 卿

之采地. 大都, 公之采地, 王子弟所食邑也. 疆, 五百里, 王畿界也.
皆言任者, 地之形實不方平如圖, 受田邑者, 遠近不得盡如制, 其所
生育賦貢, 取正於是耳. 以廛里任國中, 而遂人職授民田, 夫一廛, 田
百畝, 是廛里不謂民之邑居在都城者與? 凡王畿內方千里, 積百同,
九百萬夫之地. 有山陵‧林麓‧川澤‧溝瀆‧城郭‧宮室‧塗巷,
三分去一, 餘六百萬夫. 又以田不易‧一易‧再易上中下相通, 定受
田者三百萬家也. 遠郊之內, 地居四同, 三十六萬夫之地也. 三分去
一, 其餘二十四萬夫, 六鄉之民七萬五千家, 通不易‧一易‧再易,
一家受二夫, 則十五萬夫之地, 其餘九萬夫. 廛里也, 場圃也, 宅田
也, 士田也, 賈田也, 官田也, 牛田也, 賞田也, 牧田也, 九者亦通受
一夫焉, 則半農人也, 定受田十二萬家也. 食貨志云: "農民戶一人已
受田, 其家衆男爲餘夫, 亦以口受田如比. 士工商家受田, 五口乃當
農夫一人." 今餘夫在遂地之中, 如此則士工商以事入在官, 而餘夫
以力出耕公邑. 甸稍縣都合居九十六同, 八百六十四萬夫之地. 城郭
宮室差少, 涂巷又狹, 於三分所去六而存一焉, 以十八分之十三率
之, 則其餘六百二十四萬夫之地, 通上中下, 六家而受十三夫, 定受
田二百八十八萬家也. 其在甸七萬五千家爲六遂, 餘則公邑.

고서에서는 '전(廛)'자를 단(壇)자로도 기록하고, '교(郊)'자를 고(蒿)자로
도 기록하며, '초(稍)'자를 소(削)자로도 기록한다. 정사농은 "단(壇)자는
전(廛)자로 풀이한다. '전(廛)'자는 시장 안의 공터로 아직 가게를 차리지
않은 곳이고 국성 안의 공터로 아직 집을 짓지 않은 곳이다. 백성들의
주택을 '택(宅)'이라 부른다. '택전(宅田)'은 더 많아질 것을 대비하기 위
한 것이다. '사전(士田)'은 사와 대부의 자식이 받아서 경작하는 땅이다.
'고전(賈田)'은 아전 중 현의 관리가 되어 재물을 파는 자에게 부여한 땅
이다. '관전(官田)'은 공가[9]에서 경작하는 땅이다. '우전(牛田)'은 공가의

---

9) 공가(公家)는 일반적으로 제후의 공실(公室)을 뜻한다. 즉 군주의 집안이라는 뜻

소를 기르기 위한 것이다. '상전(賞田)'은 상으로 하사하는 땅이다. '목전(牧田)'은 육축[^10]을 기르기 위한 땅이다."라 했다. 『사마법』에서는 "천자의 국성으로부터 100리 떨어진 지점까지는 교(郊)가 되고, 200리 떨어진 지점까지는 주(州)가 되며, 300리 떨어진 지점까지는 야(野)가 되고, 400리 떨어진 지점까지는 현(縣)이 되며, 500리 떨어진 지점까지는 도(都)가 된다."라 했다. 두자춘은 "고(蒿)자는 교(郊)자로 풀이한다. 50리 떨어진 지점까지는 근교(近郊)가 되고, 100리 떨어진 지점까지는 원교(遠郊)가 된다."라 했다. 내가 생각하기에, '전리(廛里)'는 오늘날 읍리(邑里)의 거주지라 말하는 것과 같다. '전(廛)'은 백성들이 거주하는 구역을 뜻한다. '이(里)'는 거주지를 뜻한다. '포(圃)'는 과목이나 채소를 심는 곳으로, 계추에 이 안에서 채소밭을 만든다. 포(圃)에 울타리를 친 곳을 '원(園)'이라 부른다. '택전(宅田)'은 관직에서 물러난 자의 집안에서 받게 되는 땅이다. 「사상견례」편에서 "관직에서 물러난 자가 국성에 머문 경우라면 '시정의 신하'라 말하고, 초야에 있는 경우라면 '초모의 신하'라 말한다."라 했다. '사(土)'자는 사(仕)자로 풀이한다. 벼슬살이를 하는 자 또한 땅을 받게 되는데, 이른바 규전(圭田)이리는 것이다. 『맹자』에서는 "경으로부터 그 이하의 자들은 반드시 규전을 가졌으니, 규전은 50무이다."[^11]라 했다. '고전(賈田)'은 시장에 속한 상인들의 집안에서 받게 되는 땅이다. '관전(官田)'은 서인들 중 관부에 속한 자의 집안에서 받게 되는 땅이

이다. 또한 '공가'는 조정(朝廷), 국가(國家) 또는 관부(官府)를 가리키기도 하며, 공경(公卿)들의 집을 뜻하기도 한다. 뿐만 아니라 개인과 구별되는 말로 사용되어, 국가 및 정부라는 의미로 사용되기도 한다.

[^10]: 육축(六畜)은 여섯 종류의 가축을 뜻한다. 말[馬], 소[牛], 양(羊), 닭[雞], 개[犬], 돼지[豕]를 가리킨다. 『춘추좌씨전』「소공(昭公) 25년」편에는 "爲六畜·五牲·三犧, 以奉五味."라는 기록이 있고, 이에 대한 두예(杜預)의 주에서는 "馬·牛·羊·雞·犬·豕."라고 풀이했다.

[^11]: 『맹자』「등문공상(滕文公上)」: 請野九一而助, 國中什一使自賦. 卿以下必有圭田, 圭田五十畝, 餘夫二十五畝.

다. '우전(牛田)'과 '목전(牧田)'은 목축을 하는 자의 집안에서 받게 되는 땅이다. '공읍(公邑)'은 육수(六遂)의 나머지 땅으로, 천자가 대부로 하여금 다스리게 하고, 이곳으로부터 그 밖이 모두 그러하다. 200리와 300리까지 그곳을 다스리는 대부는 주장(州長)과 같고, 400리와 500리까지 그곳을 다스리는 대부는 현정(縣正)과 같다. 이러한 까닭으로 간혹 200리까지를 주(州)라 하고, 400리까지를 현(縣)이라 부르기도 한다. 수인(遂人)이 또한 그곳을 감독한다. '가읍(家邑)'은 대부의 채지에 해당한다. '소도(小都)'는 경의 채지에 해당한다. '대도(大都)'는 공의 채지에 해당하며, 천자의 자제들이 식읍으로 받는 곳이다. '강(畺)'은 500리 떨어진 지점까지로, 천자가 직접 다스리는 땅의 경계이다. 모두 '임(任)'이라 말한 것은 땅의 모양은 실제로 그림처럼 네모 반듯하지 않고, 전읍을 받을 때 그 거리는 제도에 꼭 맞게 할 수 없지만, 생육하고 부공하는 것을 여기에서 기준을 취할 따름이다. 전리(廛里)를 국성 안에 둔다고 했는데, 『주례』「수인(遂人)」편의 직무기록에서, 민전(民田)을 줄 때, 장정 1명이 받게 되는 터가 100무라고 했으니, 전리(廛里)는 도성(都城) 안에 백성들이 거주하던 곳을 뜻함이 아닐 것이다. 무릇 천자의 직접 다스리는 땅은 사방 1,000리인데, 면적 100동[12]은 9백만 부[13]의 땅이 된다. 그 안에는

---

12) 동(同)은 고대 토지의 면적을 재는 단위이다. 사방 100리(里)의 땅을 '동'이라고 했다. 『춘추좌씨전』「소공(召公) 23년」편에는 "無亦監乎若敖蚡冒至於武文, 土不過同, 愼其四竟, 猶不城郢."이라는 기록이 있는데, 이에 대한 두예(杜預)에 주에서는 "方百里爲一同."이라고 풀이했다. 참고적으로 사방 1리(里)의 면적은 1정(井)이 되고, 10정(井)은 1통(通)이 되며, 10통(通)은 1성(成)이 되니, 1성(成)은 사방 10리(里)의 면적이며, 10성(成)은 1종(終)이 되고, 10종(終)은 1동(同)이 되니, '동'은 사방 100리(里)의 크기가 된다. 『한서(漢書)』「형법지(刑法志)」편에는 "地方一里爲井, 井十爲通, 通十爲成, 成方十里; 成十爲終, 終十爲同, 同方百里."라는 기록이 있다.

13) 부(夫)는 한 사람의 장정이 경작지로 부여받았던 토지크기를 뜻한다. 토지면적 단위로 사용되었는데, 한 사람이 받는 경작지가 100무(畝)였으므로, 1'부'는 100무의 크기가 된다. 『주례』「지관(地官)·소사도(小司徒)」편에는 "九夫爲井."이라

산과 언덕, 숲, 하천과 못, 개천과 수렁, 성곽, 궁실, 길이 포함되어 3등분에서 1을 제하면 나머지는 6백만 부(夫)가 된다. 또 땅에는 휴경을 하지 않아도 되는 곳, 1년을 휴경해야 하는 곳, 2년을 휴경해야 하는 곳 등 상·중·하의 토지를 서로 통합해보면 땅을 받는 자들은 3백만 가구가 된다. 원교(遠郊) 이내에서 그 땅이 차지하는 면적은 4동(同)이고, 36만 부(夫)의 땅이 된다. 그 중 3등분에서 1을 제하면 나머지는 24만 부(夫)의 땅이 되며, 육향(六鄕)에 속한 백성이 7만 5천 가구이고, 휴경하지 않아도 되는 곳, 1년을 휴경해야 하는 곳, 2년을 휴경해야 하는 곳을 통합하고, 1가구에서 2부(夫)를 받는다면 15만 부(夫)의 땅이 되며, 그 나머지는 9만 부(夫)가 된다. 전리(廛里)·장포(場圃)·택전(宅田)·사전(士田)·고전(賈田)·관전(官田)·우전(牛田)·상전(賞田)·목전(牧田) 등 9가지는 또한 통합해서 1부(夫)씩을 받게 된다면, 농인(農人)이 받게 되는 것의 절반이 되어 땅을 받는 대상은 12만 가구가 된다. 『한서』「식화지(食貨志)」에서는 "농민은 가구당 1명이 이미 땅을 받게 되는데, 그 가구에 속한 나머지 남자들은 여부(餘夫)가 되며 또한 가족수에 따라 땅을 빌는 것을 용례대로 한다. 사·공인·상인의 가구에서 땅을 받을 때 5명의 가족수라면 농부 1명 분에 해당한다."[14]라 했다. 현재 나머지 남자들이 수(遂) 땅에 속해 있다면, 이런 경우에 사·공인·상인은 자신이 맡은 일에 따라 들어와 관부에 있게 되고, 나머지 남자들은 힘을 써서 공읍으로 나가 경작하게 된다. 전지(甸地)·초지(稍地)·현지(縣地)·

는 문장이 있는데, 이에 대한 정현의 주에서는 "司馬法曰 六尺爲步, 步百爲畝, 畝百爲夫."라고 풀이하였다. 즉 6척(尺)이 1보(步)가 되고, 100보가 1무가 되며, 100무가 1부가 된다.

14) 『한서』「식화지(食貨志)」: 民受田, 上田夫百畝, 中田夫二百畝, 下田夫三百畝. 歲耕種者爲不易上田; 休一歲者爲一易中田; 休二歲者爲再易下田, 三歲更耕之, 自爰其處. 農民戶人己受田, 其家衆男爲餘夫, 亦以口受田如比, 士工商家受田, 五口乃當農夫一人.

대도(大都)는 총 96동(同)이 되어 864만 부(夫)의 땅이 된다. 성곽과 궁실은 차츰 작아지고 길 또한 협소해져서 3등분에서 제거한 것 중 6분의 1이 남게 되니, 18분의 13으로 비율을 정한다면, 그 나머지 624만 부(夫)의 땅은 상·중·하를 통합하여 6가구가 13부(夫)를 받게 되어 땅을 받는 대상은 288만 가구가 된다. 전지(甸地)에 있게 되는 7만 5천 가구는 육수(六遂)가 되고, 나머지는 공읍(公邑)이 된다.

賈疏 ●"以廛"至"畺地". ○釋曰: 此一經論任土之法. 但天子畿內千里, 中置國城, 四面至畺各五百里, 百里爲一節, 封授不同. 今則從近向遠, 發國中爲始也. 但自遠郊百里之內, 置六鄉七萬五千家, 自外餘地, 有此廛里, 以至牧田九等所任也. 云"以公邑之田任甸地"者, 郊外曰甸. 甸在遠郊之外, 其中置六遂七萬五千家, 餘地既九等之人所受, 以爲公邑也. 但自此以至畿畺, 四處皆有公邑, 故據此而言也. 云"以家邑之田任稍地"者, 謂天子大夫各受采地, 二十五里在三百里之內也. 云"以小都之田任縣地"者, 謂天子之卿各受五十里采地, 在四百里縣地之內也. 云"以大都之田任畺地者, 謂三公及親王子母弟各受百里采地, 在五百里畺地之中也. 名三百里地爲"稍"者, 以大夫地少, 稍稍給之, 故云稍也. 四百里爲"縣"者, 以四百里采地之外地爲公邑, 主之者尊卑如縣正, 故司馬法亦名四百里爲縣也. 五百里爲"畺"者, 以外畔至五百里畿畺, 故以畺言之.

● 經文: "以廛"~"畺地". ○ 이 한 경문은 임토(任土)의 법을 논의하고 있다. 다만 천자의 기내는 사방 1,000리이며 가운데에는 국성이 위치하고, 사면으로 강지(畺地)에 이르기까지 각각 500리가 되며, 100리마다 하나의 마디가 되는데 봉하고 주는 것이 동일하지 않다. 지금은 가까운 곳으로부터 먼 곳을 향하게 되어 국성 가운데에서 시작됨을 드러내고 있다. 다만 원교(遠郊)로부터 100리 이내에는 육향(六鄉)에 해당하는 7만 5천 가구를 두고, 그 밖의 나머지 땅은 여기에서 말한 전리(廛里)로부터

목전(牧田)에 이르기까지 9등급의 구역을 두게 된다. "공읍(公邑)의 전은 전지(甸地)에 둔다."라고 했는데, 교외(郊外)를 전(甸)이라 부른다. 전지(甸地)는 원교(遠郊) 밖에 있고, 그 안에는 육수(六遂)에 해당하는 7만 5천 가구를 두고, 나머지 땅은 9등급의 사람들이 받게 되는데, 이것을 공읍(公邑)으로 삼는다. 다만 이곳으로부터 기내의 경계인 강지(畺地)에 이르기까지 4곳에는 모두 공읍(公邑)이 있다. 그렇기 때문에 이것을 제시해 말한 것이다. "가읍(家邑)의 전은 초지(稍地)에 둔다."라고 했는데, 천자에게 속한 대부들은 각각 채지를 받게 되는데, 사방 25리의 땅은 300리 이내에 있게 된다는 뜻이다. "소도(小都)의 전은 현지(縣地)에 둔다."라고 했는데, 천자에게 속한 경들은 각각 사방 50리의 채지를 받는데, 그 땅은 400리의 현지(縣地) 이내에 있게 된다는 뜻이다. "대도(大都)의 전은 강지(畺地)에 둔다."라고 했는데, 삼공과 왕자의 동모제들이 각각 사방 100리의 채지를 받는데, 그 땅은 500리의 강지(畺地) 안에 있게 된다는 뜻이다. 300리의 땅을 '초(稍)'라 부르는 것은 대부가 받게 되는 땅은 적고, 조금씩 지급하기 때문에 초(稍)라 부르는 것이다. 400리의 땅을 '현(縣)'이라 부르는 것은 400리의 채지 밖의 땅은 공읍(公邑)이 되고, 그곳을 주관하는 자의 신분이 현의 수장인 현정(縣正)과 같기 때문에, 『사마법』에서도 400리의 땅을 현(縣)이라 부른 것이다. 500리의 땅을 '강(畺)'이라 부르는 것은 그 밖의 경계로부터 500리까지는 왕기(王畿)의 끝이 되기 때문에 강(畺)이라 부른 것이다.

참고 24-3 『예기』「옥조(玉藻)」 기록

경문 上大夫曰"下臣", 擯者曰"寡君之老". 下大夫自名, 擯者曰"寡大夫". 世子自名, 擯者曰"寡君之適".

상대부는 제후에 대해 자신을 지칭할 때 '하신(下臣)'이라 말하고, 부관이 말을 전달할 때에는 '저희 군주의 노신'이라 말한다. 하대부는 자기 이름을 대고, 부관이 말을 전달할 때에는 '저희 대부'라 말한다. 세자는 자신의 이름을 대고, 부관이 말을 전달할 때에는 '저희 군주의 적자'라 말한다.

鄭注 擯者之辭, 主謂見於他國君. 下大夫自名於他國君曰"外臣某".

부관이 전달하는 말은 주로 다른 나라의 제후를 찾아뵐 때를 뜻한다. 하대부는 다른 나라의 제후에 대해서 자신의 이름을 지칭하며, '외신(外臣)인 아무개'라고 말한다.

孔疏 ●"上大夫曰下臣"者, 上大夫, 卿也. 自於己君之前稱曰"下臣". 君前臣名, 稱"下臣某"也.

● 經文: "上大夫曰下臣". ○'상대부(上大夫)'는 경을 가리킨다. 그가 자신의 군주 앞에서 직접 자신을 지칭할 때에는 '하신(下臣)'이라고 말한다. 군주 앞에서 신하는 자신의 이름을 말하게 되니, '하신인 아무개'라고 말한다.

참고 24-4 『이아』「석지(釋地)」 기록

경문 邑外謂之郊, 郊外謂之牧, 牧外謂之野, 野外謂之林, 林外謂之坰.

읍(邑) 밖을 교(郊)라 부르고, 교(郊) 밖을 목(牧)이라 부르며, 목(牧) 밖을 야(野)라 부르고, 야(野) 밖을 임(林)이라 부르며, 임(林) 밖을 경(坰)이라 부른다.

郭注 邑, 國都也. 假令百里之國, 五十里之界, 界各十里也.

'읍(邑)'은 나라의 도성이다. 가령 사방 100리 크기의 나라라면, 사방 50리까지가 국성의 경계이고, 경계에서 각각 10리씩 구역이 나뉜다.

邢疏 ◎注"邑國"至"里也". ○釋曰: 云"邑, 國都也"者, 按周禮四縣爲都, 四井爲邑. 春秋莊二十八年左氏傳曰: "凡邑有宗廟先君之主曰都, 無曰邑." 然則邑與都異. 此爲一者, 彼對文之例耳. 但都者聚居之處, 故詩·小雅云: "彼都人士." 說文云: "邑, 國也." 是天子諸侯所居國城, 或謂之邑, 或謂之都. 故以國都解邑也. 云"假令百里之國, 五十里之界, 界各十里也"者, 以其百里之國, 國都在中. 去境五十里, 每十里而異其名, 則坰爲邊畔, 去國最遠. 故毛傳以爲遠野也. 此"假令"者, 據小國言之. 郊爲遠郊, 牧·野·林·坰, 自郊外爲差耳. 然則郊之遠近, 計國境之廣狹以爲差也. 聘禮云: 賓"及郊". 注云: "郊, 遠郊. 周制, 天子畿內千里, 遠郊百里, 以此差之, 遠郊, 上公五十里, 侯四十里, 伯三十里, 子二十里, 男十里也. 近郊各半之." 是鄭之所約也. 是以司馬法云: "王國百里爲遠郊." 又此經從邑之外止有五名, 明當每皆百里, 故知遠郊百里也. 知近郊半之者, 書序云: "周公旣沒, 命君陳分正東郊成周." 於時周都王城而謂成周爲東郊, 則成周在其郊也, 於漢王城爲河南, 成周爲洛陽, 相去不容百里, 則所言郊者謂近郊. 故鄭注云: "天子近郊五十里." 今河南·洛陽相去則然. 是鄭以河南·洛陽約近郊之里數也. 周禮杜子春注云: "五十里爲近郊." 白虎通亦云: "近郊五十里, 遠郊百里." 是儒者相傳爲然也.

◎ 郭注: "邑國"~"里也". ○"'읍(邑)'은 나라의 도성이다."라고 했는데, 『주례』를 살펴보면 4개의 현(縣)은 1개의 도(都)가 되고, 4개의 정(井)은 1개의 읍(邑)이 된다.15) 『춘추』 장공(莊公) 28년에 대한 『좌씨전』의 기

---

15) 『주례』 「지관(地官)·소사도(小司徒)」: 乃經土地而井牧其田野, 九夫爲井, <u>四</u>

록에서는 "무릇 읍(邑) 중에 종묘와 선군의 신주가 있는 곳을 도(都)라 부르고, 없는 곳을 읍(邑)이라 부른다."[16]라 했다. 그렇다면 읍(邑)과 도(都)는 다른 것이다. 이곳에서 동일하게 여긴 것은 『좌전』의 기록은 문장을 대비해서 기록한 용례에 해당하기 때문이다. 다만 도(都)라는 것은 모여서 거주하는 장소에 해당한다. 그렇기 때문에 『시』「소아(小雅)」에서는 "저 도(都)에 사는 선비"[17]라 했고, 『설문』에서는 "읍(邑)은 국(國)이다."라 했는데, 이것은 천자와 제후가 거주하는 국성에 대해 읍(邑)이라 부르기도 하고 도(都)라 부르기도 함을 나타낸다. 그렇기 때문에 국도(國都)로 읍(邑)을 풀이한 것이다. "가령 사방 100리 크기의 나라라면, 사방 50리까지가 국성의 경계이고, 경계에서 각각 10리씩 구역이 나뉜다."라고 했는데, 사방 100리 크기의 나라에서 국도(國都)는 가운데 있게 된다. 지경과의 거리는 50리가 되고, 매 10리마다 그 구역의 명칭을 달리 하니, 경(坰)은 변방의 지경이 되며 국성과 가장 멀리 떨어진 곳이다. 그렇기 때문에 「모전」에서는 원야(遠野)로 여긴 것이다. 이곳에서 '가령(假令)'이라 말한 것은 소국을 기준으로 말했기 때문이다. 교(郊)는 원교(遠郊)가 되고, 목(牧)·야(野)·임(林)·경(坰)은 교(郊)로부터 그 밖으로 각각 거리의 차이를 둔 것일 뿐이다. 그렇다면 교(郊)와의 거리는 나라의 지경 너비를 셈하여 차등을 둔다. 『의례』「빙례(聘禮)」편에서는 빈객이 "교(郊)에 이르렀다."라 했고, 주에서는 "교(郊)는 원교(遠郊)이다. 주나라 제도에서 천자의 기내는 사방 1,000리이며, 원교(遠郊)는 100리인데, 이를 통해 차등을 주면 원교(遠郊)에 있어서 상공의 나라는 50리

井爲邑, 四邑爲丘, 四丘爲甸, 四甸爲縣, 四縣爲都, 以任地事而令貢賦, 凡稅斂之事.

16) 『춘추좌씨전』「장공(莊公) 28년」: 築郿, 非都也. 凡邑, 有宗廟先君之主曰都, 無曰邑. 邑曰築, 都曰城.

17) 『시』「소아(小雅)·도인사(都人士)」: 彼都人士, 狐裘黃黃. 其容不改, 出言有章. 行歸于周, 萬民所望.

가 되고, 후작의 나라는 40리가 되며, 백작의 나라는 30리가 되고, 자작의 나라는 20리가 되며, 남작의 나라는 10리가 된다. 근교(近郊)는 각각 그 거리의 반이 된다."라 했다. 이것은 정현이 요약해둔 설명이다. 이러한 까닭으로 『사마법』에서는 "천자의 나라에서는 100리를 원교(遠郊)로 삼는다."라 했다. 또 이곳 경문에서는 읍(邑)으로부터 그 밖으로 단지 5구역에 대한 명칭이 있으니, 매 구역마다 그 거리는 모두 100리가 됨을 나타낸다. 그렇기 때문에 원교(遠郊)가 100리가 됨을 알 수 있다. 근교(近郊)가 그 거리의 반이 된다는 사실을 알 수 있는 것은 『서』의 「소서(小序)」에서 "주공이 죽자 군진을 명하여 동교(東郊)인 성주를 나누어 다스리게 하였다."[18]라 했다. 이때에 주도(周都)는 왕성이 되는데 성주(成周)를 동교(東郊)라 하였다면, 성주(成周)는 그 교(郊)에 있었던 것이고, 한나라 때에는 왕성은 하남(河南)이 되고 성주는 낙양(洛陽)이 되니, 서로의 거리가 100리를 수용하지 못하므로, 교(郊)라고 말한 것은 근교(近郊)를 뜻한다. 그렇기 때문에 정현의 주에서는 "천자의 근교(近郊)는 50리이다."라 한 것이다. 지금의 하남과 낙양의 거리가 그러하다. 이것은 정현이 하남과 낙양이 거리를 통해 근교이 거리 수치를 요약한 것이다. 『주례』의 두자춘 주에서는 "50리는 근교(近郊)가 된다."라 했고, 『백호통』에서도 "근교(近郊)는 50리이고, 원교(遠郊)는 100리이다."라 했으니, 이것은 유자들이 서로 전수함에 있어 그 내용이 그러했음을 나타낸다.

参考 24-5 『주례』「지관(地官)·향대부(鄕大夫)」 기록

經文 以歲時登其夫家之衆寡, 辨其可任者. 國中自七尺以及六十, 野自六尺以及六十有五, 皆征之. 其舍者, 國中貴者·賢者·能者·

---

18) 『서』「주서(周書)·군진(君陳)」의 「소서」 : 周公旣沒, 命君陳, 分正東郊成周, 作君陳.

服公事者·老者·疾者皆舍. 以歲時入其書.

한 해 사계절 별로 남녀의 많고 적음을 등재하고, 임용할 만한 자를 변별한다. 국성 안에서는 키가 7척이 된 자부터 그가 60세 이르기까지 또 야(野)에 대해서는 키가 6척이 된 자부터 그가 65세에 이르기까지 모두 징집했다. 제외하는 대상은 국성 안의 존귀한 자, 현명한 자, 능력이 있는 자, 공사에 복무한 자, 노인, 질병에 걸린 자들은 모두 제외했다. 한 해 사계절 별로 그 서류에 기입했다.

鄭注 登, 成也, 定也. 國中, 城郭中也. 晚賦稅而早免之, 以其所居復多役少. 野早賦稅而晚免之, 以其復少役多. 鄭司農云: "征之者, 給公上事也. 舍者, 謂有復除舍不收役事也. 貴者, 謂若今宗室及關內侯皆復也. 服公事者, 謂若今吏有復除也. 老者, 謂若今八十·九十復羨卒也. 疾者, 謂若今癃不可事者復之." 玄謂入其書者, 言於大司徒.

'등(登)'자는 완성하다는 뜻이며, 정한다는 의미이다. '국중(國中)'은 성곽 안을 뜻한다. 늦게 세금을 부과하고 일찍 면제시키는 것은 거주하는 자들 중 면제할 자가 많고 복역할 자가 적기 때문이다. 야(野)에 대해 일찍 세금을 부과하고 늦게 면제시키는 것은 면제할 자가 적고 복역할 자가 많기 때문이다. 정사농은 "'정지(征之)'는 공무에 공급하는 것이다. '사(舍)'는 면제시켜서 부역을 부여하지 않는 것이다. '귀자(貴者)'는 오늘날 종실이나 관내후와 같은 자들로 이들은 모두 면제된다. '복공사자(服公事者)'는 오늘날 아전들이 면제되는 것과 같다. '노자(老者)'는 오늘날 80세나 90세가 된 자들이 면제되어 선졸(羨卒)이 되는 것과 같다. '질자(疾者)'는 오늘날 위독한 병에 걸려 일에 종사할 수 없는 자를 면제시켜 주는 것과 같다."라 했다. 내가 생각하기에, '입기서(入其書)'는 대사도에게 말하는 것을 뜻한다.

賈疏 ●"以歲"至"其書". ○釋曰: 云"以歲時"者, 謂歲之四時. 登猶成也, 定也. 夫家謂男女. 謂四時成定其男女多少. 云"辨其可任"者, 謂分辨其可任使者. 云"國中自七尺以及六十"者, 七尺謂年二十, 知者, 按韓詩外傳"二十行役", 與此國中七尺同, 則知七尺謂年二十. 云"野自六尺以及六十有五"者, 六尺謂年十五, 故論語云"可以託六尺之孤", 鄭注云: "六尺之孤, 年十五已下." 彼六尺亦謂十五, 鄭言已下者, 正謂十四已下亦可以寄託, 非謂六尺可通十四已下. 鄭必知六尺年十五者, 以其國中七尺爲二十對六十, 野云六尺對六十五, 晚校五年, 明知六尺與七尺早校五年, 故以六尺爲十五也. 云"皆征之"者, 所征稅者, 謂築作・挽引・道渠之役及口率出錢. 若田獵, 五十則免, 是以祭義云"五十不爲甸徒". 若征伐, 六十乃免, 是以王制云"六十不與服戎". 彼二者並不辨國中及野外之別. 云"其舍"者, 謂不給繇役, 則國中貴者已下是也. 云"以歲時入其書"者, 此上所云皆歲之四時, 具作文書入於大司徒, 故云歲時入其書也.

● 經文: "以歲"~"其書". ○"세시(歲時)로써 한다."라고 했는데, 한 해의 사계질을 뜻한다. '등(登)'사는 완성하다는 뜻이며, 정한다는 의미이다. '부가(夫家)'는 남자와 여자를 뜻한다. 사계절 별로 남녀의 수가 많고 적은지 그 수치를 완성해 정한다는 뜻이다. "임용할 만한 자를 변별한다."라고 했는데, 임용해 부릴 만한 자들을 구별해냈다는 뜻이다. "국성 안에서는 키가 7척이 된 자부터 그가 60세 이르기까지"라고 했는데, '칠척(七尺)'은 20세를 뜻한다. 이러한 사실을 알 수 있는 것은 『한시외전』을 살펴보면 "20세에 부역에 나간다."라 하여, 이곳에서 국성 안에서는 키가 7척이 된 자라고 한 것과 동일하니, 7척이 20세를 뜻한다는 사실을 알 수 있다. "야(野)에 대해서는 키가 6척이 된 자부터 그가 65세에 이르기까지"라고 했는데, '육척(六尺)'은 15세를 뜻한다. 그러므로 『논어』에서는 "6척의 고(孤)를 의탁할 수 있다."[19]라 했고, 정현의 주에서는 "6척의 고(孤)는 15세 이하를 뜻한다."라 했다. 『논어』에서 6척이라 한 말 또한

15세를 뜻하는데, 정현이 '이하(已下)'라 말한 것은 14세로부터 그 이하에 있어서도 의탁할 수 있다는 뜻이지, 6척이란 말이 14세로부터 그 이하까지도 통괄한다는 뜻이 아니다. 정현이 6척이 15세를 뜻한다는 사실을 확실히 알 수 있었던 것은 국성 안에서 7척은 20세가 되고 60세에 대비시켰고, 야(野)에 대해서는 6척이라 했고 65세에 대비시켰는데, 5년이 늦다는 것을 따져보면, 6척과 7척에 있어서도 5년이 빠르다는 사실을 알 수 있다. 그렇기 때문에 6척을 15세로 여긴 것이다. "모두 징집했다."라고 했는데, 징집하는 세는 쌓고, 끌며, 길을 내는 등의 부역과 식구수에 따라 돈을 내는 것을 말한다. 사냥의 경우에는 50세가 되면 면제된다. 이러한 까닭으로 『예기』「제의(祭義)」편에서는 "50세가 된 자는 사냥의 몰이꾼으로 동원되지 않는다."20)라 했다. 정벌의 경우에는 60세가 되면 면제된다. 이러한 까닭으로 『예기』「왕제(王制)」편에서는 "60세가 되면 병역의 일에는 참여하지 않는다."21)라 했다. 이러한 두 가지 경우에는 모두 국성이나 야외(野外)에 따른 구별을 두지 않는다. '기사(其舍)'라고 했는데, 요역을 부여하지 않는다는 뜻이니, 국성 안에 있는 존귀한 자로부터 그 이하의 경우가 여기에 해당한다. "한 해 사계절 별로 그 서류에 기입했다."라고 했는데, 이 문장 앞에서 언급한 것들은 모두 한 해의 사계절 별로 하는 것이니, 이것들을 모두 문서로 작성해서 대사도에게 제출하는 것이다. 그렇기 때문에 "한 해 사계절 별로 그 서류에 기입했다."라 했다.

賈疏 ◎注"登成也"至"司徒". ○釋曰: 云"登, 成也, 定也"者, 以其夫

---

19) 『논어』「태백(泰伯)」: 曾子曰, "<u>可以託六尺之孤</u>, 可以寄百里之命, 臨大節而不可奪也, 君子人與? 君子人也."

20) 『예기』「제의(祭義)」: 古之道, <u>五十不爲甸徒</u>, 頒禽隆諸長者, 而弟達乎獀狩矣.

21) 『예기』「왕제(王制)」: 五十不從力政, <u>六十不與服戎</u>, 七十不與賓客之事, 八十齊喪之事, 弗及也.

家衆寡若不作文書, 則多少齒歲不定, 若作文書, 多少成定, 故云"登,
成也, 定也". 云"國中, 城郭中也"者, 以其對野, 故知國中是城郭中
也. 云"晚賦稅而早免之"者, 以其經云七尺及六十, 對野中六尺至六
十五, 是其晚賦稅而早免之. 云"以其所居復多役少"者, 以此經云國
中貴者至疾者皆舍, 據國中而言, 是其國中復多役少也. 鄭司農云四
事皆若今者, 並擧漢法況之. "玄謂入其書者, 言於大司徒", 知者, 以
其上云受法於司徒, 故知入其書者言於大司徒.

◎ 鄭注: "登成也"~"司徒". ○ 정현이 "'등(登)'자는 완성하다는 뜻이며,
정한다는 의미이다."라고 했는데, 남녀의 많고 적음에 대해 만약 문서로
작성하지 않는다면, 많고 적음 및 나이가 확정되지 않는다. 만약 문서로
작성하게 된다면 많고 적은 수가 정해진다. 그렇기 때문에 "'등(登)'자는
완성하다는 뜻이며, 정한다는 의미이다."라고 했다. 정현이 "'국중(國中)'
은 성곽 안을 뜻한다."라고 했는데, 야(野)와 대비를 했기 때문에 국중(國
中)이 성곽 안에 해당함을 알 수 있다. 정현이 "늦게 세금을 부과하고
일찍 면제시킨다."라고 했는데, 경문에서 "키가 7척이 된 자부터 그가 60
세 이르기까지"라고 한 말은 야(野)에 대해 "키가 6척이 된 자부터 그가
65세에 이르기까지"라고 한 말과 대비가 되니, 이것은 늦게 세금을 부과
하고 일찍 면제시키는 것에 해당한다. 정현이 "거주하는 자들 중 면제할
자가 많고 복역할 자가 적기 때문이다."라고 했는데, 이곳 경문에서 국성
안의 존귀한 자로부터 질병에 걸린 자들은 모두 제외했다고 했는데, 이것
은 국중(國中)을 기준으로 말한 것이니, 국성 안에는 면제할 자가 많고
복역할 자가 적다는 사실을 나타낸다. 정사농은 네 가지 사안에 대해서
모두 오늘날과 같은 경우로 설명했는데, 이 모두는 한나라 때의 예법을
기준으로 비유한 것이다. "내가 생각하기에, '입기서(入其書)'는 대사도
에게 말하는 것을 뜻한다."라고 했는데, 앞에서 사도에게 법을 받는다고
했다. 그렇기 때문에 입기서(入其書)라는 것이 대사도에게 말하는 것임
을 알 수 있다.

경문 或來瞻女, 載筐及筥. 其饟伊黍, 其笠伊糾. 其鎛斯趙, 以薅荼蓼.

혹 와서 너를 보니, 광(筐)과 거(筥)에 담았구나. 그 밥은 기장밥이며, 그 삿갓은 가뿐하구나. 그 호미로 이 땅을 파니, 물억새와 여뀌를 제거하도다.

毛傳 笠, 所以禦暑雨也. 趙, 刺也. 蓼, 水草也.

'입(笠)'은 더위와 비를 막기 위한 것이다. '조(趙)'는 찌른다는 뜻이다. '요(蓼)'는 수초이다.

鄭箋 瞻, 視也. 有來視女, 謂婦子來饁者也. 筐筥, 所以盛黍也. 豐年之時, 雖賤者猶食黍. 饁者, 見戴糾然之笠, 以田器刺地, 薅去荼蓼之事. 言閔其勤苦.

'첨(瞻)'자는 살펴본다는 뜻이다. "와서 너를 본다."는 것은 부인과 아들이 와서 밥을 먹인다는 뜻이다. 광(筐)과 거(筥)는 기장밥을 담는 것이다. 풍년이 든 시기에는 비록 미천한 자라도 오히려 기장밥을 먹을 수 있다. 밭가는 기구로 땅을 파서 물억새와 여뀌를 제거하는 일 때문에 머리에 쓰고 있는 가뿐한 삿갓을 밥을 먹이기 위해 온 자가 본 것이다. 고되게 일하는 것을 가엾게 여겼다는 뜻이다.

釋文 筐, 丘方反. 筥, 紀呂反. 饟, 式亮反. 笠音立. 糾, 居黝反, 又其皎反. 鎛音博. 趙, 徒了反, 刺也, 又如字, 沈起了反, 又徒少反. 薅, 呼毛反, 說文云: "拔田草也." 又云: "或作茠." 引此"以茠荼蓼". 荼蓼, 上音徒, 下音了. 刺, 七亦反, 下同. 盛音成. 去, 起呂反.

'筐'자는 '丘(구)'자와 '方(방)'자의 반절음이다. '筥'자는 '紀(기)'자와 '呂

(려)'자의 반절음이다. '饟'자는 '式(식)'자와 '亮(량)'자의 반절음이다. '笠'
자의 음은 '立(립)'이다. '絿'자는 '居(거)'자와 '黝(유)'자의 반절음이며, 또
한 '其(기)'자와 '皎(교)'자의 반절음도 된다. '鎛'자의 음은 '博(박)'이다.
'趙'자는 '徒(도)'자와 '了(료)'자의 반절음이며, 찌른다는 뜻이고, 또한 글
자대로 읽기도 하며, 심음은 '起(기)'자와 '了(료)'자의 반절음이고, 또한
'徒(도)'자와 '少(소)'자의 반절음도 된다. '薅'자는 '呼(호)'자와 '毛(모)'자
의 반절음이며, 『설문』에서는 "밭의 잡초를 뽑는다."라 했고, 또 "茠자로
도 기록한다."고 하며, 이곳의 '以茠荼蓼'를 인용했다. '荼蓼'자에서 앞의
글자는 그 음이 '徒(도)'이고, 뒤의 글자는 그 음이 '了(료)'이다. '刺'자는
'七(칠)'자와 '亦(역)'자의 반절음이며, 아래글자도 이와 같다. '盛'자의 음
은 '成(성)'이다. '去'자는 '起(기)'자와 '呂(려)'자의 반절음이다.

孔疏 ◎傳"笠所"至"水草". ○正義曰: 笠之爲器, 暑雨皆得禦之, 故
兼言也. 其鎛斯趙, 則趙是用鎛之事. 鎛是鋤類, 故趙爲刺地也. 又
釋草云: "薔, 虞蓼." 某氏曰: "薔一名虞蓼." 孫炎曰: "虞蓼是澤之所
生, 故爲水草也." 蓼是穢草, 荼亦穢草, 非苦菜也. 釋草云: "荼, 委
葉." 舍人曰: "荼, 一名委葉. 某氏引此詩, 則此荼謂委葉也." 王肅云:
"荼, 陸穢. 蓼, 水草." 然則所由田有原有隰, 故並擧水陸穢草.

◎毛傳: "笠所"~"水草". ○ 삿갓이라는 기물은 더위와 비를 모두 막을
수 있다. 그렇기 때문에 함께 언급한 것이다. '기박사조(其鎛斯趙)'라고
했는데, '조(趙)'는 호미를 사용하는 일에 해당한다. '박(鎛)'은 호미의 부
류이다. 따라서 조(趙)는 땅을 판다는 뜻이 된다. 또 『이아』「석초(釋草)」
편에서는 "장(薔)은 우료(虞蓼)이다."[22]라 했고, 모씨는 "장(薔)을 일명
우료(虞蓼)라고도 한다."라 했으며, 손염은 "우료(虞蓼)는 못에서 생겨나
는 것이다. 그렇기 때문에 수초가 된다."라 했다. '요(蓼)'는 잡초이며,

---

22) 『이아』「석초(釋草)」 : 薔, 虞蓼.

'도(茶)' 또한 잡초이니, 씀바귀가 아니다. 「석초」편에서는 "도(茶)는 위엽(委葉)이다."23)라 했고, 사인은 "도(茶)를 일명 위엽(委葉)이라고도 한다. 모씨는 이 시를 인용했으니, 이 도(茶)는 위엽(委葉)을 뜻한다."라 했으며, 왕숙은 도(茶)는 육지에 나는 잡초이다. 요(蓼)는 수초이다."라 했다. 그렇다면 지나가게 되는 밭에는 언덕에 있는 것도 있고 습지대에 있는 것도 있다. 그렇기 때문에 물과 육지에 나는 잡초들을 함께 열거했다.

孔疏 ◎ 箋"瞻視"至"勤苦". ○ 正義曰: "瞻, 視", 釋詁文. 下言"婦子寧止", 明此以爲不寧, 故知有來視汝, 謂婦子來饁者也. 筐筥之下, 卽云饟黍, 故知筐筥所以盛黍也. 少牢·特牲大夫士之祭禮食有黍, 明黍是貴也. 玉藻云: "子卯, 稷食菜羹." 爲忌日貶而用稷, 是爲賤也. 賤者當食稷耳, 故云"豐年之時, 雖賤者猶食黍". 瞻汝, 是見彼農人之時, 而陳其笠其鎛, 故知見農人戴紃然之笠, 以田器刺地, 薅去茶蓼之草. 定本·集注皆云"薅去茶蓼之事, 言閔其勤苦", 與俗本不同.

◎ 鄭箋: "瞻視"~"勤苦". ○ "'첨(瞻)'자는 살펴본다는 뜻이다."라고 했는데, 이것은 『이아』「석고(釋詁)」편의 문장이다.24) 아래에서는 "부인과 아들이 편안하도다."25)라 했으니, 이곳의 내용을 편안하지 않은 것으로 여겼음을 나타낸다. 그렇기 때문에 찾아와서 너를 살펴본다는 것이 부인과 아들이 와서 밥을 먹이는 것을 뜻한다는 사실을 알 수 있다. 광(筐)과 거(筥) 뒤에 곧바로 '양서(饟黍)'라고 했다. 그렇기 때문에 광(筐)과 거(筥)가 기장밥을 담는 것임을 알 수 있다. 『의례』「소뢰궤식례(少牢饋食禮)」와 「특생궤식례(特牲饋食禮)」편에서 대부와 사가 제사를 지내고

---

23) 『이아』「석초(釋草)」: 茶, 委葉.

24) 『이아』「석고(釋詁)」: 監·瞻·臨·涖·頻·相, 視也.

25) 『시』「주송(周頌)·양사(良耜)」: 百室盈止, 婦子寧止. 殺時犉牡, 有捄其角. 以似以續, 續古之人.

예사를 할 때 서(黍)가 포함되니, 서(黍)가 귀한 것임을 나타낸다. 『예기』「옥조(玉藻)」편에서는 "갑자일(甲子日)이나 을묘일(乙卯日)에는 직(稷)밥을 먹고 채소국만 먹는다."[26]라 했다. 꺼리는 날이 되어 낮춰서 직(稷)을 사용했으니, 이것은 직(稷)이 천한 것임을 나타낸다. 따라서 미천한 자는 마땅히 직(稷)을 먹어야 할 따름이다. 그렇기 때문에 "풍년이 든 시기에는 비록 미천한 자라도 오히려 서(黍)밥을 먹을 수 있다."라 한 것이다. "너를 본다."는 것은 저 농부를 바라보는 때에 해당하고, 삿갓과 호미에 대해 기술하였다. 그렇기 때문에 농부가 가뿐한 삿갓을 머리에 쓰고 밭가는 기구로 땅을 파서 물억새와 여뀌 등의 풀을 제거하는 것을 보았다는 내용임을 알 수 있다. 『정본』과 『집주』에서는 모두 '호거도료지사언민기근고(薅去荼蓼之事, 言閔其勤苦)'라고 기록하여, 『속본』과 다르다.

---

26) 『예기』「옥조(玉藻)」 : 又朝服以食, 特牲三俎祭肺; 夕深衣, 祭牢肉. 朔月少牢, 五俎四簋. 子卯稷食菜羹. 夫人與君同庖.

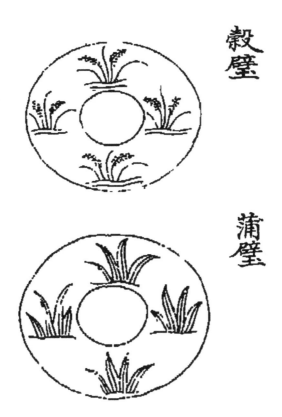

穀
璧

蒲
璧

◎ 자작의 곡벽, 남작의 포벽
※ 출처: 『삼례도집주(三禮圖集注)』 10권

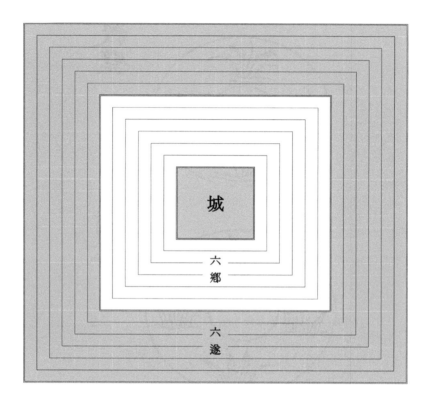

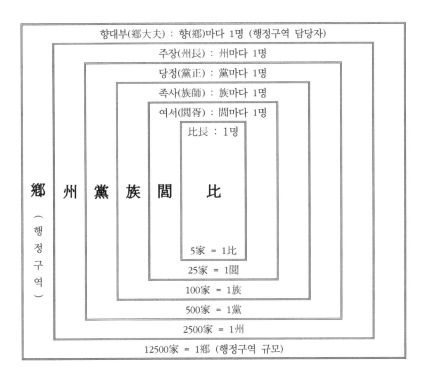

그림 24-4 수(遂)의 행정구역 및 담당자

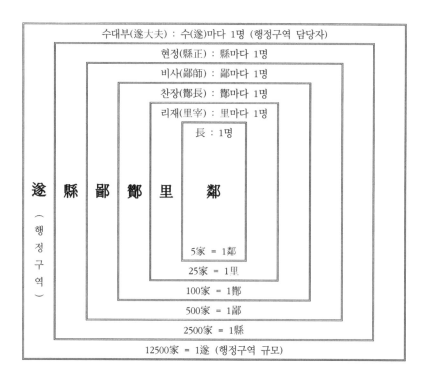

수대부(遂大夫) : 수(遂)마다 1명 (행정구역 담당자)

현정(縣正) : 縣마다 1명

비사(鄙師) : 鄙마다 1명

찬장(酇長) : 酇마다 1명

리재(里宰) : 里마다 1명

長 : 1명

遂	縣	鄙	酇	里	鄰

(행정구역)

5家 = 1鄰

25家 = 1里

100家 = 1酇

500家 = 1鄙

2500家 = 1縣

12500家 = 1遂 (행정구역 규모)

그림 24 - 5 대국(大國) 사방 100리(里) 구조도

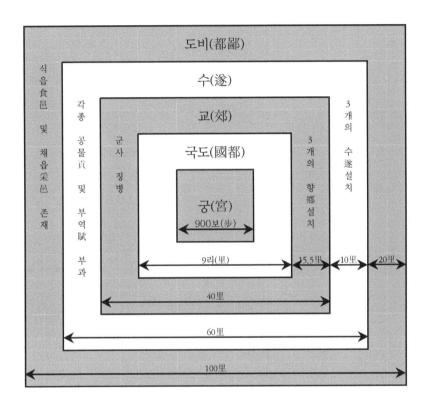

※ 참조:『삼재도회(三才圖會)』「지리(地理)」14권 및『삼례도(三禮圖)』1권

그림 24-6 차국(次國) 사방 70리(里) 구조도

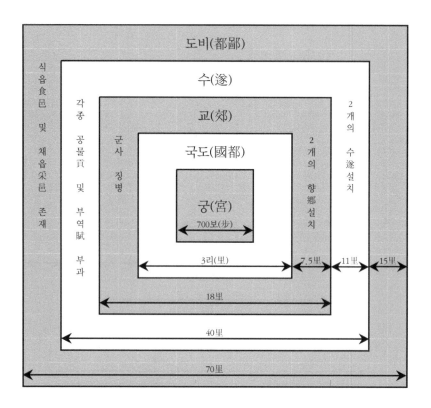

※ 참조: 『삼재도회(三才圖會)』「지리(地理)」 14권 및 『삼례도(三禮圖)』 1권

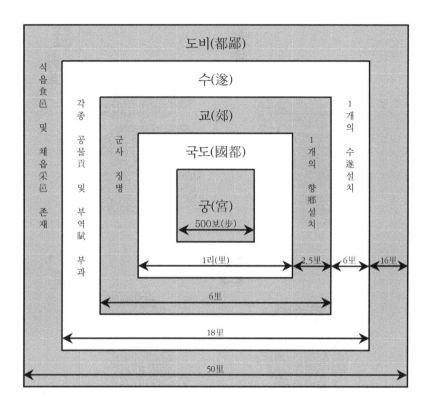

※ 참조: 『삼재도회(三才圖會)』「지리(地理)」14권 및 『삼례도(三禮圖)』 1권

그림 24-8 광(筐)과 거(筥)

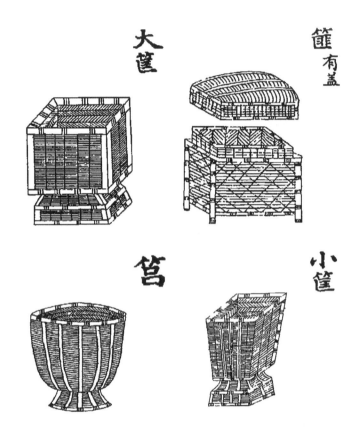

大筐

筐有盖

莒

小筐

※ 출처: 『삼례도집주(三禮圖集注)』 12권

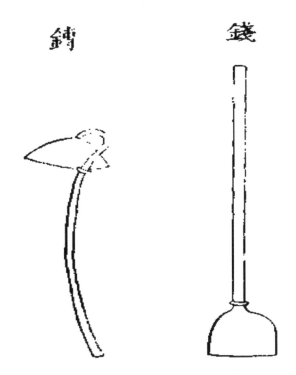

鎛   錢

※ 출처: 『삼재도회(三才圖會)』「기용(器用)」 11권

士相見禮 人名 및
用語 辭典

◎ 가규(賈逵, A.D.30~A.D.101) : 후한(後漢) 때의 경학자이다. 자(字)는 경백(景伯)이다. 『춘추좌씨전해고(春秋左氏傳解詁)』를 지었지만, 현재 일실되어 존재하지 않는다. 청대(淸代) 마국한(馬國翰)의 『옥함산방집일서(玉函山房輯佚書)』와 황석(黃奭)의 『한학당총서(漢學堂叢書)』에 일집본(佚輯本)이 남아 있다.

◎ 개(介) : '개'는 부관을 뜻한다. 빈객(賓客)이 방문했을 때 주인(主人)과 빈객 사이에서 진행되는 절차들을 보좌했던 자들이다. 계급에 따라서 '개'를 두는 숫자에도 차이가 났다. 가령 상공(上公)은 7명의 '개'를 두었고, 후작이나 백작은 5명을 두었으며, 자작과 남작은 3명의 개를 두었다. 『예기』「빙의(聘義)」편에는 "上公七介, 侯伯五介, 子男三介."라는 기록이 있다.

◎ 경사(卿士) : '경사'는 경(卿)과 대부(大夫)를 가리키는 용어이다. 후대에는 관리들을 가리키는 용어로도 사용되었다. 또한 경(卿)을 가리키는 용어로도 사용되었다.

◎ 고(孤) : '고'는 고대의 작위이다. 천자에게 소속된 '고'는 삼공(三公) 밑의 서열에 해당하며, 육경(六卿)보다 높았다. 고대에는 소사(少師)·소부(少傅)·소보(少保)를 삼고(三孤)라고 불렀다.

◎ 고사(固辭) : '고사'는 빈객과 주인은 예법에 따라 세 번 사양을 하게 되는데, 처음 사양하는 것을 '예사(禮辭)'라고 부르며, 두 번째 사양하는 것을 '고사'라고 부르고, 세 번째 사양하는 것을 '종사(終辭)'라고 부른다.

◎ 공가(公家) : '공가'는 일반적으로 제후의 공실(公室)을 뜻한다. 즉 군주의 집안이라는 뜻이다. 또한 '공가'는 조정(朝廷), 국가(國家) 또는 관부(官府)를 가리키기도 하며, 공경(公卿)들의 집을 뜻하기도 한다. 뿐만 아니라 개인과 구별되는 말로 사용되어, 국가 및 정부라는 의미로 사용되기도 한다.

◎ 공문(公門) : '공문'은 군주가 사는 궁(宮)의 대문(大門)을 뜻한다. '공(公)'자는 군주를 뜻하는 글자이다.

◎ 공사(公士) : '공사'는 제후의 조정에 속한 사이다. 제후의 조정 및 관부를 '공가(公家)'라고 부르기 때문에, '공사'라고 부른다.

◎ 공안국(孔安國, ?~?) : 전한(前漢) 때의 학자이다. 자(字)는 자국(子國)이다. 고문상서학(古文尙書學)의 개조(開祖)로 알려져 있다. 『십삼경주소(十三經注疏)』의 『상서정의(尙書正義)』에는 공안국의 전(傳)이 수록되어 있는데, 통상적으로 이 주석은 후대인들이 공안국의 이름에 가탁하여 붙인 문장으로 인식되고 있다.

◎ 곽박(郭璞, A.D.276~A.D.324) : =곽경순(郭景純). 진(晉)나라 때의 학자이다. 자(字)는 경순(景純)이다. 저서로는 『이아주(爾雅注)』, 『방언주(方言注)』, 『산해경주(山海經注)』 등이 있다.

◎ 교빈(交擯) : '교빈'은 빙문(聘問) 등의 의례에서, 상대방이 도착했을 때, 문 앞에 부관에 해당하는 개(介)나 빈(擯) 등이 도열하여, 명령을 전달하는 것을 뜻한다.

◎ 교야(郊野) : '교야'는 도성(都城) 밖의 외곽지역을 범범하게 지칭하는 용어이다. 한편 주(周)나라 때에는 왕성(王城)의 경계로부터 사방 100리(里)까지를 '교(郊)'라고 불렀으며, 300리 떨어진 지점까지를 '야(野)'라고 불렀다. 따라서 이 공간 안에 포함된 땅을 통칭하여 '교야'라고 불렀다.

◎ 구배(九拜) : '구배'는 제사 등을 지낼 때 사용하게 되는 아홉 종류의 절하는 형식을 뜻한다. 계수(稽首), 돈수(頓首), 공수(空首), 진동(振動), 길배(吉拜), 흉배(凶拜), 기배(奇拜), 포배(褒拜), 숙배(肅拜)에 해당한다. '계수'는 절을 하며 머리가 지면에 닿도록 하는 것이며, '돈수'는 절을 하며 머리가 땅을 두드리듯이 꾸벅거리는 것이고, '공수'는 절을 하며 머리가 손을 포갠 곳에 닿도록 하는 것이니, '배수(拜手)'라고 부르는 것에 해당한다. '길배'는 절을 한 이후에 이마를 땅에 닿게 하는 것이며, '흉배'는 이마를 땅에 닿게 한 이후에 절을 하는 것이다. '진동'의 경우 애통하게 울면서 절을 하는 것을 뜻하기도 하고, 양손을 서로 부딪치는 것을 뜻하기도 하며, 위엄을 갖추고 절을 하는 것을 뜻하기도 한다. '기배'는 절하는 횟수를 홀수로 하는 것을 뜻하기도 하며, 한쪽 무릎만 굽히고 하는 절이나 손에 쥐고 있는 물건 등에 의지해서 절하는 것을 뜻하기도 하

고, 한 번 절하는 것을 뜻하기도 한다. '포배'는 답배를 뜻하기도 하니, 재배(再拜)에 해당하고, 또 손에 물건을 쥐고 절하는 것을 뜻하기도 한다. '숙배'는 단지 손을 아래로 내려서 몸에 붙이는 것에 해당한다. 『주례』「춘관(春官)·대축(大祝)」편에는 "辨九拜, 一曰稽首, 二曰頓首, 三曰空首, 四曰振動, 五曰吉拜, 六曰凶拜, 七曰奇拜, 八曰襃拜, 九曰肅拜, 以享右祭祀."라는 기록이 있고, 이에 대한 정현의 주에서는 "稽首, 拜頭至地也. 頓首, 拜頭叩地也. 空首, 拜頭至手, 所謂拜手也. 吉拜, 拜而后稽顙, 謂齊衰不杖以下者. 言吉者, 此殷之凶拜, 周以其拜與頓首相通, 故謂之吉拜云. 凶拜, 稽顙而后拜, 謂三年服者. 杜子春云, '振讀爲振鐸之振, 動讀爲哀慟之慟, 奇讀爲奇偶之奇, 謂先屈一膝, 今雅拜是也. 或云, 奇讀曰倚, 倚拜謂持節·持戟拜, 身倚之以拜.' 鄭大夫云, '動讀爲董, 書亦或爲董. 振董, 以兩手相擊也. 奇拜, 謂一拜也. 襃讀爲報, 報拜, 再拜是也.' 鄭司農云, '襃拜, 今時持節拜是也. 肅拜, 但俯下手, 今時擥是也. 介者不拜, 故曰爲事故, 敢肅使者.' 玄謂振動戰栗變動之拜. 書曰王動色變. 一拜, 答臣下拜. 再拜, 拜神與尸. 享, 獻也, 謂朝獻饋獻也. 右讀爲侑. 侑勸尸食而拜."라고 풀이했다.

◎ 구벌(九伐) : '구벌'은 아홉 종류의 죄악에 대해 토벌하는 조치를 뜻한다. 첫 번째는 약소국을 업신여기고 침범하면 그 땅을 삭감하여 강성해지지 못하게 하는 것이다. 두 번째는 현명한 자와 백성들에게 해악을 끼치면 군대를 이끌고 그 나라의 국경으로 들어가 북을 울리며 겁을 주는 것이다. 세 번째는 내적으로 폭정을 시행하고 외적으로 다른 나라를 침범하면 그 군주를 내치고 다른 군주를 세우는 것이다. 네 번째는 백성들이 황망하게 되어 흩어지게 된다면 그 땅을 삭감하는 것이다. 다섯 번째는 견고한 성벽이나 험준한 지형을 믿고 복종하지 않는다면 군대를 이끌고 국경으로 들어가되 병력을 조금만 사용하여 본보기를 보여주는 것이다. 여섯 번째는 친족을 죽이거나 해를 끼치면 잡아서 죄를 다스리는 것이다. 일곱 번째는 자신의 군주를 죽인 자가 발생하면 그를 찾아내 사형에 처하는 것이다. 여덟 번째는 명령에 어기고 정령을 경시한다면 국경을

통제하여 이웃 나라와의 소통을 단절시키는 것이다. 아홉 번째는 인륜을 문란하게 만들면 사형에 처해 제거하는 것이다.

◎ 궁규(躬圭) : '궁규'는 백작이 들게 되는 규(圭)이다. 사람의 형상을 새겨 넣었기 때문에 '궁규'라고 부르는 것이며, 그 무늬는 신규(信圭)에 비해 거칠다. 신중하게 행동하여 자신의 몸을 잘 보호하고자 이러한 형상을 새겨 넣은 것이다. 그리고 '궁규'의 길이는 7촌(寸)이 된다. 『주례』「춘관(春官) · 대종백(大宗伯)」편에는 "侯執信圭. 伯執躬圭."라는 기록이 있고, 이에 대한 정현의 주에서는 "信當爲身, 聲之誤也. 身圭 · 躬圭, 蓋皆象以人形爲瑑飾, 文有麤縟耳. 欲其愼行以保身. 圭皆長七寸." 이라고 풀이했다.

◎ 규벽(圭璧) : '규벽'은 천자 및 제후가 조빙(朝聘)의 예(禮)를 시행하거나 또는 제사를 시행할 때 사용했던 옥(玉)으로 만든 기물이다. 『시』「대아(大雅) · 운한(雲漢)」편에는 "靡神不擧, 靡愛斯牲. 圭璧旣卒, 寧莫我聽."이라는 기록이 있고, 이에 대한 주희의 『집전(集傳)』에서는 "圭璧, 禮神之玉也."라고 풀이했다. 그리고 그 크기가 5촌(寸)으로 된 '규벽'으로는 해[日], 달[月], 별[星辰]에 대한 제사에서 사용했다는 기록도 있다. 『주례』「동관고공기(冬官考工記) · 옥인(玉人)」편에는 "圭璧五寸, 以祀日月星辰."이라는 기록이 있다. 또한 '규벽'은 옥으로 만든 귀중한 기물을 범칭하는 용어로도 사용된다.

ㄴ

◎ 남복(男服) : '남복'은 전복(甸服)과 채복(采服) 사이에 있는 땅을 뜻한다. 천자의 수도 밖으로 사방 1000리(里)와 1500리(里) 사이에 있었던 땅을 가리킨다. '남복'의 '남(男)'자는 임무를 맡는다는 뜻으로, 천자를 위해 다스리는 임무를 담당한다는 뜻이다. '복(服)'자는 천자를 위해 복종한다는 뜻이다. 『주례』「하관(夏官) · 직방씨(職方氏)」편에는 "乃辨九服之邦國, 方千里曰王畿, 其外方五百里曰侯服, 又其外方五百里曰甸服, 又其外方五百里曰男服."이라는 기록이 있고, 이에 대한 가공언

(賈公彦)의 소(疏)에서는 "言男者, 男之言任也, 爲王任其職理."라고 풀이했다.

◎ 납채(納采) : '납채'는 혼인과 관련된 육례(六禮) 중 하나이다. 청원을 하며 여자 집안에 예물을 보내는 일을 뜻한다.

◎ 내병(內屛) : '내병'은 제후가 문 안에 설치했던 담장을 뜻한다. 문 안쪽에 위치하여 '내(內)'자를 붙인 것이며, 병풍처럼 가려주는 역할을 하므로, '병(屛)'자를 붙여서 '내병'이라고 부른 것이다.

◎ 노문(路門) : '노문'은 고대 궁실(宮室) 건축물 중에서도 가장 안쪽에 있었던 정문이다. 여러 문들 중에서 노침(路寢)에 가장 가까운 위치에 있었기 때문에, '노문'이라는 명칭이 붙게 되었다. 『주례』「동관고공기(冬官考工記)·장인(匠人)」편에는 "路門不容乘車之五个."라는 기록이 있는데, 이에 대한 정현의 주에서는 "路門者, 大寢之門."라고 풀이하였고, 가공언(賈公彦)의 소(疏)에서는 "路門以近路寢, 故特小爲之."라고 풀이하였다.

◎ 노침(路寢) : '노침'은 천자나 제후가 정무를 처리하던 정전(正殿)이다. 『시』「노송(魯頌)·민궁(閟宮)」편에는 "松桷有舃, 路寢孔碩."이라는 기록이 있는데, 이에 대한 모전(毛傳)에서는 "路寢, 正寢也."라고 풀이했고, 『문선(文選)』에 수록된 장형(張衡)의 '서경부(西京賦)'에는 "正殿路寢, 用朝群辟."이라는 기록이 있는데, 이에 대한 설종(薛綜)의 주에서는 "周曰路寢, 漢曰正殿."이라고 하여, 주(周)나라에서는 '정전'을 '노침'으로 불렀다고 풀이했다.

◎ 뇌차종(雷次宗, A.D.386~A.D.448) : 남북조(南北朝) 때의 승려이다. 자(字)는 중륜(仲倫)이고, 혜원대사(慧遠大師)라고 호칭되었다. 승려이지만, 삼례(三禮) 및 『모시(毛詩)』에도 능통하였다.

ㄷ

◎ 대빙(大聘) : '대빙'은 본래 제후가 경(卿)을 시켜서 매해 천자를 찾아뵙는 것을 뜻한다. 제후는 천자에 대해서, 매년 소빙(小聘)을 하고, 3년에

1번 '대빙(大聘)'을 하며, 5년에 1번 조(朝)를 한다. 소빙을 할 때에는 대부(大夫)를 시키고, 조를 할 때에는 제후가 직접 찾아간다. 『예기』「왕제(王制)」편에는 "諸侯之於天子也, 比年一小聘, 三年一大聘, 五年一朝."라는 기록이 있고, 이에 대한 정현의 주에서는 "比年, 每歲也. 小聘使大夫, 大聘使卿, 朝則君自行."이라고 했다.

◎ 대재(大宰) : '대재'는 태재(太宰) 또는 총재(冢宰)라고도 부른다. 은대(殷代) 때 설치된 관직이라고 전해지며, 주대(周代)에서는 '총재'라고도 불렀다. 『주례』의 체제상으로는 천관(天官)의 수장이며, 경(卿) 1명이 담당했다. '대재'가 담당했던 일은 여러 가지이며, 국정(國政)의 전반적인 것들을 관리하였다. 또한 『주례』「천관(天官)・대재(大宰)」편에는 "祀五帝, 則掌百官之誓戒與其具脩."라고 하여, 오제(五帝)에게 제사를 지내게 되면, 뭇 관리들에게 근신하라고 권고하는 일 및 제물이 갖추어진 것을 확인하고, 그 청결상태 등을 감독했다고 기록하고 있다.

◎ 대종(岱宗) : '대종'은 오악(五嶽) 중 동악(東嶽)에 해당하는 태산(泰山)을 가리킨다. 대(岱)자는 태산을 뜻하고, 종(宗)자는 존귀하다는 의미에서 붙여진 것으로 풀이하기도 한다.

◎ 대침(大寢) : '대침'은 노침(路寢)을 뜻한다. 천자나 제후가 정무(政務)를 처리하던 곳이다. 『주례』「하관(夏官)・태복(太僕)」편에는 "建路鼓于大寢之門外, 而掌其政."이라는 기록이 있고, 이에 대한 정현의 주에서는 "大寢, 路寢也."라고 풀이했다.

◎ 도(徒) : '도'는 각 관부에 소속된 하급 관리 중 하나이다. 각 관부에서 시행하는 사역(使役)에 투입되는 사람들이다.

◎ 동(同) : '동'은 고대 토지의 면적을 재는 단위이다. 사방 100리(里)의 땅을 '동'이라고 했다. 『춘추좌씨전』「소공(召公) 23년」편에는 "無亦監乎若敖蚡冒至於武文, 土不過同, 愼其四竟, 猶不城郢."이라는 기록이 있는데, 이에 대한 두예(杜預)에 주에서는 "方百里爲一同."이라고 풀이했다. 참고적으로 사방 1리(里)의 면적은 1정(井)이 되고, 10정(井)은 1통(通)이 되며, 10통(通)은 1성(成)이 되니, 1성(成)은 사방 10리(里)의 면적이며, 10성(成)은 1종(終)이 되고, 10종(終)은 1동(同)이 되니, '동'

은 사방 100리(里)의 크기가 된다. 『한서(漢書)』「형법지(刑法志)」편에
는 "地方一里爲井, 井十爲通, 通十爲成, 成方十里; 成十爲終, 終十
爲同, 同方百里."라는 기록이 있다.

◎ 두예(杜預, A.D.222~A.D.284) : =두원개(杜元凱). 서진(西晉) 때의 유
학자이다. 경조(京兆) 두릉(杜陵) 출신이다. 자(字)는 원개(元凱)이다.
『춘추경전집해(春秋經典集解)』를 저술하였는데, 이 책은 현존하는 『춘
추(春秋)』의 주석서 중 가장 오래된 것이며, 『십삼경주소(十三經注疏)』
의 『춘추좌씨전정의(春秋左氏傳正義)』에도 채택되어 수록되었다.

◎ 두자춘(杜子春, B.C.30?~A.D.58?) : 후한(後漢) 때의 학자이다. 유흠(劉
歆)에게서 수학하였다. 정중(鄭衆)과 가규(賈逵)에게 학문을 전수하였다.

◎ 망질(望秩) : '망질'은 해당 대상의 등급을 살펴서, 산천(山川) 등에 망제
(望祭)를 지낸다는 뜻이다. '망질'의 '망(望)'자는 망제를 뜻하고, '질(秩)'
자는 계급에 따른 등차를 뜻한다. 고대인의 관념에서는 산천의 중요성에
따라 각각 등급이 있었다. 예를 들어 오악(五嶽)에 대한 제사에서는 삼
공(三公)에 대한 예법에 견주어서 희생물을 사용하였고, 사독(四瀆)에
대한 제사에서는 제후에 대한 예법에 견주어서 희생물을 사용하였으며,
나머지 산천 등에 대해서도 차례대로 백작·자작·남작 등의 예법에 견
주어서 희생물을 사용하였다. 『서』「우서(虞書)·순전(舜典)」편에는
"歲二月, 東巡守, 至于岱宗, 柴, 望秩于山川."이라는 기록이 있고, 이
에 대한 공안국(孔安國)의 전(傳)에서는 "謂五嶽牲禮視三公, 四瀆視
諸侯, 其餘視伯子男."이라고 풀이했다.

◎ 목록(目錄) : 『목록(目錄)』은 정현이 찬술했다고 전해지는 『삼례목록
(三禮目錄)』을 가리킨다. 『십삼경주소(十三經注疏)』에서 인용되고 있
지만, 이 책은 『수서(隋書)』가 편찬될 당시에 이미 일실되어 존재하지
않았다. 『수서』「경적지(經籍志)」편에는 "三禮目錄一卷, 鄭玄撰, 梁有
陶弘景注一卷, 亡."이라는 기록이 있다.

◎ 무산작(無筭爵) : '무산작'은 술잔의 수를 헤아리지 않는다는 뜻이다. 여수(旅酬)를 한 이후에, 빈객들의 제자들과 형제들의 자제들은 각각 그들의 수장에게 술을 따르고, 잔을 들어 올리는 것도 각각 그들의 수장에게 한다. 그리고 빈객들이 잔을 가져다가, 형제들 집단에 술을 권하고, 장형제(長兄弟)들은 잔을 가져다가 빈객의 무리들에게 술을 권하게 된다. 이처럼 여러 차례 술을 따르고 권하기 때문에, 이러한 절차를 '무산작'이라고 부르는 것이다.

ㅂ

◎ 반곡(反哭) : '반곡'은 장례(葬禮) 절차 중 하나이다. 장지(葬地)에 시신을 안치한 이후, 상주(喪主)는 신주(神主)를 받들고 되돌아와서 곡(哭)을 하는데, 이것을 '반곡'이라고 부른다.

◎ 반벽(盤辟) : '반벽'은 일정한 규범에 따라 의례 절도에 맞춰 몸을 선회하며 나아가고 물러나는 것을 말한다.

◎ 방명(方明) : '방명'은 상하(上下)와 사방(四方)의 신명(神明)을 형상화한 것을 뜻한다. 신명(神明)을 형상화한 것이기 때문에, '명(明)'자를 붙이는 것이고, 상하(上下)와 사방(四方)을 형상화한 것이기 때문에, '방(方)'자를 붙여서, '방명'이라고 부르는 것이다. 나무를 이용해서 만들며, 사방 4척(尺)의 크기로 만들고, 여섯 가지 색깔로 만들고, 또 여섯 가지 옥을 설치한다. 고대에 제후가 천자를 조회하거나 회맹을 맺을 때, 또 천자가 제사를 지낼 때 설치했었다. 여섯 가지 색깔은 상하(上下) 및 사방(四方)을 형상화하기 위한 것으로, 동쪽에 해당하는 청색, 남쪽에 해당하는 적색, 서쪽에 해당하는 백색, 북쪽에 해당하는 흑색, 상에 해당하는 현색, 하에 해당하는 황색이 여기에 해당한다. 또 여섯 가지의 옥의 경우에도 상하(上下) 및 사방(四方)을 형상화하기 위한 것으로, 상에는 규(圭)를 설치하고, 하에는 벽(璧)을 설치하며, 남쪽에는 장(璋)을 설치하고, 서쪽에는 호(琥)를 설치하며, 북쪽에는 황(璜)을 설치하고, 동쪽에는 규(圭)를 설치한다. 『의례』「근례(覲禮)」편에는 "諸侯覲于天子, 爲

宮方三百步, 四門, 壇十有二尋, 深四尺, 加方明于其上. 方明者, 木也, 方四尺. 設六色, 東方青, 南方赤, 西方白, 北方黑, 上玄, 下黃. 設六玉, 上圭, 下璧, 南方璋, 西方琥, 北方璜, 東方圭."라는 기록이 있고, 이에 대한 정현의 주에서는 "方明者, 上下四方神明之象也."라고 풀이했으며, 가공언(賈公彦)의 소(疏)에서는 "謂合木爲上下四方, 故名方; 此則神明之象, 故名明. 此鄭解得名方明神之義也."라고 풀이했다.

◎ 방악(方岳) : '방악'은 '방악(方嶽)' 또는 '사악(四嶽)'이라고도 부르며, 사방의 주요 산들을 뜻한다. 고대인들이 주요 산들로 오악(五嶽)을 두었는데, 그 중 중앙에 있는 숭산(嵩山)은 천자의 수도 부근에 있었으므로, '숭산'을 제외한 나머지 4개의 산을 '방악'이라고 부른 것이다. 동쪽 지역의 주요 산인 동악(東嶽)은 태산(泰山)이고, 남악(南嶽)은 형산(衡山: = 霍山), 서악(西嶽)은 화산(華山), 북악(北嶽)은 항산(恒山)이 된다. 『춘추좌씨전』 「소공(昭公) 4년」에 기록된 '사악(四嶽)'에 대해, 두예(杜預)의 주에서는 "東嶽岱, 西嶽華, 南嶽衡, 北嶽恒."이라고 풀이했다.

◎ 방언(方言) : 『방언(方言)』은 『유헌사자절대어석별국방언(輶軒使者絶代語釋別國方言)』・『별국방언(別國方言)』이라고도 부른다. 한(漢)나라 때의 학자인 양웅(揚雄)이 편찬했다고 전해지는 서적이다. 총 13권으로 구성되어 있었으며, 각 지방에서 온 사신들의 방언을 모았다는 뜻에서, 『유헌사자절대어석별국방언』이라는 제목으로 출간되었고, 또 이 말을 줄여서 『별국방언』・『방언』이라고 부르게 되었다. 현존하는 『방언』은 곽박(郭璞)의 주(注)가 붙어 있는 판본이다. 그러나 『한서(漢書)』 등의 기록에는 양웅의 저술 목록에 『방언』이 포함되어 있지 않으므로, 편찬자에 대한 의혹이 끊임없이 제기되었다.

◎ 별록(別錄) : 『별록(別錄)』은 후한(後漢) 때 유향(劉向)이 찬(撰)했다고 전해지는 책이다. 현재는 일실되어 존재하지 않으며, 『한서(漢書)』 「예문지(藝文志)」편을 통해서 대략적인 내용만을 추측해볼 수 있다.

◎ 복건(服虔, ?~?) : 후한대(後漢代)의 유학자이다. 자(字)는 자신(子愼)이다. 초명은 중(重)이었으며, 기(祇)라고도 불렀다. 후에 이름을 건(虔)

으로 고쳤다. 『춘추좌씨전(春秋左氏傳)』에 주석을 남겼지만, 산일되어 전해지지 않는다. 현재는 『좌전가복주집술(左傳賈服注輯述)』로 일집본이 편찬되었다.

◎ 부(府) : '부'는 각 관부에 소속된 하급 관리 중 하나이다. 각 관부의 창고에 보관된 재화나 물건 등을 담당했던 관리이다. 『주례』「천관총재(天官冢宰)」편에는 "府, 六人; 史, 十有二人."이라는 기록이 있는데, 이에 대한 정현의 주에서는 "府, 治藏."이라고 풀이했고, 손이양(孫詒讓)의 『정의(正義)』에서는 "凡治藏之吏亦通謂之府也."라고 풀이했다.

◎ 부(夫) : '부'는 한 사람의 장정이 경작지로 부여받았던 토지크기를 뜻한다. 토지면적 단위로 사용되었는데, 한 사람이 받는 경작지가 100무(畝)였으므로, 1'부'는 100무의 크기가 된다. 『주례』「지관(地官)・소사도(小司徒)」편에는 "九夫爲井."이라는 문장이 있는데, 이에 대한 정현의 주에서는 "司馬法曰 六尺爲步, 步百爲畝, 畝百爲夫."라고 풀이하였다. 즉 6척(尺)이 1보(步)가 되고, 100보가 1무가 되며, 100무가 1부가 된다.

◎ 부제(祔祭) : '부제'는 '부(祔)'라고도 한다. 새로이 죽은 자가 있으면, 선조(先祖)에게 '부제'를 올리면서, 신주(神主)를 합사(合祀)하는 것을 말한다. 『주례』「춘관(春官)・대축(大祝)」편에는 "付練祥, 掌國事."라는 기록이 있고, 이에 대한 정현의 주에서는 "付當爲祔. 祭於先王以祔後死者."라고 풀이하였다.

◎ 북륙(北陸) : '북륙'은 북방현무(北方玄武)에 소속된 7수(宿)의 영역을 가리키며, 정확하게는 7수 중 하나인 허수(虛宿)를 지칭한다. 허수가 북방(北方)에 속하므로, '북륙'이라고 부른 것이다. 『이아』「석천(釋天)」편에는 "玄枵, 虛也. 顓頊之虛, 虛也. 北陸, 虛也."라는 기록이 있다.

◎ 빈(擯) : '빈'은 빈객(賓客)이 방문했을 때, 주인(主人)의 부관이 되어, 빈객과의 사이에서 시행해야 할 일들을 도왔던 부관들을 뜻한다.

◎ 빈례(賓禮) : '빈례'는 오례(五禮) 중 하나로, 천자를 찾아뵙거나 천자가 제후들을 만나보거나 아니면 제후들끼리 회동하는 조빙(朝聘)의 예법(禮法)을 뜻한다. 또한 '빈례'는 손님을 접대하는 예제(禮制)를 뜻하기도 한다. 참고적으로 봄에 천자를 찾아뵙는 것을 조(朝)라고 하였으며, 여

름에 찾아뵙는 것을 종(宗)이라고 하였고, 가을에 찾아뵙는 것을 근(覲)
이라고 하였으며, 겨울에 찾아뵙는 것을 우(遇)라고 하였다. 또한 제후
들이 천자를 찾아뵐 때에는 본래 각각의 제후들마다 정해진 기간이 있었
는데, 정해진 기간 외에 찾아뵙는 것을 회(會)라고 하였고, 정해진 기간
에 찾아뵙는 것을 동(同)이라고 하였다. 또 천자가 순수(巡守)를 할 때
에도 정해진 기간이 있었는데, 정해진 기간이 아닌 때에 제후를 찾아가
보는 것을 문(問)이라고 하였고, 정해진 기간에 찾아가 보는 것을 시(視)
라고 하였다.

◎ 빙례(聘禮) : '빙례'는 제후들이 서로 찾아가서 만나보는 예법을 뜻한다.
또한 제후 이외에도 각 계층에서 상대방에게 찾아가서 안부를 여쭙는 예
법을 빙문(聘問)이라고 부르는데, '빙례'는 이러한 '빙문' 등의 예법을 총
칭하는 용어이다.

◎ 빙문(聘問) : '빙문'은 국가 간이나 개인 간에 사람을 보내서 상대방을 찾
아가 안부를 묻는 의식 절차를 통칭하는 말이다. 또한 제후가 신하를 시
켜서 천자에게 보내, 안부를 묻는 예법을 뜻하기도 한다.

◎ 사(史) : '사'는 각 관부에 소속된 하급 관리 중 하나이다. 각 관부의 문
서기록 및 보관, 그리고 문서기록과 관련된 각종 부수자재 등을 담당했
던 관리이다. 『주례』「천관(天官)・재부(宰夫)」편에는 "六曰史, 掌官書
以贊治."라는 기록이 있는데, 이에 대한 정현의 주에서는 "贊治, 若今
起文書草也."라고 풀이했다.

◎ 사구(司寇) : '사구'는 주(周)나라 때 설치되었던 관직이다. 하(夏)나라와
은(殷)나라 때에도 이미 존재했었다고 주장하기도 한다. 주나라 때에는
육경(六卿) 중 하나였으며, 대사구(大司寇)라고도 불렀다. 형벌이나 옥
사에 관련된 일을 담당하였고, 감찰 임무를 맡기도 하였다. 춘추시대(春
秋時代)에는 여러 제후국들에 이 관직이 설치되었으며, 공자(孔子) 또
한 노(魯)나라에서 '사구'를 지냈다고 전해지기도 한다. 청(淸)나라 때에

는 형부상서(刑部尙書)를 '대사구'로 불렀으며, 시랑(侍郞)을 소사구(少司寇)로 불렀다.

◎ 사도(司徒) : '사도'는 대사도(大司徒)라고도 부른다. 본래 주(周)나라 때의 관리로, 국가의 토지 및 백성들에 대한 교화(敎化)를 담당했다. 전설상으로는 소호(少昊) 시대 때부터 설치되었다고 전해진다. 주나라의 육경(六卿) 중 하나였으며, 전한(前漢) 애제(哀帝) 원수(元壽) 2년(B.C. 1)에는 승상(丞相)의 관직명을 고쳐서, 대사도(大司徒)라고 불렀고, 대사마(大司馬), 대사공(大司空)과 함께 삼공(三公)의 반열에 있었다. 후한(後漢) 때에는 다시 '사도'로 명칭을 고쳤고, 그 이후로는 이 명칭을 계속 사용하다가 명(明)나라 때 폐지되었다. 명나라 이후로는 호부상서(戶部尙書)를 '대사도'라고 불렀다.

◎ 사독(四瀆) : '사독'은 네 개의 주요 하천을 가리킨다. 장강(長江), 황하(黃河), 회하(淮河), 제수(濟水)가 여기에 해당한다.

◎ 사마(司馬) : '사마'라는 관직은 전설상으로는 소호(少昊) 시대부터 설치되었다고 전해진다. 주(周)나라 때에는 육경(六卿) 중 하나였으며, 하관(夏官)의 수장이며, 대사마(大司馬)라고도 불렀다. 군대와 관련된 일을 담당했다. 한(漢)나라 무제(武帝) 때에는 태위(太尉)라는 관직명을 고쳐서 대사마(大司馬)라고 불렀고, 후한(後漢) 때에는 다시 태위(太尉)로 고쳐 불렀다. 남북조시대(南北朝時代)에는 대장군(大將軍)과 함께 이대(二大)로 칭해지기도 했으나, 청(淸)나라 때 폐지되었다. 후세에서는 병부상서(兵部尙書)의 별칭으로 사용하기도 했고, 시랑(侍郞)을 소사마(少司馬)로 칭하기도 하였다.

◎ 사정(司正) : '사정'은 향음주례(鄕飮酒禮)나 빈객(賓客)들을 대접하는 연회를 시행할 때, 의례절차 등을 총감독하는 사람이다.

◎ 사한(司寒) : '사한'은 겨울을 주관한다는 뜻이며, 겨울을 주관하는 동신(冬神)을 가리킨다. 또한 현명(玄冥)을 가리키기도 하며, 방위로 따져서 북방(北方)을 담당하는 신(神)를 뜻하기도 한다. 『춘추좌씨전』「소공(昭公) 4년」편에 대한 두예(杜預)의 주에서는 "司寒, 玄冥, 北方之神."이라고 풀이했다.

◎ 삭식(朔食) : '삭식'은 고대의 예법 중 하나이다. 제왕 및 신분이 높은 자들은 매월 초하루에 평상시보다 음식을 풍성하게 차려내서, 먹게 된다. 천자의 경우에는 '삭식' 때 태뢰(太牢)를 사용하고, 제후는 소뢰(少牢)를 사용하며, 대부(大夫)는 한 마리의 돼지를 바치고, 사(士)는 한 마리의 새끼 돼지를 바치기도 한다. 『예기』「내칙(內則)」편에는 "男女夙興, 沐浴衣服, 具視朔食."이라는 기록이 있고, 이에 대한 정현의 주에서는 "朔食, 天子大牢, 諸侯少牢, 大夫特豕, 士特豚也."라고 풀이했다.

◎ 삼공(三公) : '삼공'은 중앙정부의 가장 높은 관직자 3명을 합쳐서 부르는 말이다. '삼공'에 속한 관직명에 대해서는 각 시대별로 차이가 있다. 『사기(史記)』「은본기(殷本紀)」편에는 "以西伯昌, 九侯, 鄂侯, 爲三公."이라는 기록이 있다. 즉 은나라 때에는 서백(西伯)인 창(昌), 구후(九侯), 악후(鄂侯)들을 '삼공'으로 삼았다. 또한 주(周)나라 때에는 태사(太師), 태부(太傅), 태보(太保)를 '삼공'으로 삼았다. 『서』「주서(周書)·주관(周官)」편에는 "立太師·太傅·太保, 茲惟三公, 論道經邦, 燮理陰陽."이라는 기록이 있다. 한편 『한서(漢書)』「백관공경표서(百官公卿表序)」에 따르면 사마(司馬), 사도(司徒), 사공(司空)을 '삼공'으로 삼았다는 기록이 있다.

◎ 삼왕(三王) : '삼왕'은 하(夏), 은(殷), 주(周) 삼대(三代)의 왕을 뜻한다. 『춘추곡량전』「은공(隱公) 8年」편에는 "盟誓不及三王."이라는 기록이 있고, 이에 대한 범녕(範寧)의 주에서는 '삼왕'을 하나라의 우(禹), 은나라의 탕(湯), 주나라의 무왕(武王)을 지칭한다고 풀이했다. 그리고 『맹자』「고자하(告子下)」편에는 "五霸者, 三王之罪人也."이라는 기록이 있고, 이에 대한 조기(趙岐)의 주에서는 '삼왕'을 범녕의 주장과 달리, 주나라의 무왕 대신 문왕(文王)을 지칭한다고 풀이했다.

◎ 삼창(三蒼) : 『삼창』은 '삼창(三倉)'이라고도 부른다. 고대의 자서(字書)를 뜻하는 명칭이다. 한(漢)나라 초기에는 이사(李斯)가 지은 『창힐편(倉頡篇)』과 조고(趙高)의 『원력편(爰曆篇)』과 호모경(胡母敬)의 『박학편(博學篇)』을 합쳐서 한 권의 책으로 만들었는데, 이것을 '삼창'이라고 부른다. 또한 『창힐편』을 총칭해서 부르기도 하는데, 총 3,300자로

구성되어 있다. 위진(魏晉) 시대에는 또한 이사의 『창힐편』을 상권으로 분류하고, 양웅(揚雄)의 『훈찬편(訓纂篇)』을 중권으로 분류하며, 가방(賈魴)의 방희편(滂喜篇)을 하권으로 분류해서, 이것을 하나의 책으로 여기기도 했다.

◎ 삼황(三皇) : '삼황'은 전설시대에 존재했다고 전해지는 세 명의 제왕을 뜻한다. 그러나 세 명이 누구였는지에 대해서는 이설(異說)이 많다. 첫 번째 주장은 복희(伏羲), 신농(神農), 황제(黃帝)를 '삼황'으로 보는 견해이다. 『장자(莊子)』 「천운(天運)」편에는 "余語汝三皇五帝之治天下." 라는 기록이 있는데, 이에 대한 성현영(成玄英)의 주에서는 "三皇者, 伏羲·神農·黃帝也."라고 풀이했다. 두 번째 주장은 복희(伏羲), 신농(神農), 여왜(女媧)로 보는 견해이다. 『여씨춘추(呂氏春秋)』 「용중(用衆)」편에는 "此三皇五帝之所以大立功名也."라는 기록이 있는데, 이에 대한 고유(高誘)의 주에서는 "三皇, 伏羲·神農·女媧也."라고 풀이했다. 세 번째 주장은 복희(伏羲), 신농(神農), 수인(燧人)으로 보는 견해이다. 『백호통(白虎通)』 「호(號)」편에는 "三皇者, 何謂也? 謂伏羲·神農·燧人也."라는 기록이 있다. 네 번째 주장은 복희(伏羲), 신농(神農), 축융(祝融)으로 보는 견해이다. 『백호통』 「호」편에는 "禮曰, 伏羲·神農·祝融, 三皇也."라는 기록이 있다. 다섯 번째 주장은 천황(天皇), 지황(地皇), 태황(泰皇)으로 보는 견해이다. 『사기(史記)』 「진시황본기(秦始皇本紀)」편에는 "古有天皇, 有地皇, 有泰皇. 泰皇最貴."라는 기록이 있다. 여섯 번째 주장은 천황(天皇), 지황(地皇), 인황(人皇)으로 보는 견해이다. 『예문유취(藝文類聚)』에서는 『춘추위(春秋緯)』를 인용하며, "天皇, 地皇, 人皇, 兄弟九人, 分九州, 長天下也."라고 기록하였다.

◎ 상개(上介) : '상개'는 개(介) 중에서도 가장 직위가 높았던 자를 뜻한다. 빈객(賓客)이 방문했을 때, 빈객의 부관이 되어, 주인(主人)과의 사이에서 시행해야 할 일들을 도왔던 부관들을 '개'라고 부른다.

◎ 상공(上公) : '상공'은 주(周)나라 제도에 있었던 관직 등급이다. 본래 신하의 관직 등급은 8명(命)까지이다. 주나라 때에는 태사(太師), 태부(太

傅), 태보(太保)와 같은 삼공(三公)들이 8명의 등급에 해당했다. 그런데 여기에 1명을 더하게 되면 9명이 되어, 특별직인 '상공'이 된다. 『주례』「춘관(春官)·전명(典命)」편에는 "上公九命爲伯, 其國家宮室車旗衣服禮儀, 皆以九爲節."이라는 기록이 있고, 이에 대한 정현의 주에서는 "上公, 謂王之三公有德者, 加命爲二伯. 二王之後亦爲上公."이라고 풀이하였다. 즉 '상공'은 삼공 중에서도 유덕(有德)한 자에게 1명을 더해 주어, 제후들을 통솔하는 '두 명의 백(伯)[二伯]'으로 삼았다. 또한 제후의 다섯 등급을 나열할 경우, 공작(公爵)을 '상공'이라고 부르기도 한다.

◎ 상빈(上擯) : '상빈'은 빈(擯)들 중에서도 가장 직위가 높았던 자를 뜻한다. 빈객(賓客)이 방문했을 때, 주인(主人)의 부관이 되어, 빈객과의 사이에서 시행해야 할 일들을 도왔던 부관들을 '빈'이라고 부른다.

◎ 상준(上尊) : '상존'은 제사나 연회 때 진설해두는 술잔 중에서도 가장 위쪽에 있는 술동이를 뜻한다. 여러 술동이들 중에서도 가장 위에 있기 때문에 '상(上)'자를 붙여서 부른 것이다. 『예기』「교특생(郊特牲)」편에는 "黃目, 鬱氣之上尊也."라는 기록이 있는데, 이에 대한 공영달(孔穎達)의 소(疏)에서는 "祭祀時列之最在諸尊之上, 故云上也."라고 풀이했다.

◎ 서(胥) : '서'는 각 관부에 소속된 하급 관리 중 하나이다. 재주와 지모를 갖춰서 십장(什長)으로 삼을 만한 사람을 뜻한다.

◎ 서륙(西陸) : '서륙'은 천문학 용어이다. 태양이 서방백호(西方白虎)의 7수(宿) 구역에서 운행하는 것을 뜻한다. 『춘추좌씨전』「소공(昭公) 4년」편에는 "古者日在北陸而藏冰, 西陸朝覿而出之."라는 기록이 있다.

◎ 석례(釋例) : 「석례(釋例)」편은 두예(杜預)가 『춘추경전집해(春秋經傳集解)』를 저술하고서, 각종 용례들을 별도로 간추려서 별집으로 엮은 것이다.

◎ 석명(釋名) : 『석명(釋名)』은 후한(後漢) 때의 학자인 유희(劉熙)가 지은 서적이다. 오래된 훈고학 서적의 하나로 꼽힌다.

◎ 선공(先公) : '선공'은 본래 천자 및 제후의 선조들을 존귀하게 높여 부르는 말이다. 따라서 '선왕(先王)'이라는 말과 동일하게 사용된다. 그러나 주(周)나라에 대해 선왕과 대비해서 사용하게 되면, 후직(后稷)의 후손

중 태왕(太王) 이전의 선조를 지칭한다. 주나라는 건립 이후 자신의 선
조에 대해 추왕(追王)을 하여 왕(王)자를 붙였는데, 태왕인 고공단보(古
公亶父)까지 왕(王)자를 붙였기 때문이다.

◎ 선재(膳宰) : '선재'는 선부(膳夫)와 같은 말이다. 군주가 먹는 음식 등을
담당했던 관리이다. 천자에게 소속된 '선재'를 '선부'라고 불렀으며, 상사
(上士)가 담당했다. 『의례』「연례(燕禮)」편에는 "膳宰具官饌于寢東."
라는 기록이 있는데, 이에 대한 정현의 주에서는 "膳宰, 天子曰膳夫,
掌君飲食膳羞者也."라고 풀이했다. 그리고 『주례』「천관(天官)·선부
(膳夫)」편에는 "膳夫掌王之食飲膳羞."라는 기록이 있다.

◎ 세최(繐衰) : '세최'는 5개월 동안 소공복(小功服)의 상을 치를 때 착용
하는 상복을 뜻한다. 가늘고 성근 마(麻)의 포를 사용해서 만들기 때문
에, '세최'라고 부른다.

◎ 소빙(小聘) : '소빙'은 본래 제후가 대부(大夫)를 시켜서 매해 천자를 찾
아뵙는 것을 뜻한다. 제후들끼리 상호 대부를 보내 안부를 묻는 것을 '소
빙'이라고도 한다. 제후는 천자에 대해서, 매년 '소빙'을 하고, 3년에 1번
대빙(大聘)을 하며, 5년에 1번 조(朝)를 한다. 대빙을 할 때에는 경(卿)
을 시키고, 조를 할 때에는 제후가 직접 찾아간다. 『예기』「왕제(王制)」
편에는 "諸侯之於天子也, 比年一小聘, 三年一大聘, 五年一朝."라는
기록이 있고, 이에 대한 정현의 주에서는 "比年, 每歲也. 小聘使大夫,
大聘使卿, 朝則君自行."이라고 했다.

◎ 속백(束帛) : '속백'은 한 묶음의 비단으로, 그 수량은 다섯 필(匹)이 된
다. 빙문(聘問)을 하거나 증여를 할 때 가져가는 예물(禮物) 등으로 사
용되었다. '속(束)'은 10단(端)을 뜻하는데, 1단의 길이는 1장(丈) 8척
(尺)이 되며, 2단이 합쳐서 1권(卷)이 되므로, 10단은 총 5필이 된다. 『주
례』「춘관(春官)·대종백(大宗伯)」편에는 "孤執皮帛."이라는 기록이 있
고, 이에 대한 가공언(賈公彦)의 소(疏)에서는 "束者十端, 每端丈八尺,
皆兩端合卷, 總爲五匹, 故云束帛也."라고 풀이했다.

◎ 손염(孫炎, ?~?) : 삼국시대(三國時代) 때의 학자이다. 자(字)는 숙연(叔
然)이다. 정현의 문도였으며, 『이아음의(爾雅音義)』를 저술하여 반절음

을 유행시켰다.

◎ 순수(巡守) : '순수'는 '순수(巡狩)'라고도 부른다. 천자가 수도를 벗어나 제후의 나라를 시찰하는 것을 뜻한다. '순수'의 '순(巡)'자는 그곳으로 행차를 한다는 뜻이고, '수(守)'자는 제후가 지키는 영토를 뜻한다. 제후는 천자가 하사해준 영토를 대신 맡아서 수호하는 것이기 때문에, 천자가 그곳에 방문하여, 자신의 영토를 어떻게 관리하고 있는지를 시찰하게 된다. 『서』「우서(虞書)・순전(舜典)」편에는 "歲二月, 東巡守, 至于岱宗, 柴."라는 기록이 있고, 이에 대한 공안국(孔安國)의 전(傳)에서는 "諸侯爲天子守土, 故稱守. 巡, 行之."라고 풀이했으며, 『맹자』「양혜왕하(梁惠王下)」편에서는 "天子適諸侯曰巡狩. 巡狩者, 巡所守也."라고 기록하였다. 한편 『예기』「왕제(王制)」편에는 "天子, 五年, 一巡守."라는 기록이 있고, 『주례』「추관(秋官)・대행인(大行人)」편에는 "十有二歲王巡守殷國."이라는 기록이 있다. 즉 「왕제」편에서는 천자가 5년에 1번 순수를 시행하고, 「대행인」편에서는 12년에 1번 순수를 시행한다고 기록하고 있는데, 이러한 차이점에 대해서 정현은 「왕제」편의 주에서 "五年者, 虞夏之制也. 周則十二歲一巡守."라고 풀이했다. 즉 5년에 1번 순수를 하는 제도는 우(虞)와 하(夏)나라 때의 제도이며, 주(周)나라에서는 12년에 1번 순수를 했다.

◎ 시빙(時聘) : '시빙'은 천자에게 특별한 일이 발생했을 때, 제후들이 사신을 파견해서 빙문(聘問)하는 것을 뜻한다.

◎ 시제(柴祭) : '시제'는 일종의 하늘에 대한 제사이다. 초목을 태워서 그 연기를 하늘로 올려 보내며 아뢰는 의식이다. 『서』「우서(虞書)・순전(舜典)」편에는 "歲二月, 東巡守, 至于岱宗, 柴."라는 기록이 있고, 이에 대한 공안국(孔安國)의 전(傳)에서는 "燔柴祭天告至."라고 풀이했다.

◎ 신규(信圭) : '신규'는 신규(身圭)이다. '신(信)'자와 '신(身)'자의 소리가 비슷하기 때문에 잘못 전이된 것이다. '신규'는 후작이 들게 되는 규(圭)이다. 사람의 형상을 새겨 넣었기 때문에 '신규'라고 부르는 것이며, 그 무늬는 궁규(躬圭)에 비해 세밀하다. 신중하게 행동하여 자신의 몸을 잘 보호하고자 이러한 형상을 새겨 넣은 것이다. 그리고 '신규'의 길이는 7

촌(寸)이 된다. 『주례』「춘관(春官)・대종백(大宗伯)」편에는 "侯執信圭. 伯執躬圭."라는 기록이 있고, 이에 대한 정현의 주에서는 "信當爲身, 聲之誤也. 身圭・躬圭, 蓋皆象以人形爲瑑飾, 文有麤縟耳. 欲其愼行以保身. 圭皆長七寸."이라고 풀이했다.

◎ 심(尋) : '심'은 길이가 반상(半常)인 것으로, 8척(尺)이 되는 것을 뜻한다. 『의례』「공사대부례(公食大夫禮)」편에는 "司宮具几與蒲筵常, 緇布純. 加萑席尋, 玄帛純. 皆卷自末."이라는 기록이 있는데, 이에 대한 정현의 주에서는 "半常曰尋."이라고 풀이했다.

◎ 십이율(十二律) : '십이율'은 여섯 개의 양률(陽律)과 여섯 개의 음률(陰律)을 합하여 부르는 말이다. 양성(陽聲: =陽律)은 황종(黃鐘), 대주(大簇), 고선(姑洗), 유빈(蕤賓), 이칙(夷則), 무역(無射)이며, 이것을 육률(六律)이라고도 부른다. 음성(陰聲: =陰律)은 대려(大呂), 응종(應鍾), 남려(南呂), 함종(函鍾), 소려(小呂), 협종(夾鍾)이며, 이것을 육동(六同)이라고도 부른다. '십이율'은 12개의 높낮이가 다른 표준음으로, 서양음악의 악조(樂調)에 해당한다. 고대에는 12개의 길이가 다른 죽관(竹管)으로 음의 높낮이를 보정했다. 관(管)의 높이에는 각각 일정한 길이가 있었다. 긴 관은 저음의 소리를 냈고, 짧은 관은 고음의 소리를 냈다. 관 중에는 대나무가 아닌 동으로 제작한 것도 있다. 그리고 '육동'은 또한 육려(六呂), 율려(律呂), 육간(六閒), 육종(六鍾)이라고도 부른다.

◎ 양웅(楊雄, B.C.53~A.D.18) : =양웅(揚雄)・양자(揚子). 전한(前漢) 때의 학자이다. 자(字)는 자운(子雲)이다. 사부작가(辭賦作家)로도 명성이 높았다. 왕망(王莽)에게 동조했다는 이유로 송(宋)나라 이후부터는 배척을 당하였다. 만년에는 경학(經學)에 전념하여, 자신을 성현(聖賢)이라고 자처하였다. 참위설(讖緯說) 등을 배척하고, 유가(儒家)와 도가(道家)의 사상을 절충하였다. 저서로는 『법언(法言)』, 『태현경(太玄經)』 등이 있다.

◎ 여수(旅酬) : '여수'는 본래 제사가 끝난 후에, 제사에 참가했던 친족 및 빈객(賓客)들이 술잔을 들어 술을 마시고, 서로 공경의 예(禮)를 표하며, 잔을 권하는 의례(儀禮)이다. 연회에서도 서로에게 술을 권하는 절차를 '여수'라고 부른다.

◎ 예사(禮辭) : '예사'는 빈객과 주인은 예법에 따라 세 번 사양을 하게 되는데, 처음 사양하는 것을 '예사'라고 부르며, 두 번째 사양하는 것을 '고사(固辭)'라고 부르고, 세 번째 사양하는 것을 '종사(終辭)'라고 부른다.

◎ 예사(禮食) : '예사'는 본래 군주가 신하들에게 음식을 베풀며 예(禮)로 대접을 해주는 것으로, 일종의 연회이다. 『의례』「공사대부례(公食大夫禮)」에 기록된 의례 절차들이 '예사'에 해당한다.

◎ 오례(五禮) : '오례'는 고대부터 전해져 온 다섯 종류의 예제(禮制)를 뜻한다. 즉 길례(吉禮), 흉례(凶禮), 군례(軍禮), 빈례(賓禮), 가례(嘉禮)를 가리킨다. 『주례』「춘관(春官)・소종백(小宗伯)」편에는 "掌五禮之禁令與其用等."이라는 기록이 있는데, 이에 대한 정현의 주에서는 정사농(鄭司農)의 주장을 인용하여, "五禮, 吉・凶・軍・賓・嘉."라고 풀이했다.

◎ 오악(五岳) : '오악'은 오악(五嶽)이라고도 부르며, 다섯 방위에 따른 대표적인 산들을 뜻한다. 그러나 각 기록에 따라서 해당하는 산의 명칭에는 다소 차이가 있다. 첫 번째 주장은 동쪽의 태산(泰山), 남쪽의 형산(衡山), 서쪽의 화산(華山), 북쪽의 항산(恒山), 중앙의 숭산(嵩山:= 嵩高山)을 '오악'으로 부른다. 『주례』「춘관(春官)・대종백(大宗伯)」편에는 "以血祭祭社稷・五祀・五嶽."이라는 기록이 있는데, 이에 대한 정현의 주에서는 "五嶽, 東曰岱宗, 南曰衡山, 西曰華山, 北曰恒山, 中曰嵩高山."이라고 풀이했다. 두 번째 주장은 동쪽의 태산(泰山), 남쪽의 곽산(霍山), 서쪽의 화산(華山), 북쪽의 항산(恒山), 중앙의 숭산(嵩山)을 '오악'으로 부른다. 『이아』「석산(釋山)」편에는 "泰山爲東嶽, 華山爲西嶽, 翟山爲南嶽, 恒山爲北嶽, 嵩高爲中嶽."이라는 기록이 있다. 세 번째 주장은 동쪽의 대산(岱山), 남쪽의 형산(衡山), 서쪽의 화산(華山), 북쪽의 항산(恒山), 중앙의 악산(嶽山: =吳嶽)을 '오악'으로 부른다. 『주

례』「춘관(春官)·대사악(大司樂)」편에는 "凡日月食, 四鎭·五嶽崩."
이라는 기록이 있는데, 이에 대한 정현의 주에서는 "五嶽, 岱在袞州, 衡
在荊州, 華在豫州, 嶽在雍州, 恒在幷州."라고 풀이했고, 『이아』「석산
(釋山)」편에는 "河南, 華; 河西, 嶽; 河東, 岱; 河北, 恒; 江南, 衡."이
라고 풀이했다.

◎ **오옥(五玉)** : '오옥'은 고대에 제후들이 분봉을 받을 때 신표로 지급받았
던 다섯 가지 옥들을 뜻한다. 구체적으로 황(璜), 벽(璧), 장(璋), 규(珪),
종(琮)을 가리킨다.

◎ **오제(五帝)** : '오제'는 전설시대에 존재했다고 전해지는 다섯 명의 제왕
(帝王)을 뜻한다. 그러나 다섯 명이 누구였는지에 대해서는 이설(異說)
이 많다. 첫 번째 주장은 황제(黃帝: =軒轅), 전욱(顓頊: =高陽), 제곡
(帝嚳: =高辛), 당요(唐堯), 우순(虞舜)으로 보는 견해이다. 『사기정의
(史記正義)』「오제본기(五帝本紀)」편에는 "太史公依世本·大戴禮, 以
黃帝·顓頊·帝嚳·唐堯·虞舜爲五帝. 譙周·應劭·宋均皆同."이
라는 기록이 있고, 『백호통(白虎通)』「호(號)」편에도 "五帝者, 何謂也?
禮曰, 黃帝·顓頊·帝嚳·帝堯·帝舜也."라는 기록이 있다. 두 번째
주장은 태호(太昊: =伏羲), 염제(炎帝: =神農), 황제(黃帝), 소호(少昊:
=摯), 전욱(顓頊)으로 보는 견해이다. 이 주장은 『예기』「월령(月令)」편
에 나타난 각 계절별 수호신들의 내용을 종합한 것이다. 세 번째 주장은
소호(少昊), 전욱(顓頊), 고신(高辛), 당요(唐堯), 우순(虞舜)으로 보는
견해이다. 『서서(書序)』에는 "少昊·顓頊·高辛·唐·虞之書, 謂之
五典, 言常道也."라는 기록이 있다. 또 『제왕세기(帝王世紀)』에는 "伏
羲·神農·黃帝爲三皇, 少昊·高陽·高辛·唐·虞爲五帝."라는 기
록이 있다. 네 번째 주장은 복희(伏羲), 신농(神農), 황제(黃帝), 당요
(唐堯), 우순(虞舜)으로 보는 견해이다. 이 주장은 『역』「계사하(繫辭
下)」편의 내용에 근거한 주장이다.

◎ **왕숙(王肅, A.D.195~A.D.256)** : =왕자옹(王子雍). 위진남북조(魏晉南
北朝) 때의 위(魏)나라 경학자이다. 자(字)는 자옹(子雍)이다. 출신지는
동해(東海)이다. 부친 왕랑(王朗)으로부터 금문학(今文學)을 공부했으

나, 고문학(古文學)의 고증적인 해석을 따랐다. 『상서(尚書)』, 『시경(詩經)』, 『좌전(左傳)』, 『논어(論語)』 및 삼례(三禮)에 대한 주석을 남겼다.

◎ 외병(外屛) : '외병'은 천자가 문 밖에 설치했던 담장이다. 문 안에 있는 작은 담장을 내병(內屛)이라고 부르는데, 이것과 상대되는 말이다. 문 밖에 설치했기 때문에 '외(外)'자를 붙인 것이고, 병풍과도 같은 역할을 했기 때문에 '병(屛)'자를 붙여서 '외병'이라고 부른 것이다. 후대에는 조벽(照壁)으로 부르기도 했다.

◎ 요복(要服) : '요복'은 위복(衛服)과 이복(夷服) 사이에 있는 땅을 뜻한다. 천자의 수도 밖으로 사방 2500리(里)와 3000리 사이에 있었던 땅을 가리킨다. '요복'의 '요(要)'자는 결속시킨다는 뜻으로, 중원의 문화를 수호하며 지킨다는 의미이다. '복(服)'자는 천자를 위해 복종한다는 뜻이다. 한편 '요복'은 '만복(蠻服)'이라고도 부른다. '만복'의 '만(蠻)'자는 오랑캐들의 지역과 인접해 있기 때문에 붙여진 명칭으로, 교화를 베풀어 오랑캐들도 교화되도록 한다는 뜻이다. 『서』「우서(虞書)·우공(禹貢)」편에는 "五百里要服."이라는 기록이 있고, 이에 대한 공안국(孔安國)의 전(傳)에서는 "綏服外之五百里, 要束以文敎."라고 풀이했으며, 『주례』「하관(夏官)·직방씨(職方氏)」편에는 "又其外方五百里曰衛服, 又其外方五百里曰蠻服, 又其外方五百里曰夷服."이라는 기록이 있고, 이에 대한 가공언(賈公彦)의 소(疏)에서는 "言蠻者, 近夷狄, 蠻之言麼, 以政敎麼來之, 自北已下皆夷狄."이라고 풀이했다.

◎ 우제(虞祭) : '우제'는 장례(葬禮)를 치르고 난 뒤에 지내는 제사를 뜻한다.

◎ 위복(衛服) : '위복'은 채복(采服)과 요복(要服: =蠻服) 사이에 있는 땅을 뜻한다. 천자의 수도 밖으로 사방 2000리(里)와 2500리 사이에 있었던 땅을 가리킨다. '위복'의 '위(衛)'자는 수호한다는 뜻으로, 천자를 위해서 외부의 침입을 막는다는 의미이다. '복(服)'자는 천자를 위해 복종한다는 뜻이다. 『주례』「하관(夏官)·직방씨(職方氏)」편에는 "又其外方五百里曰采服, 又其外方五百里曰衛服, 又其外方五百里曰蠻服."이라는 기록이 있고, 이에 대한 가공언(賈公彦)의 소(疏)에서는 "言衛者,

爲王衛禦."라고 풀이했다.

◎ 유울지(庾蔚之, ?~?) : =유씨(庾氏). 남조(南朝) 때 송(宋)나라 학자이다. 저서로는『예기약해(禮記略解)』,『예론초(禮論鈔)』,『상복(喪服)』,『상복세요(喪服世要)』,『상복요기주(喪服要記注)』등을 남겼다.

◎ 유향(劉向, B.C77~A.D.6) : 전한(前漢) 때의 학자이다. 자(字)는 자정(子政)이다. 유흠(劉歆)의 부친이다. 비서성(秘書省)에서 고서들을 정리하였다. 저서로는『설원(說苑)』·『신서(新序)』·『열녀전(列女傳)』·『별록(別錄)』등이 있다.

◎ 유흠(劉歆, B.C.53~A.D.23) : 전한(前漢) 때의 경학자이다. 자(字)는 자준(子駿)이다. 후에 이름을 수(秀), 자(字)를 영숙(潁叔)으로 고쳤다. 유향(劉向)의 아들이다. 저서에는『삼통력보(三統曆譜)』등이 있다.

◎ 육복(六服) : '육복'은 천자의 수도를 제외하고, 그 이외의 땅을 9개의 지역으로 구분한 구복(九服) 중에서 6개 지역을 뜻하는데, 천자의 수도로부터 6개 복(服)까지는 주로 중국의 제후들에게 분봉해주는 지역이었고, 나머지 3개의 지역은 주로 오랑캐들에게 분봉해주는 지역이었다. 따라서 중국(中國)이라는 개념을 거론할 때 주로 '육복'이라고 말한다. 천하의 정중앙에는 천자의 수도인 왕기(王畿)가 있고, 그 외에는 순차적으로 6개의 '복'이 있는데, 후복(侯服), 전복(甸服), 남복(男服), 채복(采服), 위복(衛服), 만복(蠻服)이 여기에 해당한다. '후복'은 천자의 수도 밖으로 사방 500리(里)의 크기이며, 이 지역에 속한 제후들은 1년에 1번 천자를 알현하며, 제사 때 사용하는 물건을 바친다. '전복'은 '후복' 밖으로 사방 500리의 크기이며, 이 지역에 속한 제후들은 2년에 1번 천자를 알현하고, 빈객(賓客)을 접대할 때 사용하는 물건을 바친다. '남복'은 '전복' 밖으로 사방 500리의 크기이며, 이 지역에 속한 제후들은 3년에 1번 천자를 알현하고, 각종 기물(器物)들을 바친다. '채복'은 '남복' 밖으로 사방 500리의 크기이며, 이 지역에 속한 제후들은 4년에 1번 천자를 알현하고, 의복류를 바친다. '위복'은 '채복' 밖으로 사방 500리의 크기이며, 이 지역에 속한 제후들은 5년에 1번 천자를 알현하고, 각종 재목들을 바친다. '만복'은 '요복(要服)'이라고도 부르는데, '만복'이라는 용어는 변경 지

역의 오랑캐들과 접해 있으므로, 붙여진 용어이다. '만복'은 '위복' 밖으로 사방 500리의 크기이며, 이 지역에 속한 제후들은 6년에 1번 천자를 알현하고, 각종 재화들을 바친다. 『주례』「추관(秋官)·대행인(大行人)」편에는 "邦畿方千里, 其外方五百里謂之侯服, 歲壹見, 其貢祀物, 又其外方五百里謂之甸服, 二歲壹見, 其貢嬪物, 又其外方五百里謂之男服, 三歲壹見, 其貢器物, 又其外方五百里謂之采服, 四歲壹見, 其貢服物, 又其外方五百里謂之衛服, 五歲壹見, 其貢材物, 又其外方五百里謂之要服, 六歲壹見, 其貢貨物."이라는 기록이 있다.

◎ 육축(六畜) : '육축'은 여섯 종류의 가축을 뜻한다. 말[馬], 소[牛], 양(羊), 닭[雞], 개[犬], 돼지[豕]를 가리킨다. 『춘추좌씨전』「소공(昭公) 25년」편에는 "爲六畜·五牲·三犧, 以奉五味."라는 기록이 있고, 이에 대한 두예(杜預)의 주에서는 "馬·牛·羊·雞·犬·豕."라고 풀이했다.

◎ 은국(殷國) : '은국'은 주(周)나라 때 천자가 제후국에 머물게 되면, 그것을 기회로 주변의 제후들을 불러 모아서 성대한 조회(朝會)의 의례를 시행하였는데, 이러한 행사를 '은국'이라고 부른다. '은국'의 '은(殷)'자는 성대하다는 뜻이다. 『주례』「추관(秋官)·대행인(大行人)」편에는 "十有二歲, 王巡狩·殷國."이라는 기록이 있는데, 이에 대한 손이양(孫詒讓)의 『정의(正義)』에서는 "殷國者, 謂王出在侯國而行殷見之禮也 …… 卽於所至之國徵諸侯而行朝會之禮, 皆謂之殷國."이라고 풀이했다.

◎ 은조(殷覜) : '은조'는 하나의 복(服)에 속한 제후들이 조회를 하는 해에 다른 복(服)에 속한 제후들도 사신을 보내 천자를 찾아뵈어, 대규모로 조회하는 것을 뜻한다.

◎ 응문(應門) : '응문'은 궁(宮)의 정문을 가리킨다. 『시』「대아(大雅)·면(緜)」편에는 "迺立應門, 應門將將."이라는 기록이 있는데, 이에 대한 모전(毛傳)에서는 "王之正門曰應門."이라고 풀이하였다.

◎ 이왕(二王) : '이왕'은 주(周)나라 이전 왕조인 하(夏)나라와 은(殷)나라를 뜻한다.

◎ **재부(宰夫)** : '재부'는 주(周)나라 때 천관(天官)에 소속된 관직이다. 조정 내에서의 법도를 담당하였으며, 신하들의 서열을 바로잡았고, 금령 등에 대한 일을 담당하였다. 천관의 수장인 대재(大宰)와 부관인 소재(小宰)를 보좌하였다. 『주례』의 체제에 따르면 하대부(下大夫) 4명이 담당을 하였다. 『주례』「천관총재(天官冢宰)」편에는 "宰夫, 下大夫四人."이라는 기록이 있고, 『주례』「천관(天官)·재부(宰夫)」편에는 "宰夫之職掌治朝之灋, 以正王及三公六卿大夫群吏之位, 掌其禁令."이라는 기록이 있다.

◎ **전복(甸服)** : '전복'은 천자의 수도 밖의 지역이다. '전복'의 '전(甸)'자는 '전(田)'자의 뜻으로, 천자가 정사를 펼치는데 필요한 조세를 거두던 지역이라는 뜻이다. '복(服)'자는 천자를 위해 복종한다는 뜻이다. 하(夏)나라 때의 제도에서는 천자의 수도와 연접한 지역이 '전복'이 되었는데, 천자의 수도로부터 사방 500리(里) 떨어진 곳까지를 '전복'이라고 불렀다. 『서』「우서(虞書)·우공(禹貢)」편에는 "錫土姓, 祗台德先, 不距朕行, 五百里甸服."이라는 기록이 있고, 이에 대한 공안국(孔安國)의 전(傳)에서는 "規方千里之內謂之甸服, 爲天子服治田, 去王城面五百里."이라고 풀이했다. 한편 주(周)나라 때에는 '전복'의 자리에 대신 '후복(侯服)'이 위치하였으며, '전복'은 '후복' 밖의 사방 500리 떨어진 곳까지를 뜻하였다. 『주례』「하관(夏官)·직방씨(職方氏)」편에는 "乃辨九服之邦國, 方千里曰王畿, 其外方五百里曰侯服, 又其外方五百里曰甸服."이라는 기록이 있다.

◎ **정사농(鄭司農)** : =정중(鄭衆)

◎ **정세(正歲)** : '정세'는 본래 하(夏)나라 때의 정월(正月)을 가리킨다. 또한 하나라 역법 자체를 가리키기도 한다. 고대 중국에서는 농업이 중심이 되었던 사회였다. 따라서 농력(農曆)의 제정은 매우 중대한 사안이었고, 농사와 관련해서는 하나라 때의 역법이 가장 잘 맞았으므로, 하나라의 역법(曆法)을 그대로 따르게 되었다. 그래서 농력에서의 정월 또한

'정세'라고 부르기도 한다. 정(正)자가 붙은 이유에 대해서, 정현은 사시(四時)의 바름을 얻는다는 뜻에서 붙여진 것이라고 풀이했고, 세(歲)자에 대해서는 하나라 때 한 해를 부르던 말이라고 『이아』에서 설명하고 있다. 『주례』 「천관(天官)·소재(小宰)」편에는 "正歲, 帥治官之屬而觀治象之法."이라는 기록이 있는데, 이에 대한 정현의 주에서는 "正歲, 謂夏之正月, 得四時之正"이라고 풀이했고, 손이양(孫詒讓)의 정의(正義)에서는 "全經凡言正歲者, 幷爲夏正建寅之月, 別于凡言正月者爲周正建子之月也."라고 풀이했다. 또한 『이아』 「석천(釋天)」편에는 "夏曰歲, 商曰祀, 周曰年."이라는 기록이 있다.

◎ 정중(鄭衆, ?~A.D.83) : =정사농(鄭司農). 후한(後漢) 때의 경학자이다. 자(字)는 중사(仲師)이다. 부친은 정흥(鄭興)이다. 부친에게 『춘추좌씨전(春秋左氏傳)』의 학문을 전수받았다. 또한 그는 대사농(大司農) 등의 관직을 역임하였기 때문에, '정사농'이라고도 불렀다. 한편 정흥과 그의 학문은 정현(鄭玄)에게 많은 영향을 주었기 때문에, 후대에서는 정현을 후정(後鄭)이라고 불렀고, 정흥과 그를 선정(先鄭)이라고도 불렀다. 저서로는 『춘추조례(春秋條例)』, 『주례해고(周禮解詁)』 등을 지었다고 하지만, 현재는 전해지지 않았다.

◎ 정현(鄭玄, A.D.127~A.D.200) : =정강성(鄭康成)·정씨(鄭氏). 한대(漢代)의 유학자이다. 자(字)는 강성(康成)이다. 『주역(周易)』, 『상서(尙書)』, 『모시(毛詩)』, 『주례(周禮)』, 『의례(儀禮)』, 『예기(禮記)』, 『논어(論語)』, 『효경(孝經)』 등에 주석을 하였다.

◎ 조근(朝覲) : '조근'은 군주가 신하를 만나보는 예법(禮法)을 뜻한다. 군주가 신하를 만나보는 예법에는 조(朝), 근(覲), 종(宗), 우(遇), 회(會), 동(同) 등이 있었는데, 이것을 총칭하여 '조근'으로 부르기도 한다. 한편 '조근'은 신하가 군주를 찾아뵙는 예법을 뜻하기도 한다. 고대에는 제후가 천자를 찾아뵐 때, 각 계절별로 그 명칭을 다르게 불렀다. 봄에 찾아뵙는 것을 조(朝)라고 부르며, 여름에 찾아뵙는 것을 종(宗)이라고 부르고, 가을에 찾아뵙는 것을 근(覲)이라고 부르며, 겨울에 찾아뵙는 것을 우(遇)라고 부른다. '조근'은 이러한 예법들을 총칭하는 말이다.

◎ 조복(朝服) : '조복'은 군주와 신하가 조회를 열 때 착용하는 복장을 뜻한다. 중요한 의식을 치를 때 착용하는 예복(禮服)을 가리키기도 한다.

◎ 조빙(朝聘) : '조빙'은 본래 제후가 주기적으로 천자를 찾아뵙는 것을 뜻한다. 고대에는 제후가 천자에 대해서 매년 1번씩 소빙(小聘)을 했고, 3년에 1번씩 대빙(大聘)을 했으며, 5년에 1번씩 조(朝)를 했다. '소빙'은 제후가 직접 찾아가지 않았고, 대부(大夫)를 대신 파견하였으며, '대빙' 때에는 경(卿)을 파견하였다. '조'에서만 제후가 직접 찾아갔는데, 이것을 합쳐서 '조빙'이라고 부른다. 춘추시대(春秋時代) 때에는 진(晉)나라 문공(文公)과 같은 패주(霸主)에게 '조빙'을 하기도 하였다. 『예기』「왕제(王制)」편에는 "諸侯之於天子也, 比年一小聘, 三年一大聘, 五年一朝."라는 기록이 있고, 이에 대한 정현의 주에서는 "比年, 每歲也. 小聘, 使大夫, 大聘, 使卿, 朝, 則君自行. 然此大聘與朝, 晉文霸時所制也."라고 풀이했다. 후대에는 서로 찾아가서 만나보는 것을 '조빙'이라고 범칭하기도 했다.

◎ 조상(趙商, ?~?) : 정현(鄭玄)의 제자이다. 자(字)는 자성(子聲)이다. 하내(河內) 지역 출신이다.

◎ 종백(宗伯) : '종백'은 대종백(大宗伯)이라고도 부른다. 주(周)나라 때에는 육경(六卿) 중 하나에 해당하는 고위 관직이었다. 『주례』의 체제 속에서는 춘관(春官)의 수장이 된다. 종묘(宗廟)에 대한 제사 등 주로 예제(禮制)와 관련된 일을 담당하였다. 후대의 관직체계에서는 예부(禮部)에 해당하기 때문에, 예부상서(禮部尙書)를 또한 '대종백' 혹은 '종백'이라고도 부른다. 『서』「주서(周書)・주관(周官)」편에는 "宗伯掌邦禮, 治神人, 和上下."라는 기록이 있다. 또 『주례』「춘관(春官)・종백(宗伯)」편에는 "乃立春官宗伯, 使帥其屬而掌邦禮, 以佐王和邦國."이라는 기록이 있는데, 이에 대한 정현의 주에서는 "宗伯, 主禮之官."이라고 풀이했다. 한(漢)나라 때에는 태재(太宰)라는 이름으로 관직명을 고치기도 했다. 한편 진(秦)나라 때에는 종실(宗室)의 일들을 담당하는 종정(宗正)이라는 관리가 있었는데, 한나라 때에는 이 관직명을 '종백'으로 고치기도 했다.

◎ 종사(終辭) : '종사'는 빈객과 주인은 예법에 따라 세 번 사양을 하게 되는데, 처음 사양하는 것을 '예사(禮辭)'라고 부르며, 두 번째 사양하는 것을 '고사(固辭)'라고 부르고, 세 번째 사양하는 것을 '종사'라고 부른다.

◎ 채복(采服) : '채복'은 남복(男服)과 위복(衛服) 사이에 있는 땅을 뜻한다. 천자의 수도 밖으로 사방 1500리(里)와 2000리 사이에 있었던 땅을 가리킨다. '채복'의 '채(采)'자는 돌본다는 뜻으로, 천자를 위해서, 백성들을 돌보며, 산출된 물건들을 천자에게 바친다는 뜻이다. '복(服)'자는 천자를 위해 복종한다는 뜻이다. 『주례』「하관(夏官)·직방씨(職方氏)」편에는 "又其外方五百里曰男服, 又其外方五百里曰采服, 又其外方五百里曰衛服."이라는 기록이 있고, 이에 대한 가공언(賈公彦)의 소(疏)에서는 "采者, 事也, 爲王事民以供上."이라고 풀이했다.

◎ 천(薦) : '천'은 제사의 일종이다. 정식 제사에 비해서 각종 형식과 제수들이 생략되어 간소하게만 지내니, 각 계절별로 생산되는 음식들을 바친다는 뜻에서 '천'이라고 부르는 것이다.

◎ 천근(天根) : '천근'은 동방에 속한 별자리 중 3번째 별자리로, 저수(氐宿)에 해당한다. 총 4개의 별로 이루어져 있다.

◎ 총자(冢子) : '총자'는 적장자를 뜻한다. 『예기』「내칙(內則)」편에는 "父沒母存, 冢子御食."이라는 기록이 있는데, 이에 대한 정현의 주에서는 "御, 侍也, 謂長子侍母食也."라고 풀이했다.

◎ 최영은(崔靈恩, ?~?) : =최씨(崔氏). 남북조(南北朝) 때의 학자이다. 오경(五經)에 능통하였고, 다른 경전에도 두루 해박하였다고 전해진다. 『모시(毛詩)』, 『주례(周禮)』 등에 주석을 달았고, 『삼례의종(三禮義宗)』, 『좌씨경전의(左氏經傳義)』 등을 지었다.

◎ 침묘(寢廟) : '침묘'는 '묘(廟)'와 '침(寢)'을 합쳐 부르는 말이다. 종묘(宗廟)에 있어서, 앞에 있는 정전(正殿)을 '묘'라고 부르며, 뒤에 있는 후전(後殿)을 '침'이라고 부른다. 이때 '묘'는 접신(接神)하는 장소이기 때문

에 앞쪽에 있는 것이다. '침'은 의관(衣冠) 등을 보관하는 장소이다. '묘'에 비해 상대적으로 낮기 때문에 뒤에 위치하게 된다. 그리고 '묘'에는 동서쪽에 상(廂)이 있고, 서장(序牆)이 있는데, '침'에는 단지 실(室)만이 있게 된다. 『시』「소아(小雅)·교언(巧言)」편에는 "奕奕寢廟, 君子作之."라는 용례가 있다. 또한 『예기』「월령(月令)」편에는 "寢廟畢備."이라는 기록이 있는데, 이에 대한 정현의 주에서는 "凡廟, 前曰廟, 後曰寢."이라고 풀이하였으며, 공영달(孔穎達)의 소(疏)에서는 "廟是接神之處, 其處尊, 故在前, 寢, 衣冠所藏之處, 對廟爲卑, 故在後. 但廟制有東西廂, 有序牆, 寢制唯室而已. 故釋宮云, 室有東西廂曰廟, 無東西廂有室曰寢, 是也."라고 풀이하였다. 또한 '침묘'는 사람이 거주하는 집과 종묘를 지칭하는 용어로 사용되기도 한다. 『시』「대아(大雅)·숭고(崧高)」편에는 "有俶其城, 寢廟旣成."이라는 기록이 있는데, 이에 대한 공영달의 소에서는 "寢, 人所處, 廟神亦有寢, 但此宜, 處人神, 不應獨言廟事, 故以爲人寢也."라고 풀이하였다. 또한 종묘(宗廟) 및 태묘(太廟)를 지칭하는 말로도 사용된다.

◎ 태침(太寢) : '태침'은 제왕의 조묘(祖廟)를 뜻한다. 『여씨춘추(呂氏春秋)』「맹춘기(孟春紀)」편에는 "執爵于太寢."라는 기록이 있는데, 이에 대한 고유(高誘)의 주에서는 "太寢, 祖廟也."라고 풀이하였다.

◎ 택전(宅田) : '택전'은 관직에서 물러난 자의 집안에서 받게 되는 경작지를 뜻한다.

◎ 하양(夏羊) : '하양'은 검은색의 양(羊)을 뜻한다. 하후씨(夏后氏) 때 흑색을 숭상했기 때문에 검은 양을 '하양'이라고 부른 것이다.

◎ 하휴(何休, A.D.129~A.D.182) : 전한(前漢) 때의 금문경학자(今文經學

者)이다. 자(字)는 소공(邵公)이다. 『춘추공양전해고(春秋公羊傳解詁)』를 지었으며, 『효경(孝經)』, 『논어(論語)』 등에 대해서도 주를 달았고, 『춘추한의(春秋漢議)』를 짓기도 하였다.

◎ 현명(玄冥) : '현명'은 오행(五行) 중 수(水)의 기운을 주관하는 천상의 신(神)이다. 수(水)의 기운을 담당했기 때문에, 그 관부의 이름을 따서 수관(水官)이라고도 부르고, 관부의 수장이라는 뜻에서 수정(水正)이라고도 부른다. '오행' 중 수(水)의 기운은 각 계절 및 방위와 관련되어, '현명'은 겨울과 북쪽에 해당하는 신이라고도 부른다. 다만 수덕(水德)을 주관했던 상위의 신은 전욱(顓頊)이었고, '현명'은 '전욱'을 보좌했던 신이다. 한편 다른 오관(五官)의 신들과 달리, '현명'에 해당하는 인물에 대해서는 이견(異見)이 있다. 『예기』「월령(月令)」편에는 "其日壬癸, 其帝顓頊, 其神玄冥."이라는 기록이 있는데, 이에 대한 정현의 주에서는 "玄冥, 少皥氏之子曰脩, 曰熙, 爲水官."이라고 풀이한다. 즉 소호씨(少皥氏)의 아들 중 수(脩)와 희(熙)라는 인물이 있었는데, 이들은 생전에 수관(水官)이 되어 공덕(功德)을 쌓았고, 죽어서는 '현명'에 배향되었다고 설명한다. 『여씨춘추(呂氏春秋)』「맹동기(孟冬紀)」편에는 "其日壬癸, 其帝顓頊, 其神玄冥."이라는 기록이 있는데, 이에 대한 고유(高誘)의 주에서는 "玄冥, 官也. 少皥氏之子曰循, 爲玄冥師, 死祀爲水神."이라고 풀이한다. 즉 '현명'은 관직에 해당하는데, '소호씨'의 아들이었던 순(循)이 생전에 '현명'이라는 관부의 수장을 지냈기 때문에, 그가 죽었을 때에는 수신(水神)으로 배향을 했다는 뜻이다.

◎ 후복(侯服) : '후복'은 천자의 수도와 붙어 있는 지역이다. '후복'의 '후(侯)'자는 '후(候)'자의 뜻으로, 천자를 위해 척후병의 임무를 수행한다는 의미이다. '복(服)'자는 천자를 위해 복종한다는 뜻이다. 하(夏)나라 때의 제도에서는 전복(甸服)과 위치가 바뀌어, 천자의 수도로부터 사방 500리(里) 떨어진 곳까지를 '전복'이라고 불렀고, 전복 밖의 사방 500리 떨어진 곳까지를 '후복'이라고 불렀다. 『서』「우서(虞書)・우공(禹貢)」편에는 "五百里甸服 …… 五百里侯服."이라는 기록이 있고, 이에 대한 공안국(孔安國)의 전(傳)에서는 "甸服外之五百里. 侯, 候也, 斥候而

服事."라고 풀이했다. 한편 주(酒)나라 때에는 천자의 수도 밖으로 사방 500리 떨어진 곳까지를 '후복'이라고 불렀고, '전복'은 '후복' 밖에 위치했다. 『주례』「하관(夏官)·직방씨(職方氏)」편에는 "乃辨九服之邦國, 方千里曰王畿, 其外方五百里曰侯服, 又其外方五百里曰甸服."이라는 기록이 있다.

◎ 후직(后稷) : '후직'은 전설상의 인물이다. 주(周)나라의 선조(先祖) 중 한 사람이다. 강원(姜嫄)이 천제(天帝)의 발자국을 밟고 회임을 하여 '후직'을 낳았는데, 불길하다고 생각하여 버렸기 때문에, 이름을 기(棄)로 지어졌다 한다. 이후 순(舜)이 '기'를 등용하여 농사를 담당하는 신하로 임명해서, 백성들에게 농사짓는 법을 가르쳤기 때문에, '후직'으로 일컬어지게 되었다. 『시』「대아(大雅)·생민(生民)」편에는 "厥初生民, 時維姜嫄. …… 載生載育, 時維后稷."이라는 기록이 있다. 한편 농사를 주관하는 관리를 '후직'으로 부르기도 한다.

| 역자 소개 |

정병섭鄭秉燮

- 1979년 출생
- 2002년 성균관대학교 유교철학과 졸업
- 2004년 성균관대학교 대학원 유학과 석사
- 2013년 성균관대학교 대학원 유학과 철학박사
- 『예기집설대전』·『예기보주』·『예기천견록』·『예기유편대전』을 완역하였다.
- 현재 『의례주소』를 완역하기 위해 작업중이다.
- 그 외에도 『주례』, 『대대례기』 번역과 한국유학자들의 예학 관련 저작들의 번역을 계획 중이다.

譯註
儀禮注疏 士相見禮

초판 인쇄   2023년 12월 16일
초판 발행   2023년 12월 31일

역   자ㅣ정 병 섭(鄭秉燮)
펴 낸 이ㅣ하 운 근
펴 낸 곳ㅣ學古房

주   소ㅣ경기도 고양시 덕양구 통일로 140 삼송테크노밸리 A동 B224
전   화ㅣ(02)353-9908   편집부(02)356-9903
팩   스ㅣ(02)6959-8234
홈페이지ㅣhakgobang.co.kr
전자우편ㅣhakgobang@naver.com, hakgobang@chol.com
등록번호ㅣ제311-1994-000001호

ISBN 979-11-6995-474-7 94140
      979-11-6586-480-4 (세트)

값 40,000원